冀祥德

作品系列

刑事辩护八大学说

冀祥德 著

当代中国出版社
Contemporary China Publishing House

图书在版编目(CIP)数据

刑事辩护八大学说 / 冀祥德著 . -- 北京：当代中国出版社，2023.5
ISBN 978-7-5154-1259-7

Ⅰ . ①刑… Ⅱ . ①冀… Ⅲ . ①刑事诉讼—辩护—研究—中国 Ⅳ . ① D925.210.4

中国国家版本馆 CIP 数据核字(2023)第 076396 号

出 版 人　冀祥德
责任编辑　邓颖君　彭世帆
责任校对　贾云华
印刷监制　刘艳平
封面设计　鲁　娟
出版发行　当代中国出版社
地　　址　北京市地安门西大街旌勇里 8 号
网　　址　http://www.ddzg.net
邮政编码　100009
编 辑 部　(010)66572744
市 场 部　(010)66572281　66572157
印　　刷　北京中科印刷有限公司
开　　本　710 毫米 × 1000 毫米　1/16
印　　张　30.5 印张　4 插页　420 千字
版　　次　2023 年 5 月第 1 版
印　　次　2023 年 5 月第 1 次印刷
定　　价　128.00 元

即使有一天我不再做律师，但我仍然愿意为我国刑事辩护律师做旗手，为我国刑事辩护事业和法治建设摇旗呐喊。

——冀祥德

让人民群众感受到公平正义（代序言）[①]

2021年12月6日，习近平总书记在中共中央政治局第三十五次集体学习时强调，要深化法治领域改革，围绕“让人民群众在每一项法律制度、每一个执法决定、每一宗司法案件中都感受到公平正义”这个目标，深化司法体制综合配套改革，加快建设公正高效权威的社会主义司法制度。这是习近平法治思想公平正义观的又一次深刻表达。习近平法治思想是继习近平强军思想、习近平新时代中国特色社会主义经济思想、习近平生态文明思想、习近平外交思想之后的又一重要思想，具有十分重大的理论和实践价值，非常深刻的政治和法治价值。公平正义是法治最根本的价值追求，而公平正义观正是习近平法治思想的核心组成部分。习近平法治思想深刻回答了中国特色社会主义制度建设进入新时代为什么要实行全面依法治国、怎样实行全面依法治国等一系列重大问题，习近平法治思想之公平正义观鲜明指出了中国共产党领导建设的中国特色社会主义法治国家是一个让人民群众都能感受到公平正义的国家。

---

① 本部分原载《人民法院报》2021年12月30日，题为《让人民群众感受到公平正义——深入学习领会习近平法治思想之公平正义观》。

要依法公正对待人民群众的诉求

“法之必行，在于民心所向。”习近平总书记有着深深的人民情怀，在他一路的奋斗征程中，老百姓的事情都是他心中最牵挂的事情。党的十八大以来，习近平总书记多次强调“江山就是人民，人民就是江山”，要始终同人民想在一起、干在一起。2012年12月4日，习近平总书记在首都各界纪念现行《宪法》公布施行30周年大会上要求：“要依法公正对待人民群众的诉求”。2013年2月23日，习近平总书记在中央政治局第四次集体学习时强调：“要坚持司法为民，改进司法工作作风，通过热情服务，切实解决好老百姓打官司难问题。”2014年1月8日，习近平总书记在中央政法工作会议上再次强调，政法机关和广大干警要把群众合理合法的利益诉求解决好，使群众由衷感到权益受到了公平对待、利益得到了有效维护，让人民群众切实感受到公平正义就在身边。要坚守职业良知、执法为民，做到对群众深恶痛绝的事零容忍、对群众急需急盼的事零懈怠。习近平总书记要求，“司法工作者要密切联系群众，如果不懂群众语言、不了解群众疾苦、不熟知群众需求，就难以掌握正确的工作方法，难以发挥应有的作用”。2021年2月20日，习近平总书记在党史学习教育动员大会上又强调：“赢得人民信任，得到人民支持，党就能够克服任何困难，就能够无往而不胜。”近年来，针对群众反映强烈的法律突出问题，各级政法机关深入贯彻落实习近平总书记“打铁还需自身硬”加强队伍整顿的同时，不仅加大了惩恶扬善的力度，还严格规范了减刑、假释、暂予监外执行，依法治理久押不决案件，从有案必立，到取消年底不立案制度等，都是在践行习近平总书记“要依法公正对待人民群众的诉求”的重要指示精神。

要进一步提高执法机关亲和力和公信力

“法律不是冷冰冰的面孔，它是有温度的。”2013年1月7日，习近平总书记在对政法工作作出重要批示时指出：“进一步提高政法工作亲和力和公信力，努力让人民群众在每一个司法案件中都能感受到公平正义。”习近平总书记尤其强调：“法律不应该是冷冰冰的，司法工作也是做群众工作。一纸判决，或许能够给当事人正义，却不一定能解开当事人的‘心结’。‘心结’没有解开，案件也就没有真正了结。”长期以来，人民群众反映“门难进、脸难看、话难听、事难办”，说的是司法亲和力问题；人民群众反映“衙门门口向南开，有理无钱莫进来”，说的是司法公信力问题。法律是党的主张和人民意志的集中体现，党的初心就是为人民服务，有关部门的办案活动是党领导执法司法机关为人民服务的具体体现。冷冰冰的执法，就会使得民心与党心越来越远，偏离党的初心和使命，丧失司法的亲和力。公信力就是司法的权威，司法的权威来源于权威的司法，只有权威的司法才能带来司法的权威。党的十八大以来，全国各级政法机关深入学习贯彻习近平法治思想，采取一系列措施，开展一系列活动，有效遏制了群众反映强烈的“庸懒散奢”“冷硬横推”“吃拿卡要”等问题，同时，通过着力推进司法体制和机制改革，使司法的公信力大大提高。

要进一步提高执法能力

“吏不良，则有法而莫守；法不善，则有财而莫理。”执法能力是执法公信力的重要保障，一个能力低下的执法者不可能办理出让人民群众满意的案件，一支执法能力低下的队伍也不可能树立起一个行业的权威形象。2013年1月7日，习近平总书记在中央政法工作会议上要求：全国政法机关要进一步提高执法能力，进一步增强人民群众安全感和满意度。2020年12月24日，习近平总书记在召开的中央政治局民主生活会上特别指出：“要强化责任意识，知责于心、担责于身、履责于行。”2021年1月28日，习近平总书记在中央政治局第二十七次集体学习时再次强调：“各级党组织和领导干部要有很强的责任意识，守土有责、守土负责、守土尽责，无论什么时候，该做的事，知重负重、攻坚克难，顶着压力也要干；该负的责，挺身而出、冲锋在前，冒着风险也要担。”人民权益要靠法律保障，司法权威要靠人民维护。执法者只有不断努力提升自己的能力，才能让人民群众的获得感成色更足，幸福感更可持续，安全感更有保障，才能取信于民。

要公正执法司法

公平正义，国之基址。公正司法是维护公平正义的最后一道防线。所谓公正司法，一方面是指受到侵害的权利一定要得到法律的保护和救济；另一方面是指对权利的保护和救济要及时，即所谓“迟来的正义非正义”。如果人民群众通过法律程序实现不了对自己合法权利的保护，那么司法就没有公信力，人民群众也不会相信法律。2014 年 1 月 8 日，习近平总书记在中央政法工作会议上指出，促进社会公平正义是政法工作的核心价值追求，公平正义是政法工作的生命线，司法机关是维护社会公平正义的最后一道防线。2014 年 10 月 23 日，习近平总书记在党的十八届四中全会上强调，司法是社会公平正义的最后一道防线，司法人员必须信仰法律、坚守法治，端稳天平、握牢法槌，铁面无私、秉公司法。2020 年 11 月 18 日，习近平在中央全面依法治国工作会议上强调，要坚持全面推进科学立法、严格执法、公正司法、全民守法。要继续推进法治领域改革，解决好立法、执法、司法、守法等领域的突出矛盾和问题。公平正义是司法的灵魂和生命。要深化司法责任制综合配套改革，加强司法制约监督，健全社会公平正义法治保障制度，努力让人民群众在每一个司法案件中感受到公平正义。

要让人民群众感受到公平正义

“一个国家力量的衡量尺度在于其最弱成员的福利程度。”法律需要被信仰，否则它形同虚设。执法司法机关不仅有责任实现法律的公平正义，而且要让人民群众切身感受到执法司法的公平正义。全面依法治国，必须紧紧围绕保障和促进社会公平正义来进行。党的十八大以来，习近平总书记高度重视维护和促进社会公平正义，提出公正是法治的生命线，要求必须牢牢把握社会公平正义这一法治价值追求，努力让人民群众在每一项法律制度、每一个执法决定、每一宗司法案件中都感受到公平正义。强调不论处在什么发展水平上，制度都是社会公平正义的重要保证。2014年10月23日，习近平总书记在十八届四中全会上形象地指出，要懂得“100-1=0”的道理，一个错案的负面影响足以摧毁九十九个公正裁判积累起来的良好形象。2017年10月18日，习近平总书记在党的十九大报告中提出：“全面落实司法责任制，努力让人民群众在每一个司法案件中感受到公平正义”。2018年8月24日，习近平总书记在中央全面依法治国委员会第一次会议上讲话指出，必须牢牢把握社会公平正义这一法治价值追求，努力让人民群众在每一项法律制度、每一个执法决定、每一宗司法案件中都感受到公平正义。2019年5月7日，习近平总书记在全国公安工作会议上讲话强调，公平正义是执法司法工作的生命线，努力让人民群众在每一起案件办理、每一件事情处理中都能感受到公平正义。2020年1月14日，习近平总书记在十九届中纪委四次全会上特别要求，把负责、守责、尽责体现在每个党组织、每个岗位上。习近平总书记明确指出，造成冤案错案的原因很多，其中有司法人员缺乏基本的司法良知和责任担当的问题。要让人民群众能够切身感受到公平正义，就要求纪检监察机关、公安机关、检察机关、审判机关、司法行政机关，以及肩负执法职责的每一个执法人员，都要忠于党、忠于人民，时刻牢记习近平总书记要让人民群众感受到公平正义的要求，信守宪法和法律，不徇私情，不搞打击报复，严格依法办案，在办理每一个案件时都经常问自己“你让人民群众感受到公平正义了吗？”，负责、守责、尽责地办好每一个案件。一位北京市检察官说过一句话发人深省——“你办的不是案件，而是一个人的人生”。

平出于公，公出于道。公平正义是司法的灵魂和生命。党的十九届五中全会明确提出“促进社会公平，增进民生福祉”“社会主义民主法治更加健全，社会公平正义进一步彰显”

的历史任务，党的十九届六中全会全面总结党的百年奋斗重大成就和历史经验，审议通过的《中共中央关于党的百年奋斗重大成就和历史经验的决议》通篇融汇了百年来中国共产党践行为中国人民谋幸福、为中华民族谋复兴的初心使命所进行的奋斗、牺牲和创造，深刻揭示了“过去我们为什么能够成功、未来我们怎样才能继续成功”，必将对推动全党统一思想、统一意志、统一行动，团结带领全国各族人民以史为鉴、开创未来，在新时代更好坚持和发展中国特色社会主义产生重大而深远的影响。中国特色社会主义进入新时代，每一个执法司法机关，每一个执法司法人员，都要学懂弄通做实习近平法治思想，尤其是深刻领会其公平正义观之时代内涵，忠于党、忠于国家、忠于人民、忠于法律的社会主义法治，全身心地致力于公平正义目标追求，切实让人民群众在每一项法律制度、每一个执法决定、每一宗司法案件中都感受到公平正义。

目　录

评中国律师把公诉人辩出法庭第一案、第二案

辩护律师的光荣与梦想

刑事辩护的八个学说

律师辩护与死刑控制

律师辩护与法律援助

法律服务与律师见证

附录　作者访谈

评中国律师把公诉人辩出法庭第一案、第二案

案件介绍

一、中国律师将公诉人辩出法庭第一案

1995年5月12日下午，某县村村民李某某因放牧牲口之事与同村村民任某某发生争执，1小时后，在任某某之农院中，李某某被任某某用猎枪两枪打死。

某县人民检察院起诉书指控：1995年5月12日下午4时许，被告人任某某[①]发现本村村民李某某在其看护的树林里放牧牲口，因怕毁坏树木，便招呼人将牲口赶走，[②]被害人李某某见状，便辱骂和威胁被告人及前来赶牲口的人，为避免冲突，被告人便停止赶牲口回家去了。当日下午5时许，李某某手持木棒来到被告人家，先将正间门玻璃砸碎，又将上前劝阻的全某某[③]打倒在地，被告人在屋内发现后，便质问李某某，李某某又对被告人进行辱骂，并扬言要打死被告人。这时被告人便到西间屋拿起猎枪，刚出正间门李某某便朝被告人打了一棒子，被告人在躲开棒子的同时，用枪托打了李某某头部一下，[④]接着，双方继续打斗，被告人趁机朝李某某脚部开一枪，打中李某某右踝关节上部。被告人见李某某继续抡棒子打来，便又朝其腿部开一枪，将

① 审判前被采取的强制措施为取保候审。
② 代理律师在调查取证中了解到，被赶之牛有几根肋骨断裂。
③ 全某某系被告人任某某之妻。
④ 上述指控只有被告人任某某之妻全某某一人证言。

李某某打倒在地，致其右侧股动脉断裂，大出血死亡。[①]起诉书认为，被告人任某某构成故意伤害罪，但系防卫过当。

李某某被害后，留下妻子带着两个未成年的孩子（一个时年不满 15 岁，一个 13 岁），还有一个 70 多岁的老岳母。妻子高某某认为，被告人曾任村大队长，子女多且均在城里工作，仗势欺人，丈夫死得冤枉，因此不同意检察机关的意见，遂聘请律师代理参与本案诉讼。代理律师接受委托后，进行了大量的调查取证工作，开庭前即表示出了与检察机关截然不同的代理观点。[②]

由于该案在当地影响很大，受理法院对此案也极为重视，在原来已经指派审判长的情况下，改由刑庭庭长亲自担任审判长组成合议庭审理此案。

庭审在受理法院最大的审判庭进行。开庭当日上午，案发地公、检、法三机关分管领导均带员参加旁听，被告人的亲属参加旁听者也有几十人。[③]庭审开始后，代理人对于公诉人向法庭提供的证据发表了与公诉人不同的意见，公诉人随即提出“代理人只能代理附带民事诉讼部分，不能就刑事诉讼发表意见”，要求审判长制止代理人的发言。代理人遂向合议庭阐述了代理的权限以及可以就刑事诉讼享有权利的法律依据，[④]审判长示意默许。当代

---

① 此乃某县人民检察院起诉书之原文。

② 代理律师认为本案不是防卫过当，而是故意伤害致死。该代理意见最终得到了审理法院的判决采纳。

③ 与之形成鲜明对比的是，被害人一家只有在附带民事诉讼原告席上坐着被害人的妻子以及两个年幼的孩子。

④ 这些法律依据包括：

1.1980 年 8 月 26 日第五届全国人民代表大会常务委员会第 15 次会议通过的《中华人民共和国律师暂行条例》第 2 条第 3 项规定，律师的主要业务如下：“（三）接受刑事案件被告人的委托或者人民法院的指派，担任辩护人；接受自诉案件自诉人、公诉案件被害人及其近亲属的委托，担任代理人，参与诉讼。”（后见于 1996 年 5 月 15 日颁布的《中华人民共和国律师法》第 25 条第 3 项）

2.1979 年《刑事诉讼法》第 36 条规定：“证人证言必须在法庭上经过公诉人、被害人和被告人、辩护人双方讯问、质证，听取各方证人的证言并经过查实以后，才能作为定案的根据。”本条款明确规定了被害人及其代理人在法庭调查阶段享有充分的质证权利。

3.1979 年《刑事诉讼法》第 114 条规定：“被害人、附带民事诉讼的原告人和辩护人，在审判人员审问被告人后，经审判长许可，可以向被告人发问。”本条款明确规定了被害人及其代理人在法庭审理时有向被告人发问的权利。

理人继续质证时，公诉人再次向合议庭抗议，要求制止代理人的质证行为，审判长遂宣读了，1986年6月26日，司法部、最高人民法院、最高人民检察院、公安部发布的《关于律师参加诉讼的几项补充规定》。代理人继续举证，公诉人予以质证。在谈到一个人的脚踝关节被猎枪子弹击穿后还能否站立并行走时，代理律师向法庭陈述了庭前调查中，医院之骨科专家证明：一个人的脚踝关节被猎枪子弹击穿后，是不可能站立的，更不可能行走。公诉人质证说：在解放某某城的时候，我们的一名解放军战士，被敌人的一颗子弹打掉了头颅，还向前冲出了80多米！代理律师反驳道：且不论公诉人代表国家出席法庭履行的是控诉职能还是辩护职能，也不论公诉人将一位解放战争时期的战斗英雄与被告人比较是否妥当，仅论一颗子弹能否打掉一个人的头颅，失去了头颅的人能否向前冲出80多米？公诉人愤然站起，大声对代理律师说："好，你说吧，我走！"，随即拂袖而去。代理律师当即表示：公诉人未经审判长许可擅自退庭，应当按撤诉处理。审判长料想不及，全场一片哗然，审判就此中断。后来，在审判长的斡旋下，庭审在下午继续进行，公诉人在庭审前向合议庭表示了歉意。① 此案后来被律师界称为"中国律师把公诉人辩出法庭第一案"。

4.1979年《刑事诉讼法》第118条规定："法庭调查后，应当由公诉人发言，被害人发言，然后由被告人陈述和辩护，辩护人进行辩护"。本条款明确规定了被害人及其代理人在法庭调查结束后，有发表意见并参与法庭辩论的权利。

5.1986年6月26日，司法部、最高人民法院、最高人民检察院、公安部发布的《关于律师参加诉讼的几项补充规定》第6项规定："律师可以接受公诉案件被害人及其近亲属的委托，担任代理人参加诉讼。担任被害人代理人的律师应同担任公诉人的检察员密切配合。在庭审过程中，担任被害人代理人的律师，经审判长的许可，可以在法庭调查时提问和回答问题，向法庭陈述被代理人的意见，以充分维护被害人的合法权益。"

①　任某某的辩护人认为：第一，本案的起因，责任完全在被害人李某某；第二，从本案发生的全过程来看，被告人对于被害人的不法侵害实施的防卫，属正当防卫；第三，被告人具有投案自首情节，应当从轻处罚；第四，被告人归案后认罪态度较好，应对被告人从轻或减轻处罚。

审理法院认为，被害人李某某对被告人制止其放牧不满，而到被告人家中寻衅滋事，引起殴斗，被害人有一定过错。被告人用猎枪两次开枪射击打伤被害人致其右侧股动脉断裂而死亡，其行为触犯刑律，构成故意伤害罪。但被告人案发后能够投案自首，应予从轻处罚。判决被告人任某某犯故意伤害罪判处有期徒刑12年；赔偿被害人李某某及其亲属救济损失10437.20元；被告人任某某犯罪所用工具猎枪一支予以没收。

二、中国律师将公诉人辩出法庭第二案

被告人田某某，男，1939年6月22日出生，汉族，大专文化，中共党员，原系某某市房地产经营总公司经理。因涉嫌贪污，于2002年5月10日被拘留，同年5月22日被逮捕。某某市人民检察院指控：被告人田某某于1994年至1999年，利用其担任某某市房地产经营总公司经理的职务之便，犯有下列罪行：

（一）贪污罪

1．1997年9月，经被告人田某某同意，将1993年初，某某市某某区人民检察院干部杜某在某某市房地产经营总公司购买的93—4号楼二单元327室居民楼，面积是74.89平方米，价值是101479.65元交回房地产经营总公司，顶其在该公司购买一户面积为101.48平方米，价值为168506.52元的新楼部分楼款。被告人田某某没有将杜某退回的楼房入单位库存账，而是利用其担任经理的职务之便，于1998年初以原某某市建筑工程公司工人金某某的名义将该房进行了房改，除被告人田某某交此楼房改款6035.40元之外，此楼剩余价值95444.25元，被其占为已有。

2．1997年12月，某某市交通局干部黄某某为改善住房条件，经田某某同意与某某市房地产经营总公司达成协议，将市交通局为黄某某购买的面积为76.83平方米的民生小区37号楼405室，以60000元的价格退回某某市房地产经营总公司。被告人田某某没有将黄某某退回来的楼房入单位库存账，而是以他人名义将此楼以42000元的价格卖给了其亲属原某某市水暖厂退休工人齐某某，买楼款42000元被田某某占为已有。

3．1994年，原某某市服装厂副厂长记某某调到外市工作，经被告人田某某同意将原某某市服装厂为其购买的面积为78.12平方米，价值为64176.36元，坐落在民生小区91—3号楼326室的楼房交回，被告人田某某付给记某某25000元装修费及房本钱后，将此楼留为已用。

1996年6月，某某市某某区财政局干部万某某，将1994年

财政局为其在某某市房地产经营总公司购买的93—4号楼434室面积为73.28平方米，价格为81877.34元的楼房，经被告人田某某同意以原价顶了万某某姐夫门某在该房地产经营总公司购买的94—1号楼3单元301室的部分购楼款。被告人田某某没有将万某某的楼房收回入单位库存账，而是于1996年6月将记某某的91—3号楼326室以该市房地产经营总公司的名义，用物顶款的方式结算了与东风建筑工程公司82000元的工程款。田某某又利用职务之便，以楼换楼的形式（91—3号楼326室换93—4号楼434室）将93—4号楼434室据为己有。后于1997年8月将此楼以亲友的名义，通过东风建筑工程公司白某某，以130000元的价格顶给东风建筑工程公司，田某某又以结算工程款的名义将此款转到东风建筑工程公司，由白某某提出现金交给田某某，田某某将109272.40元占为己有。

4．1998年5月，被告人田某某将原某某市政府市长助理望某某于1990年经时任某某市城建局副局长的田某某同意交回城建局，并由田某某的父亲居住的面积为61.14平方米的楼房，以其父亲朋友郝某某的名义进行了房改，变为私产。并于1998年夏季，将此楼以69901.20元卖给某某市房地产经营总公司，被告人田某某将其中的65018.20元占为己有。

5．1998年6月，被告人田某某乘房改之机，将其女婿梁某某居住的两套住房，分别以梁某某和梁某某之父的名义进行了房改，后将其中的一户以某某市房地产经营总公司的名义安排了动迁户，得人民币49020.50元，另一户由其儿子居住。两户住房除田某某交的房改款外，其余价值170857元被被告人田某某占为己有。

（二）受贿罪

1．1999年2月，被告人田某某受其亲家国某某的委托，在本公司开发建设胜利南街门市楼购买面积222.6平方米，价格553790.96元。国某某将筹集的购楼款全部交给田某某并委托其全权办理。被告人田某某在交此553790.96元购房款过程中，利用职务之便，以借的名义，向承建此楼的东风建筑工程公司经理白某某索要工程款 40 万元用于顶交购房款。

2. 1999 年，被告人田某某与亲友共同集资 89 万元购买该公司在海滨路的门市楼。田某某分别于 1999 年 1 月至 2 月，以其亲友的名义购买了 3 户门市楼。在购楼的过程中，被告人田某某向承建此楼的江东建筑公司经理常某某以借的名义索要工程款 13 万元，以欺骗的名义索要工程款 30 万元，两笔共计 43 万元，用于顶交购门市楼款。

3. 1998 年 4 月，被告人田某某为购买原某某市建筑设计院办公门市楼，向为其公司承建工程的东风建筑工程公司经理白某某索要工程款 15 万元，用于交楼房的定金。

4. 1996 年 4 月，被告人田某某把其在任原某某市城建局副局长时向某某市供销社以集资 2 万元的名义索要的一户面积为 70.326 平方米的住房，以 10.2 万元的价格顶给了与某某市房地产经营总公司有往来的消防器材厂厂长呼某某。田某某除交得集资款 2 万元外，另 8.2 万元被其占为己有。

公诉机关认为，被告人田某某目无国法，在其任某某市房地产经营总公司经理期间，利用职务之便，贪污人民币 482591.85 余元，索贿 1062000 元，其行为触犯了《中华人民共和国刑法》第 382 条、385 条之规定，构成贪污罪、受贿罪。

2003 年 3 月 14 日，某某市人民检察院起诉的田某某贪污、受贿一案开庭，田某某之婿梁某某经主审法官许可可对庭审内容记录，因梁某某使用的笔记本电脑，而旁听席上既没有电源插座，又没有桌子，故梁某某请示主审法官后，坐在辩护席的最外端，且与辩护人保持了一定距离。上午庭审中，公诉人的举证，受到了辩护人强有力地质证抗辩，坐在旁听席上的某某市检察院起诉处处长多次向公诉人递纸条。下午庭审开始前，主审法官告诉梁某某“检察院对你坐在辩护席一端作记录提出异议”，梁某某即坐到了旁听席（也无法作记录了）。庭审开始后，公诉人继续举证，辩护人继续质证，该起诉处处长也毫无顾忌地继续向公诉人传递纸条。第一辩护人多次用目光示意审判长注意这一问题（但审判长可能由于精力集中于控辩双方激烈地质证而未注意到）。不久，起诉处处长与梁某某发生争执，二人均被法警劝出法庭。又过了不一会儿，该起诉处处长突然进入法庭，[1]大声对公诉人喊“走！庭不开了！”“收拾东西！”出庭的两位公诉人随即站起收拾卷宗，准备离开，法庭顿时混乱。这时审判长随机应变，宣布休庭 10 分钟。起诉处处长神情严肃地走到公诉人身旁，继续说着“走！回去！庭不开了！”被告人莫名其妙，旁听人员嘘声一片。随后，审判人员将公诉人及起诉处处长劝进了休息室，里面传出起诉处处长与审判长的争吵声。一会儿，审判长生气地走出休息室，边走边说“好！你们走吧！你们看着办吧！”庭审中断近 1 小时。

检察官自由裁量权之自由与不自由[2]

丹宁勋爵说：“‘当面藐视法庭’这个术语听起来有些古怪老气，但它的重要意义在于强调：在所有必须维护法律和秩序的地方，法院是最需要法律和秩序的。司法过程必须不受干扰或干涉。冲击司法正常进行就是冲击我们的基础。为了维持法律和秩序，法官有权并且必须有权立即处置那些破坏司法正常进行的人。”检察官作为公诉权的行使者，代表国家行使刑事案件的追诉权，以认为经过侦查、已经查明的犯罪事实为理由，对被告主张刑罚权，请求法院审判，从而维护国家和社会的整体利益。自修正后的《刑事诉讼法》正式实施以来，中国的刑事审判方式发生了很大的变化，庭审程序吸收了英美对抗式诉讼制度的一些要素，使得法庭审判中控辩双方的对抗程度大大增强，而主审法官在法庭调查方面的主导性则大为降低。面对审判方式的变化，检察官的诉讼

---

① 后来据悉，该起诉处处长与梁某某在庭外又发生过言语冲突。

② 本部分原载陈兴良主编：《刑事法评论》（第 18 卷），北京大学出版社 2006 年版，第 272–285 页。

角色也需要改变，在原来的审判方式中，检察官几乎普遍有一种心理：在提起公诉并将全案卷宗移送法院后，调查证据，查清事实真相的责任更多地被法官包揽。但是新的审判程序要求公诉人承担提出证据、证明被告人有罪的责任，同时调查职能的削弱也导致法官一般不再与辩方处于直接对立的状态，检察官不得不直接面对辩护方的抗衡，控辩双方在法庭上的激烈对抗和争辩不可避免。而《刑事诉讼法》有关指控证据不足，被告人罪名不能成立时按无罪处理的规定，又使得检察官在不能证明被告人有罪时，必然要承担败诉的风险。正因为如此，一旦检察官庭审前准备不够充分，其在法庭上控诉证据的漏洞和破绽就会遭到辩方有力的诘问和质疑，从而陷入被动的境地。而当即将面临指控失败的法律后果时，公诉人就会感到强大的压力，进而导致出现一些过激甚至违规、违法的行为。

一、从容还是尴尬：正面公诉人之自主离庭

上述两个案例，是笔者在法律实务工作中的亲历。[①] 出席法庭支持公诉的检察官，由于某种原因，在庭审过程中，未经法庭许可，自我决定离庭，从而导致审判程序中断，首先是对庭审纪律的违反，更是对法庭尊严的轻视，进而也无疑会损害检察机关作为国家公诉机关的司法威信，但此仅仅是问题显现的表层。从更深刻的法律层面看，公诉人擅自退庭，是属于检察官职业违纪应当导致行业处罚？还是属于公诉人诉讼违纪应当导致司法处罚？还是属于检察官不当行使自由裁量权而导致控诉职能的放弃？对于该种行为的性质应当如何认定乃至能引发何种法律后果，笔者拟从公诉人诉讼地位以及刑事诉权理论的视角发表一家之言，与学界同仁商榷。

---

① 特别需要说明的是，本文所引用之二案例，均为笔者从事刑事辩护实务工作之亲历。之所以撰写本文，盖因学术研究之旨趣，纯为理论探讨之争鸣，实无意借机中伤抑或贬低某单位或某个人，故在文中隐去案件发生之地域以及当事者之真实称谓。

二、权力还是权利：解读公诉人之性质与诉讼地位

无诉不成讼。任何案件的起发，诉讼的形成，都是以案件控告一方作为构成的支撑点的。而在刑事诉讼领域，伴随着 14 世纪以来国家追诉主义诉讼形式的出现与发展，“起诉”已不仅仅是单纯地表现为“告诉、告状”的形态和内容，“起诉权”由检察官依照职权行使，这表明了，刑罚权是国家的专属权利。

刑罚权是国家对犯罪人适用刑罚，借以惩罚犯罪人的权力，具体说来，刑罚权包括制刑权、求刑权、量刑权和行刑权四个方面的内容。从权力渊源上看，刑罚权是公诉权存在的基础，公诉权直接来自刑罚权，其为刑罚权的实现提供了可能性依据。[①] 显而易见，公诉权是公权力而非私权利。没有国家对刑罚权的垄断就不会有公诉的出现，因此，公诉权是来自国家的、为维护社会秩序而设立的追诉犯罪的权力，它具有像自诉权等私权利所没有的国家意志性、统一性以及与刑罚距离的进一步拉近等特性。

行使公诉权的主体是由代表国家行使追诉权的公诉人或公诉机关。公诉权作为来源于刑罚权的一种派生权力，具有刑罚权的国家垄断性，而国家是抽象的，因此其权力的行使必然要通过国家授权的机构或个人实现，而这种机构或个人行使该项权力的时候是以国家的名义出现的。以国家的名义请求法官对违反社会秩序的行为进行定罪处刑的活动即是公诉。

就公诉人庭审中的公诉权而言，包括定罪请求权和量刑建议权两种权能。前者是请求法官确认被告人的行为构成某一种罪名，后者是在前者的基础上提出对该被告人怎样处以刑罚的较为具体的意见。出席法庭的公诉人就是肩负着这两项权能而行使公诉权的。

---

① 刑罚权与公诉权之间存在机能上的联系，二者都具有强制力的本质特征。两项权能的行使主体是具有大体相同的法律意识和执法传统以及有着密切联系的国家机关，两项权力的行使都必须服从和服务于国家刑事政策的调整与指导，决定了公诉权与刑罚权一样具有惩罚力与震慑力这种实体内容的裙带司法机能。

“决定起诉一个人是一项严重的步骤，公正而有效的控诉对于维护法律和秩序是必不可少的，即使在一件轻微的刑事案件中，控诉对于所有的诉讼参与人——被害人、证人和被告人来说都是意义重大的。”[①] 检察官在刑事审判中代表国家和社会的整体利益，控诉的提起不仅把国家追究犯罪、实施实体法的活动纳入诉讼的轨道，使这种追究过程采取诉讼的形式，而且对参与其中的诉讼参与人特别是当事人利益产生重大的影响。

现代各国的检察制度尽管有所不同，但检察机关的双重性质却得到各国的普遍承认：它既是行政机关又具有司法机关的性质。检察机关的组织体系一般是按照行政机关的模式建立起来的，它按照“检察一体”原则进行活动，每个检察官在执行其职能方面必须尊重和服从其主管首长和上级机关的指导和命令，全国检察机关作为一个整体则必须服从最高检察部门甚至检察总长的命令和指挥。法国刑事诉讼理论认为，检察机关的司法官——至少是属于同一检察院的司法官，在法律上都被看作是组成同一个人。有人说，职责吸收每一个成员的个人身份，检察院的检察官采取行动，出面说话并不是代表他本人，而是以整个检察院的名义进行活动与发表意见。[②] 这与法官的独立自主性形成鲜明的对比，其根本在于各自所肩负的职能有所不同。但是，从检察机关所实施的具体活动来看，它又具有司法权的性质。因为它肩负着调查犯罪事实，对涉嫌犯罪的人提出指控以及确保刑事实体法的公正实施等司法任务，担负着维护法律和正义的使命，它又是国家法律的坚定维护者。[③] 与检察机关的双重性质相对应，检察官在刑事审判中的诉讼地位也具有双重性：他既是控诉的一方，是刑事诉讼的原告；又是司法官员。

在我国，关于检察官在刑事审判中的诉讼地位问题一直为学

① 中国政法大学刑事法律研究中心组织编译：《英国刑事诉讼法选编》，中国政法大学出版社 2001 年版，第 542 页。

② ［法］卡斯东·斯特法尼、乔治·勒瓦索、贝尔纳·布洛克：《法国刑事诉讼法精义》，罗结珍译，中国政法大学出版社 1999 年版，第 128 页。

③ 陈瑞华：《刑事审判原理论》，北京大学出版社 1997 年版，第 237 页。

者所关注。我国《宪法》第129条规定："中华人民共和国人民检察院是国家的法律监督机关。"明确规定了检察官法律监督者的地位。因此，通说认为控诉与审判监督是检察机关在刑事审判中的双重职权。检察官在审判中不仅作为国家公诉人，承担着控诉犯罪的职能，而且作为法律监督者，对法庭审判活动实施监督，检察官的双重角色决定了他不是诉讼当事人，他的诉讼地位也高于被告人。笔者认为，这一观点注意到了检察官在刑事审判过程中诉讼地位的双重性，但它把检察官的司法官地位强调的过于极端，以至于认为检察官同时承担公诉和诉讼监督双重诉讼职能，检察官在诉讼中的地位高于被告人及其他当事人，对此有学者提出了不同的意见。[①] 笔者认为，检察机关虽然居于法律监督者的宪法地位，但它在刑事审判中担当的诉讼角色只能是公诉人，并以此为基点对法庭审判进行监督和制约，检察机关的宪法职能与其诉讼职能应当加以严格的区分，我们不能以检察机关实施法律监督为由，即认为它在刑事审判中承担一种对立于控诉职能之外的法律监督职能，原因主要在于检察机关作为提起控诉的一方具有强烈的追诉倾向与作为一般法律监督者所必须具有的中立性、超然性相悖。一方面，检察官如果同时承担法律监督和控诉职能，必然会造成诉讼职能的冲突。在司法实践中，公诉人以"法律监督"之名，行凌驾辩护人之实的现象时有发生，此必然会打破控辩双方的平等关系，造成对辩方权利行使的伤害。另一方面，检察官如果拥有法律监督者的诉讼地位，那么他自己进行的侦查、起诉和支持公诉的活动，由谁来监督呢？检察官行政组织的一体化必然导致控诉职能与监督职能的集中，因此笔者认为检察官在刑事审判中是以公诉人的身份参与审判，他与被告人及其他诉讼参与人的诉讼地位是平等的，通过行使控诉职能与辩方进行举证、质证、论辩等活动；检察官作为公诉人，有权对法庭审判活动进行监督，但这种监督是他基于公正地追诉犯罪这一角度对法官进行的制约和平衡，而没有任何特殊性和独立性。检察官在刑事审判中所处

---

① 李心鉴：《刑事诉讼构造论》，中国政法大学出版社1998年版，第257-260页。

的公诉人地位事实上已经包含控告者和司法官的双重身份，而公诉人与辩方诉讼地位的平等则是对抗制下的庭审模式存在的基础。

三、自由还是不自由：考量检察官之自由诉权[①]

诉权是法律赋予当事人进行诉讼的基本权能，是当事人进行诉讼活动的基础。民事诉讼理论认为，诉权具有双重内涵，即程序意义上的诉权和实体意义上的诉权。程序意义上的诉权，是指原告向法院提起诉讼的权利和被告针对原告请求的事实和法律根据进行答辩的权利，通常称为起诉权和应诉权。实体意义上的诉权，是指原告通过法院向被告提出实体上的请求的权利和被告通过人民法院反驳原告提出的实体请求的权利。[②]诉权理论是民事诉讼法学的一个重要的理论基石，诉权理论的研究和诉权概念法律化在民事诉讼中具有重大意义，但在刑事诉讼法学的研究中涉及得较少，近来有学者主张在刑事诉讼中引入诉权理论，这为深入理解公诉权的性质，刑事审判中控辩双方的诉讼地位提供了全新的思路和视野。[③]

刑事诉讼中是否有“诉”存在，是刑事诉讼是否需要诉权理论的关键。在刑事诉讼中，大量的实体法规则决定案件的进程，左右最终的处理结果，其作用的发挥事实上就是通过诉的制度完成的。这一制度由实体法和程序法共同确定，是衔接实体和程序的关键环节。诉，微观而言，是一种请求，请求确认行为是否具备刑事违法性及行为人的可罚性；宏观而言，是以诉讼方式实现维护社会秩序和保障被告人合法权益平衡的法律制度。从这个角

---

① 笔者这里所称之检察官自由诉权，是笔者大胆地从法学诉权理论中引申出的一个应用于刑事诉讼范畴中之子概念。在通说关于刑事诉讼检察权之研究视域内，检察官自由诉权这一概念，被广泛地称之为“检察官自由裁量权”。笔者认为，从检察官公诉权之本体属性上探究，与其说是一种“自由裁量权”，毋宁称之为“自由诉权”更为贴近公诉权之内涵。当然，这仅是笔者之一家管见，就如同诉权理论能否导入刑事诉讼一般，均可各抒己见。

② 潘剑锋：《民事诉讼原理》，北京大学出版社 2001 年版，第 52 页。

③ 汪建成、祁建建：《论诉权理论在刑事诉讼中的导入》，载《中国法学》2002 年第 6 期。

度而言，刑事诉讼中的“诉”和民事诉讼中的“诉”有着相同的外壳，即都是通过请求的方式来启动国家的司法权，并通过诉讼实现国家对“诉”的承认或否定，达到对国家预设法秩序的维护，所不同的只是“诉”的内容而已。

“诉”的存在决定了诉权的必要性，在刑事诉讼中诉权就是控辩双方进行诉讼的基本权能，一方面，它在动态的程序运行中得到满足，体现为个案中控辩双方诉讼权利的行使和保障；另一方面，诉权反映在静态的法律规定中，以各种具体的规范化的诉讼权利为表现方式：当实体法确定的社会秩序或者个人合法权益遭受犯罪行为的侵害时，代表国家行使控诉权的侦查追诉机关或者被害人就有了进行诉讼的权能，被控告方也就有了利用程序为自己洗刷清白的对抗性诉权。诉讼程序启动之时，诉权便从纯粹的理论抽象形态演化成诉讼参加者的具体诉讼权利。

诉讼理论的引入意义重大。首先，只有引入诉权理论才能为对抗制的诉讼机制寻找理论依据。《刑事诉讼法》修改后，在刑事诉讼中引入对抗制的诉讼机制成为学界的共识，然而这里的对抗是什么性质的权利之间的对抗却很少有人追问，显然这里的对抗既不能解释为司法权之间的对抗（因为司法权之间只有分工、配合和制约，而没有对抗），也不能解释为司法权与当事人权利之间的对抗（因为这两种权利并不处在一个平等的对抗平台，两者并不是一种对抗关系，而是一种适应与限制关系）。如果将这种对抗解释成为两种诉权之间的对抗，就为对抗制在理论上打下了坚实的基础。其次，诉权的引入可以确保当事人手段上的平等武装。根据我国法律规定，当事人是指犯罪嫌疑人、被害人、被告人、自诉人、附带民事诉讼的原告和被告，除了这些人享有诉权，还有检察机构和侦查机构。在其他国家和地区，如根据我国台湾地区“刑事诉讼法”第3条规定，当事人是指检察官、自诉人及被告。我国刑事诉讼当事人的概念不包括检察机关，在法律用语上不能将司法机构和其他诉讼参加人同等对待，刻意将检察机关与其承担的当事人角色剥离，从中不难看出国家对于犯罪控制的刑事诉讼模式取向，而诉权理论的引入，必然要对这些传统的习惯作法重新审视，诉权是请求审判机关公正裁决之权，法律所以赋予检察机关诉权旨在通过其行使诉权，将案件事实引渡到审判机关面前，请求审判机关行使审判权，裁决刑罚运用的必要性及其程度和方式。同样，法律也给被控诉人以诉权，以对抗强大的国家诉权，双方一旦进入诉讼程序，就应受到平等对待。

刑事诉讼的诉权与民事诉讼相比，有一定的联系，但由于二者诉的内容不同，其区别也非常明显。其中最突出的一点就在诉权的处分权行使上。民事诉讼解决的是私人之间的利益冲突，意思自治原则得到了充分的尊重，国家尊重当事人对于诉权的处分，而刑事诉讼中，由于诉权所解决的是犯罪和刑罚问题，特别是检察官行使的国家诉权，代表了国家和社会的整体利益，意义重大，处分权的行使受到一定的限制，但是界限在哪里，不同的诉讼模式下规定差别很大。法国《刑事诉讼法》规定，公诉是一种具有总体利益性质的诉讼，是一种公共利益性质的诉讼。公诉权属于国家社会，且唯一属于社会，社会唯一有权进行公诉或放弃公诉，在实际上社会是通过其有资格的代表，也就是检察机关的司法官来进行公诉的，由于社会享有进行公诉或放弃公诉的权利，所以社会可以通过大赦，赦免那些可以得到赦免的犯罪行为，或者决定因经过一定的时间，犯罪行为归于消灭，从而放弃对这些行为进行公诉（诉讼已经完成时效），但仅仅是负责进行公诉的检察机关却始终没有放弃公诉的权力，实际上，检察机关是行使属于社会的诉权，检察机关是社会的代表，以社会的名义进行诉讼活动，由于检察机关不是这种诉权的所有人，因此不能像民事诉讼中的原告那样有权任意处分这种诉权。① 可见在职权主义模式下的法国，检察官所享有的处分权是极其有限的。与之相对的，美国的检察职能以个人负责制为基础，检察官在行使其起诉职能的过程中享有极大的自由裁量权。

中国的检察官有没有自由之诉权，拥有多大程度之自由诉权，

① ［法］卡斯东·斯特法尼、乔治·勒瓦索、贝尔纳·布洛克：《法国刑事诉讼法精义》，罗结珍译，中国政法大学出版社 1999 年版，第 118–132 页。

这是一个无论理论界还是实务界都必须清楚而又省思之命题。

对于我国检察官自由诉权的研究，最重要、最现实的命题是检察官的求刑权，主要包括不起诉权和量刑建议权。

1996 年《刑事诉讼法》第 142 条第 2 款规定："对于犯罪情节轻微，依照刑法规定不需要判处刑罚或者免除刑罚的，人民检察院可以作出不起诉决定。"这是我国《刑事诉讼法》明确规定的检察机关相对不起诉的自由裁量权。但是，由于国民甚至中国立法界、司法实务界乃至学术理论界对司法专横恣意的恐惧与反抗以及对自由裁量权的误解与担忧，不仅现有起诉自由裁量权的立法规定受限于"犯罪情节轻微"，而且有限之起诉自由裁量权的行使也遭桎梏与限制。[①] 笔者认为，在检察体制改革中，扩张检察官的自由诉权，应从以下几点入手：一是依法充分行使不起诉权；[②] 二是扩大相对不起诉

---

① 例如，检察工作实务中关于刑事案件不起诉率的规定。

② 所谓不起诉权是指检察机关认为犯罪嫌疑人犯罪事实清楚，证据确实充分，合乎起诉指控要件，但从案件情况或者某一整体利益出发，有权裁量决定不予起诉。从世界各国的模式来看，不起诉权的行使主要有以下几种情况：1. 微罪不起诉。即对于有轻微犯罪的行为人，认为刑事追诉并无多大公共利益，由检察官作出终止刑事诉讼程序的决定。2. 起诉保留，亦即缓于起诉。是指在规定的保留期限内暂不起诉，有检察官对犯罪行为人与被害人的和解情况以及缓于起诉后社会生活行为予以观察，以决定是否再行起诉。3. 起诉犹豫附保留观察。是指为了鼓励犯罪嫌疑人自省以及预防其重新犯罪，而将犯罪嫌疑人交付保护管束，如果行为人违反保护管束之规定，检察官即撤销原来的缓起诉决定，再行起诉。4. 放弃起诉。是指不论重罪还是轻罪，只要符合法律所规定的要件，即直接为不起诉处分，除非行为人具有再犯重罪等情形，原则上即不再行起诉，且检察官对于受不起诉充分之人，不作事后跟踪考察。

我国 1996 年《刑事诉讼法》规定了检察机关有一定之相对不起诉自由裁量权，在检察司法实践中，也在运用自由裁量权。但是，由于我们对起诉自由裁量权存在与行使的担忧，对于这一有限之起诉自由裁量权的适用，又人为地施以限制，有的甚至在检察工作考核中，明确规定刑事案件的不起诉率，使得不少本可以作不起诉处理、减少诉讼成本与司法资源的案件进入审判程序，既造成了对当事人合法权益的侵犯，又不利于强化检察监督职能，严重影响了检察机关的法律权威。从问题的本质来看，刑事案件中不起诉率之高低，是由案件本身之情状与现行法律规范之宽严决定的，其并不取决于检察机关之意志。对于法律规定之相对不起诉权，法治视野中的做法是，走出规定不起诉率、限制使用不起诉权之思维误区，依法充分行使不起诉自由裁量权，对于刑事案件符合不起诉条件的，就要依法作出不起诉的决定；符合起诉条件的，就要依法起诉。规定不起诉率，限制不起诉自由裁量权的行使，则恰恰是权力的滥用。

权的适用范围[①]；三是赋予检察机关一定范围之刑罚豁免权。[②]

在现代刑事诉讼理论中，作为检察机关公诉权的核心，求刑权既包括定罪请求权，又包括量刑建议权，对于西方法治国家求刑权的考察也概莫能外。无论是在刑事法律的立法规定上，还是在刑事诉讼的司法实务中，我国检察官在刑事案件求刑权的行使过程中，凸现的还只是定罪请求权，刑事立法中没有明确规定检察官的量刑建议权，诉讼实践中也没有行使本体意义上的量刑建议权。在检察官自由诉权扩张之视野中，应当对于现状之检察官求刑权予以扩张与规制，设立与现代刑事诉讼适格之检察官量刑建议权，主要包括：一是设置量刑建议权的种类；[③]二是构建量刑

---

① 不起诉制度之内在机能在于通过不起诉权力的行使，唤醒被不起诉人之良知，既达到防治再行犯罪之预防目的，又实现终止诉讼程序、减少诉讼成本之效率追求。我国《刑事诉讼法》在修订过程中，吸纳了当今世界刑事诉讼理论的文明成果，有条件地采用了起诉便宜主义，赋予检察机关一定之起诉自由裁量权。然而，由于规定相对不起诉的范围仅限于轻微犯罪，排除了考虑行为人主观恶性和人身危险性大小而适用不起诉决定之可能性，遏制了不起诉制度中起诉便宜主义之机能发挥。笔者认为，对于不起诉权适用范围之扩大，不仅可以扩大之所有过失犯罪，而且可以扩张之预备犯、中止犯、未遂犯、共同犯罪中之从犯，以及自首犯、有重大立功犯等，甚至可以取消 1996 年《刑事诉讼法》第 142 条第 2 款关于相对不起诉规定中的“犯罪情节轻微”的限制，进一步扩张相对不起诉权之适用范围。

② 检察机关的起诉自由裁量权主要应当包括不起诉权与刑罚豁免权。所谓刑罚豁免权，是指检察官为了获得某种重要证据，而免除证人因作证而可能被定罪的权力。检察官的这一自由裁量权广泛存在于建立污点证人制度的国家。我国刑事法律虽然没有赋予检察机关对于污点证人之刑罚豁免权，但是在检察工作实践中，对于共同犯罪案件、行贿受贿等对合犯罪案件之侦查活动中，检察人员为了获取首犯、主犯更重要的犯罪证据，往往对从犯、胁从犯等污点证人给予一定的刑罚豁免，或不予起诉，或对审判机关提出从轻、减轻处罚的量刑建议。綦江虹桥垮塌案件中，检察机关对于给被告人林世元行贿的费上利的不起诉处理即是明证。笔者认为，从构建我国控辩协商制度的总体要求出发，与其放任检察官没有根据地行使这种刑罚豁免权，实不如通过立法变动和制度构建的方式予以正式确认和规范。从自由裁量权意义上讲，辩诉交易权是检察官对于犯罪行为的选择起诉权；刑罚豁免权是检察官对于犯罪人的选择起诉权。

③ 根据量刑建议的具体内容，量刑建议权可以区分为概括性量刑建议权、相对确定性量刑建议权和绝对确定性量刑建议权三类。概括性量刑建议权即对于被告人刑罚的适用给予概括的量刑建议，量刑建议的幅度最大，如直接适用《刑法》某一条款或在刑法法定量刑幅度内给予概括的量刑建议，例如在法定刑“十年以上有期徒刑、无期徒刑或者死刑”内，提出“十年以上有期徒刑、无期徒刑”的量刑建议。相对确定性量刑建议即对于被告人刑罚的适用给予在刑法法定量刑幅度内的一个进一步相对幅度的量刑建议，例如在法定刑“三年以上十年以下”内，提出“六年以上九年以下”的量刑建议。绝对确定性量刑建议即对于被告人刑罚的适用在刑法法定量刑幅度内给予直接确定的量刑建议，如适用死刑或适用十年有期徒刑或给予免于刑事处分等。检察官在行使量刑建议权时，选择使用哪一量刑建议种类，由检察官视案件情况自由裁量。

建议权的行使阶段；[①] 三是规定量刑建议权的行使方式。[②]

从以上中国检察体制改革有关检察官自由诉权扩张之内容看，在中国刑事司法体制的框架之下，无论中国检察官的自由诉权如何扩张，均不可能赋予出庭公诉人以自主退庭之权利。

四、行业处分还是程序制裁：慎视公诉人自主退庭之法律后果

现代诉讼模式被动性的特点，决定了审判的开启必须有诉讼的提起，在公诉案件中，必须有行使公诉权的检察机关提起诉讼，审判程序才能启动，公诉权是国家主动对犯罪进行追诉的权力，即国家在刑事诉讼中行使诉权，是国家以法律形式赋予检察机关的，代表国家并依照法律规定所行使的诉权，检察机关通过审查决定起诉，提起公诉和支持公诉行使公诉权。[③] 从公诉权的法律属性上看，公诉权是国家以法律的形式赋予检察机关的一种权力，而出庭支持公诉的检察官则实际行使这项权力。检察官在法庭审

---

① 检察官的量刑建议在哪个诉讼阶段提出，是在向审判机关提起公诉时提出，还是在庭审中法庭调查结束、法庭辩论阶段提出，有不同的见解。有人主张量刑建议权应当在法庭辩论阶段行使，主要理由是案件事实、证据和有关情节经过法庭调查和举证质证后才被查清，在法庭调查结束后提出量刑建议才有事实基础。同时，在此阶段提出量刑建议，也表明检察机关对于量刑建议权行使的慎重。笔者主张检察官的量刑建议权应当在检察机关审查起诉阶段结束、向审判机关提起公诉时行使，主要理由是：第一，量刑建议权与定罪请求权一样都是求刑权的一种，在提起公诉时一并行使，保持了求刑权行使的完整性，构成一项完整的诉的指控。第二，检察机关的起诉书是国家审判活动启动程序，在我国刑事诉讼对于被告人定罪与量刑程序一体的诉讼机制下，检察机关不能人为地将其分割为定罪与量刑两个程序阶段。第三，从控辩对抗的刑事诉讼原理看，无论控方之定罪证据还是量刑证据，都必须给予辩方一定之质证与抗辩准备时间。如果检察官的量刑建议可以在法庭辩论阶段才提出，等于剥夺了被告人及其辩护人的质证权与抗辩权，这是不符合控辩平等对抗机理要求的。

② 求刑是检察官对案件评价的最集中的表示，日本《刑事诉讼法》叫论告结论。作为检察官的结论性意见，量刑建议既要符合罪责刑相适应的原则精神，也要综合考虑如何更好地体现刑事政策；既要追究被告的罪责，又要考虑到为被告人今后的改善或更生创造有利条件。检察官行使量刑建议权的范围，不仅包括主刑，同时也包括附加刑。量刑建议应当有具体的刑名、刑期、金额、没收物、价格等的明示。另外，如果检察官认为适用缓刑对改造被告人更为有利，也应当在量刑建议中明确提出。笔者认为，量刑建议应当在检察机关的起诉书中，以书面方式提出。

③ 单民、杨诚：《中外刑事公诉制度》，法律出版社 2000 年版，第 11 页。

理的过程中，中途退庭，造成法庭审判由于控诉方的缺席而无法得以进行下去，也是对国家赋予权力的滥用和对职责的放弃，对于这一行为在性质上如何认定，以及由此产生何种法律后果，现行法律条文没有明确的规定，学界基本上有以下两种观点：一种观点认为检察机关中途退庭的行为可以比照民事诉讼法关于撤诉的规定处理。1991 年《民事诉讼法》第 129 条规定："原告经传票传唤，无正当理由拒不到庭的，或者未经法庭许可中途退庭的，可以按撤诉处理……"根据民事诉讼法原理，当事人撤诉是基于当事人所享有的撤诉权，撤诉权是当事人所享有的一种诉讼权利，受当事人自己的支配，依处分原则，当事人在法律允许的范围内，可以行使撤诉权。刑事诉讼的当事人也享有诉权，享有诉的处分权，虽然检察机关行使追诉权旨在维护国家和社会的整体利益，但并不能因此而具有高于辩方的诉讼地位，未经法庭许可，中途退庭，破坏了法庭秩序，损害了法庭的尊严，应当受到一定的制裁，按撤诉处理可以认为是对行为者的一种程序性制裁。

与之相对的另一种观点认为，对于检察官的这种行为，只可归于滥用职权，对其给予相应的纪律处分和惩戒，视为其个人的行为，而不能推论出是检察机关作为国家公诉人的意志体现。刑事诉讼与民事诉讼最大的区别在于刑事诉讼的诉讼标的——刑事案件涉及犯罪与刑罚问题，事关国家刑罚权的实现，因此，作为国家公诉权行使代表的检察官其处分权受到严格的限定，只限于法律的明文规定，对于法律没有明确规定的，检察官不享有处分权，因此不能按撤诉处理，而且如果将其行为按撤诉处理，会导致在实践中放纵犯罪。

笔者赞同第一种观点，按照"检察一体"的原则，检察官提起公诉，出庭支持公诉时不是以个人的身份，而是以国家公诉人的身份，以检察机关的名义进行活动和发表意见，而且对抗式的庭审模式要求控辩双方地位平等，原则上不认为公诉人的诉讼地位高于其他当事人，因此，公诉人在未经法庭许可的情况下中途退庭，理应视为检察机关的行为。作为诉权享有者的公诉人亦享有对于诉的处分权，对于其基于意思自治的权利处分，理应产生相应的法律后果。至于有学者批评说如果按撤诉处理，会在实际上放纵犯罪，笔者认为此理由并不充分，法院做出按撤诉处理决定后，只是视控方放弃了诉讼权利，而实质权利并未放弃，因为法院按撤诉处理后，控方仍可以再行起诉，既不会放纵犯罪、危害国家、社会利益，又可以对检察官的擅断行为在法律上给予一定的制裁，维护法庭与法律的尊严。从另外一个角度看，学界以及司法界对于辩护人未经法庭许可擅自离庭的行为视为辩护权的自动放弃显然没有争议，那么，对于检察官未经法庭许可中途退庭的行为按照撤诉处理，则亦应在情理与法理之中，也唯有如此，才是对控辩平等理论的法律尊重。不可忽视的是，近年来，立法变动与刑事司法改革均涌动着检察权扩张的趋势，笔者在本文中无意论及在中国不可逆转地走向法治化的进程中，在立法机关试图努力构造刑事诉讼控辩平衡模式的过程中，在中国的刑事辩护就像冰雪路上的行车人一般，正在战战兢兢、忐忑不安、苦苦寻求路径的行程中，刑事检察权的扩张是利大于弊，还是弊大于利，仅对于已经出现的检察官擅自退庭行为，如果不加以法律规制，任其自流，其种种弊端，绝不是危言耸听。

五、结论：公诉人擅自退庭应按撤诉论①

检察官作为公诉权的行使者，代表国家行使刑事案件的追诉权，就已经查明的犯罪事实为理由，对被告主张刑罚权，请求法院审判。在庭审过程中，检察官未经法庭许可中途退庭行为的性质应当如何认定乃至能引发何种法律后果？

在我国，关于检察官在刑事审判中的诉讼地位问题一直为学者所关注。1999年《宪法》第129条规定："中华人民共和国人民检察院是国家的法律监督机关。"明确规定了检察官法律监督者的地位。通常的观点认为，检察机关在刑事审判中具有控诉与审判监督双重职权。检察官在审判中不仅作为国家公诉人，承担着

① 本部分原载《法制日报》2003年9月25日。

控诉犯罪的职能，而且作为法律监督者，对法庭审判活动实施监督，检察官的双重角色决定了他不是诉讼当事人，他的诉讼地位也高于被告人。对此，笔者不敢苟同。检察机关虽然居于法律监督者的宪法地位，但它在刑事审判中担当的诉讼角色只能是公诉人，并以此为基点对法庭审判进行监督和制约，检察机关的宪法职能与其诉讼职能应当加以严格的区分，我们不能以检察机关实施法律监督为由，即认为它在刑事审判中承担一种对立于控诉职能之外的法律监督职能，原因主要在于检察机关作为提起控诉的一方具有强烈的追诉倾向与作为一般法律监督者所必须具有的中立性、超然性相悖。一方面，检察官如果同时承担法律监督和控诉职能，必然会造成诉讼职能的冲突。在司法实践中，公诉人以“法律监督”之名，行凌驾辩护人之实的现象时有发生，必然打破控辩双方的平等关系，造成对辩方权利行使的伤害。另一方面，检察官如果拥有法律监督者的诉讼地位，那么他自己进行的侦查、起诉和支持公诉的活动，由谁来监督呢？检察官行政组织的一体化必然导致控诉职能与监督职能的集中。因此，我们认为，检察官在刑事审判中是以公诉人的身份参与审判，他与被告人及其他诉讼参与人的诉讼地位是平等的，通过行使控诉职能与辩方进行举证、质证、论证的活动；检察官作为公诉人，有权对法庭审判活动进行监督，但这种监督是他基于公正的追诉犯罪这一角度对法官进行的制约和平衡，而没有任何特殊性和独立性。检察官在刑事审判中所处的公诉人地位事实上已经包含控告者和司法官的双重身份，而公诉人与辩方诉讼地位的平等则是对抗制下的庭审模式存在的基础。

现代诉讼模式被动性的特点，决定了审判的开启必须有诉讼的提起，在公诉案件中，必须有行使公诉权的检察机关提起诉讼，审判程序才能启动。从公诉权的法律属性上看，公诉权是国家以法律的形式赋予检察机关的一种权力，而出庭支持公诉的检察官则实际行使这项权力。检察官在法庭审理时中途退庭，造成法庭审判由于控诉方的缺席而无法进行，也是对国家赋予权力的滥用和对职责的放弃。对于这一行为在性质上如何认定，以及由此产生何种法律后果，现行法律条文没有明确的规定。笔者认为，检察机关中途退庭的行为可以比照民事诉讼法关于撤诉的规定处理。1991 年《民事诉讼法》第 129 条规定：“原告经传票传唤，无正当理由拒不到庭的，或者未经法庭许可中途退庭的，可以按撤诉处理……”根据民事诉讼法原理，当事人撤诉是基于当事人所享有的撤诉权，撤诉权是当事人所享有的一种诉讼权利，受当事人自己的支配，依处分原则，当事人在法律允许的范围内，可以行使撤诉权。刑事诉讼的当事人也享有诉权，享有诉的处分权，虽然检察机关行使追诉权旨在维护国家和社会的整体利益，但并不能因此而具有高于辩方的诉讼地位，未经法庭许可，中途退庭，破坏了法庭秩序，损害了法庭的尊严，应当受到一定的制裁，按撤诉处理可以认为是对行为者的一种制裁。

按照“检察一体”的原则，检察官提起公诉，出庭支持公诉时不是以个人的身份，而是以国家公诉人的身份，以检察机关的名义进行活动和发表意见。对抗式的庭审模式要求控辩双方地位平等，原则上不认为公诉人的诉讼地位高于其他当事人。因此，公诉人在庭审时是履行检察机关的职责，在未经法庭许可的情况下中途退庭，理应视为职务行为。作为诉权享有者的公诉人亦享有对于诉的处分权，对于其基于意思自治的权利处分，理应产生相应的法律后果。至于有学者批评说如果按撤诉处理，会在实际上放纵犯罪，笔者认为此理由并不充分，法院做出按撤诉处理决定后，只是视控方放弃了诉讼权利，而实质权利并未放弃，因为法院按撤诉处理后，控方仍可以再行起诉，既不会放纵犯罪，危害国家、社会利益，又可以对检察官的擅断行为在法律上给予一定的制裁，维护法庭与法律的尊严。从另外一个角度看，学界以及司法界对于辩护人未经法庭许可擅自离庭的行为视为辩护权的自动放弃显然没有争议，那么，对于检察官未经法庭许可中途退庭的行为按照撤诉处理，则亦应在情理与法理之中，也唯有如此，才是对控辩平等理论的法律尊重。

辩护律师的光荣与梦想

律师的五重境界[①]

我国的律师，多数是把律师当作一份工作或者一类职业，把律师当作一个饭碗以及作为事业追求的人都还是少数。这与民众和当事人对于律师的认识有所不同……由此看来，中国律师事业的发展尚任重而道远。

律师在法治发达国家和医生一样，是一个被普遍认可的具有较高社会地位的职业。但是，在我国，律师是什么？有学者一针见血地说，律师是一个看起来很美、说起来很烦、听起来很富、做起来很难的职业。因为，律师这个职业在中国没有传统文化背景，缺少制度文化基因。长期以来，有一些官员始终对律师存在误读，社会有一些人员一直对律师存在误会，一些律师对自身定位也心存误解。

关于中国律师的定位，近年来，我先后提出了“车轮说”“木桶说”“准入说”“平衡说”。但是，在最近的一次关于司法改革的高端研讨会上，我诧异为何没有律师界的代表，有人则说“请律师干什么？”。难道国家的法治建设与律师不相干？

其实这些年，我经常听到有人在问或者在说，我也经常思考，律师是一个饭碗？是一份工作？是一类职业？是一种专业？还是一项事业？我认为，这是做律师的五重境界。

① 本部分原载《法制日报》2013年3月20日。

律师是“一个饭碗”？

此前中国百年及其当下，把律师当作或者看作一个饭碗者不乏其人。他们认为，做律师就是为了赚钱，为了衣食住行，谁给钱就为谁说话；谁给钱多就为谁说话。为了赚钱，甚至可以不择手段。这是目前社会中多数人对律师的看法，也是一些律师的实际行为。1996 年我国《刑事诉讼法》修改引入对抗制后，诉讼风险加大，不乏律师“翻船者”，多为此类。我认为，此类律师，愧为律师，人们对律师的评价不应以此为论。

律师是“一份工作”？

工作的目的可以是为了谋生，也可以不是为了谋生；可以是为了证明自己，也可以是退而求其次的无奈选择。从谋生或者证明自己意义上看，律师应当辛勤工作，积极努力；反之，就是把做律师当作一份工作而已。有人希望做五年律师就“五子登科”，解决车子、房子、妻子、孩子、票子的问题，这些就是从谋生或者为了证明自己意义上讲的。我认为，以此境界定位的律师是不称职的律师，人们对律师作此境界的认识是肤浅的、偏颇的。

律师是“一类职业”？

作为一种职业，其定位必然具有时代的特征，我国律师从 1980 年颁布的《律师暂行条例》中是“国家法律工作者”的定位，到 1996 年颁布的《律师法》中“为社会提供法律服务的执业人员”的定位，再到 2007 年修订的《律师法》中“为当事人提供法律服务的执业人员”定位，就充分说明了这一点。如果把律师当作或者看作一种职业，则律师就像法官、检察官、警察、教师等职业一样，要有其恪守的职业道德、职业规范和职业评价体系。这应该是律师更高一层的境界。但是，我认为，仅仅当作“一种职业”认知的律师，水准显然还不够高，境界显然还不够远，只能是一般的律师；而社会、民众等对律师这种境界的认识，从视野上讲，也只能算中距离的。

律师是“一种专业”？

《现代汉语词典》中关于“专业”的解释是“专门从事某种工作或职业的”。专业是需要特殊的智力来培养和完成的、能够提供专门性社会服务的一种专门技术职业。所谓“术业有专攻”“革命分工不同”就是在该语境之下而言的。律师的核心特征就是具备必需的法律专业知识，而且这种专业知识的积累与运用必须通过国家司法资格考试并获取执业资格证书，而没有通过司法考试或者虽然通过了司法考试但没有取得律师执业资格证书的人是不能成为律师的。这就是律师的专业性和不可替代性。当然，律师的专业性还体现在对专业知识更新的及时把握及法律知识转化为实践的灵活运用。我认为，只有把律师当作或者看作一种专业，才能成为一名优秀的律师。

律师是“一项事业”？

《易经》有云，“举而措之天下之民，谓之事业”。相对于工作、职业、专业而言，事业是一个最高层次的概念。事业是由职业人自己确定的人生目标和理想，是一个人愿意为之奋斗一生的目标追求，无论待遇高低、环境好坏，无论荣辱、顺逆，都将义无反顾、坚持不懈。如果把律师当成一项事业，把自己的律师事业与中国律师事业的发展以及中国法治事业的发展作为自己的理想追求，这就是律师的最高境界。

我国的律师，在一个饭碗、一份工作、一类职业、一种专业、一项事业的五重境界中，多数是把律师当作一份工作或者一类职业，把律师当作一个饭碗以及作为事业追求的人都还是少数。这与民众和当事人对于律师的认识有所不同。民众更多地认为律师就是一个饭碗或者一份工作；当事人则更多地认为律师是一类职业或者一种专业；而无论民众还是当事人包括国家工作人员，极少有人认为律师是一项事业。由此看来，中国律师事业的发展尚任重而道远。

律师是“社会正义的工程师”？[①]

近年来，诸多学界同人在忙着做的一件事情是为律师职业“定位”，而定位的参照系又往往是西方国家那群同样被叫做“律师”的人所处的社会地位。然而，这样一种思路显得太过简单了。“定位”不能解决所有的问题。按照我们习以为常的思维模式，仿佛每个人对自己准确“定位”之后，既可各守本分，社会亦可和谐发展。但实际上，律师的定位并非凭借某种浪漫的理想进行，而是由一系列客观现实条件决定的。比如，有学者称“社会正义的工程师——这就是律师理想的职业形象”，然而，这一上帝式的论断让我仍然充满困惑，其含义究竟如何？这一理想如何实现？如果抛开一系列客观现实情况，仍然无从谈起。依据《现代汉语词典》的解释，工程师是能够独立完成某一专门技术任务的设计、施工工作的专门人员。公、检、法、律作为社会正义的共同守护者，均是履行不同专门职能的工程师。如果仅将律师的职业形象定位为社会正义的工程师，那么，警察、检察官、法官的职业形象就不能定位为社会正义的工程师吗？反之，如果警察、检察官、法官的职业形象也可以定位为社会正义的工程师的话，仅仅指出律师的职业形象是社会正义的工程师又有何意义？况且，律师与工程师是专业技能不同的两种职业，用一种职业形象标准对另一种职业形象作出要求，又有何说服力？

笔者认为，所谓定位，是在一系列现实条件下的定位，其内

① 本部分原载中国法学网，http://iolaw.cssn.cn/zxzp/2007091t20070928_4600402.shtrml，第二作者孙远。

容表现为对一系列相互关系的阐释。

现代法治社会，律师都不同程度地面临所谓“职业道德与社会道德之间的冲突”，在我国这一情况似乎尤其明显。实际上，这种冲突根源于法律与道德之间的永恒对峙。法律与道德之分离是人类通往正义之路上不得不面对的一个现实，也是西方法律传统的一个主要特征。站在纯粹道德的立场上看，法律是不完美的，但又是不可或缺的；而且这种不完美的法律必须借助于一大群人参与其中才能运转，律师便是这一人群当中的一分子。因此，谈到律师的定位时，需要关注的第一个问题是律师与法律之间的关系。

马克思说，法律是法官的圣经。其实，对于包括律师在内的其他法律人而言，又何尝不是如此？律师作为为社会提供法律服务的执业人员，其执业的一个基本前提便是依据法律，律师提供的法律服务构成整个法律体制运行中的一环。

但是，说到律师与法律之间的关系时，还有一个方面也是不容忽视的。那就是，站在律师的角度看，法律不仅是需要律师去贯彻的对象，而且一套成熟、完备的法律对于律师还构成了一种强有力的保护。西方法律传统中，律师普遍都是一个不受世人欢迎的角色，但律师行业却能够在不断的谴责声中逐渐发展壮大。究其原因是律师在提供法律服务的同时，又时刻处于法律的保护之下。这种保护将律师与纯粹道德隔离开来，提高了其面临纯粹道德性批判时的免疫力。

不得不承认，我国现行法律尚不足以为律师提供足够的保护，律师常常发现自己动辄就陷入了“冒天下之大不韪”的境地。其原因在于法律原本就不具有权威地位，当法律都屡屡被嘲讽、被轻视的时候，律师的处境必然举步维艰。从这个角度来看，我们理想中那个以维护委托人利益为目的的律师形象，仍然还是很遥远的，其根源并不在于律师自身，而在于法律。

有学者指出：“律师关注的焦点是委托人的利益，而非社会的公共利益，所谓社会正义的实现，可以留给一只‘看不见的手’去操纵。”但这种论断恐怕太过理想化了，当法律的权威缺失之时，正义的市场上那只“看不见的手”也就失灵了。至少在现阶段，这种完全以对抗制理念为前提的论断是很难照搬到我国的。因此，本文关注的第二对关系是律师与其他法律职业之间的关系。即在现阶段，律师应当以何种方式参与到实现社会正义的事业当中。

律师是所谓“法律职业共同体”中的一个组成部分，这一点已为学界所认同，但是，律师与其他法律职业之间究竟应当是怎样的关系，对于明确律师的定位而言尤其重要。世界各国的诉讼模式存在千差万别。在笔者看来，这种模式的区别实质上无非是各个法律职业之间分工的不同，每一种模式其实质就是一种分工方式。

站在这一角度上看，律师的定位也就并非仅仅一种选择。总体而言，对抗制诉讼模式的前提条件之一，是存在一支历史上形成的强大的律师队伍，因此，更多的工作得以交由律师去完成。而职权主义诉讼则是把更多的责任加给了司法机关，律师承担的工作相对减少。但无论采取哪一种分工方式，最终目的都是一样的，即社会正义的实现，这才是根本。

我国目前司法改革中存在一种危险倾向，是将对抗制诉讼之下的法律职业分工模式当作唯一真理在我国鼓吹，而忽视了客观现实条件的差异。许多律师原本无法完成的任务，被以“加强当事人对抗”“提高诉讼效率”为名赋予了律师。其后果使得律师要么难以有效维护其委托人的利益，要么不惜逾越法律界限，铤而走险。1996 年修订的《刑事诉讼法》，将许多原本由司法机关承担的任务交到律师手中，看似赋予了律师更多的权利，但在实施过程中才发现这些权利都成了“空头支票”，从而造成当事人权利保护的更多真空地带。这是 1996 年《刑事诉讼法》实施十年之后不得不反思的问题。

总之，我国现阶段的律师职业仍然处于逐步发展阶段，它真正所能起到的作用是有限的。在这一条件下，诸如所谓“社会正义的工程师”，所谓“看不见的手”，等等，仍然还只是一种“看上去很美”的理想。我国律师业需要的是来自方方面面的善意且有效的支持与扶助，而非一些激动人心的口号。只有如此，律师所提供的法律服务才是真正有效的。

律师缘何“死磕”？①

> 虽然“死磕”是律师与公安司法机关及其工作人员矛盾升级的一个结果乱象，但是律师“死磕”也着实暴露出了我们制度设计与制度运行中的若干不足……我们必须清醒：法治中国建成是多元合力的结果，“死磕”“磕”不出法治中国。
>
> ——题记

在我国，律师界素有“技术派”（凭业务水平执业）和“艺术派”（凭社交关系执业）之分。近期，又出现了第三派律师——“死磕派”，即律师在办理案件过程中，拒绝与公安司法机关合作，用“死磕”警察、检察官和法官的方式代理或者辩护案件。在职业法曹中，律师既没有官帽，又没有警械，也不吃“皇粮”，只有一张“三寸不烂之舌”，缘何要“死磕”公权力机关和有关人员？这些律师是“逼上梁山”？还是哗众取宠？在全面加快建设社会主义法治国家之当下，如何看待“死磕”现象？“死磕”能否“磕”出一个法治中国？

一、律师“死磕”现象产生的机理

在我看来，律师“死磕”现象是中国司法制度转型时期传统法律文化与现代法治文明及法治建设现实碰撞交织的一种综合反应。

首先，从传统法律文化层面上看，一方面，“耻讼”“厌讼”

① 本部分原载《中国司法》2013 年第 9 期，《法制资讯》2014 年第 4 期转载。

一直是中国古代传统诉讼文化中的核心思想，是相当长的一个历史时期中人们对于诉讼的一种主流观念。封建统治者信奉“刑不可知，则威不可测”。“非讼”是社会的主流追求，“讼则终凶”是民众的一种较普遍的心态。在这样的一种文化氛围下，律师即“讼师”，多不为社会所接受，他们常常被称为“讼棍”，被认为是“挑词架讼、搬弄是非”之徒，是为了谋取私利而“以是为非，以非为是，是非无度”的自私之人。律师的社会地位较低，对于维护当事人的权益作用较小，有的律师甚至连生存之地都难保。注重个人权利保护、追求民主、倡导平等、保护私权等诉讼文化在我国的传播，特别是保障人权，弘扬公平正义的法治理念的不断深入，尽管使得律师的社会地位不断提高，律师的生存条件发生了很大变化，但是，中国律师至今仍然戴着“富而不贵”的帽子。

另一方面，中国古代的审判，一直是由代表统治阶级、地位高高在上的判官来掌控裁决大权的，而且地方官常以百姓的“父母官”自称，也就是说地方官审判百姓的案件就像父母处理子女间的纠纷一样，是可以搞“一言堂”而不允许外人插手的。对抗制的模式进入中国的诉讼制度中，用了几千年的时间，至今还有机体不适应的排异。“卧榻之侧，岂容他人鼾睡”。公安司法机关又怎么容得下犯罪嫌疑人的代言人——律师在自己的“一亩三分地”上指手画脚呢？如此，一方要对公安司法人员办的案件“挑刺”，一方则横看竖看律师不顺眼，出现律师的“死磕”现象也就不足为奇。

其次，从现代法治文明层面上说，当今中国，无论是政界、学界或是实务界，到处活跃着律师的身影。虽然律师的处境发生了巨大的变化，但是还有许多民众和司法人员、政府工作人员依然对律师持有较多的偏见，部分律师的思想上也依然有传统诉讼文化的印迹。他们崇尚公平正义，但始终对中国的司法体制十分不满，横看竖看都觉得司法腐败大行其道；他们呼吁权利保障，但总是对司法程序充满怀疑，觉得公安司法人员总是有意刁难他们；他们追求社会地位，但又一直怀有自卑感，觉得公安司法人员总是高其一等，有着不可逾越的鸿沟。加之中国自古就是一个典型的人情社会，人们解决争端必先考虑一个“情”字，其次是“礼”，再是“理”，最后才是“法”，使得这些律师矛盾的心理更加激烈，导致其对中国法制更没信心，对司法机关不信任，与控审双方的沟通越来越困难，误解也就会越来越多，律师“死磕”公安司法人员也就成为必然。

最后，从法治建设现实层面上讲，虽然中国的法律制度在不断地进步，被追诉人的权利得到保障的越来越多，律师执业环境也越来越好，但是依然存在很多不足，这种不足既表现在立法上，也表现在司法上。例如，法律规定律师有会见权，但是有关部门就是不让律师会见，律师奈何？法律规定律师有查阅、复制、摘抄案卷的权利，但是有关部门就是不让律师阅卷，律师能奈何？法律规定在一些诉讼环节应当听取律师的意见，但是有关部门就是不征求律师的意见，律师又奈何？办案人员随意限制甚至剥夺律师的调查取证权、举证权、质证权，不理睬律师的调取证据申请权等，律师又能奈何？有哪个律师不希望顺顺利利地办理案件？有哪个律师不愿意与公安司法人员融洽相处、彼此尊重、相互支持？有哪个律师愿意“拉下脸”、冒着风险与公安司法人员“死磕”？但是，如果律师在执业中处处碰壁、常常被难，又投诉无果、走投无路，那么，就会不在“被欺负”中忍受，就在“被欺负”中“死磕”。

以上分析中，似乎在说律师“死磕”是“逼上梁山”的无奈之举，但是，我们也应当清楚地看到，有的律师“死磕”却是在哗众取宠，甚至是以“死磕”来掩饰自己知识与能力的不足。这一种“死磕派”律师，早已将当事人的利益置之度外，把自己扮作“正义”的化身，而公安司法机关就是天大的敌人，将一场官司当成了“正义”与“邪恶”的较量。该种“死磕派”律师惯用的方法就是通过网络、博客、微博、微信等“爆料”，“揭露”公安司法机关的“黑暗”，发泄对公安司法人员的不满，博取网民的同情，呼吁民众的支持，赢得案件的胜算或者博得当事人对自己“无能”的谅解。

不可否认，有些“死磕派”律师初衷是好的，他们或许确实就是想牺牲自己，“死磕”对手，以求维护当事人的合法权益，进而维护司法公正，推动中国的法治发展。但是，当律师痴迷于“死磕”时，是否就没有一点“个人炒作”或者“英雄主义”的嫌疑呢？当看到成千上万的“粉丝”对自己的“死磕”行为“叫好”、把自己奉为“正义的化身”时，是否又有那么一点点的虚荣心作祟，让自己无法“停手”呢？

律师是当事人权利的捍卫者，是“民间正义的使者”，适当的与公安司法机关“较真”是必要的。但是，当“较真”发展成“死磕”时，律师的职业发展道路便朝着一种扭曲的方向发展了。如果不加控制，“正义的使者”很有可能就变成了“堕落的天使”。“死磕”只能是律师无奈之下的“可以有”，但不应当是律师与法律职业共同体相关人员的一种常态关系。应当清楚地认识到，“死磕”是控辩关系、审辩关系的一种扭曲，是一种不正常的诉讼状态，是现代司法制度异化和法治文明的悲哀。

二、律师“死磕”法官的司法乱象

如果说，在对抗制的诉讼模式之下，律师与控方“死磕”尚有其合理性与正当性解释，但是，律师与作为中立者的法官“死磕”，却是中国司法制度不应该有的一个“特色”。

1996年《刑事诉讼法》的修改，在扩张辩护权的同时，引起了对抗制。在一些地方，控方对指控风险的防范与忌惮带来了辩护风险的增加，立法变动追求的控辩之间平等对抗异化为司法实践中的非理性对抗，控方以控制会见、阅卷的强权优势限制律师，以律师伪证罪“打压”律师，律师则“死磕”公诉人，于是，一批律师跌入了伪证罪的陷阱，给中国辩护制度的发展带来了历史性的灾难。正因为如此，辩护制度存在的一系列问题成为了本次《刑事诉讼法》再修改的导火索。根据我的观察，在律师“死磕”公诉人等控方的时候，以及围绕着《刑事诉讼法》修改中辩护制度的完善，相当一部分法官特别是学者型法官是与律师的立场基本一致的。

可是，为什么后来又出现了律师不“磕”公诉人而“磕”法官了呢？我认为，主要有三个方面的原因：

第一，近年来，有不少的法院和法官，对律师尊重与协商不足，防范与冷硬有余，甚至在制度上制造了一些不利于双方沟通的隔阂，导致交流不畅，乃至相互猜疑，日积月累，出现“死磕”就不是意外了。

第二，律师与法官同为“法曹人员”，尽管有着共同的教育背景、知识基础及法律思维，尽管有着共同的维护法律尊严和社会正义的价值追求，但是，律师所追求的一方当事人利益的最大化与法官整体评判案件时对法律正义的理解，还是有所不同，甚至冲突的。对此，一些思维与行为极端的律师就有可能试图用“死磕”的方式求得己利。

第三，尽管世界刑事诉讼的第一次革命行政权与司法权的分离和第二次革命审判权与公诉权的分离已经在中国司法制度的建设层面完成，但是，在法律实践层面，行政权对司法权的干预、检察权对审判权的监督以及审判权对公诉权的“本是同根生”的关照，甚至是“护短”，严重影响了法院审判权行使的独立及法官的中立。应该中立的裁判者站到了控方的阵营一边，就难怪作为辩方的律师与其“死磕”了。

律师用“死磕”的方式办案也许能够尝到一两次“胜利”的甜头，但是这对律师成长却有着十分不利的影响，也有违世界刑事诉讼的发展趋势。在我看来，在世界范围内，以控辩合作为主、对抗为辅的刑事诉讼第四次革命已经到来，尤其是在法治中国、平安中国和和谐社会的构建背景下，律师应当有更多的责任担当。“死磕”作为一种司法乱象，是中国律师的悲哀，是中国司法制度的悲哀。

当然，对于律师“死磕”现象的出现，也没有必要大惊小怪。虽然“死磕”是律师与公安司法机关及其工作人员矛盾升级的一个结果乱象，但是律师“死磕”也着实暴露出了我们制度设计与制度运行中的若干不足，“死磕”或许能让我们看到法治中国建设中一些乱象之下更深层次的问题。所以，我们必须清醒：法治中国建成是多元合力的结果，“死磕”“磕”不出法治中国。

律师在法庭上能否保持沉默？[①]

近闻，有律师因为诉求没有得到实现，便在法庭上不发表辩护意见，有人称之为律师“沉默权”现象。

暂且不论律师为什么会在法庭上选择沉默，笔者认为，律师在法庭上拒绝发表辩护意见至少有四大悖论：

第一，有违直接言词原则。

直接言词原则要求庭审过程中的讯问、询问、发问、举证、质证以及辩论、陈述等都必须以言词的形式进行。律师作为职业法律人，出席法庭时，既应当遵守法庭规则，更应当遵循证据规则。律师在法庭上发表意见，不仅是律师的权利，也是律师的义务。如果律师在法庭上都保持沉默，则失去了开庭审理的意义与价值。

第二，有违辩护职责要求。

2012 年《刑事诉讼法》第 35 条规定：“辩护人的责任是根据事实和法律，提出犯罪嫌疑人、被告人无罪、罪轻或者减轻、免除其刑事责任的材料和意见，维护犯罪嫌疑人、被告人的诉讼权利和其他合法权益。”由此可见，律师应当以提出“材料和意见”的方式维护当事人的诉讼权利和其他合法权益。同时，为了保障律师发表意见的职责履行，2012 年《律师法》第 37 条还规定了“律师在法庭上发表的代理、辩护意见不受法律追究。”所以，律师在庭审中发表意见是其职责要求。

第三，不利于法庭查明案件事实，作出公正裁判。

法官中立、控辩平等对抗是现代刑事诉讼的基本结构，而这种对抗正是通过控辩双方在法庭上的言辞辩论实现。如果律师在

① 本部分原载《检察日报》2014 年 8 月 11 日，第 3 版。

法庭上沉默，不发表任何意见，控辩双方也就无法形成对抗，这不仅导致控辩平等的现代诉讼价值难以实现，而且不利于法庭查明案件事实，以便在“兼听则明”的前提下作出公正裁判。不利于维护当事人的合法权益。当事人聘请律师的目的就是利用律师的法律专业知识为自己服务，如果律师在法庭上不发表意见，当事人聘请律师的意义何在？由于法官在诉讼中是中立的、消极的，为了充分维护委托人的诉讼权利和合法权益，律师理应充分表达自己的意见，使法官能够清楚地知道本方的意见，从而争取法官作出有利于委托人的裁判。

第四，不是辩护的上策，也不利于律师事业的发展。

在深化司法体制改革、建设法治中国的背景下，律师应当有更多的责任担当，应当有更多的作为。“律师在法庭上沉默”或许是律师与办案机关及其工作人员矛盾升级的一个结果乱象，或许也暴露出了司法制度设计与制度运行中的若干不足，让我们看到法治中国建设中一些乱象之下更深层次的问题。但是，我们必须清醒地认识到：法治中国建成是多元合力的结果，律师作为中国法治建设中的重要一元，需要贡献自己的力量和智慧，须知，律师在法庭上沉默不是明智之举，“沉默”建设不出法治中国。

刑事辩护的八个学说

学说一　刑事辩护准入说

学说界定

刑事辩护准入说，是我主张并研究多年的建立刑事辩护律师准入制度研究成果统称。我认为，所谓刑事辩护准入制度，是指由国家政府部门或者受委托的行业组织，出于保护被追诉人辩护权有效实现的需要，依法对刑事诉讼活动中提供刑事辩护法律服务的主体资格进行确认、批准、监督和管理，以及建立与之配套的辩护律师收费、培训、考核、退出等机制。[①] 建立刑事辩护准入制度的正当性基础在于实现对被追诉人指控的有效辩护，对刑事诉讼活动中的公权力形成制约，进一步平衡诉讼资源分配，实现司法正义。我关于建立中国刑事辩护准入制度的基本构想是：对刑事辩护主体资格作出限制，规定只有获得刑事辩护专业资格的律师才能承担刑事辩护业务，并规定不同资格的刑事辩护律师分别从事一般案件、重大案件、死刑案件的辩护。[②]

---

① 冀祥德等：《建立中国刑事辩护准入制度理论与实证研究》，中国社会科学出版社 2010 年版，第 7 页。

② 关于该问题的专题研究，详见冀祥德等：《建立中国刑事辩护准入制度理论与实证研究》，中国社会科学出版社 2010 年版。

建立刑事辩护准入制度的理论基础

刑事辩护准入制度应当是刑事辩护制度的基本组成部分，其存在的正当性基础源于刑事辩护制度在刑事诉讼中所发挥的价值。受中国传统文化的影响，私人权利在中国古代政治社会中长期处于被忽视或轻视的状态，公民权利意识淡薄，司法官员在司法活动中漠视被追诉人的权利和要求，被追诉人的权利尤其是辩护权得不到足够的重视。被追诉人在刑事诉讼中地位的低下造成刑事辩护制度的萎缩，刑事辩护准入制度更是一直被排除在司法制度之外，得不到立法者和司法实践者的重视。立法的健全和完善离不开理论研究的推动，深层次的理论研究能够为一项制度的建立奠定坚实的基础，也有利于该项制度在实践中的平稳运行。笔者认为，在我国建立刑事辩护准入制度具有深厚的理论基础。

一、追求公平正义

刑事辩护人通过法律赋予其特殊的角色在发现实体真实和保障程序真实的过程中发挥着独特的作用。从刑事诉讼发现实体真实的途径看，无外乎是通过搜集证据和审查判断证据这两个过程实现的。刑事辩护人的专业知识和业务素质直接影响到其在这两个过程中发挥的作用。第一，在搜集证据的过程中，刑事辩护人的参与有利于增强证据搜集的全面性，保障证据的真实性。从增强证据搜集的全面性来看，尽管中国法律要求司法机关在搜集案件证据时，将利于和不利于被追诉人的证据一并予以搜集。但是司法机关更多关注的是对案件指控的成功，因此司法机关偏向于搜集不利于被追诉人的证据。被追诉人在辩护人的协助下可以根据法律的规定自行搜集对自己有利的证据。从保障搜集证据的真实性来看，刑事辩护人介入案件的侦查、起诉，可以监督司法机关搜集证据的活动。第二，从法官审查判断证据的过程看，刑事辩护人的参与有利于客观真相的揭示，也有利于抑制法官的片面性和随意性。从有利于客观真相的揭示来说，在案件的审理过程中，检察官为了证明犯罪事实的存在及被告人的罪责，提出证据，被告人及其辩护人向法庭提出有利于被告人的证据，双方对所提交的证据进行对质。随着对证据的一一质证，案件的事实本身也逐渐明朗。从有利于抑制法官的片面性和随意性来说，法官在审理案件的时候有一定的自由裁量权，直接听取控辩双方的辩论，有利于形成正确的内心确信。从这个意义上讲，建立刑事辩护准入制度，从进入关口上严卡刑事辩护人的业务素质，是实现刑事诉讼实体正义目标的必然要求。

刑事辩护准入制度对程序正义的实现也有很大的价值。与实体正义主要是一种“结果价值”相比，程序正义追求的主要是一种“过程价值”，主要体现在程序的运作过程中，客观上要求刑事诉讼的参与者富有意义地参与刑事诉讼，法官居于中立、超然地位，控辩双方平等对抗。

首先，对于被追诉人来说，富有意义地参与刑事诉讼的前提是其诉讼权利的充分行使，这在很大程度上依赖于刑事辩护人的辩护活动和辩护人过硬的专业素质。

其次，确保法官居于中立地位，离不开辩护方对审判职能的有效制约。与侦查权、公诉权等所有的公权力一样，在缺乏有效监督机制的环境下，审判权同样会突破权力界限，脱离权力设计的初衷，损害司法公正。刑事辩护人是在审判程序中制约审判权的一种重要力量，其参与到刑事诉讼中的这个事实本身就意味着审判权受到一定程度的限制。

最后，控辩双方平等对抗要以强大的辩护力量为基础。平等武装、平等保护、平等对抗、平等合作是控辩平等的基本内容，要求在立法上赋予控辩双方平等的诉讼权利和攻防手段。然而，要真正实现控辩平等，实现控辩双方平等武装、平等保护、平等对抗及平等合作，离不开专业的刑事辩护人的参与。刑事辩护人是被追诉人实现辩护权的重要协助方，其个人素质、专业知识水平无疑关乎辩护方力量的强弱。

二、有效制约权力

“绝对的权力会导致绝对的腐败，权力与腐败是一对双生子。”[1]“权力是毒药”，这剂“毒药”不仅会弄瞎人们的道德慧眼，而且还会腐蚀和摧毁人们的道德心智。它使自古至今一切有权力的人都没有能够逃脱滥用权力这一万古不变的人类历史经验。无论是立法权，还是行政权、司法权，只要权力运行超出法律为其设定的程序轨道，权力则必然滥用，权力与权利间的冲突即不可避免地发生。

司法权滥用主要体现为权利资源再分配的非公平性上。诉讼公平、公正是司法权的真理，司法权的本质是为了解决权利冲突而设置的权利救济平台，法官必须确保正确的一方当事人在法院这一“法律帝国的首都”讨回公道，找回失去的权利，这是权利冲突各方最终公正较量并予以消弭矛盾与冲突的神圣殿堂。所以，司法权滥用就可能使法官成为一方的当事人，进而使权衡权利的天平发生倾斜而致权利再次分配上的不公正现象出现。司法权滥用所导致的权利侵害莫过于使公民对法律的公正精神失去信心，法律无从被人信仰。

国家公权力在刑事诉讼的各个阶段都有所渗透，从侦查阶段的侦查权到起诉阶段的检察权，再到审判阶段的审判权直至刑罚执行阶段的行刑权，国家公权力无所不在。国家公权力所及的地方就是公民权利容易受到侵犯的地方，可以说，在整个刑事诉讼的进程中，公民的权利时时刻刻面临着受国家公权力侵犯的危险。在刑事诉讼中，控诉与审判分立是国家公权力的内部制衡，而辩护制度则是对国家公权力的外部制约。辩护制度是刑事司法制度民主化的重要标志，其存在意味着被追诉人及其辩护人可以向国家专门机关提出异议，防止国家专门机关权力滥用，维护自身合法权益。决定一个被追诉人是否应被认定有罪、应受到惩罚，控

---

① 范进学:《权利冲突与权利滥用》，载《法制日报》2002 年 3 月 18 日。转引自程滔:《辩护律师的诉讼权利研究》，中国人民公安大学出版社 2006 年版。

诉方必须提供证据，而被追诉人享有充分的辩护机会，这是程序公正的基本要求。

在现代控辩对抗式的刑事诉讼结构中，辩护方是不可或缺的。如讯问被追诉人时辩护律师有权在场是世界大多数国家的立法通例，这对维护被追诉人合法权益有重大作用。作为控方的侦查机关应受到被追诉人和辩护人的制衡，同时作为独立公正一方的法院应通过司法审查加以监督。从该意义上讲，一方面，要建立起侦查权与司法审查活动的连接；另一方面，要发挥律师在侦查过程中的辩护作用。

在国家法治生活中，律师以其特有的专业技术和知识而成为制约国家公权力的一支重要力量，这是律师制度产生的法理学基础之一。律师制度设计的初衷决定了律师担负着制约、抗衡国家公权力的神圣使命，特别是在国家公权力介入较多的刑事诉讼中，辩护律师的参与能够有效制约国家公权力，降低被追诉人的权利受到非法侵犯的风险。辩护律师可以借助法律所规定的诉讼规则，有效预防侦查、公诉、审判中的违法行为。认真负责、积极热心的辩护律师是自由的最后堡垒——是抵抗气势汹汹的政府欺负它的子民的最后一道防线。[①]辩护律师的参与能够有效制约国家公权力，维护司法公正，降低被追诉人的权利受到非法侵犯的风险。

为了保证律师有效实现其制衡国家公权力的职能，就需要赋予其必要的权利和资源，而权利的行使和资源的使用都离不开特定的主体。为了保证权利得到有效行使，资源得到有效利用，客观上必须保证律师的专业素质和水平，这正是建立刑事辩护准入制度的正当性之所在。

此外，随着社会分工的逐渐精细化和法律法规的日益复杂化，刑事诉讼的专业化程度和复杂程度也逐步增强。相应地，社会对刑事诉讼中制衡国家公权力的重要力量——辩护律师的要求也越

① ［美］艾伦·德肖维茨：《最好的辩护》，唐交东译，法律出版社1995年版，第482页。

来越高。设置刑事辩护门槛，对从事刑事辩护的主体在专业知识、职业技能和职业道德等方面设定严格的准入条件，就成为刑事诉讼中制约国家公权力的必然要求。

三、实现刑事辩护专业化

从社会学角度看，刑事辩护准入制度在明确辩护律师角色定位、建立社会对辩护律师的职业信任、实现刑事辩护专业化、提高刑事辩护质量乃至促进司法公正方面都有重要作用。更进一步，要实现刑事辩护专业化，必须首先树立对辩护律师正确的角色定位，其次建立辩护律师职业信任，而这都需要刑事辩护准入制度的深度参与。

就前者而言，辩护律师的角色定位是指辩护律师在刑事诉讼结构中所处的地位和发挥的作用。然而，新中国成立以来，律师角色却没有得到一个清晰的定位，律师地位也始终没有得到社会应有的认可。究其原因，一方面是新中国成立以后很长一段时间，一直以行政权力为社会政治生活的重心，法律和司法在国家制度中处于仆从的地位；另一方面，也与律师群体对于自身角色的社会定位有很大关系。当律师把自己定位在“打官司、挣饭碗”的一个水平线上时，律师自身既没有职业的尊崇感，则社会也就无法给予律师职业以应有的尊重。[①]从应然的角度讲，现代法治社会对辩护律师的角色定位是，辩护律师是被追诉人行使其辩护权的帮助人，应该从被追诉人的利益出发，最大限度地维护当事人的权利。律师应当主要成为私权利的维护者，即在现行法律规定的框架下，依法最大限度地维护委托人的利益。刑事辩护准入制度正是基于这样一种角色定位提出的。为了使辩护律师扮演好其在法治社会中应扮演的角色，刑事辩护准入制度通过设置必要的准入条件，对辩护律师应具备的条件和掌握的技能提出了明确的要

① 谢佑平、闫自明:《律师角色的理论定位与实证分析》，载《中国司法》2004年第10期。

求，有利于辩护律师对自身树立起正确的角色认知，辩护律师由此知道自己应该具备哪些条件，如何行为才能充分扮演好社会所赋予他的角色，从而按照正确的角色期待去要求自己、磨炼自己和塑造自己，表现出相应的规范化行为模式，使自己成为受欢迎的人。同时，这种准入条件的设立也确立了社会公众对辩护律师的角色期待和认知，有利于社会公众按照这个角色期待和认知去监督辩护律师的行为。

就后者而言，刑事辩护事关被追诉人的切身利益，而要最大限度地保障该利益就需要被追诉人与辩护人双方的共同努力，这种共同努力的基础是"信任"。从此种意义上讲，如果辩护人与被追诉人之间的信任关系缺失或者不牢固，他们双方就不能在与控方的对抗中形成合力，也就无法对被追诉人的合法权益进行有效保护。辩护人要取得被追诉人的信任，必须完全代表被告人的利益，根据法律来为被告人进行无罪或罪轻的辩护，不能实施任何不利于被追诉人、可能使被追诉人承担任何不利后果的行为。从我国目前的现实来看，犯罪嫌疑人、被告人对辩护律师的信任度越来越低；社会公众认为刑事辩护的作用越来越小。究其原因，有立法的问题，有司法的问题，也有律师自身的问题。辩护律师业务不精，辩护方式古板，方法陈旧，刑事辩护无新意，辩护意见谈不到关键要害上，加上实践中还有少数律师有不同程度地违反职业道德行为，使得越来越多的被追诉人对辩护律师的信任度也越来越低。刑事辩护准入制度旨在通过设置科学的进入机制将业务不精、品质不好的人排除在刑事辩护队伍之外，确保刑事辩护队伍高度的专业性和纯洁性，并且通过必要的监督机制有效监督辩护律师的行为，如果辩护律师所提供的辩护质量不合格或者有违反职业道德等行为，就有相应的惩戒机制和退出机制。这种制度的设立有利于提高辩护律师建立和维护信誉的积极性，有利于从法律制度上建立起社会对辩护律师的信任。

当然，建立刑事辩护准入制度的根本目的还是要实现刑事辩护专业化。"专业化"是一个社会概念，其含义是指一个普通的职业群体在一定时期内，逐渐符合各专业标准、成为专门职业并获得相应的专业地位的过程。

自从人类社会出现了各种职业后，各种职业之间的高低及贵贱之别就成为人类社会中的普遍现象。到17世纪，在欧洲，部分职业群体更从诸多职业中分化出来，被社会认可为“专业”。一方面，那些被社会认可为“专业”的职业群体对社会有不可或缺的功能，社会赋予从业人员极大的责任并提出了很高要求；另一方面，从业人员在掌握专业知识和技能、履行社会职责过程中要花费更多的社会必要劳动时间，因此专业群体拥有更多的社会地位资源。如权力、工资、晋升机会、发展前途、工作条件、职业声望等，换言之，能占据社会分层的中上层。因此，对于一些新兴职业来说，其专业化的过程就是提升职业群体社会地位的过程。

霍尔提出了专业化过程的若干构成：清楚地定义专业的功能；掌握理论知识；解决问题的能力；实际知识的运用；为维护前途而进行超越专业的自我提高；在基本知识和技术方面的正规教育；对能胜任实践工作的人授予证书或其他称号；专业亚文化群的创建；用法律手段强化专业特权；公众承认的独特作用；处理道德问题的道德实践和程序；对不符合标准行为的惩罚；与其他职业的关系；对用户的服务关系。①

伴随着现代社会的发展，社会生活日趋丰富而复杂，由此导致社会专业化分工越来越精细，各行各业对专业知识、专业技能的要求也越来越高，律师行业的发展也体现出这一社会趋势。

在我国，从20世纪80年代到90年代，律师的业务领域已从传统的代理诉讼发展到诉讼与非诉讼并重，从单纯的民事代理、刑事辩护迅速扩展到参与企业、政府乃至个人的决策、解答法律咨询、参与争端的调解与仲裁等社会生活的各个过程，从传统的民事、刑事领域普及经济、行政等各领域，特别是新兴的金融、证券、房地产、知识产权、社会保障等领域，更是备受律师们的

---

① 参见《教师专业化发展的概念参考》。

青睐。随着律师业务领域的不断拓宽，律师的职能也必将发生一个新的转变，即由通用型向专门型方向发展，由多项全能向一专多能方向发展。一个人的能力和精力都是有限的，在现代社会复杂的行业分工面前，每个人都不可能做到面面俱到、行行精通，因此只有专业化，才能保证高质量和高效率。

在国外，在适应现代社会高度发达的社会分工方面，许多国家的律师行业根据具体的情况形成了各有特色的做法。如英国很早就形成了诉状律师与出庭律师之分工，出庭律师特别是辩护律师享有极高的社会声望；而在美国企业化经营的律师事务所里，律师更是按照自己的特长而形成不同的专业分工。当前，我国的社会发展对律师的专业化分工要求也日益突出，就刑事法律方面来说，我国 1979 年《刑法》全部条文只有 192 条，而 1997 年修订后的新《刑法》条文已多达 452 条，448 个罪名。特别是经济领域犯罪的罪名增加了很多，再加上陆续颁布的有关立法与司法解释，刑法的规定日益缜密，作为律师若不将主要精力放在深入学习钻研上，就无法适应《刑法》发展的需要，无法胜任刑事辩护工作，这种需要就是专业化发展的需要。

在我国，取得律师执业证之后，律师可以从事民事、刑事、行政等各个领域的法律业务，没有任何限制。一些律师不分专业，“眉毛胡子一把抓”，什么业务都做、什么案件都接，造成面面俱到、样样不精的状况。

如果按照我国现行《刑事诉讼法》第 33 条的规定，任由律师以外的人民团体或者犯罪嫌疑人、被告人所在单位推荐的人以及其监护人、亲友担任辩护人，刑事辩护的专业化就只能是空谈。

刑事辩护准入制度的建立正是加强刑事辩护专业化的一个重要举措，至少包括：准确界定刑事辩护专业功能；法定律师辩护人地位；制定辩护律师执业标准；考核辩护律师能力水平；建立辩护律师职业规范与纪律；惩戒辩护律师违规行为；完善辩护律师职业培训与继续教育等。

建立刑事辩护专业资格的法律思考[①]

刑事辩护制度是律师制度的起源。古希腊、古罗马时期的辩护制度，欧洲中世纪的辩护制度，都是其律师制度的起源。我国法制史现有史料表明，周朝的刑事诉讼中，司法官吏审判案件，已有察听“辩护人”意见后再定罪量刑的记载。通观中外律师制度史，不难看出，律师制度中对刑事辩护制度的规定更规范，诉讼当事人中对辩护人的要求更严格。例如英国律师就分为诉状律师和出庭律师，诉状律师只能拟制诉状或有关法律文书，对当事人进行法律指导；出庭律师负责出庭辩护，特别是在高等法院进行刑事诉讼，必须有此资格的律师才能出庭，而要取得这种律师资格，必须要经过严格培训和考核。我国清朝的《大清刑事诉讼律草案》也有明确的“原则上非律师不得为辩护人”的规定。由此可见，古今中外之律师制度，对刑事辩护律师都是有特定而严格的专业资格要求的。

一、建立刑事辩护律师专业资格制度的重要意义

据统计资料显示，1980—1995 年上半年，全国律师承办的刑事案件 248 万多件，占律师同期办理诉讼案件的 40% 左右；1993—1997 年，全国律师办理的刑事案件增加了 200 多万件，但所占比率却下降为 30%。1997 年《刑事诉讼法》修改后，刑事辩护案件明显急剧下降，不少律师事务所干脆取消了刑事辩护业务，一大批原来从事刑事辩护的律师也拒绝办理刑事案件，与之相对应的是，在目前尚有的刑事辩护律师中，初出茅庐的律师占有了相当的比例。刑事辩护本来是对一个律师综合素质要求极高的业务，反而成了新律师登场实习练兵的业务。他们由于素质和能力

① 本部分原载《中国律师》2001 年第 2 期，第二作者王春光。

的欠缺，辩护缺乏应有的力度和深度，动辄就是“初犯、偶犯、认罪态度好”的辩护三段论，个案极少有鲜明而犀利的观点，辩护意见很少被审判机关采纳，此已在司法实践中留下诸多遗憾和笑柄，导致了刑事诉讼的莫大悲哀。种种迹象表明，刑事辩护已成为当前我国律师业务发展中最为薄弱的领域，存在着十分突出的问题，集中表现为刑事辩护率降低、辩护质量差，优秀的刑事辩护律师正在流向其他业务领域。此类问题如不采取果断对策加以解决，势必影响我国的司法改革与司法公正的进程，影响依法治国的顺利推进，影响正在蓬勃发展的人权保障事业。

伴随着现代社会的发展，社会生活日趋丰富而繁杂，由此导致社会专业化分工越来越精细，各行各业对专业知识、专业技能的要求也越来越高，律师行业的发展也体现出这一社会趋势。从20世纪80年代到90年代，律师的业务领域已从传统的代理诉讼发展到诉讼与非诉讼并重，从单纯的民事代理、刑事辩护迅速扩展到参与企业、政府乃至个人的决策、解答法律咨询、参与争端的调解与仲裁等社会生活的各个过程，从传统的民事、刑事领域普及到经济、行政等各领域，特别是新兴的金融、证券、房地产、知识产权、社会保障等领域，更是备受律师们的青睐。随着律师业务领域的不断拓宽，律师的职能也必将发生一个新的转变，即由通用型向专门型方向发展，由多项全能向一专多能方向发展。一个人的能力和精力都是有限的，在现代社会复杂的行业分工面前，不可能做到面面俱到、行行精通，因此只有专业化，才能保证高质量和高效率。许多国家的律师行业在适应现代社会高度发达的社会分工方面形成了各有特色的做法，如英国很早就形成了出庭律师与诉状律师之分工，出庭律师特别是刑事辩护律师享有极高的社会声望；在美国企业化经营的律师事务所里，律师们也按照自己的特长而形成不同的专业分工。当前我国的社会发展对律师的专业化分工要求也日益突出，就刑事法律方面来说，我国1979年《刑法》全部条文只有192条，而1997年修订后的新《刑法》条文已多达452条，448个罪名，特别是经济领域的罪名增加了很多，再加上陆续颁布的有关立法与司法解释，《刑法》的规定日益缜密，作为律师若不将主要精力放在深入学习钻研上，就无法适应《刑法》发展的需要、无法胜任刑事辩护工作，这种需要就是专业化发展的需要。事实上，建立专业律师资格制度、形成专门化的律师队伍，在我国已有先例。20 世纪 90 年代，我国的证券业发展迅速，为适应这一社会需要、保障证券业在规范和有序的轨道上顺利发展，1993 年中国证券监督管理委员会和司法部联合颁布了《关于从事证券法律业务律师及律师事务所资格确认的暂行规定》，使证券律师成为我国首个律师需持证上岗的业务领域。经过严格的培训和考试，一批拥有较高证券业务知识和能力的专业化律师进入证券领域，为大、中型企业的股份制改造和股票上市、为股票发行与交易提供了大量高水准的法律服务，为我国证券市场的健康发展作出了积极的贡献。这也从另一个侧面证实了建立刑事辩护律师专业资格制度的必要性与可行性。只有尽快建立刑事辩护律师专业资格制度，才能形成专业化较高的刑事辩护律师队伍，才能推动我国的刑事辩护工作跨上一个新的台阶、刑事辩护质量产生质的飞跃。

二、建立刑事辩护律师专业资格制度的具体设想

（一）实行国家统一的、专门的刑事辩护律师资格考试

要建立刑事辩护律师专业资格制度，形成专业化的、高素质的刑事辩护律师队伍，首先就必须提高刑事辩护律师专业的“门槛”，严格这一专业领域的资格考试制度。严格而专业化的考试制度是现代国家选拔人才、塑造精英队伍的最基本、最有效的手段，精英的层次越高，其资格的取得就越难。我国要提高刑事辩护质量，培养高素质的刑事辩护律师队伍，也必须从改革资格考试制度入手，在我国现有的全国律师资格统一考试的基础上，设立专门的刑事辩护律师资格考试。一般律师要想进入刑事业务领域，就必须下大功夫对刑事方面的法律进行更加系统、深入地学习，才可能通过专门的考试，取得刑事辩护律师资格。严格的专门考试不仅可以从客观上强化刑事辩护律师的专业知识水平，而

且有助于增强刑事辩护律师的职业责任感和精英意识，正因为刑事辩护律师这一资格来之不易，所以刑事辩护律师们会在其今后的从业生涯中对刑事辩护律师这一身份倍加重视和珍惜。对于社会来说，基于严格的专业考试而选拔出来的人更容易取得大众的信任和尊重，这对于提高刑事辩护律师的社会地位和荣誉感，都将十分有益。刑事辩护律师资格考试的具体操作可参照国家关于证券法律业务律师资格考试的规定进行。

（二）严格实习要求，强化实战素质

刑事辩护是最能展示律师水平和风采的地方。刑事诉讼过程中的证据展示、询问证人、法庭辩论，最能考验和体现一个律师的机智与灵敏、毅力与耐心、口才与风度，这是民事诉讼、非诉讼代理等其他律师业务所不能比拟的。因此，刑事案件与其他案件相比，对律师的灵敏度、逻辑思维能力、口才表达能力以及临场发挥能力等综合素质都有更高的要求，由此决定刑事辩护律师资格的取得，不仅要进行严格的专门考试，而且应当结合以严格的实习训练，培养和强化刑事辩护律师的实战能力。我国《律师法》中对通过考试取得律师资格的人尽管也有一定的实习期规定，但实际执行得并不严格，一般实习期满就万事大吉，而对实习效果却无人过问，不需要经过严格的验收。建立刑事辩护律师专业资格制度，必须对上述作法进行改革，不仅要实行严格的、专门化的刑事辩护律师资格考试，而且更应当注重对刑事辩护律师实战能力的培养。西方国家普遍非常重视律师的素质尤其是执业技能，如以英美为代表的普通法系国家，以判例法作为重要的法律渊源，因此法学教育中一向实行判例式教学法，将法律作为一种技能传授给学生，以培养学生分析案例、解决案例，毕业后能够顺利考取律师资格从而开业谋生为目的；以法德为代表的欧洲大陆国家以成文法为唯一的法律渊源（我国也是如此），法学教育中以系统传授法律知识为主而不注重学生实际能力的培养，为弥补这一缺陷，大陆法系国家的律师资格考试中便在笔试之外还有口试部分，一般包括起草法律文件和口头答辩，以考查考生的实际

能力。我国也应当吸收这一有益经验，为此可以规定，通过刑事辩护律师资格考试者，若想取得刑事辩护律师开业执照，必须进行一定期限的实习，实习期间内必须参与一定数量的刑事案件的代理或辩护工作，实习期满后向司法局递交由实习单位鉴定并盖章的实习报告，并由司法局组织专家进行刑事辩护答辩，比如模拟刑事审判，由实习律师进行刑事辩护，待答辩通过，才能颁发刑事辩护律师开业执照。如此才能真正全面保证刑事辩护律师素质的提高，使“文凭律师”转化为“能力律师”。

（三）提高收费标准，形成合理的利益驱动机制

要促成刑事辩护律师整体素质的提高，仅靠建立刑事辩护律师专业资格制度、严格把住刑事辩护律师的入口关还不够，还必须提高刑事辩护的收费标准，增加刑事辩护律师的收入，使其承担的风险、付出的辛苦劳动与其收入形成合理的正比，这样才能改善律师业务领域中不合理的利益驱动机制，使刑事辩护律师能与民事、经济案件律师一样通过自己的辛苦工作获得高额报酬，这是稳定刑事辩护律师队伍、吸引优秀人才向刑事辩护领域靠拢的关键性因素。在一个正常而合理发展的社会中，高付出总是与高收入联系在一起的，高额的报酬不仅反映一个人对社会作出了较大的贡献，同时也是支撑其社会地位的一个重要因素。为此，我们建议国家有关部门对旧的律师收费标准进行修改，提高律师办理刑事案件的收费额，具体作法是：（1）提高刑事案件的律师基本收费额；（2）允许律师在统一收费额的基础上按照具体案件的难易程度、花费时间长短、律师自身的级别、知名度同委托人协议收费额与收费方式。

（四）政府在宣传倡导与律师管理政策上向刑事辩护律师行业进行倾斜

司法部曾在《关于深化律师工作改革的方案》这一文件中，倡导律师行业向专业化方向发展，确定“八五”期间，1/3 的律师事务所要有专业定向。可见，建立刑事辩护律师专业资格制度也

与政府的倡导方向不谋而合。当今我国的社会发展，处于政府引导、管理与社会自治相结合阶段，因此，在促成刑事辩护律师专业化的过程中，政府的宣传倡导和政策倾斜作用不容忽视。如司法部可通过宣传、引导与政策上实行优惠等措施，鼓励建立专门的刑事律师事务所，鼓励规模较大的律师事务所对律师进行专业分工，组成专门的刑事律师部；刑事律师部中分设不同性质类别的刑事律师室，有的主研侵财型犯罪、有的主研性犯罪、有的主研单位犯罪、有的主研知识产权犯罪等。分工越细，专业化越高，刑事辩护的质量就越高。针对提高刑事辩护收费标准后可能出现的一部分被告人请不起律师的情况，可以在设置政府法律援助中心时优先设置刑事法律援助人员。另外，政府还可以在舆论导向及荣誉评比、晋升职称等方面有意识地向刑事辩护律师实行一定的倾斜，如规定必须有一定数量的刑事辩护律师名额，以此帮助和扶持刑事辩护事业的发展，促进刑事辩护律师在社会中自身形象与社会地位的重新确立。当然，政府的政策扶持与倾斜只是刑事辩护律师发展的外部因素，刑事辩护律师整体素质的提高、自身形象与社会地位的重树，关键还要靠刑事辩护律师队伍自身的不懈努力。

（五）完善立法，协助司法，给刑事辩护律师营造良好的服务环境

第一，尽快修改《刑法》《刑事诉讼法》，取消《刑法》第306条辩护人、诉讼代理人毁灭证据、伪造证据、妨害作证罪的规定，取消《刑事诉讼法》第38条的相关规定，挖掉“雷区”、填平“陷阱”，真正使控辩双方地位平等。

第二，取消立法中对辩护律师调查取证权的限制，赋予其与控方平等的调查取证权。真正使控辩双方职能平衡。在我国的三大诉讼法律中，《民事诉讼法》和《行政诉讼法》均无律师调查取证必须征得证人同意或经人民法院、人民检察院许可的规定，唯独刑事诉讼有此，这是对社会主义法治相统一原则的背离。除此以外，在同一部《刑事诉讼法》中，一方面规定“凡是知道案件

情况的人，都有作证的义务”，另一方面又规定“辩护律师经证人或者其他有关单位和个人同意，可以向他们收集与本案有关的材料……辩护律师经人民检察院或者人民法院许可，并且经被害人或者其近亲属、被害人提供的证人同意，可以向他们收集与本案有关的材料”，同时又规定“人民法院、人民检察院和公安机关有权向有关单位或者个人收集、调取证据，有关单位和个人应当如实提供证据”。显而易见，第 48 条的规定与第 37 条的规定是相矛盾的，第 37 条的规定与第 45 条的规定是不对等的。

第三，公、检、法各部门关于《刑事诉讼法》的解释应协调一致。一是各部门的解释应与《刑事诉讼法》这一基本法的立法精神相一致，二是各部门的司法解释要相互一致，三是每一执法部门关于《刑事诉讼法》的具体操作行为要上下一致。使律师无论到何地办案，不至于再出现张家有张家的法，李家有李家的规，律师丈二和尚摸不着头脑的现象。

我们深信，刑事辩护律师专业资格制度的建立，将会引导刑事辩护律师行业成为高素质、高收入，拥有崇高社会地位和荣誉感的职业，从而吸引最优秀的人才不断加入刑事辩护领域中来，这必将明显地提高我国刑事辩护的质量，有效地推动司法公正，使刑事诉讼领域中的人权得到更加全面、彻底的保障。

建立刑事辩护专业资格制度的再思考[①]

刑事辩护作为律师最基础的业务，历来受到各国律师制度的重视，并对律师担任刑事辩护人规定了特别严格的专业资格条件。我国在律师制度恢复伊始，由于受各种条件的限制，尚不能对刑事辩护律师提出过高的要求。目前，经过二十年的发展，特别是随着依法治国方略的提出和实施，建立刑事辩护律师专业资格制

① 本部分原载《法学论坛》2001 年第 1 期。

度已成为当务之急。本文试就这问题再作探讨，以期引起有关部门的重视。

一、建立刑事辩护律师专业资格制度的必要性

（一）建立我国的刑事辩护律师专业资格制度，是稳定辩护律师队伍、提高刑事辩护水平、全面实现刑事辩护社会价值的需要

一般社会大众认识律师，大多是从刑事辩护开始的。西方影视作品中，在庄严神圣的法庭上，刑事辩护律师口若悬河、舌卷狂澜为被告人的权益同检察官据理力争的激烈场面，使许多人终生难忘。这就是刑事辩护——一个最能展现律师风采的领域。西方哲人将辩护视为上帝对人类的最大恩惠，悠久的历史本身就是对刑事辩护之社会价值的最有力证明。刑事辩护对于人类的首要意义在于它与人权的发展紧密相连，律师代理民事诉讼，维护的仅是当事人的财产权利及一定的人身权利，而律师进行刑事辩护，维护的则是当事人的生命与人身自由。生命与人身自由是人的最基本、也是最高层次的权利，没有生命与人身自由，其他一切权利也就成为泡影。不仅如此，生命与人身自由与其他权利相比，其重要性还在于它是不可逆转的，财产权受到侵害时可以要求同等的赔偿，而人死则不能复生，同样，当人身自由被限制后，将再也无法“恢复原状”，因此在西方国家，刑事辩护律师备受社会尊重。刑事辩护的发展在一定意义上是衡量一个国家民主政治水平的尺度。从刑事辩护功能的实现程度上，人们可以判断出国家和政府对社会成员权利的尊重程度，对社会治理所持的基本态度，因此有学者认为：律师制度不仅可以与民权结合从而外化出民主精神，而且可以与法治结合产生出法治化的社会秩序。在辩护律师这个职业的设计上，部分寄托着国家和社会成员对民主与法治的理想和期望。刑事辩护的社会价值向我们昭示，缺少有效、高质量的刑事辩护，一个国家的民主与法治是无法走向健全的。从我国民主与法治建设的长远目标考虑，从保障人

权、全面实现刑事辩护的社会功能考虑，都促使我们必须下决心采取有效措施，稳定并不断扩大刑事辩护律师队伍，提高刑事辩护质量。

（二）建立我国的刑事辩护律师专业资格制度，是适应新《刑事诉讼法》的要求、确保辩护律师全面介入刑事诉讼过程、实现司法公正的需要

辩护是刑事诉讼中一项不可缺少的诉讼职能，没有辩护，控诉就失去了检验的标准，审判就失去了一定的监督与制约。因此，在刑事诉讼过程中，律师的介入尤其是刑事辩护工作，不仅能够为当事人提供有效的法律帮助，维护其合法权益，而且客观上对国家司法机关形成了一定的制约，监督国家司法机关公正地行使司法权。对于我国当前正在进行的司法改革来说，律师刑事辩护功能的充分发挥有着十分重要的意义。新《刑事诉讼法》的实施，一方面在某种程度上给律师参与刑事诉讼带来了一定的压力和困难，但同时也为其提供了前所未有的广阔空间，应当说是机遇与挑战并存。刑事辩护律师只要抓住这次机遇，勇于进取，大胆开拓，就能够使我国的刑事辩护产生质的飞跃，推动我国的司法公正进入一个新的阶段，同时刑事辩护的价值也会重新受到社会的重视，刑事辩护律师也将会重新赢得辉煌。但是这一切的前提是，刑事辩护律师必须切实提高自身的素质，靠高度的职业责任感、严谨的工作作风和高超的业务技能，以及法律所赋予的各项权利，去实现刑事辩护的职能，完成与行使国家控诉权的检察机关的抗衡，监督审判公正的实现。

（三）建立我国的刑事辩护律师专业资格制度，是适应现代社会专业化发展的需要

伴随着现代社会的发展，社会生活日趋丰富而繁杂，由此导致社会专业化分工越来越精细，各行各业对专业知识、专业技能的要求也越来越高，律师行业的发展也体现出这一社会趋势。在我国，从 20 世纪 80 年代到 90 年代，律师的业务领域已从传统的

代理诉讼发展到诉讼与非诉讼并重，从单纯的民事代理、刑事辩护迅速扩散到参与企业、政府乃至个人的决策、解答法律咨询、争端的调解与仲裁等社会生活的各个过程，从传统的民事、刑事领域普及到经济、行政等各领域，特别是新兴的金融、证券、房地产、知识产权、社会保障等领域，更是倍受律师们的青睐。随着律师业务领域的不断拓宽，律师的职能也必将发生一个新的转变，即由通用型向专门型方向发展，由多项全能向一专多能方向发展。一个人的能力和精力是有限的，在现代社会复杂的行业分工面前，不可能做到面面俱到、行行精通，因此只有专业化才能保证高质量和高效率。许多国家的律师行业在适应现代社会高度发达的社会分工方面形成了各有特色的做法，如英国很早就形成了出庭律师与诉状律师之分工，出庭律师特别是刑事辩护律师享有极高的社会声望；在美国企业化经营的律师事务所里，律师们也按照自己的特长而形成不同的专业分工。当前我国的社会发展对律师的专业化分工要求日益突出，就刑事法律方面来说，我国 1979 年《刑法》全部条文只有 192 条，而 1997 年修订后的新《刑法》条文已多达 452 条、448 个罪名，特别是经济领域的罪名增加了很多，再加上陆续颁布的有关立法与司法解释，刑法的规定日益缜密，一名律师若不将主要精力放在深入学习钻研上，就无法适应刑法发展的需要，无法胜任刑事辩护工作，这种需要就是专业化发展的需要。事实上，建立专业律师资格制度，形成专门化的律师队伍，在我国已有先例。20 世纪 90 年代，我国的证券业发展迅速，为适应这一社会需要，保障证券业在规范和有序的轨道上顺利发展，1993 年中国证监会和司法部联合颁布了《关于从事证券法律业务律师及律师事务所资格确认的暂行规定》，使证券律师成为我国首个律师需持专业证上岗的业务领域。经过严格的培训和考试，一批具有较高证券业务知识和能力的专业化律师进入证券领域，为大、中型企业的股份制改造和股票发行、上市与交易提供了高水准的法律服务，为我国证券市场的健康发展做出了积极的贡献。这也从另一个侧面证明了建立刑事辩护律师专业资格制度的必要性与可行性。只有尽快建立刑事辩护律师专业资格制度，才能形成专业化较高的刑事辩护律师队伍，从而推动我国的刑事辩护工作跨上一个新的台阶，使律师的刑事辩护业务发生质的飞跃。

二、建立刑事辩护律师专业资格制度的具体设计

（一）实行国家统一的、专门的刑事辩护律师资格考试

要建立刑事辩护律师专业资格制度，形成专业化、高素质的刑事辩护律师队伍，首先必须提高刑事辩护律师专业的“门槛”，严格这一专业领域的资格考试制度。严格而专业化的考试制度是现代国家选拔人才、塑造精英阶层的最基本、同时也是最有效的手段，精英的层次越高，其资格的取得就越难。我国要提高刑事辩护质量，培养高素质的刑事辩护律师队伍，也必须从改革资格考试制度入手，在我国现有的全国律师资格统一考试的基础上，设立专门的刑事辩护律师专业资格考试。一般律师要想进入刑事业务领域，必须下大功夫对刑事方面的法律进行更加系统、深入的学习，才可能通过专门的考试，取得刑事辩护律师资格。严格的专门考试不仅可以从客观上强化刑事辩护律师的专业知识水平，而且有助于增强刑事辩护律师的职业责任感和精英意识。正因为刑事辩护律师这一资格来之不易，所以他们会在其今后的从业生涯中对刑事辩护律师这一身份倍加重视和珍惜。对于社会来说，基于严格的专业考试而选拔出来的人更容易取得大众的信任和尊重，这对于提高刑事辩护律师的社会地位和荣誉感，都将十分有益。刑事辩护律师资格考试的具体操作可参照国家关于证券法律业务律师资格考试的规定进行。

（二）严格实习要求，强化实战素质

刑事辩护是最能展示律师水平和风采的地方。刑事诉讼过程中的证据展示、询问证人、法庭辩论最能考验和体现一个律师的机智与灵敏、毅力与耐心、口才与风度。因此，刑事案件与其他案件相比，对律师的灵敏度、逻辑思维能力、口才表达能力以及

临场发挥能力等综合素质都有更高的要求，由此决定了刑事辩护律师资格的取得，不仅要进行严格的专门考试，而且应当结合严格的实习训练，培养和强化刑事辩护律师的实战能力。我国《律师法》中对通过考试取得律师资格的人尽管也有一定的实习期规定，但实践中执行得并不严格，一般实习期满就万事大吉，而对实习效果却无人过问，不需要经过严格的验收。建立刑事辩护律师专业资格制度，必须对上述做法进行改革，不仅要实行严格的、专门化的刑事辩护律师资格考试，而且更应当注重对刑事辩护律师实战能力的培养。西方国家普遍非常重视律师的素质尤其是执业技能，如以英美为代表的普通法系国家，以判例法作为重要的法律渊源，因此法学教育中一向实行判例式教学法，将法律作为一种技能（而非一门科学）传授给学生，以培养学生分析案例、解决案例，毕业后能够顺利考取律师资格从而开业谋生为目的；以法德为代表的欧洲大陆国家，以成文法为唯一的法律渊源（我国也是如此），法学教育中以系统传授法律知识为主而不注重学生实际能力的培养，为弥补这一缺陷，大陆法系国家的律师资格考试中便在笔试之外加口试，内容一般包括起草法律文件和口头答辩，以考查考生的实际能力。我国也应当吸收这一有益经验，规定通过刑事辩护律师资格考试者，必须进行一定期限的实习，实习期满后向司法行政部门递交由实习单位鉴定并盖章的实习报告，并由司法行政部门组织专家进行刑事辩护答辩，比如模拟刑事审判，由实习律师进行刑事辩护，只有通过答辩，才能颁发刑事辩护律师执业执照。如此方能真正全面保证刑事辩护律师素质的提高，使“文凭律师”转化为“能力律师”。

（三）提高收费标准，形成合理的利益驱动机制

要促进刑事辩护律师整体素质的提高，仅靠建立刑事辩护律师专业资格制度、严格把住刑事辩护律师的入口关是不够的，还必须提高刑事辩护的收费标准，增加刑事辩护律师的收入，使其承担的风险，付出的辛苦劳动与收入形成合理的正比，这样才能改善律师业务领域中不合理的利益驱动机制，使刑事辩护律师与

民事、经济案件律师一样，通过自己的辛苦工作获得高额报酬，这是稳定刑事辩护律师队伍、吸引优秀人才向刑事辩护领域靠拢的关键性因素。在一个正常而合理发展的社会中，高付出总是与高收入联系在一起的，高额的报酬不仅反映一个人对社会做出了较大的贡献，同时也是支撑其社会地位的一个重要因素。为此，笔者建议国家有关部门对旧的律师收费标准进行修改，提高律师办理刑事案件的收费额。具体做法是：提高刑事案件的律师基本收费额；允许律师在统一收费额的基础上按照具体案件的难易程度、花费时间长短以及律师自身的级别和知名度同委托人协议收费额与收费方式。

此外，政府在宣传倡导与律师管理政策上应向刑事辩护律师倾斜，鼓励建立专门的刑事律师事务所，鼓励规模较大的律师事务所对律师进行专业分工，明确规定刑事辩护律师的数量比例，在荣誉、职称等方面有意识地向刑事辩护律师实行一定的倾斜。特别是应尽快完善立法、协调司法，为刑事辩护律师营造良好的服务环境。例如，取消立法中对辩护律师调查取证权的限制，赋予其与控方平等的调查取证权，真正使控辩双方职能平衡；公、检、法各部门关于《刑事诉讼法》的解释应协调一致，不能人为地为律师设置障碍；等等。总之，刑事辩护律师专业资格制度的建立，将会引导刑事辩护律师行业成为高素质、高收入，拥有崇高社会地位和荣誉感的社会职业，从而吸引最优秀的人才不断加入刑事辩护领域中来，这必将极大地提高我国刑事辩护质量，有力地推动司法公正，使刑事诉讼领域中的人权得到更加全面、彻底的保障。

三论我国刑事辩护准入制度的建立[①]

当下，关于1996年《刑事诉讼法》的再修改已经进入一个关键时期。对于这部1996年修改后曾经一度被称为中国刑事诉讼历史上具有里程碑意义的法律，其关于刑事辩护的变革曾经是当时最受褒扬的“精彩之笔”。但时过经年，当《刑事诉讼法》之再修改被纳入全国人大立法规划时，辩护制度的立法变动却又成为“首当其冲”。原因何在?

众所周知，中国现代刑事辩护制度较侦查、起诉、审判制度起步较晚，在多元权力和利益的博弈中，刑事辩护制度的构建、发展一直不断面临重重障碍与困难。虽然不乏律师辩护成功的要案、名案，但是律师辩护的质量较低是一个不争的事实。被告人、犯罪嫌疑人不满，出庭公诉人讥笑，裁判者摇头叹息，社会公众对辩护律师的信任度越来越低。对此我认为，律师自身除去强化职业道德与执业规范要求、提高辩护业务素质外，国家必须尽快建立刑事辩护准入制度。

构建我国的刑事辩护准入制度，是我十多年来一直在思考和探索的问题，也就此发表过一些文章阐述观点与主张。[②]而今，在《刑事诉讼法》再修改和关于辩护制度究竟如何改造的激烈争论中，我认为有必要从提高刑事辩护质量的目标出发，概括规定刑事辩护准入制度，并在律师法的完善中予以具体规定。

“(美国)《联邦宪法》要求实质性的平等和公平对待，如果被告人不能找到有能力的律师为其辩护，所有这一切就无从谈起。”因此，刑事辩护人应该是受过高等教育、接受过严格的专业训练的专门人才，他们不仅应具备完备的法律专业知识，娴熟的法律业务操作能力，缜密的思维能力和敏锐的分析判断能力，

---

① 本部分原载《中国律师》2008年第5期。

② 如冀祥德:《刑事辩护专业资格论》，载《法学论坛》2000年第4期；冀祥德、王春光:《建立刑事辩护专业资格的法律思考》，载《中国律师》2001年第2期

还应具有崇高的职业道德，并受到严格的执业纪律的约束。在一些法治发达国家，出席法庭辩护是律师的一项特权，除律师外其他任何人不能从事这项业务。德国《刑事诉讼法》（第 140 条）通过详尽地列举规定了必须由律师垄断辩护的案件范围。在丹麦、意大利、德国、法国，侵犯律师对于法庭辩护享有的垄断权利必须承担刑事责任。而在其他一些欧共体成员国则通过严格禁止非律师人员从事法庭辩护，来确认和保护律师对此享有的特权。当然，设置刑事辩护准入机制是为了保证刑事辩护人能够帮助被追诉人充分行使辩护权，有效对抗国家专门机关的控诉。但是，实践中的刑事案件千差万别，不同的刑事案件对刑事辩护人的素质要求也有所不同，例如，简单、轻微的刑事案件对刑事辩护人的要求显然要低于复杂、重大的刑事案件。所以，出于合理配置资源的考虑，并不适宜对刑事辩护进入条件设置统一的规定，进行一刀切，不同情况区别设置不同的进入条件是更为合理的选择。首先，对于辩护律师的资格要求因出席法院级别的不同而不同。如英国出庭律师和初级律师的不同分工，日本辩护人和特别辩护人之分，丹麦、意大利、法国也有类似的规定。其次，对于辩护律师的资格要求因案件的复杂严重程度不同，刑事辩护进入条件也不同。刑事案件的复杂严重程度不同对被追诉人权利的影响程度也不同。一般来说，性质严重的刑事案件由于事关被追诉人的人身自由甚至生命，刑事辩护质量也就显得举足轻重，对于刑事辩护人的业务素质要求就更高。以美国为例，美国对于死刑案件的刑事辩护人特别设置了严格的准入条件。

借鉴国外的经验，从我国的现实出发，笔者关于在我国建立刑事辩护准入制度的总体构想是：必须取得司法部统一颁发的刑事辩护执业证书的律师才能从事刑事辩护；凡是取得法律职业资格，从事律师业务 3 年以上，并通过专门的刑事辩护考试者，可以在基层法院从事刑事辩护；在基层法院从事 3 年以上刑事辩护的律师，经过培训考核合格者，可以在中级人民法院从事一般刑事案件的辩护；在中级人民法院从事 5 年以上一般刑事案件辩护的律师，经过培训考核合格者，可以从事死刑案件的辩护。

对于该种刑事辩护准入制度的建立，可能有人会有疑问："我们的法官、检察官都没有这样一个准入制度，对律师来说是否太超前？""我国辩护率本来就低，犯罪嫌疑人、被告人会不会更难找到辩护人？""强制性的准入制度是否影响犯罪嫌疑人、被告人的委托权？"

我认为，在2002年国家实行统一司法考试之前，我国律师的职业准入条件就高于法官、检察官，而国家只有在律师职业上设置了规范、严格的统一资格考试制度。现在，统一司法考试制度已经施行6年，法官、检察官的队伍素质已经有了显著的提高，在律师职业中率先实行分级设置的准入制度，不仅符合发展规律，而且可以为将来法官、检察官队伍的分级管理制度探索可资借鉴之经验，在条件成熟时，实行统一的国家法律职业准入制度。另外，据我所知，统一司法考试后，获得法律职业资格而从事法官、检察官职业者，所占比例不到四分之一，律师现有人数及储备数量与社会对于辩护律师的需求量之间并没有出现供不应求之状况。换言之，律师数量不足并不是当下刑事辩护率低的主要原因。同时，实行刑事辩护准入制度的初衷就是为了提高刑事辩护的质量，从实质上维护犯罪嫌疑人、被告人的合法权益，所以不会影响犯罪嫌疑人、被告人的委托权。当然，刑事辩护准入制度的建立，不能是孤立的，而是应当同时建立与准入机制相配套的培训机制、考核机制和退出机制等，将刑事辩护准入制度构建成为一个科学、系统的制度机制。

对于一个国家稳定和信誉最重要的制度莫过于刑事司法制度，而一个国家的刑事司法制度的质量又端赖于辩护律师能否真正履行好刑事辩护的职责。即使在英美这样法治发达的国家，政府对于律师的辩护工作也常常加以干涉，公众对于辩护律师的作用也会产生误解。美国自2001年9月11日恐怖事件以来，政府开始试图在涉及国家安全的事件中限制律师的作用。正如一位美国纽约大学法学院教授杰罗姆·柯恩在前期中美"律师辩护职能与司法公正"研讨会上所言，美国在重大刑事案件中为被告人提供充分而有效的辩护方面还有漫长的路要走。英国犯罪嫌疑人接受律师帮助的权利曾经一度被称之为犯罪嫌疑人权利的“一块橡皮图章”而已。“有研究者就《1984年警察与刑事证据法》实施后，犯罪嫌疑人享有的律师帮助问题进行了专门调查，研究发现，有四分之一案件的律师只是通过电话为犯罪嫌疑人提供帮助，而在提供法律援助的案件中，有不少于44%的案件律师只是通过电话为犯罪嫌疑人提供帮助。尽管犯罪嫌疑人自己聘请的律师能比法律援助的义务律师更负责任，只有17%的案件是通过电话而完成帮助任务的，但是这些律师更愿意通过向警察署寄送法律意见的方式完成帮助任务。”① 可见，虽然获得律师的辩护是公认的被指控人应当享有的一项基本诉讼权利，也得到了包括国际公约、准则、文件和各国刑事立法的一致确认，但是，能否获得有效的律师辩护，则是另外一个层面意义的问题，而且不仅是我国的问题，同时也是世界的问题。

有鉴于此，我认为旨在提高刑事辩护质量，保障被指控人辩护权利实现的刑事辩护准入制度研究中，还必须强调“有效辩护”的概念，构建一套有效辩护的保障规则。

这包括：第一，自由的辩护律师会见制度。主要应包括两个方面的制度：一是确保被指控人应当有充分的时间和便利选任聘请律师以及与所聘律师联系的制度，二是确保被指控人与其律师在不被窃听、不经检查和完全保密情况下自由充分地交流案情和意见。第二，规范的辩护律师讯问在场制度。因为侦查机关与犯罪嫌疑人的力量对比悬殊，犯罪嫌疑人往往又处于被羁押状态下，所以给予并保障犯罪嫌疑人在侦查讯问过程中获得律师帮助，特别是规定辩护律师享有自由而充分的讯问在场权，对犯罪嫌疑人的权利保障就尤为重要。一方面，律师介入并参与讯问过程，可以增强被讯问人的信心，平衡讯问人与被讯问人之间的力量对比，迎合“平等武装（equality of arms）”的思想。另一方面，侦查讯问时的律师在场也可以起

① Lee Briges and Jacque line Hodgson, “Mproving CustodalLgal Advice”, *CriminalLa Rev.* 1995, p.103.

到监督或制约侦查权滥用、防止违法现象出现之作用。第三，独立的辩护律师调查取证制度。应在法律中明确规定，律师在刑事诉讼的各阶段有独立的调查取证权；取消律师向司法机关申请调取证据的规定；规定任何人对律师的调查取证都有配合的义务。第四，完全的辩护律师阅卷制度。建议在庭审前建立证据展示制度，控诉机关的一切证据在庭前必须向辩护方出示，保证辩护方完全的阅卷权。当然，为了确保司法公正和审判效率，控诉方和辩护方都负有向对方开示相应证据的义务，至于双方各自所应当开示的证据范围，可以根据我国当前的司法体制、诉讼程序以及辩控双方的地位等因素予以规制。第五，必要的辩护律师执业豁免制度。必须尽快取消《刑法》第 306 条，明确规定辩护律师在刑事诉讼中依法履行职责的行为和言论不受法律追究。

四论我国刑事辩护准入制度的建立①

建立刑事辩护准入制度是提高我国刑事辩护质量的另一条现实路径。在现实国情允许的情况下，我国应从死刑案件开始，分步骤、分阶段地设立刑事辩护的准入门槛，同时设置相应的监督、惩戒以及退出机制，为刑事辩护准入制度的实施营造良好的制度环境。

一、应区别不同案件设置不同的刑事辩护律师准入条件

构建我国的刑事辩护准入制度，是笔者十多年来一直在思考

---

①　本部分原载《法学杂志》2008 年第 4 期，原题为《提高我国刑事辩护质量的另一条路径——再论刑事辩护准入制度的建立》。

和探索的问题，也就此发表过一些文章阐述观点与主张。[①]而今，在《刑事诉讼法》再修改和关于辩护制度究竟如何改造的激烈争论中，笔者认为有必要从提高刑事辩护质量出发，概括规定刑事辩护准入原则，并在《律师法》的完善中予以具体规定。

“（美国）《联邦宪法》要求实质性的平等（substantial equality）和公平对待，如果被告人不能找到有能力的律师为其辩护，所有这一切就无从谈起。”[②]因此，刑事辩护人应该是受过高等教育、接受过严格的专业训练的专门人才，他们不仅应具备完备的法律专业知识、娴熟的法律业务操作能力、缜密的思维能力和敏锐的分析判断能力，还应具有崇高的职业道德，并受到严格的执业纪律的约束。

在一些法治发达国家，出席法庭辩护是律师的一项特权，除律师外其他任何人都不能从事这项业务。德国《刑事诉讼法》第140条通过详尽的列举规定了必须由律师垄断刑事案件的辩护。这些情形包括：联邦最高法院、联邦高等法院或者联邦地区法院管辖的第一审案件；行为涉及的是一个重要的罪行，不仅是累犯的原因；诉讼程序可以导致做出拘留在医疗处（所）或看护所的处分或者禁止执行某一职业的命令；被告人是聋哑的；被告人在本案或者其他案件中已经羁押满3个月，并在审判开始前不能从羁押中或医疗处（所）或看护所释放出来又届满两个星期；为了对被告人的精神状态做出鉴定意见，有可能把被告人拘留在公立的医疗处（所）和看护所；进行缺席审判。德国《刑事诉讼法》规定，在其他情况下，审判长鉴于犯罪行为的严重性或因为事实上或法律上的困难，认为需要辩护人参加辩护，或者发现被告人无能力为自己辩护时，可根据申请或依职权指定辩护人。在丹麦、意大利、德国、法国，侵犯律师对于法庭辩护享有的垄断权利必须承担刑事责任。而在其他一些欧共体成员国，则通过严格禁止

---

① 详见冀祥德：《刑事辩护专业资格论》，载《法学论坛》2000年第4期；冀祥德、王春光：《建立刑事辩护专业资格的法律思考》，载《中国律师》2001年第2期。

② *ChaesF Hmphill Crimna IProcedur*, The Admnistration of Justice Goodear Publish ng Co, 1978, pp.107–108.

非律师人员从事法庭辩护，来确认和保护律师对此享有的特权。[①]

当然，设置刑事辩护进入机制是为了保证刑事辩护人能够帮助被追诉人充分行使辩护权，有效对抗国家专门机关的控诉。但是，实践中的刑事案件千差万别，不同的刑事案件对刑事辩护人的素质要求也有所不同。例如，简单、轻微的刑事案件对刑事辩护人的要求显然要低于复杂、重大的刑事案件。所以，出于合理配置资源的考虑，并不适宜对刑事辩护进入条件设置统一的规定，进行一刀切，分别不同情况区别设置不同的进入条件是更为合理的选择。

第一种情况是，对于辩护律师的资格要求因出席法院级别的不同而不同。如英国出庭律师和初级律师的不同分工：出庭律师可以在英国任何法院出庭为当事人辩护，而初级律师（又被称为事务律师）则只能在郡法院和治安法院等基层法院出庭为当事人辩护，即基层法院以上的法院都要求出庭为当事人进行辩护的律师为出庭律师。日本有特别辩护人和刑事辩护人之分。在日本，原则上，辩护人必须从律师中选任，但是根据日本《刑事诉讼法》规定，简单法院、家庭法院、地方法院可以经法院许可选任非律师做辩护人，这类辩护人叫“特别辩护人”。除以上三种法院外，在其他高级法院必须选任有律师身份的人做刑事辩护人。事实上，特别辩护人的选任，多半是在案件的性质需要有特殊技能、经验、学识丰富的场合，或者与被告人有特殊关系根据情况特别需要的场合。[②]丹麦、意大利、法国也有类似的规定。在丹麦，律师只有以到高等法院进行两个实际案件的辩护形式通过辩护考试，并得到该法院的批准，然后才能取得在高等法院出庭辩护的权利。如果一个律师想要取得在最高法院出庭辩护的权利，还必须具有在高等法院辩护 5 年以上的资历。在意大利，只有那些经过特别授权并将其名字载入一份专门名录的律师，才能在宪法法院、最高

---

① 参见［法］拉格特、［英］拉登：《西欧国家的律师制度》，陈庚生等译，吉林人民出版社 1991 年版，第 114–115 页。

② 参见日本司法研修所编：《刑事辩护实务》，王铁成、秀义译，中国政法大学出版社 1989 年版，第 50–51 页。

法院、国务会议和审计法院出庭辩护。而要取得这种资格，必须从事一段时间的普通律师业务，或者通过一种专门的公开考试。在这两种情况下，有关律师都必须是从来没有受过纪律惩戒处分的。在法国，只有少数专门的律师才能在行政法院和最高法院出庭辩护。这些律师被称为“行政法院和最高法院的律师”。①

第二种情况是，对于辩护律师的资格要求因案件的复杂严重程度不同，刑事辩护进入条件也不同。一般来说，性质严重的刑事案件由于事关被追诉人的人身自由甚至生命，刑事辩护质量也就显得举足轻重，对于刑事辩护人的业务素质要求就更高。以美国为例，美国对于死刑案件的刑事辩护人特别设置了严格的准入条件。在死刑案件的审理过程中，美国联邦和各州法院一般都要求被告人至少要有两名律师为其辩护，一名应为死刑方面的专家，另一名则应精通诉讼方面的事务。而且，原则上死刑案件的辩护律师都应参加过死刑知识和案件辩护技巧等方面的培训。美国还通过《美国律师协会死刑案件辩护律师的指派与职责纲要》为死刑案件辩护实务提供了一个全国性的标准，严格限制进入死刑辩护的律师资格，以保证给所有面临可能被任何司法机构判处或执行死刑的人进行高质量的法律代理。关于死刑案件辩护律师的资格，该纲要明确指出负责死刑辩护的机构在制定并公布死刑案件的代理律师的资格标准时，应确保：（1）每一代理死刑犯的律师已经：a. 获得在该辖区内职业的执照或许可；b. 显示了为死刑案件提供热情的辩护及高质量法律代理的意愿；c. 满足纲要 8.1 确立的培训要求，即圆满完成一个由负责机构批准的综合死刑案件的辩护培训计划。（2）确保辩护律师队伍总体上可以使辖区内每一死刑犯都可以获得高质量的法律代理。因此，质量标准应保证该队伍含有足够数量的律师，其已显示出：a. 对死刑案件适用的相应的州、联邦和国际法充分的知识和理解，无论是程序法还是实体法；b. 在管理和引导复杂的谈判和诉讼上的技能；c. 在法律

---

① 参见［法］拉格特、［英］拉登：《西欧国家的律师制度》，陈庚生等译，吉林人民出版社 1991 年版，第 113–115 页。

研究、分析和起草诉讼档上的技能；d. 口头辩论的技能；e. 运用专家证人的技能和对法律调查的共同领域的熟悉，包括指纹、病理学以及 DNA 证据；f. 在调查、准备以及展示与精神状态有关的证据上的技能；g. 在调查、准备和展示减刑证据上的技能；h. 在初审辩护上的要素技能。①

借鉴国外的经验，从我国的现实出发，笔者对在我国建立刑事辩护准入制度的总体构想是：必须取得司法部统一颁发的刑事辩护执业证书的律师才能从事刑事辩护；凡是取得法律职业资格，从事律师业务 3 年以上，并通过专门的刑事辩护考试者，可以在基层法院从事刑事辩护；在基层法院从事 3 年以上刑事辩护的律师，经过培训考核合格者，可以在中级人民法院从事一般刑事案件的辩护；在中级人民法院从事 5 年以上一般刑事案件辩护的律师，经过培训考核合格者，可以从事死刑案件的辩护。

二、应配合准入制度，建立一套科学系统的制度

对于刑事辩护准入制度的建立，可能有人会有疑问："我们的法官、检察官都没有这样一个准入制度，对律师来说是否太超前？""我国辩护率本来就低，犯罪嫌疑人、被告人会不会更难找到辩护人？""强制性的准入制度是否影响犯罪嫌疑人、被告人的委托权？"

笔者认为，在 2002 年国家实行统一司法考试之前，我国律师的职业准入条件就高于法官、检察官，而国家只在律师职业上设置了规范、严格的统一资格考试制度。② 现在，统一司法考试制度已经施行 6 年，法官、检察官的队伍素质已经有了显著的提高，在律师职业中率先实行分级设置的准入制度，不仅符合发展规律，而且可

① 参见《美国律师协会死刑案件辩护律师的指派与职责纲要》，2003 年 2 月修订版。

② 国家实行律师资格考试几年后，法官、检察官也试行了系统内部"补课"式的资格确认考试，这种考试主体所在单位自我组织实施的"先上车，后买票"的执业资格考试，无论从形式上，还是内容上，均没有律师资格考试制度正规严格，资格的社会公信力相对较弱。

以为将来法官、检察官队伍的分级管理制度探索可资借鉴之经验，在条件成熟时，实行统一的国家法律职业准入制度。另外，据笔者所知，统一司法考试后，获得法律职业资格而从事法官、检察官职业者，所占比例不到1/4，律师现有人数及储备数量与社会对于辩护律师的需求量之间并没有出现供不应求之状况。换言之，律师数量不足并不是当下刑事辩护率低的主要原因。同时，实行刑事辩护准入制度的初衷就是为了提高刑事辩护的质量，从实质上维护犯罪嫌疑人、被告人的合法权益，所以不会影响犯罪嫌疑人、被告人的委托权。当然，刑事辩护准入制度的建立不能是孤立的，而应当是同时建立与准入机制相配套的培训机制、考核机制和退出机制等，将刑事辩护准入制度构建成为一个科学、系统的制度机制。

三、强调“有效辩护”有利于提高刑事辩护质量

对于一个国家稳定和信誉最重要的制度莫过于刑事司法制度，而一个国家的刑事司法制度的质量又依赖于辩护律师能否真正履行好刑事辩护的职责。即使在英美这样法治发达的国家，政府对于律师的辩护工作也常常加以干涉，公众对于辩护律师的作用也会产生误解。美国自2001年9月11日恐怖事件以来，政府开始试图在涉及国家安全的事件中限制律师的作用。正如美国纽约大学法学院教授杰罗姆·柯恩在前期中美“律师辩护职能与司法公正”研讨会上所言，美国在重大刑事案件中为被告人提供充分而有效的辩护方面还有漫长的路要走。英国犯罪嫌疑人接受律师帮助的权利，曾经一度被称之为犯罪嫌疑人权利的“一块橡皮图章”而已。有研究者就1984年《警察与刑事证据法》实施后，犯罪嫌疑人享有的律师帮助问题进行了专门调查。研究发现，有四分之一案件的律师只是通过电话对犯罪嫌疑人提供帮助，而在提供法律援助的案件中，有不少于44%的案件律师只是通过电话为犯罪嫌疑人提供帮助。尽管犯罪嫌疑人自己聘请的律师能比法律援助的义务律师更负责任，只有17%的案件是通过电话完成帮助任务的，但是这些律师更愿意通过向警察署寄送法律意见的方式完成

帮助任务。[①]可见，虽然获得律师的辩护是公认的被指控人应当享有的一项基本诉讼权利，也得到了包括国际公约、准则、文件和各国刑事立法的一致确认，但是，能否获得有效的律师辩护，则是另外一个层面上的问题，而且，不仅是中国的问题，同时也是世界的问题。

有鉴于此，笔者认为，在刑事辩护准入制度研究中，还必须强调“有效辩护”的概念，构建一套有效辩护的保障规则。包括：第一，自由的辩护律师会见制度。主要应包括两个方面的制度：一是确保被指控人应当有充分的时间和便利选任聘请律师以及与所聘律师联系的制度，二是确保被指控人与其律师在不被窃听、不经检查和完全保密情况下自由充分地交流案情和意见。第二，规范的辩护律师讯问在场制度。因为侦查机关与犯罪嫌疑人的力量对比悬殊，犯罪嫌疑人往往又处于被羁押状态下，所以给予并保障犯罪嫌疑人在侦查讯问过程中获得律师帮助，特别是规定辩护律师享有自由而充分的讯问在场权，对犯罪嫌疑人的权利保障尤为重要。一方面，律师介入并参与讯问过程，可以增强被讯问人的信心，平衡讯问人与被讯问人之间的力量对比，迎合“平等武装”（equality of arms）的思想。另一方面，侦查讯问时的律师在场，也可以起到监督或制约侦查权滥用、防止违法现象出现之作用。[②]第三，独立的辩护律师调查取证制度。应在法律中明确规定，律师在刑事诉讼的各阶段有独立的调查取证权；取消律师向司法机关申请调取证据的规定；规定任何人对律师的调查取证都有配合的义务。第四，完全的辩护律师阅卷制度。建议在庭审前

---

① Lee Briges and Jacque line Hodgson，“mproving CustodalLgal Advice”，*CriminalLa Rev.* 1995，p.103.

② 在讯问阶段，侦查人员不可避免会带有“有罪推定”倾向，并或多或少地将这种倾向表现出来。加之犯罪嫌疑人大都不是法律专家，面对讯问时常常心惊胆战，因此口供的真实性和自愿性在这种条件下难以保证，显然警察“一旦发现犯罪嫌疑人是有罪的，他们就会倾向去努力证实他们的看法，而不是去检验他们的看法。”参见[英]迈克·麦考韦利：《对抗制的价值和审前刑事诉讼程序》，载英国文化委员会编：《英国法律周专辑》，法律出版社、博慧出版社 1999 年版，第 125 页。所以，只有律师参与到讯问过程中，并且具有某种影响侦查结果的潜在可能，侦查人员才会在行使权力时有所收敛，也才会在讯问过程中对犯罪嫌疑人的人权给予适当的关怀。

建立证据展示制度，控诉机关的一切证据在庭前必须向辩护方出示，保证辩护方完全的阅卷权。当然，为了确保司法公正和审判效率，控诉方和辩护方都负有向对方开示相应证据的义务，至于双方各自所应当开示的证据范围，可以根据我国当前的司法体制、诉讼程序以及辩控双方的地位等因素予以规制。第五，必要的辩护律师执业豁免制度。必须尽快取消《刑法》第306条，[①]明确规定辩护律师在刑事诉讼中依法履行职责的行为和言论不受法律追究。

笔者提出的“车轮说”认为，公、检、法、律是推进社会法治进程不可或缺的四个车轮，缺乏现代辩护律师制度的刑事司法制度，永远不可能驶入现代法治的轨道。但是，革故鼎新是一项艰苦而复杂的伟大事业。毕其功于一役是不合现实的。审慎考量中国法变革的历史进路与现实情况，走向法治的中国刑事辩护制度赖以生存的刑事诉讼模式，应当是一种当事人主义与职权主义优势并蓄的，以公正为基本法律理念兼存高效的中国化模式。

五论我国刑事辩护准入制度的建立[②]

一、问题的提出

从比较法考察的视角，辩护权是一项被普遍承认的权利。尽管世界各国的政治体制、社会制度、意识形态、文化传统不同，但是被指控人有权获得辩护却是公认的法律原则，并且得到国际社会的高度认同。从历史考察的视角，在固属自然权利之辩护权中，律师辩护权是一项能将被指控人的辩护权真正还原为一种现

---

① 详见冀祥德、刘玥：《必须尽快取消〈刑法〉第306条》，载《中国律师》2004年第7期。

② 本部分原载《中国司法》2009年第2期，原题为《建立刑事辩护准入制度实现刑事辩护专业化——兼与张青松律师商榷》。

实权利的派生权利，所以“刑事诉讼的历史就是扩大辩护权的历史”。囿于激进主义国家意识形态和等级模式司法官僚结构之背景，中国法对于刑事辩护的功能定位缺失，辩护律师的角色定位偏颇，辩护制度结构存在根本性缺陷，使得刑事辩护之时下境况犹如“冰雪行车人”一般。

时下，中国正处在一个不可逆转的法律变革与转型时期。尽管1996年《刑事诉讼法》的再修改可谓一波三折，纳入十届人大立法变动的规划未能如期完成，但是再修改也只是一个时间问题。值得令人思考的是，对于这部1996年修改后曾经一度被称为中国刑事诉讼历史上具有里程碑意义的法律，其关于刑事辩护的变革曾经是当时最受褒扬的“精彩之笔”。但时过经年，当1996年《刑事诉讼法》之再修改被纳入全国人大立法规划时，辩护制度的立法变动却又成为“首当其冲”。原因何在？

记得1998年，在中国诉讼法学会刑事诉讼专业委员会召开的修改后《刑事诉讼法》实施一周年研讨会上，笔者作为律师界的唯一代表，率先提出了“刑事辩护的三难”，即会见难、阅卷难、调查取证难，颇有些“冒天下之大不韪”。其后，笔者曾经撰文认为，仅仅从立法的角度看1996年《刑事诉讼法》的修改，无疑是中国刑事司法改革的一个巨大进步，甚至有人把它说成是刑事诉讼立法科学化、民主化的“一个重要里程碑”也不为过。然而，在司法实践中，就1996年《刑事诉讼法》的修改对于中国刑事辩护制度所引起的实质性影响而言，不仅并非巨大进步，而是严重倒退——辩护率越来越低，辩护律师越来越少，辩护信赖越来越弱……我国的刑事辩护正在面临着让立法者始料不及的滑稽、尴尬而艰难的困境，刑事辩护的路越走越难。[①]

但是，在近年的多次研讨会议上及研究文章中，我注意到，对于如何完善我国的刑事辩护制度，法学界与法律界人士，多是从辩护权利的扩张和控诉权力的规制等方面献计献策，似乎刑事辩护率提高了，中国法治木桶最短的那块刑事辩护的木板就增长

① 详见冀祥德：《中国刑事辩护本体省思》，载《中国司法》2005年第6期。

了，刑事辩护的困境就走出了。对此，我认为，从权力制衡的角度主张对辩护权的扩张和控诉权的规制固然重要，但是，刑事辩护率低只是一个表象的问题，应当深刻地看到，在刑事辩护率趋于低下的背景之下，还有律师辩护质量越来越低和律师辩护信赖越来越弱的现实。刑事辩护质量的低劣，要比刑事辩护率低更影响被追诉人合法权利的保障；同时，律师辩护信赖越来越弱，则必然使得刑事辩护率越来越低。我国的广大执业律师对于刑事辩护制度的艰难困境，也多是对律师执业环境恶化的声讨和对执业权利扩张的呼吁，少有从律师自身的原因剖析。对此，我认为，“春江水暖鸭先知”，律师们的声讨与呼吁当值首肯。在律师尤其是刑事辩护律师执业风险加大、执业陷阱增多、执业权利禁锢这些问题上，律师们当然是最有发言权的。但是，我国的刑事辩护律师应当进行深刻地自我反思：律师们不能仅仅强调客观，不能只想到自己的权利；律师们还应当反思主观，还应当想到自己的义务。一方面，毋庸置疑，我们辩护律师中的非个别人在履行辩护律师职责上存在重大问题，受功利主义影响，在会见、调查取证等执业活动中，背离职业道德，违反执业纪律的问题、事件屡见不鲜。另一方面，刑事辩护律师业务不精，辩护方式古板，方法陈旧，刑事案件辩护意见“三段论”——“初犯、偶犯、认罪态度好”，“一份辩护词天天讲”，辩护意见谈不到关键要害上。更为重要的是，刑事辩护资格门槛过低，甚至没有门槛，刑事辩护业务对取得法律职业资格者没有任何准入制度，刑事辩护在很大程度上成了初出茅庐的律师“糊口”和实习的业务。不仅如此，按照我国现行《刑事诉讼法》第 32 条之规定，“人民团体或者犯罪嫌疑人、被告人所在单位推荐的人”“犯罪嫌疑人、被告人的监护人、亲友”也可以作为辩护人。如此一来，刑事辩护的质量何以保障？是否需要建立辩护律师准入制度？是否需要提出一个“有效辩护”的概念和构建一套“有效辩护”的保障规则？如此等等。我认为，这些问题的存在已经成为我国刑事辩护能否走向法治的瓶颈。

众所周知，我国现代刑事辩护制度较侦查、起诉、审判制度起步较晚，在多元权力和利益的博弈中，刑事辩护制度的构建、发展一直不断面临重重障碍与困难。虽然不乏律师辩护成功的要案、名案，但是律师辩护的质量较低是一个不争的事实。被告人、犯罪嫌疑人不满，出庭公诉人讥笑，裁判者摇头叹息，社会公众对辩护律师的信任度越来越低。在我对此问题的研究中，曾经专门设计问卷，以山东省烟台市3个看守所的被羁押人员和北京市的部分公众为对象进行了调查。调查结果如下：

在被调查的303名犯罪嫌疑人、被告人中，回答“信任辩护律师”的61人，占总人数的20.13%；回答“有辩护律师比没有好，但关键要靠自己和亲属”的217人，占总人数的71.62%；回答“辩护没用”的25人，占总人数的8.25%。

以“当前刑事辩护在刑事审判中的作用”为题，对北京市部分社会公众进行了选样问卷调查。在被调查的100人中，回答“作用大”的6人，占总人数的6%；回答“作用小”的76人，占总人数的76%；回答“说不清”的18人，占总人数的18%。

基于上述理论分析与实证调查，我认为律师自身除去强化职业道德与执业规范要求、提高辩护业务素质外，国家必须尽快建立刑事辩护准入制度。

二、中国刑事辩护30年与刑事辩护准入制度

回顾刑事辩护制度的产生与发展历史，应当说大致经历了三个不同的发展阶段：第一个阶段是刑事辩护的产生阶段。应当说，古希腊的雅典是刑事辩护制度的发源地，而古罗马是律师制度的诞生地。正是由于专业化的分工，所以才出现了律师和“辩护士”。辩护士的职责是：为当事人进行诉讼代理活动，在法庭上为被告人发言，反驳控诉。公元1世纪，罗马进入帝国时期后，这一诉讼代理制度和辩论原则逐渐发展成律师辩护制度。第二个阶段是断层时期。人类社会进入中世纪，即封建制社会后，刑事辩护进入了断层期。这一时期，东西方专制统治盛行，毫无民主自由空气，刑事辩护失去了生存空间。在东方，封建时期的中国，

实行国家追诉和纠问式的诉讼方式。在诉讼中，法官是唯一的享有各种权利的人，最为严重的是集审判职能与控诉职能于一身，不仅有权进行审判，而且有权进行侦查和追诉，被告人只是被拷问的对象，只有供述的义务而无辩护的权利。在西方国家，宗教、神学统治盛行，并逐渐介入诉讼，占据了裁判的地位，宗教要求人们思想统一，不允许“异端邪说”，自由辩论也是不存在的，诉讼就演化成国家单方面的、赤裸裸的、随心所欲的暴力，刑事辩护制度近乎中断。在这一时期，英国虽然以法令方式对陪审团制度予以确认，在刑事诉讼中予以适用，从而使辩护制度得以有限地保存，但与真正意义上的辩护制度仍有较大差异。第三个阶段是发展繁荣阶段。16、17 世纪的资产阶级思想启蒙运动和 18、19 世纪的资产阶级民主革命，使刑事辩护制度得以在这一时期复兴并长足发展。资产阶级民主、自由、平等思想的提出，尤其是刑事诉讼中无罪推定原则的确立，为刑事辩护的复兴和发展奠定了坚实的理论基础。世界各国普遍认识到，保护人权已经成为法治社会的必然要求，各国在加强保护人权的同时注意到保护刑事被追诉人人权的重要性，因此在本国的刑事诉讼中都把辩护权明确确立为一项基本人权，各国刑事辩护的重点也逐渐由泛泛地从法律上宣布被告人享有此项权利转向加强对辩护权的保障措施的建设。同时被指控人有权获得辩护在现代不仅成为各国国内法原则，而且也成为联合国人权活动的基本原则之一，在一系列国际文件中得以规定，刑事辩护进入了繁荣期。

通过上述对刑事辩护制度历史演变的描述，至少可以得出两点结论：第一，辩护权是一种自然权利。辩是诉的本能反应，作为一种事实现象，它普遍存在于各个历史时期以及现代三大诉讼程序之中。在人权之生命权、健康权、自由权等诸多内容中，犯罪嫌疑人、被告人的辩护权是存在于其中的一项特殊权利，它是犯罪嫌疑人、被告人作为人的一项天然权利或曰自然权利。第二，辩护权作为被追诉人的权利是一种自然权利，在不同的历史条件与制度背景之下，辩护权的体现形式虽有差异，但从总体上讲，刑事辩护经历了一个从无到有，从普通化到职业化再到专业化发展的过程。刑事辩护的专业化是社会分工发展和刑事辩护制度发展的必然。

至2009年，对于中国刑事辩护制度30年，目前出现了两种不同的评价：第一种评价，有人认为，目前中国的刑事辩护制度已经与世界发达国家的刑事辩护不相上下，说我们现在的刑事辩护制度，与国际规则基本适应，并且已经完善，只要贯彻落实就可以了。第二种评价，认为我国的刑事辩护制度虽然经过30年的发展，但是仍然存在根本性缺陷。中国刑事辩护经过了30年的发展，在党中央提出深化司法体制改革，全面落实依法治国基本方略的今天，对刑事辩护30年的成绩与不足予以回顾总结和反思，我认为十分重要。我个人认为，目前中国刑事辩护的状况，既不是与世界法治发达国家的刑事辩护不相上下，也没有实现与国际公约和国际规则基本适应，即使目前的法律制度规范贯彻落实了，仍然存在与一些国际公约和国际规则的不协调，有些制度性的缺陷是根本性的。中国刑事辩护制度经过30年的发展，在充分肯定进步和成绩的同时，必须客观地面对挑战。这些挑战我概括为“三无三奈何”：

律师的辩护权是基于被追诉人的权利而产生的，那么仅仅就犯罪嫌疑人而言，与国际公约，与国际规则，与法治发达国家的刑事诉讼制度相比较，我们的犯罪嫌疑人至少还有“三无”：第一，我们的《宪法》中没有规定不得强迫自证其罪原则；第二，我们的《刑事诉讼法》中没有规定本原意义上的无罪推定原则；第三，我们的强制措施中对刑事拘留、逮捕等羁押措施没有规定中立司法官员的审查制度，也没有规定羁押听证和审查制度。就辩护律师而言，辩护人在中国的司法现实中也存在“三个奈何”：一是有法不依奈何；二是违法不究奈何；三是职业歧视奈何。第一是所谓的有法不依奈何，就是2008年6月1日实施的《律师法》，其中的第33条、第34条、第35条有法不依的状况尤为明显。如果它是部法律的话，到现在尚不能执行，辩护律师奈何？第二是违法不究奈何，对于擅自剥夺律师的会见权、阅卷权、举证权，甚至出席法庭权这样严重的违法行为，辩护律师奈何？第三是职业歧视奈何，关于《刑法》第 306 条，世界各国的刑法中，只有中国《刑法》中有这样一条规定，那么面对这样一个显然带有职业歧视的法律规定，中国的律师奈何？在“三无三奈何”的现实情况下，难道说我们已经与法治发达国家的刑事辩护不相上下了吗？我觉得这个问题应当引起我们的思考，切忌闭门空想。

回顾中国刑事辩护的 30 年，在充分肯定发展成绩的同时，也必须深刻认识到存在的问题，特别是面临的挑战。在伴随着刑事辩护率越来越低、刑事辩护质量越来越差的现实之下，人们在反思和总结的过程中，刑事辩护质量无疑成为首要面临的问题。假如我们把法律服务的市场，也当作是一种市场的话，那么市场中这种刑事辩护产品的提供者就是我们的辩护人。试想，一个不适格的辩护人，能够向消费者（被追诉人）提供出合格的、有效的刑事辩护消费品吗？答案显然是否定的。正是在这样的意义之下，刑事辩护的准入制度就有了它产生、存在和发展的正当性基础。而且，从另外一个方面讲，不仅在中国，即使从国际法的规则和公约中，以及在世界一些法治发达国家的立法例中，我们也可以看到刑事辩护准入制度的相关规定。比如说在《公民权利与政治权利国际公约》有关条款中，均对有效辩护等内容作了具体的规定，它规定了被追诉人不仅要享有律师辩护的权利，而且要享有有效辩护的权利，有效辩护与辩护相比较，无疑是对质量的要求。

同时，我们在德国、法国、日本、丹麦、意大利这些国家的刑事诉讼法典中，都可以找到关于刑事辩护准入制度的规定。像德国《刑事诉讼法》第 140 条规定，如果社会上的其他人员侵犯了律师对刑事辩护的垄断权，国家要追究他的刑事责任。我们也知道，在美国还存在死刑的那些州里面，对于死刑案件的辩护不仅要由律师进行，而且还必须要由经过专门死刑辩护经验培训的律师担任。美国的律师协会以及各州的律师组织均对这个问题进行了强制性的规定。如果一旦没有获得死刑辩护资格的律师为死刑的犯罪嫌疑人作了辩护，这样的辩护可能就面临一种质疑或者甚至是撤销。

上述国际规则、国际公约和法治发达国家的规定以及立法例无疑也为我们从另外一个层面上提供了一些借鉴的意义。对于一个国家的稳定和信誉而言，最重要的莫过于司法制度，而司法制度中人们最希望稳定和信赖的莫过于刑事司法制度，刑事司法制度的质量无疑端赖于辩护律师能否履行他的辩护职责，而辩护律师能否履行他的职责就在于辩护资格的确立是否符合社会特别是符合被追诉人对于刑事辩护的需求。在这样的背景下，我认为刑事辩护准入制度，可以作如下界定：

刑事辩护准入制度，是指政府部门或者是受委托的行业组织，出于保护被追诉人辩护权有效实现的需要，依法对在刑事诉讼活动中，提供刑事辩护法律服务的主体的资格进行确认和批准，并对其进行监督和管理的各项规则的总称。

需要强调的是，在这个制度里面，不仅仅是就刑事诉讼辩护准入制度本身而谈，而是应当以系统论的方法，同时建立与准入机制相配套的律师收费机制、培训机制、考核机制、退出机制、监督机制等，将刑事辩护准入制度构建成为一个科学、系统的制度机制。

三、通过建立刑事辩护准入制度，实现刑事辩护专业化

“专业化”是一个社会学概念，其含义是指一个普通的职业群体在一定时期内，逐渐符合各专业标准、成为专门职业并获得相应的专业地位的过程。

自从人类社会出现了各种职业后，各种职业之间的高低及贵贱之别就成为人类社会中的普遍现象。到 17 世纪，在欧洲部分职业群体更从诸多职业中分化出来，被社会认可为“专业”。由于那些被社会认可为专业的职业群体一方面对社会有不可或缺的功能，社会赋予从业人员极大的责任并提出了很高要求；另一方面，从业人员在掌握专业知识和技能、履行社会职责过程中要花费更多的社会必要劳动时间，因此专业群体拥有更多的社会地位资源，例如权力、工资、晋升机会、发展前途、工作条件，职业声望等，换言之，能占据社会分层中的较上层。因此，对于一些

新兴职业来说，其专业化的过程就是提升职业群体社会地位的过程。霍尔提出了专业化过程的若干构成：清楚地定义专业的功能；掌握理论知识；解决问题的能力；实际知识的运用；为维护前途而进行超越专业的自我提高；在基本知识和技术方面的正规教育；对能胜任实践工作的人授予证书或其他称号；专业亚文化群的创建；用法律手段强化专业特权；公众承认的独特作用；处理道德问题的道德实践和程序；对不符合标准的行为的惩处；与其他职业的关系；对用户的服务关系①。有人认为，我国现在的司法现实所面临的是刑事辩护率低下并且逐年低下的状况。提高刑事辩护率解决的是"量"的问题，刑事辩护准入考虑的是"质"的保障，在量没有积累到一定的度，难以实现质的飞跃。据此认为，首先应该采取有效措施提高刑事辩护率，逐步实现刑事辩护的专业化，在刑事辩护专业化发展的基础上建立刑事辩护的准入制度②。

分析上述说法，可以发现该论者有两个相互对应的基本观点：一是提高了刑事辩护率，就实现了刑事辩护的专业化；二是实现刑事辩护专业化后，方才可能考虑建立刑事辩护准入制度。

就刑事辩护率与刑事辩护专业化的关系而言，无论从哪个逻辑起点予以考察，均不可能得出刑事辩护率的提高与刑事辩护专业化必然实现之间的因果关系。试想，如果按照目前《刑事诉讼法》第 32 条的规定，任由律师以外的人民团体或者犯罪嫌疑人、被告人所在单位推荐的人以及其监护人、亲友担任辩护人，则无论刑事辩护率多高，其刑事辩护的专业化可能都只是空谈。没有人相信，一个制度在允许没有医师资格的"江湖医生"可以给病人看病的情况下，只要给病人看病的人多了，医疗专业化就提高或者实现了。这样的一个简单类比可以告诉我们，刑事辩护率的提高必须端赖于辩护人的资格准入，只有首先实现辩护人队伍的专业化，才能实现辩护"产品"的专业化。至于有人担忧，我国目前律师数量与准入制度建立的供需关系问题，担心全国尚有

① 参见《教师专业化发展的概念参考》。

② 参见张青松：《从刑事辩护的专业化到刑事辩护的准入制度》，载 http：//www-xei-net/b366543/d81573858.html。

200多个县没有执业律师，设立刑事辩护准入制度不现实。据我了解，从2002年国家实行司法考试至2009年，7年以来，有不到1/4通过司法考试的人员进入了法院和检察院队伍，而另外有1/4的人员进入了律师队伍，还有1/2的人员现在处于社会法律人才储备之内。根据我们课题组的初步调查，目前我国律师的数量并不是建立准入制度的障碍。而辩护律师分布不够合理，恰恰是刑事辩护准入制度的多元化设计所要解决的问题之一。从该种意义上讲，该论者提出的“现行中国首先需要的是建立吸引律师从事刑事辩护的制度，使更多的律师有热情、有意愿从事刑事辩护”[①]，其所谓“吸引律师从事刑事辩护的制度”，正是笔者10年前即开始主张的刑事辩护准入制度，这与“增设从业门槛，使业已凋零的刑事辩护队伍更加凋零”显系南辕北辙。

就刑事辩护准入制度与刑事辩护专业化的关系而言，我认为，二者是手段与目的之间的关系。刑事辩护专业化作为刑事辩护制度发展的目标追求，需要通过建立刑事辩护准入制度等手段予以实现。该论者提出的“刑事辩护准入制度的建立必须以刑事律师的专业化发展到一定程度为前提，只有实现了刑事律师的大规模专业化，刑事辩护准入制度才有现实意义，也才能真正成为一项保障性制度，否则刑事辩护准入制度就是空中楼阁”，显然是混淆了手段与目的之间的关系，而且对刑事辩护专业化的概念未做全面解读，仅仅将刑事辩护专业化理解为刑事辩护律师数量的增加和辩护率的提高。

值得注意的是，关于律师专业资格制度，如证券律师等未能在我国久远存在，甚至1997年司法部试图确立的辩护律师培训制度也未获成功，这与当时的法治与社会环境等因素是息息相关的，并不意味着对建立刑事辩护准入制度的根本性否定。伴随着依法治国与人权保障入宪，以提高刑事辩护质量、维护被追诉人合法权益为目的刑事辩护准入制度的建立，已经成为包括中国在内的

---

①　参见张青松：《从刑事辩护的专业化到刑事辩护的准入制度》，载 http：//www-xei-net/b366543/d81573858.html。

世界各国人权保护的共同话题。2008 年 5 月 21 日最高人民法院、司法部联合发布的《关于充分保障律师依法履行辩护职责确保死刑案件办理质量的若干规定》，其第 3 条规定："法律援助机构在收到指定辩护通知书三日以内，指派具有刑事案件出庭辩护经验的律师担任死刑案件的辩护人。"就是我国在刑事辩护准入制度构建中迈出的一大步。笔者预见，此有望在本次《刑事诉讼法》的再修改中得到进一步确认。

关于辩护准入制度的构建时间，我认为，应当在本次《刑事诉讼法》的修改中规定所有的刑事辩护均应由律师来承担，把现行《刑事诉讼法》中规定的其他辩护人排除在外，就像不能让没有医师资格的人给病人看病是一样的道理。在具体时间上，我认为应当首先在所有的死刑案件和所有的法律援助案件中建立刑事辩护准入制度，然后逐步探索和积累经验，再对其他的一些特定的犯罪案件，比如说按照犯罪情节或者是量刑轻重逐步实行这个制度，这是个时间的问题。关于空间，我们可以在一些符合条件的地区率先试点推行，尝试在不同地区设立有所区别的制度，实行刑事辩护准入制度的分层次设立。

同时，我认为，任何一项制度的构建，无论古今中外，都不是等人们一致举手赞同后方才建立。例如辩诉交易制度从美国 1970 年产生后至今，一直备受争议，但它已经成为美国司法制度中不可或缺的部分。法国修改《刑事诉讼法》时要建立辩诉交易制度，反对者甚至举行了大规模的游行示威，但是，2004 年 8 月辩诉交易依然写进了刑事诉讼法典。欧盟死刑废除过程也是这样，尽管当初也有不少的人反对死刑的废除，但是当欧盟毅然决然废除了死刑之后，现在执行的情况也没有反对者当初想象得那样糟糕。因此，对于建立我国刑事辩护准入制度的研究，我们既应当重视各种观点，也应当把握问题的本质，这个本质就是：制度的构建只要有利于中国法治的发展，有利于中国刑事法治的发展，有利于中国刑事辩护制度的发展，就应当大胆地予以探索。

学说二　刑事辩护“三难说”

学说界定

1979年7月1日第五届全国人大代表大会第二次会议通过我国第一部《刑事诉讼法》，1996年3月17日第八届全国人民代表大会第四次会议通过《关于修改〈中华人民共和国刑事诉讼法〉的决定》，并于1997年1月1日起施行。该法修改之际，时值我国改革开放幅度较大时期，故较多地借鉴了英美法系的一些制度，而在一定程度上没有审慎考虑周全我国的实际国情，譬如在律师介入刑事诉讼的时间上，步子就迈得快了一些——1979年《刑事诉讼法》规定人民法院决定开庭审判后7日前告知被告人才可以委托辩护人，而1996年《刑事诉讼法》修改为犯罪嫌疑人自被侦查机关第一次讯问或者采取强制措施之日起，有权委托辩护人，辩护人参与刑事诉讼活动的时间从开庭7日前，一下子超越法院阅卷时间、检察院审查起诉期间，直接到了侦查活动刚刚开始时。这一修改没有充分考虑到我国辩护人的素养，没能采取循序渐进原则，一方面，辩护人会见犯罪嫌疑人时的违规行为严重妨碍了侦查机关的侦查活动，另一方面，随后修改的《刑法》专门在

第 306 条增加设立的律师伪证罪引起法学界和律师界强烈诟病，加之刑事诉讼修改中对抗制的引入使得控辩双方产生激烈对抗，且在相当长的一段时间内呈现出非理性对抗状态，使得律师伪证罪成为《刑法》分则中无罪化处理最多的一个罪名，辩护律师权利在立法上有缺陷、在司法上得不到保障，刑事辩护困难重重。

1998 年 7 月，在中国诉讼法学研究会刑事诉讼专业委员会主办的“刑事诉讼法修改实施一周年研讨会”上，我作为律师界唯一代表应邀与会，提出了 1996 年《刑事诉讼法》修改后会见难、阅卷难、调查取证难的刑事辩护“三难”，引起中国诉讼法学研究会会长陈光中教授、中国人民大学法学院陈卫东教授、时任烟台大学法律系主任汪建成教授等学者的高度关注，随后，安徽大学法学院李学宽教授发表了刑事辩护若干难的文章。刑事辩护“三难”很快成为法学界和律师界的共识，进而引起了立法界的高度关注，并成为推动《刑事诉讼法》再修改的重要因素。

刑事诉讼法修改[①]能否解决辩护“三难”[②]

刑事辩护“三难”（即会见难、阅卷难、调查取证难）是我在1998年中国诉讼法学研究会刑事诉讼专业委员会举办的“刑事诉讼法修改实施一周年研讨会”上提出的。这一观点很快得到了法律实务界和法学理论界的认同，并在很大程度上成为《律师法》修改和《刑事诉讼法》再修改的“导火索”。2008年6月1日，新《律师法》实施后，不乏人士认为，该法第33条关于会见权的规定、第34条关于阅卷权的规定和第35条关于调查取证权的规定，破解了辩护的“三难”问题。然而，司法实践中情况却并非如此。仅就会见权而言，除去个别地方按照新《律师法》执行外，以《律师法》与《刑事诉讼法》规定不一致为由的“会见难”依然系常态。刑事辩护“绝境说”“困境说”“倒退说”几乎成为律师界的共识，律师们对刑事辩护风险的畏惧使得辩护率和辩护质量不断下降。2011年《刑事诉讼法修改案（草案）》（以下简称《修改案（草案）》）公布后，有论者提出，鉴于其基本上吸收了2007年《律师法》的规定，《刑事诉讼法》与《律师法》的冲突得以解决，所以辩护“三难”问题彻底解决了。果真会如此吗？

《修改案（草案）》的确规定了“辩护律师持律师执业证书、律师事务所证明和委托书或者法律援助公函要求会见在押的犯罪嫌疑人、被告人的，看守所应当及时安排会见，至迟不得超过四十八小时”，从立法上消除了看守所以种种借口不安排律师会见的理由，这是很大的进步。但是问题的关键在于，如果看守所仍然不“及时安排会见”，甚至“超过四十八小时”也不安排，辩护律师有何救济渠道？该种侵权行为将会产生何种法律后果？对此《修改案（草案）》并没有作出规定。换言之，即使有关部门继续

---

① 指2012年刑事诉讼法的再修改。

② 本文部分内容原载《中国社会科学报》2011年9月27日，收入本书时有修改。

不执行《修改案（草案）》关于律师会见的规定，不仅律师无可奈何，而且公安司法机关也不会因此承担任何不利于自己的法律后果。

《修改案（草案）》规定了“辩护律师会见在押的犯罪嫌疑人、被告人，可以了解有关案件情况，提供法律咨询等；自案件移送审查起诉之日起，可以向犯罪嫌疑人、被告人核实有关证据。辩护律师会见犯罪嫌疑人、被告人时不被监听”。但是《修改案（草案）》也规定了对于“危害国家安全犯罪案件、恐怖活动犯罪案件、重大贿赂犯罪的共同犯罪案件，在侦查期间辩护律师会见犯罪嫌疑人，应当经侦查机关许可”。这意味着，一是《修改案（草案）》仍然为律师会见应当经过侦查机关批准留了一个较大的“口子”，表现出对律师参与刑事诉讼活动“不放心”；二是依然保留了1996年《刑事诉讼法》“了解有关案件情况”和2007年《律师法》“不被监听”规定，致使“了解有关案件情况”就是“只能问涉嫌罪名、不能问案情”“不被监听”但可以“派侦查人员或者看守所警察在场”等理解和做法得以延续。

会见权是被追诉人辩护权中最重要的权利。自1996年《刑事诉讼》实施的15年来，我国的经济、政治、文化发生了一系列的重大变化，特别是“依法治国、建设社会主义法治国家”和“国家尊重与保障人权”分别于1999年和2004年载入《宪法》，对刑事诉讼中被追诉人的权利保障提出了新的要求。落实在会见权上就是：一要确保被追诉人应当有充分的时间和便利选任聘请律师以及与所聘律师联系，二要确保被追诉人与其律师在不被窃听、不经检查和完全保密情况下自由充分地交流案情和意见。对此，《修改案（草案）》尚需进一步完善。

对于律师的阅卷权，《修正案（草案）》规定了“辩护律师自人民检察院对案件审查起诉之日起，可以查阅、摘抄、复制本案所指控的犯罪事实的材料。”这一规定较现行之“可以查阅、摘抄、复制本案的诉讼文书、技术性鉴定材料”显然进步很多，但是，有两个现实问题未能予以解决：一是究竟辩护律师自人民检察院对案件审查起诉之日几日起，可以查阅、摘抄、复制本案相关材料，并没有规定，无法保障辩护律师行使阅卷权的及时性，检察机关可以在审查起诉阶段随意迟延；二是“本案所指控的犯罪事实的材料”往往会被理解为不利于犯罪嫌疑人、被告人的材料，而不包括有利于犯罪嫌疑人、被告人的材料，而且如果检察机关仅向辩护律师提供部分指控犯罪事实的材料，辩护律师没有任何救济措施可以采取，检察机关也没有任何不利法律后果承担。

关于律师的调查取证权，《修正案（草案）》对于备受诟病的辩护律师调查取证必须经证人或者其他有关单位和个人同意，“辩护律师经人民检察院或者人民法院许可，并且经被害人或者其近亲属、被害人提供的证人同意”，方可向他们收集与本案有关的材料，未作任何修改。虽然，《修正案（草案）》规定辩护人认为在侦查、审查起诉期间公安机关、人民检察院收集的证明犯罪嫌疑人、被告人无罪或者罪轻的证据材料未提交的，可以申请人民检察院、人民法院调取，但是，如果律师没有完全的案件知情权，又如何知晓公安机关、人民检察院在侦查、审查起诉期间收集到了证明犯罪嫌疑人、被告人无罪或者罪轻的证据材料未提交呢？

另外，《修正案（草案）》没有规定辩护律师讯问在场制度和完善的辩护律师执业豁免制度。尽管将1996年《刑事诉讼法》第38条被追究责任的主体改为“辩护律师或者其他辩护人”，删除了“改变证言”模糊规定，但是，伪证罪的“达摩克斯之剑”依然悬在辩护律师头上。

我国步入改革开放时代以来，选择法治、走向法治社会，最为深切地表达了人民心底的呼唤。当下，我国刑事诉讼制度正处在一个新的关键转型时期。审视中国社会的发展，人们对于法治社会的向往超过了任何一个时代，限制权力与制约权力，扩张权利与保障权利，从权力本位转变为权利本位，乃法治社会的基本特征。然而，由于我国现代刑事辩护制度较侦查、起诉、审判制度起步较晚，在多元权力和利益的博弈中，刑事辩护制度的构建、发展一直不断面临重重障碍与困难。据我对某县自1997年修改后的《刑事诉讼法》实施13年以来的实证调查，68.1%的案件没有辩护人参与，意味着中国加强人权保障理念和加快刑事法治建设的客观性；36.1% 的法官、检察官、警察和社会公会以及 64.3% 的律师认为当前中国辩护律师的执业环境“差”和“很差”，说明了中国刑事辩护律师执业环境应当引起立法界、司法界以及社会各界的高度重视。刑事辩护的“三难”就是没有正确认识和把握律师在社会法治建设中的地位和作用导致的结果。为此，我认为公、检、法、律是推进社会法治进程不可或缺的四个“车轮”，缺乏现代辩护律师制度的刑事司法制度，永远不可能驶入现代法治的轨道。因此，公安司法机关必须改变过去长期以来形成的那种律师参与刑事诉讼会给侦查、起诉、审判工作造成困难的观念，树立律师参与诉讼是为了保障被追诉人的合法权益、保障程序公正的现代法治观念，在刑事诉讼中平等地、善意地对待辩护律师，与辩护律师携手并肩，共同推动我国法治建设的进程。

学说三　刑事辩护“车轮说”

学说界定

刑事辩护“车轮说”是基于笔者研究的世界刑事诉讼四次革命理论提出的。按照世界刑事诉讼四次革命理论，司法权与行政权的分离是世界刑事诉讼的第一次革命，主要解决行政权与司法权合一问题；控诉权与审判权的分离是世界刑事诉讼的第二次革命，主要解决控审不分问题；控辩平等是世界刑事诉讼的第三次革命，主要解决辩护权作为私权利对控诉权、审判权等公权力的制约问题；控辩关系从以对抗为主转向以合作为主是世界刑事诉讼的第四次革命，主要解决以公正为前提下的诉讼效率问题。在这样的一个理论规则中，刑事辩护制度的出现是必然的，是社会发展对司法公平正义的必然需求，因为，公、检、法权力源相同，三者之间是同质（都属于公权力性质）同向（权力产生之始都是为了惩罚犯罪）的，而辩护权的来源则与之不同，辩护权与公检法权力之间是异质（公检法权力是公权力，辩护权是私权利）逆向（公检法权力取向是惩罚犯罪，辩护权是保障被追诉者人权）的关系，公检法三家之所以在对待辩护律师上高度趋同一致，盖因权力（利）源如此。

用世界刑事诉讼四次革命之于我国，系第一次革命尚未结束，第二次革命还在继续，第三次革命正在进行，第四次革命已经到来。笔者这种理论上的判断，在法律实践中也是得到应验的，刑事辩护在我国（其实不仅在我国）之所以问题多多，甚至“走两步，退一步”，曲曲折折、坎坎坷坷，就是因为在制度的设计上，辩护权还没有作为与公检法权力相平衡的一极出现。基于此，我提出刑事辩护“车轮说”，指出公、检、法、律是中国法治建设不可或缺的“四个车轮”，缺少任何“一个车轮”，法治的汽车都不可能正常行驶在法治轨道上。这就要求立法者，从新中国成立以来一直关注公检法之间的关系和构造，转向关注公、检、法、律之间的关系和构造。

公、检、法、律四轮缺一不可①

在刑事辩护当中，辩护律师的功能与定位一直是理论与实务界关注的热点问题。的确，在笔者看来，目前，中国刑事辩护制度的发展已经到了一个关键时期。在木桶理论中，木桶的容量取决于最短的那块木板。法治是社会制度木桶中最短的木板，而在法治的木桶中，刑事辩护则是其最短的那块木板。要解决这个问题，除去在《刑事诉讼法》和《律师法》的修改中，对于刑事辩护的功能与辩护律师角色予以合理定位，对于辩护律师的权利予以必要的扩张之外，更重要的是在于我们整个社会对人权保障意识的提高。换句话说，要想提高刑事辩护律师的地位必须首先提高犯罪嫌疑人、被告人在刑事诉讼中的地位，这是因为，辩护权源于被追诉人的权利，如果被追诉人的权利得不到重视，辩护人的权利也就无从谈起。

笔者在近年的研究中，先后发表多篇文章，从不同的角度关注这些问题，例如《政法论坛》2004 年第 2 期的《中国刑事辩护的困境与出路》,《中国司法》2005 年第 6 期的《中国刑事辩护本体省思》,《中国司法》2006 年第 9 期的《刑事辩护：本体属性 有效辩护 准入制度——兼论〈刑事诉讼法〉修改若干问题 》,《北方法学》2007 年第 2 期的《中国刑事辩护制度发展的命运——以建立中国控辩协商制度为视角》等。在笔者的论述中，多次提出了律师在法治进程中的“车轮说”理论，鲜明而形象地指出了中国律师在国家法治建设中不可或缺的地位与作用。对此，有反对者认为，“‘公、检、法、律是推进社会法治进程不可或缺的四个车轮。’这样的论断让人对律师的社会角色充满困惑”，并认为，“在刑事司法中，公、检、法、律形成一种‘三角形’的结构，而非‘车轮说’中的‘长方形’。”感谢由于反对者的声音而给我的一个

① 本部分原载《中国律师》2007 年第 9 期。

将该问题进一步说清楚的机会，避免笔者提出的“车轮说”再度被断章取义，以讹传讹。

其实，只要大致浏览一下笔者的相关文章，即可发现，所谓“公、检、法、律是推进社会法治进程不可或缺的四个车轮”的提出，是建立在现代法治视野之下，在对我国法律职业共同体理性构建的背景中，从对我国立法中刑事辩护功能定位和司法中辩护律师角色定位的反思与重构的基础上提出的。

我国的刑事辩护的功能和刑事诉讼结构模式同样取决于我国刑事诉讼的价值取向。过去，在相当长的一段时间里，由于受“极左”思想的影响，我国对刑事诉讼的价值取向一直是打击犯罪，保护人民，维护社会秩序，刑事犯罪是敌我矛盾，《刑事诉讼法》是对敌人专政的工具。随着我国经济建设的发展，社会主义市场经济的确立，法治建设也随之不断发展，许多现代法治观念被逐渐引入，尤其是世界范围内的人权保护观念引起我国重视，刑事诉讼的价值取向增加了保护被追诉人人权功能。因此，1996年《刑事诉讼法》修改时吸收了当事人主义的一些内容。但由于对人权保护认识得不到位，只是在审判阶段引进了当事人主义的辩论模式，侦查、控诉阶段仍然实行职权主义，辩护权的内容并没有增加，控辩双方的地位仍不平等。我国这种在审判阶段实行当事人主义的控辩双方对等与在侦查、起诉阶段实行职权主义的控辩双方地位完全不平等的畸形结构，使刑事辩护在实践中遇到了尴尬的局面：一方面，在侦查、起诉阶段，没有充分辩护权保障的辩护方，不能充分地收集证据，控诉方依据其强大的职权能够收集到足够的证据；另一方面，在审判阶段却要求二者平等对抗，这显然是不公平的。

关于辩护律师的角色定位，笔者在文章中指出，对律师的角色或者说是职责进行怎样的定位，影响着刑事辩护在一个国家的法治运行中能够在多大程度上发挥作用。

1979年《刑事诉讼法》制定的时候，将律师视为公共利益代表的观念促使决策者同时在稍后不久颁布的《律师暂行条例》中将律师定位为国家工作人员。在我国法治尚不健全的情况下，将律师规定为国家的法律工作者，无疑使律师具有了较大的权威性。而且，律师作为国家法律工作者对改变人们不正确的传统观念，确立律师与法院审判员同等法律地位，是有利于发挥律师的作用，是保证律师执行职务，开展业务，保障律师自身合法权益的有效措施。

1997 年起施行的《律师法》将律师界定为依法取得律师执业证书，为社会提供法律服务的执业人员，即社会法律工作者。律师的角色不再被定位为公共利益的代言人，也就是说，律师已经可以不再过多地考虑遥远的国家利益和社会利益，而是更多地强调律师代表其委托人的利益。应该说，这一定性比国家法律工作者更为科学，从国家法律工作者到社会法律工作者的转变，表明我国对律师性质认识上的一大飞跃，具有历史进步意义。但是这一变化却带来了一系列消极的后果。将律师界定为国家工作人员实际上是将律师置于与检察官、法官平等的位置上，从理论上说，检察官和法官有更多的理由将律师视为内部人，而不是外部人。因此，律师的权利也能够得到官方的尊重。然而修改后的《律师法》中，不再将律师视为国家工作人员，相应地，律师更容易被检察官、法官视为外部人，所以，在律师的执业活动中，公、检、法的人员尤其是公、检部门的人员认为“律师是异己分子”“是来找茬儿的”，远不是个别与少数。律师是非公有制中介机构中社会法律工作者，多数公众更认为律师和“个体户”没有什么区别。

为此，笔者在重构我国刑事辩护功能与辩护律师角色定位时提出两个观点：

其一，应当用法治的思想规范刑事辩护。从人权保护的角度出发，刑事诉讼中保护被追诉人人权内容的增加已成为世界范围的发展趋势，世界各国通过对两次世界大战的反思，都深刻认识到专权统治对人性的摧残和压迫，深感保护个人权利的重要性。公正的程序，权力的制约，是反对专权，保护个人权利的基本手段，是现代法治观念的基本内容。因此我国刑事诉讼中增加保护被追诉人人权是大势所趋，在刑事诉讼结构中自然要提高辩护方的地位，扩充辩护方的权利，这种地位的提高应是诉讼各阶段全方位的提高。特别是以立法变动的方式，确立刑事辩护在侦查与审查起诉阶段的地位与功能，彻底改变我国现阶段刑事辩护的地位在刑事诉讼中前后不一致的局面。

其二，应当用法治的观念认识辩护律师。从总体上讲，辩护律师应当主要成为私权利的维护者，即在现行法律规定的框架中，依法最大限度地维护委托人的利益。“一个高效、廉洁的政府虽然可以体恤民情，造福于百姓，却不可直接代表公民个人去与自身的权利抗衡，只有律师才可以起到这种作用。司法机关公正裁判的基础，是兼听则明和权利的制约，而律师制度正是维系这个基础的有效保障。”关于辩护人与公诉人在刑事诉讼中的不同目的，我国台湾地区学者蔡墩铭先生曾做过一个精辟的说明：“辩护人为被告人正当利益之保护者，亦即为保护被告人之利益而附带协助刑事司法之公正实施，在此意义下，辩护人处于公益地位。然而辩护人之公益地位异于检察官之公益地位，盖检察官为站在具体国家目的之立场为追诉犯罪，借以维持社会秩序，但辩护人仅为保护被告人之正当利益，以免无事之人受国家处罚，或轻罪者受罪重之处罚，是其所关心者仅为个人之保护，不在于全社会之保护，由此可见，二者之公益地位所着重者，不完全相同。”现代法治社会，律师都不同程度地面临所谓“职业道德与社会道德之间的冲突”，在我国这一情况似乎尤其明显。实际上，这种冲突根源于法律与道德之间的永恒对峙。法律与道德之分离是人类通往正义之路上不得不面对的一个现实，也是西方法律传统的一个主要特征。站在纯粹道德的立场上看，法律是不完美的，但又是不可或缺的；而且这种不完美的法律必须借助于一大群人参与其中才能运转，律师便是这一人群当中的一分子，或者使法治之车能够正常运行的四个车轮之一。于是，笔者经常在可以代表律师发言的场合强调：国家（社会）需要律师，还是个人需要律师？律师是为了个人辩护，还是为了国家（社会）辩护？这是一个值得认真思考的问题。

基于上述分析，笔者认为，在法治视野之下的法律职业共同体中，公、检、法、律是推进社会法治进程不可或缺的四个车轮，缺乏现代辩护律师制度的刑事司法制度，永远不可能驶入现代法治的轨道。为此司法机关包括公安机关必须改变过去长期以来形成的那种律师参与刑事诉讼，会给侦查、起诉、审判工作造成困难的观念，树立律师参与诉讼是为了保障被追诉人的合法权益、保障程序公正的现代法治观念，在刑事诉讼中平等地、善意地对待辩护律师，与辩护律师携手并肩，共同推动我国法治建设的进程。

由此可见，笔者提出的“车轮说”，旨在形象地说明律师在我国法治建设过程中作为法律职业共同体构建的不可或缺的地位与作用，并没有将其与公、检、法的关系界定为反对者所理解的“长方形”结构。况且，对于刑事诉讼中的“三角形”诉讼结构，我国刑事诉讼法学界早有全面而系统的论述，何须赘述?

当然，如果有人非要说车辆不止有四轮，还有两轮车、三轮车、六轮车、多轮火车等，对于这种研究问题的方式，我则只有保持沉默了。

学说四　控辩平等说

学说界定

“控辩平等说”是在王敏远教授的指导下，在我的博士后研究报告《控辩平等论》中提出并具体论证的。据我考察，最早完整地体现控辩平等原则基本精神的是19世纪早期英美法系国家盛行的“竞技司法理论”（Sporting Theory of Justice），该理论认为，“平衡方能永葆公正”(A just balance preserves justice)，而确保平衡的最直接的途径是确认平等武装原则。“平等武装”（equality of arms）这一概念，最早为欧洲人权委员会所使用。1972年举行的第12届国际刑法学大会上首次以“平等武装”为题对在刑事诉讼中控辩双方诉讼地位的平衡问题进行了探讨。其后，“平等武装”一词已被广泛用来描述控辩双方之间对等的程序权利义务关系。平等武装是从立法上对控辩双方之权力以及权利的配置层面而言的，它要求在立法上赋予控辩双方平等的诉讼权利和攻防手段。

在我撰写《控辩平等论》著作过程中，发现学界对于控辩平等的解读却并不深刻，且多数研究者将控辩平等的内涵仅仅界定于平等武装与平等对抗，尚未解读出控辩平等中平等保护与平等合作的现代内涵。据此，我提出，控辩平等从内在的权力（利）配置原则上要求，应当具备平等武装和平等保护，其中，平等武装所追求的是一种实质的平等，平等保护所追求的是一种形式的平等；控辩平等从外在的权力（利）行使目的上规范，应当包含平等对抗和平等合作，其中平等对抗是手段和现象，平等合作是目标和本质。平等武装、平等保护、平等对抗和平等合作是控辩平等的应有之意。该种意义上之控辩平等原则的确立，关系着现代法治的进程，是现代诉讼法治文明与进步的重要标志之一。但是，我们必须看到，在控辩关系的对立统一中，找寻控辩双方平等武装与平等保护、平等对抗与平等合作的平衡点，则是一项系统而久远的工程，各国立法变动的空间依然很大，尚需不断地进行理论与实践的探索。在 1996 年《刑事诉讼法》修改的关键时期，以辩护制度改革为主要内容的控辩双方权力（利）与义务关系的重构，被认为是修改《刑事诉讼法》的核心问题。

论控辩平等之理论基础[①]

2009年，我国《刑事诉讼法》再修改争论正酣，能否构建控辩平等原则以及建构何种意义的控辩平等原则，见仁见智。但是，几乎所有论争皆集中于控辩双方权力（利）配置及其制度构建的层面，少有人从控辩平等理论基础上论证其制度的该当性和价值的多元性。在我看来，在国家对犯罪追诉的刑事诉讼活动中，无罪推定、程序法定和控辩平等共同构成了刑事法治的基本原则，成为程序正义的基础；控辩平等作为最能彰显国家司法权力与被追诉人权利力量对比关系的原则，有其赖以产生和发展的哲学基础和价值基础；在深化司法体制改革，优化司法权配置中，控辩平等是一条必须贯彻其中的基本原则。

一、控辩平等之哲学基础

从对立统一规律看控辩平等，不难发现：没有控诉，就不会产生辩护；没有辩护，控诉就必然与审判结合为一体，成为国家对个人的以强凌弱；控诉与辩护既对立又统一，有效地推动着刑事诉讼活动的科学发展。而对立统一规律在控辩平等中，则首先是以权力制衡理论体现出来。

（一）权力制衡理论是控辩平等立论的哲学思想基础

从权力规范上分析，控诉与辩护之间的对立是权力与权利之间的对立，是通过辩护权对控诉权的制衡功用，实现刑事诉讼活动中的控辩平等。权力需要制衡，概括其原因，主要有二：

其一，从权力与权利的关系来看，权力需要予以制衡。关于国家权力的来源，历来有着很多说法。中国夏商时代认为权力来

① 本部分原载《求是学刊》2009年第5期。

自上天的赐予，周朝则认为“以德配天”；古人将皇帝称呼为“天子”，是认为皇帝是天的儿子，所以拥有无上的权力。西方早期，统治者也宣扬君权神授、世袭的观点。如英国著名哲学家费尔默曾经认为：“人不是生来自由的，因此，决不能享有选择他们统治者或政府形成的自由。君主享有绝对的而且是神授的权力，奴隶决不能享有立约或同意的权利；亚当曾是一个专制的君主，此后所有的君主也都是这样”[①]。这是一种国家至上、王权至上的观点，意味着人民只能承担国家的义务，是统治者治理、奴役的对象，毫无权利可言。英国经验主义哲学开创者洛克推翻了这种观点，他认为，奴隶制是人类的一种可恶而悲惨的状态，人类享有天赋自由和平等；费尔默宣扬的理论是一种谬论，亚当并不因上帝的赐福而成为君主，上帝没有给予亚当支配人类和子女及其他同类的权力；自然状态下，人类处于充满恐惧和持续危险的状况，生命、自由和财产没有任何保障，为了确保正常的社会秩序，人们定下契约结合成为一个政治团体——国家，脱离自然状态，保护自己的生命、自由和财产；人们所订立的契约是放弃自我保护和报仇的权利，把这种权利交给国家，然后设置专门的裁判者，使之裁决争端、修复被破坏的秩序，这些裁判者享有立法权或行政权，使人们进入国家统治下的状态。在洛克的社会契约理论下，产生国家权力的初衷是保护公民的各种权利。

由洛克的观点，我们可以推导出，权力是由权利转化而来，权力与权利的关系处于一种此消彼长、此长彼消的状态：权力膨胀，则权利缩小；权力规制，则权利扩张。由此可见，权利最大的威胁来自权力，权力需要制衡不言而喻。这个结论还可以从资产阶级启蒙思想家卢梭的观点中看出，他认为：“国家是社会契约的产物，主权在民；政府只是臣民与统治者之间的介质，目的是使二者相互更紧密地结合，它的任务是执行法律并维护人们的自由。政府人员只是国家的官吏，以国家的名义行使统治者授予的

---

① ［英］罗伯特·费尔默：《先祖论即论国王之自然权》，转引自［英］约翰·洛克：《政府论两篇》，赵伯英译，陕西人民出版社 2004 年版，第 2 页。

权力。国家的扩大给予了政府官吏更多的权力，所以政府越是需要力量来治理人民，越是应该有另一种力量来制约政府。”[①]

其二，从权力的性质上来看，权力需要制约。孟德斯鸠认为：“自由只存在于权力不被滥用的国家，但是拥有权力的人都容易滥用权力是一条亘古不变的经验”；“有权力的人们使用权力，一直到遇到有界限的地方才会休止”；“从事物的性质来说，要想防止滥用权力，就必须做到以权力来约束权力”[②]。可见，任何权力在行使权力的人手中都如同一把双刃剑，掌权者常常希望手中的权力能够得到无限制的延伸，所以，在这个意义上来说，权力如果没有制约，掌权者人性中恶的一面——贪婪、任性、懒惰等往往便会产生作用。因此，麦迪逊宣称：“立法、行政和司法权置于同一人手中，不论是一个人、少数或许多人，不论是世袭的、自己任命的或选举的，均可公正地断定是虐政。”[③]

由上观之，国家权力由公民交出的一部分权利形成，权利是权力的源泉，国家权力控辩平等原则要求国家在刑事诉讼中对控辩双方赋予平等的法律地位，使双方得到平等的法律保护。这就意味着国家应从立法上确立控辩双方平等的法律地位，使任何一方的权力（利）都不能优于另一方。一方面构建国家诉讼权力之间的制衡关系，另一方面建立被追诉人诉讼权利对国家诉讼权力的制约机制。

国家诉权在刑事诉讼中主要体现为侦查权、控诉权和审判权。由于三种权力之间天然的亲和关系，使之不仅具有同质的共性，而且极易呈现出同向的特征。这就要求通过刑事立法活动对上述三种诉讼权力予以规制。在现代法治国家中，立法权制约司法权主要通过确立程序法定原则，即让司法机关按照立法机关制定的法律程序行使权力，实现对司法权的规制；同时，通过控审分离

---

① ［法］卢梭：《社会契约论》，何兆武译，商务印书馆 2003 年版，第 71–75 页。

② ［法］孟德斯鸠：《论法的精神》（上册），张雁琛译，商务印书馆 1985 年版，第 154 页。

③ ［美］汉密尔顿、杰伊、麦迪逊：《联邦党人文集》，程逢如、左汉、舒逊译，商务印书馆 1995 年版，第 246 页。转引自董超：《司法独立在中国》，载《政法论丛》2005 年第 1 期。

实现刑事司法权力配置的分立，即将司法权力分别交由不同的国家机关行使，构建相互之间的监督和制约关系。

为了保护人权，实现司法公正，除了用诉讼权力制约诉讼权力外，还必须构建以被追诉人权利制约国家诉讼权力的机制。通过赋予被追诉人特殊的程序保障或特权，如建立刑事正当程序，确立无罪推定原则，赋予被追诉人沉默权，强化被追诉人的辩护权等，使被追诉人在诉讼地位和参与能力上能够与控方形成平等对抗。

（二）程序主体性理论是控辩平等立论的法律文化基础

对立统一规律还告诉我们，对抗应当存在于平等主体之间，不平等的力量主体之间是谈不上对抗的。从该种意义上讲，当辩方被作为诉讼主体时，并且被视为与控方地位平等时，控辩之间才产生对抗，控辩平等才真正有意义。

在古代纠问式刑事诉讼模式之下，国家追诉机关在整个诉讼程序中享有可以采取包括刑讯逼供在内的一切手段来查清事实真相的权力，这种权力来源于司法裁判者有罪推定的思维方式。在这种思维定式下，只有国家追诉裁判者才是诉讼程序的主体（subject），被告人和犯罪嫌疑人，包括被害人和证人都是诉讼的客体（object）。被追诉人没有辩护的权利，只有如实供述的义务。在事实真相无法查清的情况下，被告人将被理所当然地判定有罪。显然，封建纠问式刑事诉讼的主要特点是对人的主体尊严的严重藐视。

19 世纪以来，随着人的主体性哲学理论的兴起，程序主体性理论得以确立。康德首先对人的主体性理论进行了系统、精辟的阐述。他认为：人，一般来说，每个有理性的东西，都自在地作为目的而实存着，它不单纯是这个或那个意志所随意使用的工具。在他的一切行动中，不论是对于自己还是对其他有理性的东西，任何时候都必须被当作目的……与此相反，有理性的东西，叫做人身（Personen），因为他们的本性表明自身存在的就是目的，是种不可被当作手段使用的东西，从而限制了一切任性，并且是一个受尊重的对象。所以，他们不仅仅是主观目的，不仅仅是作为对我们有价值的行为的结果而存在；他们也是客观目的，其存在本身就是目的，是任何其他目的都不可替代的目的，一切其他目的都是作为手段为他服务……于是得出了以下的实践命令：你的行动，要把你自己人身中的人性，和其他人身中的人性，在任何时候都同样看做是目的，永远不能只看做是手段。[①]康德认为任何人都没有权利利用他人作为实现自己主观意图的工具，每个个人永远应当被视为目的。每个人都是独立的，是他自己的主人。[②]黑格尔继承并深化了康德的理论，他认为：人们应当过一种受理性支配的生活，其中，理性的基本要求之一就是尊重他人的人格和权利，而法律就是保护这种尊重的主要手段之一。

20世纪，新康德主义自然法学派吸收了黑格尔、康德的观点，其代表人物鲁道夫·施塔姆勒认为：社会的每一成员都应当被视作一种目的本身，而不应当被当作他人主观专断的对象。任何人都不得仅仅把他人当作实现自己目的的手段。同时，他认为“正当法律”需要符合四项原则：一是绝不应当使一个人的意志内容受制于任何他人的专断权力；二是每一项法律要求都必须以这样一种方式提出，即承担义务的人仍可以保有其人格尊严；三是不得专断地把法律共同体的成员排除出共同体；四是只有在受法律影响的人可以保有其人格尊严的前提下，法律所授予的控制权力才能被认为是正当的。另一位代表人物乔治奥·德尔·韦基奥认为，尊重人的人格自主性乃是正义的基础。每个人都可以要求他的同胞不把他当作一个工具或手段来看待。韦基奥确信，人类的进化会使人们不断增加对人自主性的承认，因此也会使自然法逐渐得到实现，并最终获得胜利。

基于纠问式刑事诉讼模式的被质疑和人的主体性哲学理论的发展，程序主体主义理论应运而生，它要求不应将刑事诉讼中的

---

① ［德］康德：《道德形而上学原理》，苗力田译，上海人民出版社1986年版，第80–81页。

② ［美］E. 博登海默：《法理学：法律哲学与法律方法》，邓正来译，中国政法大学出版社1999年版，第72页。

犯罪嫌疑人、被告人作为程序的客体，犯罪嫌疑人、被告人应该是与控方平等的程序性主体，也只有这样控辩才能形成平等对抗，真正实现司法正义。江伟教授从法的主体性原则和宪法法理与诉讼法的关系角度解读了程序主体性理论。他认为："欲使宪法规定的基本权获得程序保障，就应在一定范围内，肯定国民的法主体性，并应对当事人以及程序关系人赋予程序主体权，即程序主体地位。这就是所谓的程序主体性原则。这一原则，是立法者从事立法活动、法官适用现行法以及程序关系人（包括诉讼当事人）进行诉讼行为时，均须遵循的指针。按照这一原理，程序当事人以及利害关系人，不仅不应沦为法院审理活动的客体，相反，应赋予对程序的进行有利害关系的人以相当的程序保障。"[①] 我国台湾地区学者邱联恭认为："宪法在承认国民主体之同时，亦保障国民有自由权、诉讼权、财产权及生存权。依据此等基本权之保障规定，在一定范围内，应肯定国民之法主体性，并应对于当事人及程序之利害关系人赋予主体权（程序主体地位）。此即所谓程序主体性原则，乃立法者从事立法活动，法官运用现行法及程序关系人（含诉讼当事人）为程序上行为时，均须遵循之指导原理。在适用此项原理之程序上，其程序之当事人及利害关系人，不应沦为法院审理活动所支配之客体。"[②] 日本学者棚濑孝雄认为："参加模式由于把诉讼当事者的程序主体性提到一个明确的高度，从而能够充分体现在原有的模式中很难找到自己位置的民主主义理念。要求法官的判断作用对当事者的辩论作出回答和呼应的参加模式，不仅仅把当事者的程序主体性作用限定在为了帮助法官作出正确判断而提供足够的资料这一狭窄的范围内，而是容许当事者用双方的辩论内容来拘束法官判断的同时，把法官这个第三者的存在和决定权能纳入自己努力解决自己的问题这样一种主体相互作用的过程。承认当事者具有这种更高层次的主体性，才有可

① 江伟：《市场经济与民事诉讼法学的使命》，载《现代法学》1996 年第 3 期。

② 邱联恭：《程序选择权之法理——着重于阐述其理论基础并准以展望新世纪民事程序法学》，载《民事诉讼法之研讨》（四），台北，三民书局 1987 年版，第 576 页。

能从根本上支持现代型司法所需要的灵活性，获得根据具体情况调整程度来追求更合乎实际的解决时必要的正当性。”[①] 以上学者们所要表明的是，当事人程序主体性要求当事人不再作为司法权作用下的客体，而成为可以影响司法权运作的主体；当事人的程序主体性应该得到尊重。

程序主体性理论经历了一个从理念存在到实然享有的发展过程，经历了从以少数人为主体到以多数人为主体、从主体性不充分到主体性充分、从理论适用领域有限到适用领域广阔的发展过程。现代社会，在程序主体性理论之下，有效的起诉权和应诉权（effective access to action and de-fense）、有效接近法院之权利（effective access to court）和当事人双方实质性平等（effective equality）等，[②] 方才使控辩平等成为可能。

程序主体性理论在刑事诉讼活动中的要求，更重要地凸现于控辩平等原则：

一是对于刑事诉讼主体即控辩双方的平等尊重和保护。被指控人和其他诉讼参与人的人格尊严不可侵犯是国家在实现刑事诉讼目的时必须坚守的底线。国家机关在刑事诉讼活动中仅仅是诉讼参与者，不具有超越其他诉讼参与主体的权利。刑事诉讼中的程序主体性理论就是建立在这种认知基础之上的。“作为裁判者的法官如果承认和尊重被告人、被害人的诉讼主体地位，就会给予他们获得公正听审的机会，使他们充分有效地参与到裁判制作过程中来，成为自身实体权益乃至自身命运的决定者和控制者。……被告人、被害人及其他社会成员也会对这一审判过程的公正性和合法性产生信任和尊重。”[③]

二是保障刑事诉讼主体即控辩双方的权力（利）都得以实现。保障刑事诉讼各方主体权力（利）得以实现是程序主体性原则的

---

① ［日］棚濑孝雄：《纠纷的解决与审判制度》，王亚新译，中国政法大学出版社 1994 年版，第 123 页、第 258–259 页。

② 唐力：《当事人程序主体性原则——兼论“以当事人为本”之诉讼构造法理》，载《现代法学》2003 年第 5 期。

③ 左卫民：《在权利话语与权利技术之间——中国司法的新思考》，法律出版社 2002 年版，第 5 页。

基础。如果不保障当事人诉讼权力（利）的实现，那么赋予当事人主体地位也就毫无意义。程序主体性理论要求诉讼当事人具有广泛的可以自主决定是否行使的权力（利），这些权力（利）不应受到其他力量的干涉，尤其应限制审判权对这些权力（利）的侵犯。这种诉讼模式是“当事人平等交涉”为中心的纠纷解决模式，它要求为诉讼当事人提供充分的权力（利）保障。“当事者在诉讼程序上享有的权利实际上就是对法官权力的直接限制。对当事者行使诉讼权利的程序保障也就意味着审判过程中法官的创造性作用在程序方面受到严格的制约。”[①] 给予诉讼当事人权力（利）保障，限制法官审判权，才能确保诉讼主体地位，这就是程序主体性理论的内涵之一。

二、控辩平等之价值基础

控辩平等原则是一般意义上的平等思想在刑事诉讼活动中的反映，但是，与一般意义上的平等思想不同的是，现代刑事诉讼构造中的控辩平等原则，本质上讲求的是个人（被追诉方）与国家（控诉方）的平等。这是因为，刑事诉讼中的控辩双方的权益冲突是国家与个人之间的冲突，于是，在国家与个人出现利益冲突的情况下，就出现了何者为第一位的价值选择。个人本位主义、实体公正、程序公正正是控辩平等原则的价值基础。

（一）个人本位是控辩平等立论的核心价值基础

控辩平等原则的价值基础首先在于个人本位主义，即刑事诉讼中国家与个人具有平等的法律地位。不能以国家利益高于个人利益为逻辑前提，认为控诉方代表的是国家利益，辩护方代表的是个人利益，就推导出控诉方的诉讼地位高于辩护方诉讼地位的逻辑结论。在个人本位主义理论看来，这不仅是一个悖论，而且得出的结论可能恰恰相反。

---

① 王亚新：《社会变革中的民事诉讼》，中国法制出版社 2001 年版，第 42 页。

个人本位主义是相对于国家本位主义而言的。在传统国家本位主义理念的前提下，在国家与个人的关系上，个人由国家根本派生而出。基于此，国家利益永远高于个人利益，个人对国家只有义务而无权利，二者没有平等的基础。在奴隶制和封建制社会中，统治者为了维护统治秩序，夸大国家在社会生活中的作用，将国家利益凌驾于个人利益之上，个人利益只能从属于国家利益，没有独立存在的价值和意义。如我国古代，所提倡的“忠”，就是所谓的忠于国家利益，实质上是忠于统治者。在国家本位主义理念的支配下，刑事诉讼的目的是单一的惩罚犯罪，人权保护的功能无从谈起，控辩双方的平等犹如天方夜谭。所以，在刑事诉讼程序设定上，体现为一味强调维护并强化国家追诉机关的权力，弱化或根本否定被追诉人的辩护权利。

法学意义上的个人本位主义起源于16世纪末、17世纪初古老的自然法则论之外的自然权利理论。自然权利理论认为：人人都享有一些不可剥夺、不可转让的权利。这种个人本位主义在英美法系的思想中尤为典型。在英国，清教主义认为：个人良知和个人判断是第一位的，任何官方、权威都不能强制个人行为，但是个人应该承受因自己行为而产生的后果。这种看法被称为“理性诚实的自然契约”学说。在美国，清教主义思想影响了美国法律思想的形成，使个人本位主义理念得到了巩固，它从个人利益出发，制定了诉讼程序和诉讼的辩论模式，形成了公平、抗辩式的诉讼理论，即个人主动实施法律，维护自身权利，法庭监督控辩双方的“竞赛”得以公平并不受干预地进行。这就形成了控辩平等原则的价值基础——个人本位主义在刑事诉讼领域的应用。

“在刑事诉讼中，我们可以拟人化地把国家看作是一个拥有全部社会武力的实体，它作为控诉方，要和被称之为罪犯的毫无武力可言的个人平起平坐——在法律面前，强大的国家和弱小的罪犯相提并论。”[①] 这意味着控辩双方在本原上是力量失衡的，被告

---

① ［斯洛文尼亚］卜思天·M. 儒佩基奇：《从刑事诉讼法治透视反对自证有罪原则》，王铮、降华玮译，载《比较法研究》1999年第2期。

人的社会地位和诉讼地位先天不足，个人力量相较于强大的国家机关力量是微弱的，控辩双方诉讼地位不平衡是必然的结果。

个人本位主义的法治理念体现为：法律必须平等地对待政府和公民，在法律规范体系内，个人与国家在法律地位上是相同的。这种法治理念对刑事诉讼活动的要求至少应当包含如下诸方面：第一，个人的法律人格应得到承认。这就要求摒弃将被追诉人视为诉讼客体的传统专制观念，承认个人的法律主体地位。将被追诉人与国家追诉机关作为平等的诉讼主体，设置诉讼制度，构建诉讼程序。第二，个人的尊严应受到尊重。刑事诉讼过程中，对个人尊严的尊重包括对肉体和精神的尊重。这就意味着必须排除酷刑、逼供等肉体折磨，禁止侮辱、威胁等精神折磨。同时，处于同等地位的诉讼当事人应得到平等对待，受到同样的尊重。第三，个人诉讼权利的行使应可以自主决定。在刑事诉讼中，当事人对自己的权利可以在法律允许的范围内自主决定是否行使以及如何行使，除了证人之外，任何人都可以拒绝提供违背意志的证据。第四，个人诉讼权利不应成为“民愤”或“利益”的祭品。这意味着在刑事诉讼中，当事人尤其是被追诉人的合法权利不应以任何借口予以剥夺或限制。虽然在正常情况下，任何人都不愿意给无辜者定罪，但是当对某个人定罪可以迅速平息民愤、[①]恢复正常的社会秩序，甚至为了某种个人荣誉和利益，在没有牢固的个人本位主义作为价值基础的情况下，被追诉人的权利就很容易处在危险中。这种例子我国近年来被曝光的不在少数，杜培武、佘祥林、胥敬祥案件等即为例证。

可见，个人本位主义在法治领域中体现出来的精神就是要保护公民个体权利，在刑事诉讼领域中更是需要保护被追诉人的权

① 在一定程度上，民愤是社会公众基于公序良俗所作出的价值判断和善恶评价，体现了惩恶扬善的实质正义。但是，探究民愤的内涵，其正当性并不是绝对的。分析民愤的缘起和扩张可以看出，由于社会公众通过大众传媒所获知的外部世界其实是大众媒介依据一定的价值观、政治的或商业的意图所作的加工和制作，通过大众传媒所表达的情感和意愿是基于一定道德标准的主观评判，所以民愤是一种非理性的产物，并带有情绪化色彩，在本质上是感性的。关于此问题的专论详见冀祥德：《民愤的正读》，载《现代法学》2006年第1期。

利，那么控辩平等原则就成为毋庸置疑的应有之义。

（二）实体公正是控辩平等内在的结果价值追求

“正义是社会制度的首要价值，正像真理是思想体系的首要价值一样。”[①] 实体公正表现为罪、责、刑相适应和保护被告人的人身权、财产权两个方面，是控辩平等原则的价值基础之一。

一般认为，实体公正有自然法意义上的实体公正和实证法意义上的实体公正之分。“各得其所、互不侵犯”“坚持正义、避免非正义”和“给予每个人其应得的东西”，表达了自然法意义上的实体公正观点。而实证法意义上的实体公正，是指符合实体法正义的实体公正，其实现取决于实体法上规定的权利义务是否被现实地予以实现。但是，实证法意义上的实体公正首先需要满足自然法意义上的实体正义标准，即最低的道德准则，且要求实体法本身对权利义务的规定具有合目的性。

刑事诉讼的主要目的之一是通过侦查发现案件事实真相，依据事实和法律确定被告人是否构成犯罪、构成何罪以及罪之轻重，从而最终确定是否适用刑罚或适用刑罚之轻重。这意味着实体正义的本质内涵是应该追求查明案件真相，达到罪、责、刑相适应的目标。同时，在刑事诉讼中，由于被追诉人处于弱势地位，人身自由常常受到限制，其人身权与财产权很容易受到国家权力的侵犯。只有给予相应的保护，才能真正实现实体公正的要求。保护被追诉人的人身权与财产权是实体正义本质内涵的延伸。

控辩平等之于实体公正，也当从实体公正内涵之查明事实真相和保护被追诉人权利两个方面予以解读：第一，控辩平等之于实体公正之查明事实真相。就犯罪案件事实与控辩双方的关系来看，被追诉人是查明案件事实的关键。因为只有他最清楚自己究竟是否实施了犯罪或者如何实施了犯罪。而侦控方作为案件事实的非亲历者，只能根据已经成为历史事件的遗留痕迹等，回溯事

---

① ［美］罗尔斯：《正义论》，何怀宏等译，中国社会科学出版社 1998 年版，第 1 页。

件可能的本原，这种回溯的方法和过程，无疑具有推理、判断、假定等主观因素。控辩平等原则要求控辩双方均有搜集证据的权利和机会：控方基于追诉犯罪或职能本位，往往更注重于搜集有罪和罪重的证据；辩方为了维护自身利益，必然尽力搜集无罪或者罪轻的证据。控辩双方共同搜集各种罪之有无、罪之轻重等证据，并在庭审中平等举证、质证对抗，会使证据的获取更加全面，证据的判断更加细致，更利于裁判者去伪存真，发现事实真相。第二，控辩平等之于被追诉人权利保护。刑事诉讼对被追诉人而言乃攸关大事。控辩不平等原则本身就意味着对被追诉人权利的漠视，更何谈保护，其与实体公正的双重内涵是背离的。控辩平等原则则要求尊重被追诉人的主体地位，对控辩双方平等武装、平等保护。在保障被追诉人的合法权利不受侵犯的前提下，查明被告人应否承担或者应当承担何种法律责任。现代“法治国家”的基本理念之一便是要求法律平等地对待政府和公民（在一定意义上也就是国家与个人），在法律的规范体系之内，个人与国家具有平等的法律主体资格。正如英国著名法学家威廉·韦德指出，“法律必须平等地对待政府和公民，但是，既然每个政府必须拥有特别权力，很显然，就不可能对两者以同样的对待。法治所需要的是，政府不应当在普通法律上享有不必要的特权和豁免权”。[①]

（三）程序正义是控辩平等外化的过程价值追求

正义是世界各国的法律制度设计者所共同追求的最高理想和目标，也是社会公众用来判断和评价一种法律制度是否具有正当根据的价值标准。刑事诉讼程序作为国家追诉犯罪的重要法律制度，必须符合正义的内在要求，才能具备一种内在的优秀品质，在刑事审判程序中实现人们对正义的期望。而这种内在的优秀品质或者价值，就是刑事诉讼程序的正当性。

从词源上分析，正义是“公正的、有利于人民的道理”“正当

---

① 张文显：《二十世纪西方法哲学思潮研究》，法律出版社 1996 年版，第 613 页。

的或正确的意义”。[①]程序是“事情进行的先后次序”。[②]一般认为，在法律制度中，正义表现为实体正义（substative justice）、形式正义（formal justice）和程序正义（pro-cedural justice）三种。与实体正义和形式正义追求的主要是一种“看不见的内在的结果价值”相比，程序正义追求的主要是一种“看得见的外化的过程价值”。程序正义主要体现在程序的运作过程中，是评价程序本身正义性的价值标准。

刑事诉讼作为解决社会纠纷冲突的一种理性方式，诉讼程序自产生始其价值目标就是正义，其内在要求就是应努力缩小控辩双方地位和力量悬殊的影响从而实现正义。从纠纷解决方式演进的历史路径来看，纠纷双方法律地位的平等对于诉讼程序的运作和司法正义的实现至关重要。[③]一方面，法律禁止纠纷双方武力相向和自助（私了），通过禁止当事人一方对另一方施加武力而创造了二者之间的平等。一旦先前靠武力解决冲突变成通过法律程序来解决后，纠纷中的各方当事人就处于平等的地位。另一方面，只有在平等对抗的诉讼结构中，才能杜绝公共权力的滥用。在民主国家里，刑事诉讼必然通过对抗性司法程序进行，国家在原则上处于原告地位，与被告人作为两个平等的法律主体，参与纠纷冲突的解决过程。在所有刑事诉讼中，依靠武力使程序进行，整个法律目的也就面临崩溃。如果法律的目的在于防止自助将与法

---

① 中国社会科学院语言研究所词典编辑室编：《现代汉语词典》（第5版），商务印书馆2005年版，第4740页。

② 中国社会科学院语言研究所词典编辑室编：《现代汉语词典》（第5版），商务印书馆2005年版，第477页。

③ 追溯诉讼程序的起源，在尚未产生法律制度的时候，发生冲突与纠纷，往往通过武力来解决，这种解决方式的结果取决于双方武力的大小，而非事情是非曲直本身。在这种解决方式下，原来的受害者有可能因武力不敌加害者再次遇害，其正义无从伸张。随着人类文明的发展，人们对原始解决纠纷的方式深刻反思后，创造了全新的冲突解决方式。在这种新的冲突解决方式下，双方当事人的武力对冲突解决结果的影响大幅度降低，直至消失。换言之，不管双方当事人本来的力量有多悬殊，一旦进入既定的冲突解决程序，双方当事人的地位将完全平等，最终决定冲突解决结果的是冲突事实本身的是非曲直，与当事人的财富、地位、体力等因素无关。即被害者将获得救济，加害者将受到惩处和制裁，使正义得到实现。这种全新的冲突解决方式就是诉讼。

律的目的自相矛盾。[①]正如美国学者所言：在刑事诉讼中，因为双方都想赢，如果不迫使他们遵守规则，他们都可能会使用不公正和欺骗的手段，程序规则创造了一个平等的竞争场所，使双方都保持诚实。[②]因此可以看出，自诉讼程序产生之始就蕴涵着程序正义原则。1216 年《英国大宪章》第 39 条规定："任何自由人不得被逮捕、监禁、侵占财产、流放或以任何方式杀害，除非他受到贵族法官或国家法律的审判。"美国《宪法修正案》第 14 条"各州不得制定或施行剥夺合众国公民的特权与豁免的法律，也不得未经正当的法律程序，即行剥夺任何人的生命、自由和财产。"[③]《公民权利和政治权利国际公约》第 14 条第 3 款（庚）项规定："在判定对他提出的任何刑事指控时，人人完全平等地有资格享受不被强迫作不利于他自己的证言或强迫承认犯罪的最低限度的保证等，都是程序正义原则的规定。"

综观国内外学者传统观点，衡量法律程序是否公正主要有两项原则：一是自然正义原则（natural justice principle）。[④]自然正义原则既要求任何人不得做自己案件的法官，同时还要求当事人双方的意见应该受到重视。前者是指法官不能在审判中有所偏私，甚至在表面上也不能使任何正直的人对其中立性产生任何合理怀疑。后者意味着法官要给所有与案件结果有直接利害关系的当事人有充分陈述自己意见的机会，并对双方意见一律平等看待。普通法系国家的司法制度大都确立了自然正义原则的这两项基本要求，成为法官解决争端时所要遵循的最低程序准则和公正标准。自然正义原则是衡量程序正义的一项最基本的指标。二是正当法律程序原则（due lawprocess principle）。正当法律程序模式的主要特征是：确立公平原则；对犯罪嫌疑人的合法权利予以保护；正

---

① ［斯洛文尼亚］卜思天·M. 儒佩基奇：《从刑事诉讼法治透视反对自证有罪原则》，王铮、降华玮译，载《比较法研究》1999 年第 2 期。

② ［美］爱伦·豪切斯特勒·斯黛丽、南希·弗兰克：《美国刑事法院诉讼程序》，陈卫东、徐美君译，中国人民大学出版社 2002 年版，第 26 页。

③ 《美国联邦刑事诉讼规则和证据规则》，卞建林译，中国政法大学出版社 1996 年版，第 2 页。

④ "自然正义"是一项十分古老的程序公正标准，其理论基础是自然法理论。最早出现在古罗马时期，自然法、万民法和神判法都贯穿了这项原则。

式、公开审判；赋予双方当事人平等的法律地位；赋予双方上诉权；最大限度地保护无辜者。正当法律程序模式要求确定事实的程序必须具有对抗性，要由一个公正的法庭主持，进行公开的审讯，只有在被告人有机会反驳控方证据之后，才能对案件作出判决。根据这一模式的要求，每个人在处理刑事诉讼的辩护资源时，都应该处于相同的位置，这也维护了公平的观念。[①] 正当法律程序原则是衡量程序正义的又一个重要标准。可见，程序正义原则涵盖了法官中立、程序参与、程序控制多方面的内容。

程序正义原则在刑事诉讼中的体现正是控辩平等原则的要求。一方面，程序正义原则的实现必然要求控辩双方的平等；另一方面，控辩平等原则在刑事诉讼活动中的驻足正是承载了程序正义原则的理念。二者紧密联系，相互契合，不可分割。这一相互关系主要体现在刑事诉讼活动的如下方面：第一，诉讼程序必须公正、公开、透明。在控、辩、审的三方中，裁决者应始终保持中立的诉讼地位，即“任何人都不能做自己案件的法官”，平等对待控辩双方，不得偏袒任何一方；控辩双方应处于平等的法律地位，权利与义务相当，即“法律面前人人平等”；应保障双方当事人充分行使自己的诉讼权力（利），包括起诉权、获得律师帮助权、上诉权、申诉权，等等。同时整个诉讼过程应是公开和透明的，国家行使权力的过程可以受到有效的监督，防止权力滥用，树立审判权威。正如英国前上诉法院院长丹宁勋爵所言：“正当法律程序是指法院为了保障日常司法工作的纯洁性而认可的方法，促使审判和调查公正地进行，逮捕和搜查适当地采用，法律援助顺利地取得，以及消除不必要的延误，等等。”[②] 第二，保障被追诉人的权利，尤其是其人身自由权利未经法律正当程序不能受到侵犯；必须赋予被追诉人以辩护权，尤其是获得律师辩护权。具体要求司法人员不依法律程序、不依法庭审判结果不得限制或剥夺犯罪

① Malgorzata Wasek-Wiaderek，*Criminal Justice of Selected European Countries*，Leuven Univenity Press，2000.

② ［英］丹宁勋爵：《法律的正当程序》，李克强、杨百换、刘庸安译，法律出版社 1999 年版，第 2 页。

嫌疑人、被告人的人身自由，严禁用刑讯逼供等非法手段获取证据。同时，将辩护权作为犯罪嫌疑人和被告人的基本人权之一。正如日本学者谷口安平所言："正当程序原来只是指刑事必须采取正式的起诉方式并保障被告接受陪审裁判的权利，后来扩大了其适用范围，意味着在广义上剥夺某种个人利益时，必须保障他享有被告知和陈述自己意见并得到倾听的权利。"[①] 对此，联合国《公民权利与政治权利国际公约》以及《关于律师作用的基本原则》等文件均作出了明确规定。第三，奉行无罪推定原则。程序正义要求在刑事诉讼中确立无罪推定原则。对此，意大利著名法学家贝卡利亚早有英明论断，他说："在法官判决之前，一个人是不能被称为罪犯的。只要还不能断定他已经侵犯了给予他公共保护的契约，社会就不能取消对他的公共保护。"[②] 无罪推定是相对于有罪推定而言的，它要求必须在刑事诉讼过程中赋予被追诉人不得自证其罪等一系列权利作保障。

三、结语

控辩是矛盾的两面，具有对立统一关系，两者在平等武装、平等保护的条件下，通过平等的对抗与合作，推动着刑事诉讼活动的良性发展。所以，对立统一规律不仅是控辩平等原则的哲学基础，而且是整个刑事诉讼制度的哲学基础。从权力制衡理论和程序主体性理论的视角，透视现代刑事诉讼构造，作为国家权力，控诉权力必须受到司法公权力和公民个体权利的制衡；被追诉人的诉讼主体地位必须得以确立。正如日本学者中岛弘道所言，"被告不是诉讼的主体，而是专作为客体处理，对裁判官的审问，负有陈述真实的义务……在此制度下，诉讼的主体只是裁判官，不

---

① ［日］谷口安平：《程序的正义与诉讼》（增补本），王亚新、刘荣军译，中国政法大学出版社 2002 年版，第 4 页。

② ［意］贝卡利亚：《论犯罪与刑罚》，黄风译，中国大百科全书出版社 1993 年版，第 31 页。

是被告人，甚至也不是起诉人”[①]。因为，在程序主体性理论看来，刑事诉讼所要获取的正义是一种程序的正义或曰沟通的正义。正如德国哲学家哈贝马斯曾经指出的，真正的正义只能通过沟通或交流来求取，即在理想的对话情景下，通过人们的理性对话来表达具有正当基础的“主体间性”和“合意”。在这个意义上，实现控辩平等是刑事诉讼机制的本质要求，控辩双方在力量上的不平等不应成为双方法律地位不平等的理由，这种力量上的不平等完全可以通过法律手段加以扭正。[②]控辩平等原则彰显了现代刑事诉讼中国家追诉权与公民权利的良性互动关系，有效地遏制了国家追诉权的恶性膨胀，将刑事诉讼活动真正地纳入了法治的轨道。

然而，控辩对抗毕竟是一种控辩利益之争，在价值本原上表现为一种典型的刑事诉讼利益冲突，而其根源则在于刑事诉讼的目的不同。控诉方参与刑事诉讼的目的是追求控诉主张的成立，即希望法官认可其诉讼请求，实现对犯罪追诉的成功；辩护方在刑事诉讼中的目的则是追求控诉主张的不成立，通过推翻或者动摇控诉主张，使法官否定其诉讼请求，从而达到自身权益不受减损的结果。在犯罪学理论中，犯罪集中表现为对凝聚着国家意志的法律蔑视和违抗，是个人或者组织对国家的反抗，对统治者权威的损害，对社会秩序的破坏。刑事诉讼制度的目的就在于解决国家与个人（犯罪嫌疑人）之间的这一纠纷。这一解纷止争的目的，对于诉讼任何一方都不带任何的歧视和偏向，控辩审三方因犯罪现象的产生而聚合于刑事诉讼场域，各自履行相应职责，并于纠纷解决后各自离去。具体到控辩关系中，法官中立下的控辩平等对控辩双方均具有统摄性，既不会将控诉方追求实体真实、追诉犯罪的目的强加给辩护方，也不会将辩护方的权利保障的利益追求强加给控诉方，控辩双方的目的和利益都应得到承认和尊重。在国家本位与个人本位、权力本位与权利本位的价值冲突选

① ［日］中岛弘道：《举证责任的研究》，有斐阁，载王锡三译：《民事举证责任著作选择》，西南政法学院法律系诉讼教研室 1987 年编，第 110 页。

② 谢佑平、万毅：《刑事诉讼法原则：程序正义的基石》，法律出版社 2002 年版，第 222 页。

择中，刑事诉讼制度的设计者就应当两者相权取其重，通过个人本位主义价值的确立，让国家承担保护辩方权利的责任；通过实体公正价值的确立，个人权利得以受到重视，控辩双方在彼此冲突中呈现案件真相；通过程序正义价值的确立，使辩方得以在公开、公正、透明的程序中，在权利被保护的情况下与控方平等对抗。

作为高度抽象化的、体现在正当程序之中并指引司法活动发展方向的理念，司法公正是刑事诉讼的最高价值目标，是社会的普遍正义在刑事诉讼中的具体化。司法公正以其超凡的价值魅力将刑事诉讼各利益主体的不同期望集中到同一个诉讼场域，在法官的主持下，控辩双方平等对抗、搏杀，而法官的公正裁判则因凝聚了崇高的社会伦理而能同时代表诉讼各方的最高，也是最终的价值选择。“公正司法是人们对司法制度以及由此确定的诉讼程序和相关活动的要求与期望，也是评判国家司法权行使状况的传统价值目标。”“司法权的特征具有强制性和终结性。这一权力的公正行使，使人民的合法利益得到及时、有效的维护；犯罪行为受到公正、应有的惩罚；社会正义能够彻底、普遍的伸张，从而成为保障人民权利、实现社会正义的最后屏障。”①

就人们对司法的期待而言，司法的公正充分凸现于司法的权威，司法的权威则来自司法对大众的公信力，而司法公信力的形成更重要地表现在各利益主体在刑事诉讼活动中的平等参与。换言之，司法正义只有以看得见的形式表现出来，司法对于大众的公信力才能生成。正如黑格尔在评价审判公开时所言：“根据正直的常识可以看出，审判公开是正当的、正确的。反对这一点的重大理由无非在于，法官大人们的身份是高贵的；他们不愿意公开露面，并把自己看作是法的宝藏，非局外人所得问津。但是，公民对法的信任应属于法的一部分，正是这一方面才要求审判必须公开。公开权利的根据在于，首先，法院的目的是法，作为一种

---

①　卞建林、李箐箐：《依法治国与刑事诉讼》，载陈光中、江伟主编：《诉讼法论丛》（第 2 卷），法律出版社 1998 年版，第 31–32 页。

普遍性，它就应当让普遍的人闻悉其事；其次，通过公开审判，公民才能信服法院的判决正确表达了法”[①]。同时，还必须明确，司法公信力的形成必须让公众看到国家权力在司法活动中的被限制和制约。美国20世纪60年代的正当程序革命之所以能够在世界范围内产生如此强大的影响，根源就在于它果断地斩断了国家对司法伸得过长的权力之手，从而加速了世界刑事诉讼法治化的步伐。控辩平等的价值基础正在于此。

控辩平等之现代内涵

皮埃尔·勒鲁说："平等创造了司法和构成了司法。"从历史发展演进的视角来看，刑事诉讼的历史，就是平等观念产生和发展的历史，从弹劾式诉讼模式到纠问式诉讼模式再到现代混合式诉讼模式，平等观念呈现出一种从无到有、从弱到强的发展趋势，控辩平等原则就是平等观念在刑事诉讼中的体现和反映，是在平等原则的基础上演化发展而来的。根据控辩平等理论，国家与被追诉者个人间的刑事争端应由检察官与被追诉人通过平等地对抗或竞争来加以解决，为了在法庭审理时赢得最终的胜利双方都有权独立地收集证据，任何一方都无权强迫对方为自己提供进攻或防御的武器，否则就违反了公平竞赛或公平对抗的规则。在控辩平等原则不断发展的过程中，各国法律乃至国际公约、文件纷纷以限权、赋权等形式构建控辩平等的诉讼模式，如强调无罪推定原则、不得自证其罪原则以及非法证据排除原则，又如赋予被追诉人"获得公正和公开审判之权利""获得有效辩护之权利"以及"获得救济之权利"。当然，根据所处法系以及具体国情的不同，不同国家实践控辩平等原则的具体方式也有所不同，但都显著地表现出"通过法律赋予辩方越来越多的权利以防止控方滥用权力"

① 陈卫东主编:《刑事诉讼法》，中国人民大学出版社2004年版，第326页。

的大趋势。

将视角专注于我国本身，笔者认为我国刑事诉讼制度的发展历程，大致可以划分为五个阶段：20 世纪 80 年代前，20 世纪 80 年代后至 1996 年《刑事诉讼法》的修改，1996 年《刑事诉讼法》修改至 2012 年《刑事诉讼法》修改，2012 年《刑事诉讼法》修改至 2018 年《刑事诉讼法》修改以及 2018 年至今。在第一个阶段，刑事犯罪被认为是敌我矛盾，公、检、法三机关甚至包括律师都被界定为对敌人实行专政的工具。在第二个阶段，虽然对敌专政的观念不断淡化，但是，将刑事诉讼制度仅仅理解为国家打击犯罪之目的，却仍然是理论界与实务界之共识，刑事诉讼保障人权的内在价值未能得到应有的重视。第三个阶段，人权保障思想渗透于立法精神，律师辩护制度得到改革，审判程序中引进了普通法系的“对抗制”的庭审模式等，刑事诉讼向控辩双方平等对抗的新型诉讼结构迈进了一大步。随着 2012 年《刑事诉讼法》的修订以及诉讼制度的改革，人权保障思想进一步落实体现，辩护方权利得到更广泛保障，对抗制因素也不断增强。2018 年《刑事诉讼法》修改及配套刑事诉讼制度改革确立了认罪认罚从宽制度，在控辩平等的基础上开拓了控辩合作新模式，是控辩平等的新时代体现。

综观之，控诉和辩护是现代刑事诉讼的两大基本职能，二者共同寓于刑事诉讼活动规律之中，呈现出既对立又统一的辩证关系。可以十分肯定地讲，没有控诉，则没有辩护，控诉需要通过辩护的检查甄别真伪；同样，没有辩护，控诉本身就失去了诉讼的法治意义，成为专制的纠问式诉讼。控诉与辩护这种既对立又统一的辩证关系，理性地推动着刑事诉讼活动的发展，保证审判权在中立、公正、不偏不倚的前提下，辨别真伪，科学裁判。进一步深入研究控辩平等理论可以发现，控辩平等原则发展至今形成了具有内在逻辑性的，相辅相成、密切联系、共生共长、缺一不可的四大本体内涵——平等武装、平等保护、平等对抗与平等合作。它们相互配合，以消解国家和个人的纠纷为总目标，以控制犯罪和保障人权为基本目的，以实体正义和程序正义为根本要求，以被追诉人受到公正审判为核心，以赋予被追诉人沉默权、辩护权、知情权、上诉权等防御性权利为手段，以确立不得强迫自证其罪原则、无罪推定原则、程序法定原则、禁止双重危险原则、非法证据排除原则为保障，推动控辩双方在平等的对抗与合作中和谐发展。

一、平等武装

“平衡方能永葆公正”（A just balance preserves justice）。[①] 而确保平衡的最直接的途径是确认平等武装原则。平等武装是从立法上对控辩双方之权力以及权利的配置层面而言的，它要求在立法上赋予控辩双方平等的诉讼权利和攻防手段，具言之，在法庭上进行辩论的双方并不必须具有同样的技巧与智力，但从赋予双方形成并陈述各自立场的程序正当性权利而言，双方均须得到平等的武装。

平等武装既包括诉讼地位与诉讼权利的对等，也包括诉讼责任与诉讼义务的衡平。

（一）诉讼地位与诉讼权利对等

从本原意义上讲，平等武装意味着立法应当为控辩双方提供同等或者对等的攻防手段，这就要求法律赋予控辩双方同等或者对等的诉讼权利和义务，以使控辩双方能够真正平等、有效地参与诉讼，促进纠纷的解决。这种平等性具体表现在，在侦查阶段，侦控方可以调查、收集证据，犯罪嫌疑人及其辩护律师也有权调查、收集对自己有利的证据；在审判阶段，控方有权向法庭提供物证、询问证人、质证，被告人及其辩护律师也有权向法庭出示物证、询问证人、质证。但是，以调查取证权为例，我们到现在也还无法要求为确保控辩平等而专门设置一个以国家资源为保证、以强制力为后盾的为辩护服务的侦查机构（这并非代表将来），所以，就产生了另外一种思维下的平等武装模式——增加控诉方的

---

① Latoin proverb, reprinted in *W. Benham*, *Book of Quotations*, 6126(1948).

义务，加大控诉方的控诉难度；扩张被追诉方的权利，减少被追诉方的义务。于是，无罪推定原则、沉默权、辩护权、证据开示制度、非法证据排除原则等就产生了，并构成了控辩平等的一系列配套规则和制度。

（二）诉讼责任与诉讼义务衡平

无罪推定原则、沉默权、辩护权、非法证据排除原则以及证据开示制度是通过调节控辩双方诉讼责任与诉讼义务来实现控辩间平等武装的现实手段。

无罪推定原则除去对被追诉人人权保障的本体意义以外，还加大了控诉方的控诉难度。因为，在无罪推定原则之下，下位原则就是证明责任的控方完全承担和证明标准的“无合理怀疑”（beyond reasonable doubt）以及禁止刑讯逼供。

沉默权是赋予被追诉人的一项消极性防御权利。基于平等武装的要求，既然控诉方享有侦查讯问、调查取证等攻击性权力，那么被追诉人也应当享有与之相对应的防御性权利。“你可以问，但我可以不说”，在口供证据的获取上，就是一种平等武装。

辩护权是与无罪推定和沉默权这种消极防御权利不同的积极性权利。控诉权与辩护权本质上都是一种诉权，即请求法院对于纠纷予以裁判的权利。由于被追诉人不同于精通法律的控方，加之人身自由往往受到限制，难以展开有效的证据调查和收集活动，因此被追诉人的辩护权既可以自己行使，又可以聘请律师为其辩护，并且在被追诉人无力聘请的情况下，国家还应当承担为其指定辩护律师之义务。

证据开示制度是在辩护方收集证据的能力（权利）无法与控诉方匹敌的情况下，为保证平等对抗，而必须赋予辩护方的案件知悉权。当然，在实行卷宗移送制度的国家，辩护方的案情知悉权另有途径保障。在不实行卷宗移送制度的国家，如果也没有证据开示制度，控辩双方的“决斗”只能是“弱肉强食”，绝不可能是平等对抗。证据开示制度或者卷宗移送制度要求控诉方不得利用其国家司法资源优势而不公平地处于审判上的优势地位。

平等武装不仅要实现形式上的平等，还要做到实质上的平等。“一个社会在面对因形式机会与实际机会脱节而导致的问题时，会采取这样一种方法，即以确保基本需要的平等去补充基本权利的平等，而这可能需要赋予社会地位低下的人以应对生活急需之境况的特权”，[①]或者提高社会地位优势的人以实现目的的义务和标准。非法证据排除规则即是通过对控方证据调查手段的限制和约束来平衡控辩双方之间在调查取证能力上的差异。

最后，平等武装不仅适用于审判程序，而且必须适用于审前程序。因为审前程序是审判程序的基础，且审前程序较审判程序被追诉人的诉讼地位更容易受到漠视，控辩双方的力量对比差异更大。

二、平等保护

从逻辑关系上看，平等武装作为一项立法要求，为实现控辩平等制定了平等的条件，而平等保护作为一项司法原则，为控辩平等的真正实现提供了均等的机会。控辩平等原则在刑事诉讼大厦中之架构，必须依靠立法上之平等武装和司法上之平等辩护的紧密配合与衔接。

“保护”意为“尽力照顾，使不受损害”。[②]平等保护意为平等照顾，即裁判者在刑事诉讼活动中，对控辩双方做到平等关照，使双方均不受损害。由此看来，笔者认为，刑事诉讼活动中的平等保护至少应当包括诉讼机会平等、诉讼态度平等、诉讼条件平等和诉讼标准平等四项内容。

（一）诉讼机会平等

所谓当事人机会平等系指裁判者应当给予控辩双方参与诉讼

---

① [美] 博登海默：《法理学——法律哲学与法律方法》，邓正来译，中国政法大学出版社 1999 年版，第 557 页。

② 中国社会科学院语言研究所词典编辑室编：《现代汉语词典》（第 5 版），商务印书馆 2005 年版，第 47 页。

的同等时候与时机。例如在我国台湾地区，刑事诉讼中即建立当事人机会对等原则，如当事人双方均可声请法院指定或移转管辖（我国台湾地区“刑事诉讼法”第 11 条）、声请推事回避（“刑事诉讼法”第 18 条）、向法院声请停止羁押（“刑事诉讼法”第 110 条）、提起上诉（“刑事诉讼法”第 344 条第 1 项）及抗告（“刑事诉讼法”第 403 条第 1 项）等。此外，在台湾刑事程序制度中还设有特别针对保护被告之规定，以求得控辩双方真正的机会平等。如审判长每调查一证据完毕，应该再询问被告有无意见（“刑事诉讼法”第 173 条第 1 项），审判长应告知被告得提出有利之证据（“刑事诉讼法”第 173 条第 2 项）及审判长于宣示辩论终结前，最后应询问被告有无最后陈述（“刑事诉讼法”第 290 条），这些都是现行刑事诉讼法为贯彻当事人机会平等，保护被告权益所为之规定。

（二）诉讼态度平等

“态度”是指“人的举止神情”或者“对于事情的看法和采取的行动”。[①] 所谓诉讼态度即裁判者在诉讼过程中的举止神情以及对控辩双方诉讼行为的看法和采取的行动。诉讼态度平等要求在刑事诉讼过程中，裁判者对待控诉方、被告人及其辩护人的举止神情，包括语言、动作、气色等，以及要求控诉方、被告人及辩护人在诉讼活动中的语言、动作、形体规范等，以及对于控辩双方诉讼行为的看法和采取的行动应当保持一致。不能对控诉方和颜悦色，对辩护方横眉冷对，对被害人不理不睬。还应当包括裁判者对待控辩双方的证人态度应当相同。我国司法实践中，庭审时给被告人穿特制马甲、剃光头，庭审安全检查和进出法庭对控诉方与辩方不同对待等都是与平等原则相悖的。

（三）诉讼条件平等

在现代汉语词典中，“条件”具有两方面的含义：其一是指

---

① 中国社会科学院语言研究所词典编辑室编：《现代汉语词典》（第 5 版），商务印书馆 2005 年版，第 1320 页。

“影响事物发生、存在或发展的因素”；其二是指“为某事而提出的要求或定出的标准”。[①] 所谓诉讼条件系指影响诉讼活动发生、存在或发展的因素或者为诉讼活动的进行而提出的要求或定出的标准。在刑事诉讼活动中，诉讼条件平等即指裁判者及其相关部门应当为控辩双方参与诉讼活动提供同等的时间和空间条件。如会见时间及会见室、阅卷时间及阅卷室、庭审发言、记录、灯光设置，均应一视同仁，不能区别对待。控辩双方有权在相同的时间条件和设备条件下举证、质证，控辩双方的证人作证的条件应当相同。

（四）诉讼标准平等

“标准”系指“衡量事物的准则”，或者是指“本身合于准则，可供同类事物比较核对的”诉讼标准是指裁判者认定诉讼行为、判断诉讼活动、衡量诉讼价值的准则。从该意义上讲，诉讼标准平等即要求在刑事诉讼活动中，裁判者对于控辩双方的所有诉讼行为，主要包括出示的证据以及发表的意见等应当予以同等关注，适用同样标准予以判断。用同一诉讼标准规范、判断控辩双方的诉讼行为。

必须指出，与“平等武装”原则一样，平等保护原则不仅体现在审判阶段，也体现在审前阶段。对被追诉人采取强制措施进行审查时，必须在国家控制犯罪的需要和保障被追诉人人权的要求之间保持平衡，对侦控方与被追诉方的利益予以平等的关注。

三、平等对抗

与私力纠纷解决、弹劾式诉讼以及纠问式诉讼纠纷解决方式不同的是，现代刑事诉讼程序是在中立法官的主持下，通过控辩双方的平等对抗进行的，刑事诉讼的价值是在控辩双方的平等对抗中实现的：通过控辩双方有秩有序的良性对抗，使得纠纷在受

---

① 中国社会科学院语言研究所词典编辑室编：《现代汉语词典》（第5版），商务印书馆2005年版，第1352页。

到理性控制的、看得见的条件下得到解决。

从词义上考察，“对抗”是“对立起来相持不下”或“抵抗”之意。[①]可见，刑事诉讼中的对抗必须建立在控辩双方平等武装与平等保护的前提下，否则力量上“先天不足”的辩方是无法“抵抗”先天强大的控方，更谈不上“相持不下”了。刑事诉讼程序中的平等对抗主要表现为控诉权与辩护权的对抗，而控诉权与辩护权的对抗是通过控方的攻击（以下通称强制处分权）和辩方的防御（以下通称防御权）来完成的，呈现出“对权力的限制”以及“以权利制约权力”的本质特征。至少包括如下对应关系：

第一，控方的追诉处分权与辩方的辩护权。

第二，控方的强制侦查权与程序法定和司法审查制度。

第三，控方的讯问权与被追诉人的沉默权和律师在场权。

第四，控诉方的逮捕、拘禁权与司法审查制度、保释权。

第五，控方的调查取证权与辩方的调查取证权以及非法证据排除原则。

第六，控方的司法资源使用权与证明责任、证据开示制度、举证责任规则。

（一）控方之强制处分权

赋予控方以强制处分权，从目的上看，具有刑事诉讼的程序性目的与社会保障的现实性目的之双重性。强制处分权之诉讼程序性目的主要体现在保证被追诉人到案、证据保全和保障刑罚执行三个方面；强制处分权之社会保障的现实性目的则包括制止犯罪和预防犯罪两个方面。

有我国台湾地区学者指出，关于强制处分权之性质，尤其侦查程序中，实务与理论之看法似乎有所不同。实务上有认为基于办案之效率性与维护社会安全，在强制处分权力行使时，人民负有忍受之义务，这种容忍之义务绝对不是单纯法定的“阻却违法

---

① 中国社会科学院语言研究所词典编辑室编：《现代汉语词典》（第5版），商务印书馆2005年版，第345页。

事由”可以解释的，它是一种公的权力。[①]而理论之看法，则认为其本质就是侵害人民自由权利的行为。如果没有严格的条件限制，将使人民在刑事诉讼程序中处于客体的地位，那刑事程序将停留在纠问制度时代，而不是法治国家的刑事诉讼程序。因此认为对于不当的、过度的、无必要的强制处分行为，是无法构成刑事程序机关强制处分行为的违法阻却。也就是说，即使是依法所为的“强制处分行为”，仍不是权力行为，而是“阻却违法”的行为。[②]

对于前述之不同见解，基于平等对抗原则之考量，如果认为强制处分权是公权力，人民负有忍受义务，则具有强制处分权之司法者，对人民权利将有造成严重威胁与侵害之虞。相反，如果认为其是一种“阻却违法事由”的行为，一切的强制行为必须依照法律所明文规定之要件及程序而实施，不但能避免国家机关滥权而侵害人民自由，控辩平等的原则亦较能受到保障。

（二）辩方之防御权

防御权系指在刑事诉讼程序中，被追诉人有权通过沉默、辩解、质证举证、获得律师帮助等一切可能之法律手段，与控方在程序与实体上予以抗辩的权利。有学者认为，辩方行使之防御权与检察官所行使之公诉权是推动刑事诉讼程序之原动力。[③]

辩方之防御权可以区分为积极防御权与消极防御权两种。积极防御权包括辩护权（包括获得律师帮助权与自我辩护）、陈述权（包括辩解权）、证据调查请求权、诘问权（包括对证人、鉴定人）、辩论权、回避声请权、救济权等。消极防御权包括沉默权、在庭权、人身自由和财产等不被非法剥夺等权利。

控方搜集证据以求发现真实，法律特赋予其得以对被追诉人实

---

① 参阅财团法人华冈法学基金会举办，杨建华主持之“检察官强制处分权争议”研讨会发言摘要，载《月旦法学杂志》1995年10月第6期。

② 陈志龙：《侦查中的强制处分之决定》，载《月旦法学杂志》1995年10月第6期。

③ 日本学者高田卓尔认为“防御权是对应检察官之公诉权，公判程序就是检察官公诉权与被告防御权之对立与抗争的场所，因其抗争，而使诉讼程序推行进展”。参见蔡墩铭：《刑事诉讼法论》，台北，五南图书出版公司1999年版，第82页。

施强制处分行为的权力。然而在求得发现真实的背后，却隐藏着对被追诉人专断与恣意的危机。而为使被追诉人在诉讼上受到平等审判之对待，法律有必要赋予其一系列防御权利与控诉权相抗衡。其中，令状主义是谋求法院对控方发动强制行为时所进行的司法抑制制度，可以说间接且消极地保护了被追诉人之对等地位。赋予被追诉人沉默权，则可以使得被追诉人享有当事人之地位。给予被追诉人获得律师帮助的权利，可以使被追诉人与控诉方平等对抗。

应当看到，赋予控方以强制处分权是为发现事实、控制犯罪之目的，赋予被追诉人以相当之防御权是为落实人权之保障之目的。为奠定公平审判之基础，求得正确之裁判，以实现刑事诉讼公平正义之目标，国家强制处分权与被追诉人之防御权必须尽可能地缩小其间之差距。

四、平等合作

公正和效率是现代社会司法制度的两大价值目标。随着社会的飞速发展，科技的日新月异，进入刑事司法视野的社会矛盾也愈来愈多、愈来愈复杂化。而刑事司法的资源的增长，无论是人力还是物力均具有明显的滞后性。因此刑事司法面临着这样一个必须解决的重大课题：如何在现有的司法资源配置下，有效解决刑事司法视野中日益增多的问题。此时，效率的价值目标便与刑事司法的价值追求统一起来，即在追求公正的同时，在刑事诉讼程序中引入司法效益观。

平等合作之实现有以下几个要求：

（一）平等

刑事诉讼活动是在当事人双方权利对等、义务对等、地位对等的情况下进行的，并且这种平等性要得到对方的认可。平等合作中“平等”就体现为控辩双方人格和地位的平等，这种平等可以说是对刑事诉讼中的强权和特权的否定。控辩平等为控辩合作提供了主体条件。

（二）自愿

在控辩合作中被追诉人作出的有罪答辩必须是出于自愿，否则控辩合作不能成立。在美国，一旦被告对控方的指控作有罪答辩，就意味着被告自动放弃了《宪法》中规定的三项权利：反对自证其罪的权利，要求陪审团审判的权利和不利于自己的证人质证权利。因此，法官在接受有罪答辩前，必须询问被告，确认被告是出于真正的自愿，并且告知被告作出有罪答辩的后果，一旦得知被告的意思表示是非自愿的，法官不得接受有罪答辩。

（三）合意

传统的正规刑事诉讼是非合意性的，这在我国的刑事诉讼中可见一斑，两方无法就定罪量刑进行讨价还价，更无法将讨价还价的结果交给法官，检察官承担着被告可能被判无罪的风险，被追诉人承担着可能被判重罪重刑的风险，刑事审判的结果对双方来说都是不可预测的。控辩合作是建立在相互意见一致的合意基础之上的，每个人只对自己的行为负责，只有在这样的基础上建立起来的关系才对所有当事人有约束力，并导出合作协议必须信守的结论。控辩合作本质上是控辩双方在利益驱动之下与对方达成的一种合意，合意的内容是进行风险的交换，就控方而言，是减轻指控罪名、减少指控罪数及减轻量刑等；就辩方而言，是承认有罪。若是控辩双方达不成合意，那么控辩合作和一般民事合同一样无法成立。

（四）互利

从制度和功能的角度来说，合作是当事人认为对自己有利，对对方也有利的一种交易，没有这一点，双方当事人无法进入合作关系。在普通的刑事程序中，审判的结果是非赢即败，而通过控辩合作可以使控辩双方达到“双赢”，检察官避免了昂贵诉讼成本之下的无罪判决的风险，节约了司法成本并达到尽快惩罚的目的；被追诉人避免了受到最严重惩罚的风险，也避免了长期羁押的身体痛苦和公之于众的精神痛苦，被害人还可能在合作中获得被告人给予的经济补偿，控辩合作使各方得到了利益，这是一种互利互惠的机制。由此可见，合作是一种世俗的实用主义活动。在控辩合作中，互利是促使控辩双方进行合作的动力。

（五）诚信

诚信是控辩平等合作的必备要素之一，控辩合作本身是在当事人合意的基础上建立的，当事人的合意自然导出“约定必须遵守”的规则，而控辩合作反过来又使诚信制度化，使得诚信通过制度化的手段和社会组织手段明确下来，对守信的人给予奖励，对不守信的人给予惩罚。例如，在辩诉交易中控辩双方达成交易协议，被告不得随意撤回答辩，检察官不得随意反悔。

五、结语

控辩平等对抗无疑既有利于实现实体公正，又有利于保证程序公正，同时也有利于保障人权，但是，对抗的前提必然是司法资源的大量占用和司法成本的高昂投入，包括辩方（被追诉人）时间、精力、物质的耗费，结果必然是诉讼效率的降低。控辩合作以控方与辩方间的平等为基础，能有效应对社会资源增长与司法资源有限的司法现状，符合恢复性司法理念的要求，是控辩平等发展的必然走向，在司法活动中以控辩协商的形式体现出来。所以，世界法治国家刑事诉讼中的控辩关系，不断地从控辩平等对抗，一步步走向控辩平等合作，不论是英美法系国家、大陆法系国家，还是混合法系国家，都各自以不同的形式展开了对控辩协商的实践，体现出世界范围内控辩关系由以对抗为主、合作为辅，转向以合作为主、对抗为辅的大趋势。[①]

---

① 关于“控辩平等说”的详细论述，可见冀祥德专著《控辩平等论》，法律出版社 2008 年第一版，法律出版社 2018 年第二版，法律出版社 2022 年第三版。

控辩平等之诉讼功能[①]

控辩平等是现代诉讼法治的基本理论和基本理念。我国的司法制度正在面临着百年一遇的变革，在诸多刑事司法制度改革中，控辩平等原则的导入是一条必须贯通其中的理念主线。控辩平等在现代刑事诉讼中，具有不可或缺及不可替代的功能。无论在侦查程序、起诉程序中，还是在审判程序、救济程序中，均如此。

控诉和辩护是现代刑事诉讼的两大基本职能，二者共同寓于刑事诉讼活动规律之中，呈现出既对立又统一的辩证关系。可以十分肯定地讲，没有控诉，则没有辩护，控诉需要通过辩护的检验甄别真伪；同样，没有辩护，控诉本身就失去了诉讼的法治意义，成为专制的纠问式诉讼。控诉与辩护这种既对立又统一的辩证关系，理性地推动着刑事诉讼活动的发展，保证审判权在中立、公正、不偏不倚的前提下，辨别真伪，科学裁判。在控诉与辩护对立统一的关系中，有一个立论的前提，就是控诉与辩护的平等。试想，如果没有二者的平等，则毋谈对立，唯言统一了。当然，控辩平等必然要求控审分离，否则，“如果控告人成为法官，就需要上帝作为律师。”[②]被追诉人只能是诉讼的客体，诉讼活动只能在专制和野蛮中进行。控辩平等下的对立统一关系，与中立的审判权一起，共同构成了刑事诉讼法治活动中的“等腰三角”结构。

控辩平等作为一种重要的司法理念和诉讼原则，是平等权在刑事诉讼活动上的必然反映，不仅其产生具有深刻的政治制度和诉讼制度背景，而且在诉讼程序中，具有不可或缺的功能。目前，中国的司法改革正在如火如荼地进行，在诸多刑事司法制度改革中，控辩平等原则的导入是一条必须贯通其中的理念主线。而当

---

① 本部分原载《法学论坛》2008 年第 3 期，系作者主持的 2007 年度国家社会科学基金项目“构建我国刑事诉讼中的控辩平等”之阶段性研究成果：07BFX061。

② ［德］拉德布鲁赫：《法学导论》，米健、朱林译，中国大百科全书出版社 1997 年版，第 121 页。

下国人对于控辩平等的解读却并不深刻。多数研究者将控辩平等的内涵仅仅界定于平等武装，尚未解读出控辩平等中平等对抗、平等保护与平等合作的现代内涵，[①] 对于控辩平等的功能，几乎无人问津，缺乏规范而系统的论证。本文试图对于该问题略陈管见，以求教于学界同仁。

一、侦查程序中控辩平等之功能

刑事诉讼价值的多元化决定了发现事实真相、控制犯罪并不是刑事诉讼的唯一目的，保障人权、促进法治是刑事诉讼的另一种价值。这是因为，刑事诉讼涉及生命和自由这两个人人关心的最为重要的问题，国家和公民个人在这里进行了最直接的"对话"。在侦查程序中，国家强大的司法权几乎是任意和不可撼动的，而被追诉人则面临从"自由"到"不自由"的巨大落差，处于自由和权利被司法权控制之境遇。

法国启蒙思想家孟德斯鸠认为，自由只存在于权力不被滥用的国家，但是有权者都容易滥用权力乃是一条万古不变的经验。"有权力的人们使用权力一直到遇到界限的地方才休止。"[②]

所以，在现代法治社会中，国家法律是这样处理权力这个怪物的，一方面将权力在国家主体间进行合理的分配；另一方面设定严密、高效的权力监督和制约机制。对此，汪建成教授认为，基于法律不同的功能，可以将其分为授权性法律和限权性法律两种不同的类型。"一般来讲，刑法属于授权性规范，刑事诉讼法则属于限权性规范。刑法设定了国家的刑罚权，刑事诉讼法则为

① 冀祥德：《控辩平等的现代内涵解读》，载《政法论坛》2007 年第 6 期。

② ［法］孟德斯鸠：《论法的精神》（上册），张雁琛译，商务印书馆 1985 年版，第 66–68 页。

国家刑罚权的正确、适度行使设置规则和界限。”① 从该种意义上，我们就理解了国家要将众多的刑事诉讼制度如无罪推定、审判公开、辩护等上升为宪法性原则的根由，同时为上诉不加刑制度、正当程序保障条款等在刑事诉讼法律规范中的驻足，寻求到了该当性根据，而刑事诉讼，特别是侦查程序中控辩平等的要求，无疑正是刑事诉讼法限权性功能之正当化事由。

（一）权力抑制功能

从政治学的角度看，权力是一种关系范畴，是一个人依据自身的需要，影响乃至支配他人的一种强制性力量；从经济学的角度考察，权力是指一个人或者一些人在一定的社会关系中，拥有的支配一定量的社会资源的能力。② 权力具有强制性、等级性、对象性、整合性和目的性，由这些特性所派生出来的扩张性、侵犯性、排他性、诱惑性和腐蚀性也是权力最明显的特征。

作为权力的一种，侦查权具有权力的所有特征，由权力的强制性决定，掌权者在不受制约的情况下，往往会无限地扩张权力，竭力地聚敛权力；权力的无限扩张，必然要打破既定的界限和范围，侵犯其他权力，甚至危及公民权利。换言之，侦查权在行使过程中也会异化，产生与权力最初设计目的相悖的后果。更为重要的是，侦查具有特别的强制力，为了保证在较长时间内能随时

---

① 汪建成教授指出，国家刑事司法权的概括性和具体性的矛盾运动，是刑事诉讼法的限权性的理论根源。从概括性来说，国家司法机关作为整体掌握着国家的刑事司法权，从具体性来看，这个权力又不可能由国家司法机关集体行使，总是表现为刑事个案中由具体的司法人员行使。由于司法者也是社会成员之一，与社会其他成员一样，同样有“自我”与“他人”的人性矛盾，处于具体的社会关系之中。如果司法者个人的利益影响了其职权行为从而滥用职权，就会破坏法律实施的正确和公正，破坏公众对法律的信任，危害法律的社会基础，因而就会侵犯统治阶级的整体利益，同样会受到统治阶级的惩罚。司法腐败，即司法权力的滥用，是一种历史性现象。司法者应当代表正义，但不必然代表和行使正义，这是司法活动的基本矛盾，是权力自身的矛盾在司法领域的体现。如果这种矛盾影响了法律实施的正确与公正，这与国家意志本身是冲突的。因此，对司法活动必须制定行为规则。于是，刑事诉讼法的存在就有了现实的基础。参见汪建成:《刑法和刑事诉讼法关系新解》，载陈光中、江伟主编:《诉讼法论丛》（第 3 卷），法律出版社 1999 年版。

② 陈荣富:《公共管理学前沿问题研究》，黑龙江人民出版社 2002 年版，第 199 页。

找到受审查的个人，侦查机关可以运用搜查、扣押、逮捕等强制性手段。侦查是一种具有严重后果的手段，有时甚至是一个相当长的过程，在这个过程中，如果侦查权被滥用，将会严重侵犯到公民的基本权利，轻至财产权利，重至人身权利。因此，侦查程序成为现代刑事诉讼中公民权利最容易受到非法侵害的阶段。为了防止侦查权的过度异化对公民权利造成的损害，有必要对侦查权加以有效的制约和监控。“只有在平等对抗的诉讼结构中，公共权力的滥用才能被杜绝。”[①] 通过制度设计，赋予被追诉人以特殊的权利，使其能够与侦查机关最大程度地进行平等对抗，就是对侦查权进行监控、保障被追诉人权利的有效途径。

（二）审判基础功能

刑事审判是一种由法院代表国家对被告人的刑事责任问题作出最终和权威裁判的活动，它以公诉机关或自诉人向法院提起控诉为前提，在控辩双方与法官三方的共同参与下，通过法庭上的听证和审理活动，由法院作出一项有关指控成立与否的裁决，这一裁决需要以法官在庭审中认定的案件事实以及实体法的有关原则和规则为基础。由此看来，参与庭审的控辩双方应该具有平等的武装和保护。这是因为，法官是居中的消极裁判者，他一般不提出事实，尤其是在英美法系中，法官不参与收集和调查证据，只是根据控辩双方提出的事实和证据进行裁判，因此，法院的整个审判活动均建立在对控辩双方取得的事实和证据的认定基础上。从该种意义上讲，控辩双方能否在刑事审判中进行平等对抗，很大程度上取决于其在审判前获悉案情和取得证据的能力。而控辩双方查明事实和获取证据的关键阶段是侦查阶段，其在力量上的差距主要体现在国家公权力介入较深的侦查阶段。如果控辩双方在侦查阶段不能实现平等武装、受到平等保护，审判阶段的控辩平等就成为无稽之谈。从另一种意义上看，刑事诉讼程序是一个

---

① ［斯洛文尼亚］卜思天·M. 儒佩基奇：《从刑事诉讼法治透视反对自证有罪原则》，王铮、陈华玮译，载《比较法研究》1999 年第 2 期。

有机联系的整体，控辩平等应该贯穿于刑事诉讼的始终，控辩双方在任何一个阶段的不平等都将使其他阶段控辩之间的力量失衡，从而阻碍司法正义的实现。

（三）正当解纷功能

刑事诉讼最原始的目的在于追究和惩罚犯罪，国家一般设立专门的刑事追诉机构对犯罪进行追诉。但为了避免追诉权被滥用，需要建立必要的制约和监控机制，以审查国家追诉机关追诉犯罪活动的合法性和正当性，从而确保受到国家追诉的人接受公正的裁判，防止无辜的人被不公正、不合理、错误地判刑，最大程度地实现罪刑相适应。刑事审判的目的在于实现正义的要求，使国家对被告人的定罪或判刑符合刑事实体法的要求，也具备正当性和合理性标准。因此，传统上，只有审判阶段才是对案件进行实体处理的关键阶段。

但是，随着犯罪率的急剧上升，案件积压成为许多国家司法中所面临的重大问题，为了解决这个问题，很多国家不得不将“效率”提升为司法的一个重要目标，对于大量轻微刑事案件，规定侦查机关有权作出处理。在法国，“预审法官面对侦查所得到的结果，如果认为没有必要继续进行已经开始的追诉，则作出不起诉裁定，已经开始侦查而发动的公诉即告停止。”[①] 在美国，目前有 90% 的刑事案件是以辩诉交易方式结案的。其中，“在侦查阶段已做辩诉交易的占了一半以上。”[②] 近年来，有些传统上属于大陆法系的国家和地区也突破以往只有检察机关才有斟酌处分权的做法，规定警察机关对于部分事实清楚、情节简单的案件，有权作出便宜处理。如日本法律规定，当判明犯罪非常轻微而没有处罚必要时，司法警察有权予以训诫而免予追究。[③] 由此可见，侦查阶段是某些案件的实体处理阶段，对犯罪嫌疑人的实体权利有着

---

① ［法］卡斯东·斯特法尼等：《法国刑事诉讼法精义》（上册），罗结珍译，中国政法大学出版社 1998 年版，第 680 页。

② 陈永生：《侦查程序原理论》，中国人民公安大学出版社 2003 年版，第 5 页。

③ 程味秋：《外国刑事诉讼法概论》，中国政法大学出版社 1994 年版，第 187 页。

实质性的影响，而犯罪嫌疑人能否与侦查方进行平等的对话，直接影响到案件处理结果的公正性。而且，控辩平等作为刑事诉讼基本指导原则，在侦查程序中能否在真正意义上实现，也决定了其能否在整个刑事诉讼程序中发挥其应有的作用。

二、起诉程序中控辩平等之功能

起诉程序的产生是控审分离的结果，追求的是司法权力追究犯罪与人权保障之间的正当性。笔者认为，控辩平等在包含平等对抗要素的同时，也蕴涵着控辩和谐的精神，其终极目标追求的是国家与公民之间利益的和谐，保障的是控诉犯罪与保护人权之间的和谐。起诉程序中，尚未形成典型之控、辩、审三角诉讼结构，一般没有中立者的裁判，控辩双方直接形成对峙，其关系和目标表现为：首先致力于平等合作，尔后致力于平等对抗。这种合作与对抗，是通过合理配置控辩双方的权力（利），构建控辩平等的场域实现的。

（一）强化控辩职能功能

与控告式诉讼模式相比，控审分离诉讼构造的理论基础是权力制衡，其逻辑的起点是以权力制约权力，进而保障审判权的公正性和合理性。而在起诉程序中构建控辩平等的逻辑起点同样是制约权力，只不过其途径是以权利制约权力，以防止控诉权滥用，进而寻求司法公正，防止司法腐败。

1. 控诉职能的强化

法谚云：举证之所在，败诉之所在。控方举证责任的强弱，决定了其指控质量的高低。假如没有与之势均力敌的辩方在时刻寻找控方证据链条的漏洞，控方也就缺乏严谨证据意识的一种外在监督机制。因为，在刑事诉讼中，与其结果最具有利益关系的莫过于被追诉人，其一般会不遗余力地确保自己受到最小限度的刑事处罚或宣告无罪。在起诉程序中控辩平等的构建之下，控方为了追求控诉的质量，必须在审查起诉阶段全心全意，认真判断被追诉人罪与非罪、罪轻或罪重的证据，慎重做出诉与不诉的决定。控辩平等为控诉方的追诉活动设置了一双监督的眼睛，使控诉方在权力行使时，除了自我约束之外，还有一个势均力敌的辩方力量在制约其控诉行为，从而促进其强化控诉水平。

2. 辩护职能的强化

如果说侦查程序中，控辩平等的功能是重在防御公权力对被追诉人可能的侵害的话，在起诉程序中，控辩平等的功能则重在强化被追诉人的辩护职能。在控辩平等的构建之下，一方面，必须尊重被追诉人不得自证其罪、自由会见律师等自身诉讼权利；另一方面，必须充分保障辩方对案件事实和证据的知情权和调查权，同时给予辩方充分而平等的与控方交流和合作的时间及机会。在平等武装与平等保护的前提之下，实现平等合作或者为平等对抗奠定正当性基础。

（二）保障权力（利）平衡功能

权力制衡与人权保障是控辩平等原则的重要理论基础。在起诉程序中，构建控辩平等原则，其目的在于以权利制衡权力，实现权力与权利的平衡。这也是现代刑事诉讼中起诉程序法治化构建的必然要求。

1. 防御控诉权

“吏不良，则有法而莫守；法不善，则有财而莫理。”[①] 控方在起诉程序中的权力主要有审查起诉权、暂缓起诉权、不起诉权、提起公诉权等，这些权力的行使对被追诉人的命运影响深远，所以对其进行规制是必要的。从该意义上而言，辩护人参与起诉程序就在于监督和制约控方权力的行使，以防止控诉权对被追诉人诉讼权利的侵犯。因为，辩方与控方是诉讼的两极，来自辩方的监督是最直接的监督，也是最负责任、最有力的监督，他们不仅可以通过维护被追诉人的诉讼权利而消极防御控诉权，还可以通过行使辩护权和调查取证权等一系列权利积极防御控诉权。

① （宋）王安石：《度支副使厅壁题名记》。

2. 保障被追诉人人权

虽然，在法治的视野下，控诉方除了追诉犯罪外，也担负着确保无罪的人不受追究的职责。但是，由于控诉方也是社会成员之一，与社会其他成员一样，同样有“自我”与“他人”的人性矛盾，处于具体的社会关系之中，作为被追诉者的对立方，部门权力的本位，使其更注重于对犯罪的控诉，而且就立场而言，也很难做到完全地、积极地为被追诉人的权利考虑。控辩平等原则的构建则为在起诉程序中被追诉人人权的保障提供了正当性与可能性基础，使得被追诉人的人权成为有保障的人权。

（三）提高诉讼效率功能

“诉讼本身应该在尽可能短的时间内结束……惩罚犯罪的刑罚越是迅速和及时，就越是公正和有益。”①

美国经济分析法学家波斯纳认为，经济学是对法律进行规范分析的有力工具，在一个资源有限的世界中，效益是公认的法律价值，表明一种行动比另一种更有效，是制定公共政策的一个重要考量因素。20 世纪 80 年代以来，在对付刑事犯罪的刑事诉讼过程中，各国司法机关面临着一个共同的难题：一方面，犯罪数量居高不下，犯罪种类不断增加，但司法机关的人员数量却相对稳定；另一方面，传统的诉讼程序繁琐，效率低下，积压了大量的刑事案件，司法机关不堪重负。②诉讼效率成为各国诉讼制度改革所共同关注的重要问题。

---

① ［意］贝卡利亚：《论犯罪与刑罚》，黄风译，中国大百科全书出版社 1993 年版，第 56 页。

② 以德国为例，一方面德国战后犯罪现象明显呈上升趋势，犯罪嫌疑人已由 20 世纪 60 年代的 100 万上升至 90 年代的 700 万。另一方面犯罪也日趋复杂化，环境犯罪、经济犯罪、跨国犯罪等新的犯罪形式的出现，使调查取证出现很大困难。虽然犯罪形势发生变化，但司法人员的数量在过去 30 年中却处于相对稳定的状态，加之东西德统一以后，德国出现的财政困难，都使得如何既能缩短刑事诉讼程序、减轻司法压力，又能解决犯罪成为德国司法界探讨的一个重要问题。伦朝平等：《刑事案件不起诉制度之研究》，载陈兴良主编：《刑事法评论》（第 5 卷），中国政法大学出版社 1999 年版，第 420 页。

1. 探求事实真相

控辩平等原则下，控方与辩方法律地位平等，双方可以充分参与诉讼程序，在对抗中能够最大限度地接近案件事实真相，避免错案发生，保证无罪者不被不正当追诉和错误判决。起诉程序中，一旦控辩可以平等，意味着：一方面，辩方可以充分行使其辩护权等权利，及早发现犯罪事实真相；另一方面，控方将会重视辩方的意见，从而使辩方关于被追诉人无罪或罪轻等主张得到认可，促使不起诉决定的作出或者控辩协商的成功。如此，控辩双方在审判前就进行了实质性的“辩论”和“质证”，双方对于案件的性质在“争论”中有可能达成一致。换言之，辩方权利在诉讼程序中越早被行使，案件事实真相就会越早被揭示，诉讼成本的投入就会越少。

2. 及时分流案件

加强控辩合作是目前世界不少国家诉讼模式改革的重要内容，其目的就是分流案件，使一些轻微的犯罪案件省去审判并科以刑罚的程序，同时，给予疑难复杂案件的被追诉人以更多的正当程序和权利保障。控辩平等原则在案件分流过程中，发挥着不可或缺且不可替代的功能。这不仅表现在以控辩平等保障案件分流的正当性，而且，在控辩平等保障下的自愿认罪程序中，也会使被追诉人对自己的行为予以正确的认识与评价，使犯罪者的认罪心悦诚服。

3. 保障控辩合作

在美国等辩诉交易制度盛行的国家，如果根据传统的诉讼正义观将所有的案件不加区分地交付审判，其结果可能造成刑事审判制度的全面瘫痪。从这个意义上说，“我们之所以能够忍受一种不正义，唯一的正当理由也是需要它来避免一种更大的不正义”[①]。毫无疑问，辩诉交易可以缩减诉讼环节，减少诉讼成本，提高诉讼效率。在辩诉交易中，控方是拥有国家司法资源且以强制力为

---

① ［美］约翰·罗尔斯：《正义论》，何怀宏等译，中国社会科学出版社 1998 年版，第 2 页。

后盾的法律专业人员，被追诉者则对法律知识知之甚少且往往人身自由受限，如果没有控辩平等原则作辩诉交易的基础，“交易”便成了“强制”。

三、审判程序中控辩平等之功能

在刑事诉讼“等腰”的三角结构中，控辩平等是“题中应有之意”。在具有对抗性的法庭诉讼中，平等意味着中立法官主持之下的控辩双方的公平竞争，基于此，诉讼才能形成一种因均衡而公正的结构，并必然凸显出如下功能：

（一）诉讼结构优化功能

无疑，刑事诉讼的目的在于追究犯罪和保障人权。为了满足国家追诉犯罪，维护公共利益的要求，刑事诉讼程序必须具有发现事实真相的功能；为了保障人权，刑事诉讼程序又必须具有限制司法权力、保护被追诉人合法权利的功能。刑事诉讼程序的上述两方面功能对于诉讼结构提出了两个基本要求：一是控辩双方之间平等对抗；二是法官居中裁判，并由此形成一个以控辩均衡为底边，以法官居中裁判为顶点的“等腰三角结构”图形。这种结构的核心是控辩平等，法官中立既是控辩平等的保障条件，又是控辩平等的内在要求。所以，充分的、富有意义的平等对抗是优化诉讼结构的关键所在。因此，可以说，一方面，控辩平等是刑事诉讼模式进化与发展的法治产物；另一方面，在刑事诉讼模式的演进过程中，控辩平等的理念和实践又对于刑事诉讼模式的演进和诉讼结构的优化起到了积极的促进作用，这在刑事审判程序中表现得尤为突出。正如有学者言，“通过赋予控辩双方平等的诉讼权利和设立有关的诉讼规则，以确保控辩双方的平等关系，是审判程序构造的核心问题。”①

---

① 李心鉴：《刑事诉讼构造论》，中国政法大学出版社 1998 年版，第 260 页。

（二）实体正义保障功能

控辩双方在审判程序中享有平等的诉讼地位是实现实体正义的需要。控辩双方在法庭上平等对抗，各自提出自己的主张及其主张赖以存在的事实和证据，并且进行平等的对抗和辩论，由此为法官创造了一个兼听则明的环境。“实践表明，当富有探索进取精神的诉讼双方面对面直接交锋时，真理就越有可能被发现，如果所提出来的证据都是恰如其分的，那么，这对于一个公正的陪审团来说，真理就是非常明显不过的了……辩论制的运用可以抵消那种在还没有听完全部事实的情况下就匆忙作出决定的天然倾向。”① “当事者之间的相互作用才是诉讼程序的中心部分这一观念，一般地或者以这样的能够最大限度地发现案件真相的理由来说明，或者由当事人接受涉及自己切身利益的处理时必须得到陈述自己意见的机会这种正当程序的原理演绎而出”。② 因此，保证控辩双方在审判程序中享有平等的诉讼地位，进行平等对抗、受到平等的保护，在诉讼条件、诉讼机会和诉讼标准上实现真正的平等，对于发现真相、保证实现相对的实体公正，无疑具有重要的意义。

（三）程序正义保障功能

真正的正义是一种程序的正义或沟通的正义。在审判程序中实现控辩双方的平等也是实现程序正义的基本保证。只有在平等对话的环境中，控辩双方才可能展开平等的、理性的对话，才能最终实现一种看得见的、为双方都能接受的正义。几乎所有的程序正义都将控辩平等作为一项重要的要素。在戈尔丁抽象的判断程序正义的九项标准中有五项都是强调控辩双方在法律地位上的平等：纠纷解决者不应有支持或反对某一方的偏见；对各方当事人的意见给予公平的关注；纠纷解决者应听取双方的论据和证据；

---

① ［美］小查尔斯·F. 亨普希尔：《美国刑事诉讼——司法审判》（第一册），北京政法学院刑事诉讼法教研室编印 1982 年版，第 112 页。

② ［日］棚濑孝雄：《纠纷的解决与审判制度》，王亚新译，中国政法大学出版社 1996 年版，第 123 页。

纠纷解决者只应在一方在场的情况下听取另一方的意见；各方当事人都应得到公平机会来对另一方提出的论据和证据作出反应；各方当事人都应得到公平机会来对另一方提出的论据和证据作出反应。美国著名法学家坎贝赖特也认为“平等防御”就是构成公正的诉讼程序的“最基本的最低限度的要求”之一。[①]

（四）权力制衡功能

审判阶段中的公权力涉及公诉权和审判权。与侦查权一样，公诉权和审判权也具有天然异化的倾向，在缺乏监督机制的环境下，同样会突破权力界限，脱离权力设计的初衷，损害司法公正，甚至侵害被告人的合法权利。而且由于审判阶段是案件的实体处理阶段，无论是对于国家的公共利益还是被告人个人的权利和利益都有着重大的影响。构建审判程序中的控辩平等，不仅能够有效约束和监督公诉权的行使，同时也能够对审判权起到监督和制衡的作用。正如有学者所言，“当事者在诉讼程序上享有的权利实际上就是对法官权力的直接限制。对当事者行使诉讼权利的程序保障也就意味着审判过程中法官的创造性作用在程序方面受到严格的制约。”[②]

（五）人权保障功能

实际上，对国家公权力的制约和对公民权利的保护是相互联系、相互依存的两个问题：限制国家公权力、防止公权力的滥用，不但是维护公共利益的需要，更是保护公民个人权利、防止公权力侵害私权利的需要；反过来，赋予公民个人权利、加强对公民个人权利的保护又会对国家公权力形成制约，起到监督公权力的作用。保护公民个人权利在刑事诉讼中具体表现为赋予被告人程序主体性的地位，使其受到有尊严的对待，而不是将其作为国家追诉犯罪、维护所谓的“公共利益”的工具；既不能以损害个人

---

① 陈永生：《侦查程序原理论》，中国人民公安大学出版社 2003 年版，第 299 页。
② 王亚新：《社会变革中的民事诉讼》，中国法制出版社 2001 年版，第 42 页。

肢体完整和造成肉体痛苦的手段进行诉讼，又不得以贬损人格的方式进行诉讼。而平等地对待处于同等地位的诉讼当事人则是保障被告人权利和其诉讼主体性地位的基本条件。刑事诉讼立法的历史就是被追诉人权利不断加强的历史，而在这个历史演变中，控辩平等经历了一个从无到有、从弱到强的过程。

四、控辩平等在救济程序中之功能

“审判程序是为探求这方面（定罪）的真实情况设计的，但看来不可能把法规设计得使他们总是达到正确的结果。……即便法律被仔细地遵循，过程被公正地引导，还是有可能达到错误的结果。一个无罪的人可能被判作有罪，一个有罪的人却可能逍遥法外。”[①]

裁判的最终目的是对事实进行正确的认定，并准确地适用法律。因此，有必要设置相应的救济程序对刑事审判中可能出现的错误予以纠正，以使裁判结果最大限度地接近实体真实，使法律得到更准确的适用。从各国的立法和实践来看，审判救济程序主要有两种，一是普通救济程序（上诉审程序），二是非常救济程序（再审程序）。控辩平等作为现代刑事诉讼的一项基本原则，在救济程序中发挥着重要的功能。

（一）控辩平等在普通救济程序中之功能

普通救济程序是一种独立的司法裁判程序，要准用第一审审判程序的规定，理应遵循控辩平等原则：保证控辩双方实现平等武装，法官诉讼态度平等，给予控辩双方平等的保护，从而使控辩双方在诉讼条件、诉讼机会以及诉讼标准上实现平等。与审判程序中一样，控辩平等在普通救济程序中同样发挥着诉讼结构优化功能、实体正义功能和程序正义功能以及权力（利）制衡功能和人权保障功能。而且鉴于普通救济程序所担负的纠错和监督职

---

① ［美］约翰·罗尔斯：《正义论》，何怀宏等译，中国社会科学出版社 1988 年版，第 81 页。

责，控辩平等对于实现普通救济程序的这两项职能具有重要作用。允许控辩双方平等、有效地参与到普通救济程序的审理中，阐述各自的主张及事实和证据，并且发表其对法律适用问题的意见，而且法官对双方给予平等的关注和对待，这对于发现实体真实和判断一审法院在事实认定及法律适用方面是否存在错误具有积极的保障作用。

（二）控辩平等在非常救济程序中之功能

刑事再审制度是一种特殊的救济程序，其设置目的旨在平衡了法的安定性和法的公平性这两个有时相冲突的原则后，纠正那些显失公平的忍无可忍的错误。[①] 从整个刑事诉讼的过程来看，非常救济程序是对其前所有程序中控辩平等原则是否得到真正落实的最后一次检验和救济，因此，在非常救济程序中保证控辩双方享有平等的诉讼地位，不仅仅有利于优化诉讼结构、实现实体正义和程序正义、制约权力和保障人权，而且对于实现非常救济程序的特殊任务——救济功能，实现司法公正具有重要意义。

五、结语

控辩平等乃诉讼法治之基本理论与基本理念，无疑应当成为中国现代诉讼法治之理性选择与必然追求。这是因为，在当今中国社会迈向法治国之进程中，不仅控制犯罪与人权保障应当同时成为刑事法律之终极追求，也不仅公正本位、兼顾效率应当成为现代司法之永恒主题，而且程序优先、实体与程序并重应当成为现代刑事诉讼之价值选择。

中国的司法改革正在如火如荼地进行，在诸多刑事司法制度改革中，控辩平等理论的导入是一条必须贯通其中的理念主线。而当下国人对于控辩平等的解读却并不深刻：一个表征为，控辩

---

① ［法］卡斯东·斯特法尼等：《法国刑事诉讼法精义》（下册），罗结珍译，中国政法大学出版社 1998 年版，第 877 页。

平等作为一个“舶来品”，乃西方诉讼法治之产物。在中国的刑事诉讼中，尤其在立法与司法领域，尚无几多人士对此青睐。甚至在此等官员的诉讼意识领域，控辩何以平等？对控辩平等观念持有根深蒂固之“敌意”。另一个表征为，中国控辩平等的鼓吹者，对于控辩平等在我国的立论与驻足有着过多的期待和理想。认为控辩平等不仅是控辩双方在庭审程序中的平等，而且在审查起诉程序乃至侦查程序中，也必须实现控辩双方的权利武装平等。

基于此，笔者关于控辩平等的研究，在理论上，突破了长期以来学界将控辩平等一般解读为平等武装的观点，提出了在现代社会语境之下，控辩平等的内涵已经发展为平等武装、平等对抗、平等保护和平等合作；在实践应用上，以立足中国刑事诉讼制度在尊重国情现实下的法治化变革为基本立场，运用比较分析、实证分析和规范分析的方法，本着分析问题、解决问题的思路，提出了在我国刑事诉讼法中，将控辩平等确立为基本原则，并以此为主线，重构我国刑事诉讼中控、辩、审等各方关系及诉讼权力（利）配置与诉讼制度改造的体系构想，旨在希冀对我国刑事司法体制的法治化进程有所推动。

对我国控辩平等的检视与思考①

控辩平等原则在我国法律制度和司法实践中还只是雏形，其与国际公约和司法准则对控辩平等的要求依然存在较大差距，甚至在某些方面尚未达到控辩平等之最低标准要求。在我国刑事诉讼法之再修改中，应当以控辩平等原则为基本原则，重构我国控辩关系及其相关体系，厘清控辩平等与刑事诉讼本质及其基础理论的关系，解读控辩平等的现代内涵，建立合理的刑事诉讼权力结构，扩张被指控人的辩护权，培养执法者正确的司法理念与适

① 本部分原载《法学论坛》2007 年第 6 期。

格的职业素养，研究决策者与社会公众在控辩平等原则构建方面的互动机制，为立法和司法实务提供参考。

控辩平等是刑事诉讼中人权保护的重大课题，是国内外刑事诉讼法学研究的热点问题。当前我国正处在修改刑事诉讼法的关键时期，以辩护制度改革为主要内容的控辩双方权力（利）与义务关系的重构，被认为是修改刑事诉讼法的核心问题。研究这一问题，不仅对于刑事诉讼基础理论研究具有重要的奠基作用，而且对于刑事诉讼立法具有显著的指导意义。

一、控辩平等在我国刑事诉讼中的体现

学界普遍认为，1996 年《刑事诉讼法》修改前，我国刑事诉讼模式为典型的职权主义，甚至有学者认为它是一种“公检法流水作业式”的“超职权主义”。[①] 这种诉讼模式下，控辩平等原则缺乏赖以生存的诉讼制度环境。1996 年《刑事诉讼法》的修改，是我国刑事诉讼制度重大变革的开始，人权保障思想渗透于立法精神，向塑造控辩双方平等对抗的新型诉讼结构迈进了一大步。反映在刑事诉讼法的修改中，在依法惩罚犯罪的前提下，开始强调了对被追诉人权利的保障，在一定程度上体现了控辩平等原则的一些精神。

（一）无罪推定原则初见端倪

无罪推定原则是控辩平等原则的制度基础，更是控辩平等原则得以确立的标志之一。1979 年的《刑事诉讼法》，无罪推定原则不仅没有得到规范的表述，相关内容在法律规范中也没有得到充分体现。如在侦查、起诉阶段，犯罪嫌疑人不仅不享有沉默权，反而有向公安机关、检察机关如实陈述的义务；在审判阶段，没有确立疑罪从无原则，如果证据不足、指控罪名无法成立，法院作出生效判决后，检察机关可以重新收集证据再行起诉等。法律

① 樊崇义：《刑事诉讼法学》，中国政法大学出版社 1996 年版，第 39 页。

规范中不仅没有规定无罪推定的原则，无罪推定的精神在刑事诉讼法中也严重缺失。

纵观无罪推定原则在我国法律制度中实践过程，可以从两个方面予以概括：

1. 在司法解释和全国人大立法中的体现

从无罪推定原则在我国的实践过程看，其相关内容经历了一个从司法解释的体现，[①] 到全国人大制度和香港、澳门基本法中的规定，[②] 再到刑事诉讼法修改中合理内核吸收的发展径路。[③]

2. 在签署国际人权公约中的承认

目前，我国已参加或缔结了联合国通过的一些国际人权保障公约，如《公民权利与政治权利国际公约》《儿童权利公约》《联合国少年司法最低限度标准规则》《联合国保护被剥夺自由少年规则》等。这些公约为了贯彻人权保障思想，都有关于无罪推定原则的规定，我国在签订时，并未对这些条款声明保留。我国既然已经承认了国际相关公约中关于无罪推定原则的规定，就标志着我国对于无罪推定原则并没有拒绝。人们有理由相信，无罪推定原则在国内法中的全面确立，只是时间问题。

---

① 1989 年 11 月 4 日，最高人民法院《关于一审判决宣告无罪的公诉案件如何适用法律问题的批复》第 3 项规定："对于因主要事实不清、证据不足，经多次退查后，检察院仍未查明犯罪事实，法院自己调查也无法查证清楚，不能认定被告人有罪的，可直接宣告无罪"。1994 年 3 月 21 日，最高人民法院《关于审理刑事案件程序的具体规定》第 127 条第 2 项规定："案件的主要事实不清、证据不充分，而又确实无法查证清楚，不能够证明被告人有罪的，判决宣告被告人无罪"。由此可以看出，最高人民法院在司法解释中首先确立了"疑罪从无"的规则，其作为无罪推定原则的一项基本要求，使得无罪推定原则雏形开始出现于我国的司法制度之中。

② 1990 年 4 月 4 日，全国人大通过了《香港特别行政区基本法》，其第 87 条第 2 款规定："任何人在被合法拘捕后，享有尽快接受司法机关公正审判的权利，未经司法机关判罪之前均假定无罪。"1993 年 3 月 31 日，全国人大又通过了《澳门特别行政区基本法》，其中也明文确立了无罪推定原则。虽然，香港、澳门两地与内地实行的是不同的社会制度，但这两部法律的通过，依然可以表明我国立法机关首次在法律中明确规定了无罪推定原则。

③ 1996 年 3 月 17 日，全国人大八届四次会议通过了《中华人民共和国刑事诉讼法》（修正案），修改后的刑事诉讼法第 12 条规定："未经人民法院依法判决，对任何人都不得确定有罪。"1996 年刑事诉讼法第 12 条规定中虽然并未出现无罪推定原则核心要求的"假定"或"推定"无罪的表述，但实际上具有了在法院依法判决之前，任何人不得被视为有罪公民的含义。

关于无罪推定原则，我国1996年《刑事诉讼法》除了第12条的基本规定之外，还确立了一些规则和制度，体现无罪推定原则的具体要求：一是确立“疑罪从无”审判规则；二是明确犯罪嫌疑人、被告人不承担无罪证明责任；三是确立犯罪嫌疑人、被告人在起诉前后“非罪犯”的法律地位。可见，我国刑事诉讼法已经吸收了无罪推定原则的一些合理内核，体现了控辩平等原则基本精神。

（二）扩张了被追诉人获得律师帮助权

获得律师帮助权是构建控辩平等原则的重要内容。1996年《刑事诉讼法》的修改，不仅扩大了被追诉人以获得法律援助的范围，并且首次规定律师可以在侦查阶段介入刑事诉讼，被追诉人获得律师帮助，权利明显扩张。

1. 扩大了法律援助的范围

1996年修改的《刑事诉讼法》较之1979年的《刑事诉讼法》，扩大了指定辩护人的范围，规定当被告人是盲、聋、哑人、未成年人或者是可能被判处死刑的人，都应当获得指定辩护。另外，最高人民法院的司法解释又进一步对指定辩护的范围做了补充。法律援助范围的扩大，解决了被追诉人因经济条件限制等原因无法实现获得律师帮助权这一困难，为被追诉人在刑事诉讼中的平等对抗创造了必要条件。

2. 被追诉人获得律师帮助时间提前

被追诉人获得律师帮助时间之早与迟，不仅会在形式上体现国家对被追诉人权利保障的重视程度，而且会直接影响被追诉人获得律师帮助的质量。就刑事辩护的效果而言，律师介入刑事诉讼时间越早，对有效辩护的意义就越大。现行刑事诉讼法不仅将律师介入刑事诉讼的时间提前到了侦查阶段，而且被追诉人委托辩护人的时间也提前到了审查起诉阶段。这是增加辩方权利，追求控辩平等的重要表现。

（三）明确规定了辩护律师之调查取证权

我国1979年《刑事诉讼法》中没有关于辩护律师享有调查取

证权的明确规定，只是规定了被告人和辩护人的调查证据请求权。1996年《刑事诉讼法》在修改中，规定了辩护律师的调查取证权。该法第37条规定："辩护律师经证人或者其他有关单位和个人同意，可以向他们收集与本案有关的材料，也可以申请人民检察院、人民法院收集、调取证据，或者申请人民法院通知证人出庭作证。辩护律师经人民检察院或者人民法院许可，并且经被害人或者其近亲属、被害人提供的证人同意，可以向他们收集与本案有关的材料。"这是我国刑事诉讼法第一次明确赋予辩护律师之调查取证权，标志着控辩平等原则在我国刑事诉讼立法中的实质性进步。

（四）控方在审前对法官之影响受到规制

综观国外诉讼程序中两种案件移送方式，从控辩平等的角度来说起诉状一本主义方式显然更加有利于防止法官先入为主。我国1979年《刑事诉讼法》显然实行的是职权主义模式国家的全案证据移送方式，而1996年《刑事诉讼法》则改良了此种方式采取了起诉状一本主义方式实行主要证据移送方式。其主要特征是控方在移送案件时，不仅提交起诉状，也提交主要证据。其主要优势在于：一是法官对案件只需在审前进行程序性审查，从而防止法官受到控方对案件性质认定的影响，并保持中立。二是对案件的实质性审查主要在庭审程序中进行，使控辩双方的交锋主要在庭审阶段，增强其对抗性，有利于案件真相被揭开。三是控方在法庭上承担案件的证明责任，法官摆脱掉了原先的证明责任，可以以更公正、权威的形象介入案件中，真正实现控、辩、审三方各司其责、各行其是的局面。[①] 现行刑事诉讼法的这一改革，有效减弱了控方在审前对法官的影响力，而法官也由过去庭前实质审查改变为程序审查，卸下了自己曾负有的证明责任，控辩双方的平等有了程序上的保障。

（五）引入了控辩对抗制庭审模式

控辩平等原则的核心是形成对抗制的庭审局面，使控辩双方

---

① 邓思清：《对我国案件移送方式的检讨》，载《法学杂志》2002年第4期。

在整个庭审过程中可以各抒己见。平等参与，从而得出公正的审判结论，这种局面的形成主要取决于是否能赋予控辩双方权利上的程序对等。程序对等是指裁判者应平等对待控辩双方，使控辩双方的主张、意见和证据得到平等关注和尊重，其内涵是控辩双方在整个庭审过程中，拥有同等的机会、便利和防御手段。我国1979年《刑事诉讼法》第112条第2款规定："出庭的检察人员发现审判活动有违法情况，有权向法庭提出纠正意见。"而1996年《刑事诉讼法》对这一权力进行了规制，该法第169条规定："人民检察院发现人民法院审理案件违反法律规定的诉讼程序，有权向人民法院提出纠正意见。"《最高人民法院、最高人民检察院、公安部、国家安全部、司法部、全国人大常委会法制工作委员会关于刑事诉讼法实施中若干问题的规定》第43条规定："人民检察院对于违反法定程序的庭审活动提出纠正意见，应当由人民检察院在庭审后提出。"1979年《刑事诉讼法》第115条第2款规定："当事人和辩护人可以申请审判长对证人、鉴定人发问，或者请求审判长许可直接发问，审判长认为发问的内容与案件无关的时候，应当制止。"1996年《刑事诉讼法》则将这一限制条款规定同样适用于控方，该法第156条第1款规定："证人作证，审判人员应当告知他要如实地提供证言和有意作伪证或者隐匿罪证要负的法律责任。公诉人、当事人和辩护人、诉讼代理人经审判长许可，可以对证人、鉴定人发问。审判长认为发问的内容与案件无关的时候，应当制止。"不仅如此，该法第160条还规定："经审判长许可，公诉人、当事人和辩护人、诉讼代理人可以对证据和案件情况发表意见并且可以相互辩论。"可见，庭审中，控辩双方权利上的程序对等已得到初步确立。

这种程序对等最核心的体现是：在庭审中，控辩双方拥有同样的质证权利，可以对控方证人进行同样的交叉询问。我国1996年《刑事诉讼法》确立了非典型意义的交叉询问式质证制度，主要表现在两个方面：一是对被告人和被害人进行调查时，应当由他们先陈述案情，然后控辩双方展开发问，法官认为有必要时也可发问。二是控辩双方可根据需要传唤证人，由传唤方先行询问，再经审判长同意由另一方询问，法官认为有必要也可进行询问。由上可以看出，对抗制庭审方式在我国已经初步形成，在一定程度上体现了控辩平等原则的精神。

二、我国刑事诉讼中控辩平等的不足

通过上述考察可以看出，从 1979 年的《刑事诉讼法》到 1996 年的《刑事诉讼法》，控辩平等原则的基本精神在我国刑事诉讼法律规范中经历了一个从无到有、从少到多的过程，这是政治民主与市场经济的发展对尊重人权和强调人的尊严的必然要求。但是，“国际公认的原则是不得以牺牲司法公正或威胁基本人权为代价来控制犯罪或建立秩序”。[①] 以此检视我国现行刑事诉讼制度，可以发现，控辩平等原则在我国法律制度和司法实践中还只是雏形，其与国际公约和司法准则对控辩平等的要求依然存在较大差距，甚至在某些方面尚未达到控辩平等之最低标准要求，控辩平等在我国现行诉讼制度中之不足概括体现在如下方面：

（一）并未确立本原意义之无罪推定原则

无罪推定原则是现代刑事诉讼程序赖以建立的基石，是保证程序主体在刑事诉讼中的平等地位，促进信息交流的必要条件，我国 1996 年修订《刑事诉讼法》时，吸收了无罪推定的一些内容，但是并没有确定本原意义上的无罪推定原则。1996 年《刑事诉讼法》第 12 条规定：“未经人民法院依法判决，对任何人都不得确定有罪。”实际上只是规定在我国人民法院享有排他的审判权，而没有明确指出在人民法院判决前犯罪嫌疑人、被告人的法律地位。这一缺憾直接影响到了犯罪嫌疑人、被告人在刑事诉讼中的权利规范。1996 年《刑事诉讼法》尚有有罪推定的规定，如第 128 条第 2 款规定：“犯罪嫌疑人不讲真实姓名、住址，身份不明的，侦

① 陈光中、［加］丹尼尔·普瑞方廷主编，卞建林、［加］杨诚副主编：《联合国刑事司法准则与中国刑事法制》，法律出版社 1998 年版，第 4 页。

查羁押期限自查清其身份之日起计算”。这是一种典型的“有罪推定”的做法。

除此之外，我国并未确定无罪推定之核心内容——反对强迫自证其罪的规则，使得被追诉人无法获得拒绝自证其罪的权利，相反1996年《刑事诉讼法》第93条却要求“犯罪嫌疑人对侦查人员的提问，应当如实回答。”笔者前文已述及，联合国文件中赋予了被指控者享有不受强迫自证其罪的权利，这种权利是指被追诉人没有向控方和法庭作出任何不利于自己陈述的义务，有权拒绝回答控方和法官的讯问并保持沉默，也没有提出有罪证据的义务，被追诉人所做出的陈述只有在自愿并且意识到此陈述后果的基础上才可作为定案的根据，控方不得采取任何非人道手段强迫其就某一案件事实作出供述或提供证据，我国刑事诉讼法不仅未赋予被追诉人以沉默权，反而规定其负有“如实回答”义务，使被追诉人在诉讼过程中处于不利地位，被追诉人事实上承担了证明自己有罪并为控方提供相关证据的责任，被追诉人参与刑事诉讼的能力与效果受到致命的削弱，犯罪嫌疑人、被告人一旦作出了有罪供述，就等于认可了控方的控诉，为控方提供了控诉武器，这就违背了无罪推定原则的基本要求，破坏了平等法治诉讼架构。

（二）控辩双方诉讼地位不平等

我国2004年《宪法》第129条规定了检察机关是我国的法律监督机关，1996年《刑事诉讼法》第8条规定：“人民检察院依法对刑事诉讼实行法律监督。”第169条也规定：“人民检察院发现人民法院审理案件违反法律规定的诉讼程序，有权向人民法院提出纠正意见。”据此，在控、辩、审三方的关系中，作为控方的检察机关不仅对审判者享有监督权，对辩方同样具有监督的权力，从控方与裁判者的关系来看，基于监督者与被监督者这一地位考虑，裁判者往往更倾向于听取控方意见，而对辩方意见则很难予以平等关注，审判的中立性和公正性无从保障。从控方与辩方的关系来看，控方的监督权同样及于被告人及其辩护律师，在监督者与被监督者形成的对抗体系中，面对处于自己上位的控方，辩方从心理和能力上均受到更多束缚，难以展开有效的防御，实现控辩双方的平等对话。

可见，我国立法在指导思想上尚未融入控辩平等的理念，刑事诉讼法规定检察机关有权对审判机关予以监督，缺乏应有的制度构建理性，这是因为，控辩平等原则蕴涵着将控辩双方视为刑事诉讼中的双方当事人，只有这样才能实现两者的真正平等。但是，在我国，检察机关在法律上被规定为是国家的专门机关，①而不是刑事诉讼的一方当事人，因此，作为控辩双方之间不可能有真正意义上的平等，对此，联合国经济及社会理事会在《公民权利和政治权利，包括酷刑和拘留问题及任意拘留问题工作组的报告》中，就我国人民检察院对法院的监督问题上指出："工作组得知，在进行刑事审判时，检察官不仅对案件提起公诉，而且还对审判程序进行监督……这种情况把审判机关的地位置于检察机关之下，与相关的国际规范显然不一致。检察机关是诉讼程序的一方，他向法院提起公诉并进行答辩。他不可能既当裁判员又当运动员，同时又能保持公正。应该由法院来保障包括检察机关在内的诉讼程序所有当事方遵守法制原则而不是倒过来。"②

（三）控辩双方诉讼权力（利）不平等

在刑事诉讼活动中，控辩双方都拥有平等调查取证权、会见权和阅卷权是控辩平等原则的应有之意，但是，在我国无论是在法律规定上，还是在司法实践中，控辩双方的诉讼权力（利）均没有体现控辩平等原则的要求。

1．调查取证权不平等

在我国，控方（包括侦查机关和检察机关）原则上拥有着不

---

① 近年来，关于是否应当取消和削弱法律监督权的争论。进行得可谓旷日持久。2006 年 5 月中共中央下发了 11 号文件，在《中共中央关于进一步加强人民法院、人民检察院工作的决定》中明确提出，检察机关是国家的法律监督机关，是司法机关。

② Economic and Social Council. *Civil and Political Rights Including the Questions of Tature and Detention*, *Report of the Working Group on Arbitrary Detention(Addendum)*, Mission to China E/CN.4/2005/6/Add.4,29 December 2004.

受阻碍的调查取证权，以至于吞没了犯罪嫌疑人、被告人的沉默权，此外，侦查机关在证据的调查获取上，还享有搜查、扣押、鉴定、秘密侦查和拘留、逮捕、羁押等一系列权利，侦查机关的调查取证权以国家司法权力的形式，有着充分而有力的保障。而与之相对应的辩方律师的调查取证权却存在着诸多障碍，权利实施的力度极其微弱。不仅被追诉人及其非律师辩护人没有调查取证权，即使是辩护律师实现其法律规定的调查取证权，也需要通过双重关卡，同时，我国1996年《刑事诉讼法》第48条中虽然规定了凡是知道案件情况的人都有作证的义务，但是没有规定不作证的法律后果。而且以中国公民意识中之法律概念“义务”只是对国家机关如公、检、法而言，对于“替坏人说话的”律师，许多公民都认为他们本来就没有作证的义务。可见，辩护律师的调查取证权受到来自证人、控方、审判方的多重制约，其权利实现的可能没有任何保障，在我国刑事诉讼的侦查阶段，律师介入刑事诉讼只能提供咨询等服务，不享有调查取证权，使其在调查取证的时间上也远远迟于控方。控辩双方的调查取证权存在严重不对等情况。

2. 会见权不平等

我国刑事诉讼法对控方会见犯罪嫌疑人、被告人的权力没有任何规制。不仅如此，立法也未赋予辩护律师讯问在场权。长期以来，控方会见权的行使一直是在秘密状态下进行的，公安侦查机关可以自由的在任何时间，甚至以任何方式，在没有任何监督的情况下，对自己关押的犯罪嫌疑人秘密讯问。实践中，检察侦查机关还可以将犯罪嫌疑人带出看守所羁押在自己的讯问室进行讯问，控方会见被追诉人的内容、时间和次数也没有限制性规定。

而1996年《刑事诉讼法》第96条虽然将律师会见犯罪嫌疑人的时间提前到侦查机关第一次讯问后或者采取强制措施之日，但是律师会见犯罪嫌疑人只能为其提供法律咨询、代理申诉、控告或者申请取保候审，司法实践中多数司法部门规定律师不能了解案情。同时，该法同条规定：“涉及国家秘密的案件，犯罪嫌疑人聘请律师，应当经侦查机关批准。……涉及国家秘密的案件，律师会见在押的犯罪嫌疑人，应当经侦查机关批准。”而对于何谓国家秘密，往往成为侦查机关拒绝犯罪嫌疑人聘请律师和不批准律师会见的说辞。[①]另外，该法同条还规定:“律师会见在押的犯罪嫌疑人，侦查机关根据案件情况和需要可以派员在场。”这一规定显然与国际司法准则保障律师自由而秘密会见被追诉人的权利相违背，使得犯罪嫌疑人不得不顾忌侦查人员在场的威慑（包括随后可能的刑讯逼供），无法按照真实意愿向律师陈述案件真实情况，更不可能与律师协商辩护的方法和内容，另外现行立法对律师会见权的程序保障不足，表现在：其一，缺乏对控方程序性违法的制裁，一旦控方违背告知义务，会见权即被剥夺，没有法律救济渠道；其二，缺乏会见及时性保障，“48 小时”安排会见和涉密案件中“5 天”安排会见，意味着对侦查机关只有何时间内安排的限制而无何时会见的限制会见的及时性没有保障，也没有救济程序，而且控方对被追诉人的会见称之为“提审”“讯问”，带有鲜明的位阶和强制色彩，而辩护律师与被追诉人之间的同质行为，则称之为“会见”，表现出辩护律师与被追诉人位阶的“同等看待”，可见，控辩双方的会见权是严重不平等的。

3．阅卷权不平等

我国无疑是一个“卷宗中心主义”国家，由于案卷本来就是由控方全部制作的，甚至在卷宗中，对被追诉人有利和不利的材料，可以任由控方毫无顾忌地取舍，所以控方显然具有完整意义上的阅卷权利，没有任何时间和空间上的限制。

相对而言，阅卷权对于辩护律师来说具有十分重要的作用，它是辩护律师知晓案情、了解控方证据和主张的主要渠道，尤其是在辩方调查取证权和会见权受到严重制约的情况下，阅卷权就具有对辩护效果几乎是决定性的意义，而从我国现行刑事诉讼法律和司法解释规定中可以看出，辩护律师的阅卷权至少面临如下四种困境：（1）阅卷时间的困境。在侦查阶段，律师的身份不是

---

① 据悉，自河南省焦作市路通律师事务所主任于萍涉嫌故意泄露国家秘密罪被法院判决无罪案件披露后，一些侦查机关开始在所有刑事侦查卷宗封面上注明“秘密”二字，有的地方甚至在起诉书上盖有“秘密，有效期至本案庭审前”。

辩护人，不享有阅卷权，加之会见权受到制约，其对案情的了解滞后，无疑影响辩护质量。（2）阅卷范围的困境。在审查起诉阶段，辩护律师只能了解有关诉讼文书和技术鉴定材料，对被害人陈述、证人证言和相关物证无从了解。在审判阶段，由于检察院只移送主要证据材料，那么法院的证据材料是不全面的，但是根据“六部委”的规定，辩护律师只能到法院去了解那不全面的案卷材料。（3）阅卷程序的困境。最高人民检察院关于辩护人阅卷的规定，与其说是对律师阅卷权的保障，倒不如实事求是地说是一种变相限制：辩护人查阅、摘抄和复制本案的诉讼文书、技术性鉴定材料，应当向检察机关审查起诉部门提出书面申请并经过批准程序，把阅卷权交由控方的直接控制，这在逻辑上是荒谬的。（4）阅卷权保障的困境。实践中，不给辩护律师提供阅卷场所只允许摘抄、不允许复印相关证据材料的现象比比皆是，司法机关甚至向辩护人收取阅卷费、复印费以及其他名目费用的现象也并不少见。

4．庭审中的权利不平等

根据1996年《刑事诉讼法》第155条之规定，辩方欲向被告人发问，必须经审判长之许可；而公诉人讯问被告人则无须许可。司法实践中，公诉人可以在庭审的任何阶段，甚至在辩方发问被告人时，随意讯问被告人，而辩护人在庭审中再次发问被告人的要求则常被审判长拒绝。而且，该法条规定公诉人对被告人是带有明显强制性审问特征的“讯问”，意味着被告人不说不行，必须回答；辩方对被告人则是平等主体之间的“发问”，被告人可以答，也可以不答。

1996年《刑事诉讼法》第161条规定：“在法庭审判过程中，如果诉讼参与人或者旁听人员违反法庭秩序，审判长应当警告制止。对不听制止的，可以强行带出法庭；情节严重的，处以一千元以下的罚款或者十五日以下的拘留。”辩方（包括被告人及其辩护人）作为诉讼参与人无疑受此规定之约束，而出庭公诉人却不受此条款限制，以至于对实践中出现的公诉人擅自拒绝继续出席法庭，甚至藐视审判长的行为，审判长只能忍气吞声，[①]控辩不平等的立法规定，使得审判者在同一法庭上、用同一把法槌，必须敲出两种不同的声音。

（四）被追诉人基本诉讼权利缺失

知悉权与获得法律援助权是被追诉人最重要的两项权利，因为知悉权是被追诉人的基础性权利，获得法律援助权是被追诉人与控方这一强大力量进行对抗最有力的手段。但是，当前在我国法律及司法实践中，这两项权利存在缺失，其实现难以得到保障，直接威胁到控辩平等的实现。

1. 知悉权的缺失

刑事诉讼中的知悉权既是被追诉人的权利，又是国家司法机关的义务，其含义是指被追诉人有权知悉与自己被指控和审判有关的信息，而参与侦查、指控和审判的机关则负有使被追诉人的知悉权得以实现的义务。知悉权与辩护权、无罪推定权、申请回避权等共同构成被追诉人的诉讼权利体系，其在控辩平等原则中的意义表现为：被追诉人有权通过知悉权实现，知晓控方指控自己的罪名及理由，以及在各种阶段自己享有的权利内容，从而使其在诉讼程序中的防御活动具有针对性，与控方的对抗具有对等和均衡的可能。

我国在一定程度上确立了知悉权，例如：第一次被讯问或采取强制措施时，可知悉有聘请律师的权利；审查起诉 3 日内被告知可委托辩护人的权利；对作为定罪依据的鉴定结论得以知悉的权利等。但是，相对于国际司法准则和若干国家关于知悉权的规定而言，这些规定还远远不够，主要缺失在于：犯罪嫌疑人、被告人对自己被指控的罪名与理由无从得知；犯罪嫌疑人、被告人遭受强

---

① 对于公诉人擅自离庭是否应当承担法律后果以及承担何种法律后果，是行政处罚还是行业处分，还是比照民事诉讼的规定按撤诉处理，法律没有明确规定。详见冀祥德：《公诉人擅自退庭应按撤诉论》，载《法制日报》2003 年 12 月 25 日。或参见冀祥德：《检察官自由裁量权之自由与不自由》，载陈兴良主编：《刑事法评论》（第 18 卷），北京大学出版社 2003 年 11 月版，第 272–285 页。

制措施及限制其财产权和通信自由权时缺乏知悉权；侦查机关、起诉机关违反告知义务时无制裁措施；告知方式未得到确立，告知程序也无明确规定；等等。可见，我国诉讼程序设置过于简单，以至于忽略了被追诉人固有的知悉权获取渠道，严重影响了其防御性活动，使辩方力量更加微弱。控辩平等受到严重威胁。

2. 法律援助权的缺失

从总体上看，我国法律援助权的缺失首先在于这一权利未被明确为公民的宪法性权利，其重要性未得到国家基本法的肯定，其次在于由于我国刑事诉讼法律援助制度起步晚，发展尚处于探索阶段，法律援助制度存在诸多缺陷。具体包括：一是刑事法律援助的受援对象过于狭窄；二是提供法律援助的律师介入刑事诉讼的时间过晚；三是刑事法律援助的供需矛盾明显；四是对法律援助的性质认识偏差；五是刑事法律援助缺乏物质保障；六是违反法律援助的程序性法律后果缺失；七是刑事法律援助缺乏质量保障机制，我国法律援助的现实情状与联合国一系列文件所规定的提供法律援助的时间、范围等内容相比，均显得十分欠缺。刑事法律援助制度存在的缺陷，严重影响了被追诉人获得律师帮助权的有效实现，在需要获得法律援助而没有获得的案件中，控辩平等成为天方夜谭。

（五）辩护律师执业权利缺乏保障

辩护律师对于被追诉人而言，扮演的是“救世主”的角色。但很难想象，一个自身权利尚得不到保障，甚至随时可能被控方抓进看守所的律师，如何有胆量、有气魄与控方真正展开对抗较量，如何有效地保护被追诉人的权益。可见，辩护律师行使权利、提供有效辩护的前提是自己的执业权利免受任意侵犯，人身权利得到切实保障。

在国际公约和各国法律规定中，为避免控方权力和审判权力侵犯律师执业权利，一般赋予律师辩护豁免权和拒绝作证特权，而我国刑事诉讼法并未赋予律师辩护豁免权和拒绝作证特权。不仅如此，1996 年《刑事诉讼法》38 条还规定：“辩护律师和其他辩护人，不得帮助犯罪嫌疑人、被告人隐匿、毁灭、伪造证据或者串供，不得威胁、引诱证人改变证言或者作伪证以及进行其他干扰司法机关诉讼活动的行为。违反前款规定的，应当依法追究法律责任。”2006 年《刑法》第 306 条更是针对律师设立了一个古今中外均罕见的“口袋罪”——辩护人、诉讼代理人毁灭证据、伪造证据、妨碍证据罪。实践中，控方在与辩方的对抗中，一旦出现被动、恼羞成怒时，《刑法》第 306 条便成了控方扭转局面，甚至打击报复的“法律手段”，《刑法》第 306 条高居不下的无罪释放率即为例证。[①] 此外，包庇罪、玩忽职守罪、泄漏国家秘密罪、诽谤罪等也成为悬在律师头上的一把把“达摩克里斯”利剑，辩护律师的人身权利屡遭侵犯。司法实践中，有关部门动辄即以包庇罪、玩忽职守罪、泄漏国家秘密罪、贪污罪、受贿罪甚至以诽谤罪陷害辩护律师，一些司法机关及其工作人员有的恣意将律师逐出法庭；有的非法限制律师的人身自由或对律师进行羞辱、谩骂、殴打甚至给律师错误地定罪判刑。除此之外，对方当事人对于案件的期望目的没有达到时，有的也迁怒于辩护律师，泄私愤、图报复，对律师进行辱骂、关押甚至残害，很难想象，在这样一种执业环境中，律师还能够为了辩护或代理“粉身碎骨浑不怕，任尔东西南北风”，用笔者经常呐喊的一句话就是：中国律师已经到了最危险的时候！但愿这是“山雨欲来风满楼”。

（六）对强制措施缺乏监督与制约

在刑事诉讼的法治视野下，强制措施是为了防止被追诉人逃避追诉，审判或者实施串供、威胁、引诱证人改变证言等行为，由侦控机关经法院批准针对被追诉人实施的。强制措施是一种并

---

① 笔者曾经撰文认为，对 2006 年《刑法》第 306 条的负面评价主要来源于三个方面：其一，从法学理论本身来分析，该条的规定缺乏法学理论常识作基础和支撑，不符合刑事司法的一般规律和要求；其次，在社会价值观念层面上，该条的规定没有客观的看待和分析刑事辩护律师的社会定位和职业特点，对刑事辩护律师队伍的发展起到了阻碍的作用；最后，中国法治发展至今日，在司法环境尚待净化、司法人员的整体素质尚待提高的背景下，《刑法》第 306 条的出现不但没有站在高屋建瓴的高度起到优化中国刑事法治环境的作用，反而在实践中激励了一些诸如“职业报复”等现象的出现，详见冀祥德：《必须尽快取消刑法第 306 条》，载《中国律师》，2004 年第 7 期。

非必须实施的防范性措施，只有当被追诉人可能实施妨害刑事诉讼的行为时，侦控机关才能申请法院批准实施。从控辩平等原则的要求看，不仅被追诉人实施了妨害刑事诉讼的行为会受到法律的制裁，会被采取强制措施，侦控机关实施了妨害刑事诉讼的行为，同样会受到法律的处罚，如诉讼行为被宣告无效、非法收集的证据不得用作认定案件事实的根据、指控或定罪被撤销、违法行为人被要求承担民事赔偿责任甚至刑事责任等，就是说，无论被追述人实施妨害刑事诉讼的行为，还是侦控机关实施妨害刑事诉讼的行为，都会受到法律的制裁，因而控辩双方在本质上是平等的。[①]

在我国，强制措施是指公安机关、检察机关和审判机关为了保证刑事诉讼的顺利进行，依法对刑事案件的犯罪嫌疑人、被告人的人身自由进行限制和剥夺的各种强制性办法，主要包括拘传、监视居住、取保候审、拘留和逮捕等。我国法律规定，对犯罪嫌疑人、被告人妨害刑事诉讼的行为，一般都会被采取强制措施，而对侦控方妨害刑事诉讼的行为，不仅不会采取强制措施，而且鲜有制裁。这体现了控辩双方在是否必须遵守法律规定方面存在严重不平等，更重要的是，对强制措施的适用，除了逮捕必须由检察机关批准外，其他强制措施的适用根本无须其他机关的批准，强制措施的行使几乎毫无监督和制约，[②]中国的审判前程序有一个典型的特征，几乎所有诉讼活动都由侦查机构和检察机关各自独立的实施，法院既不参与这些活动，也无法对这些活动的合法性进行任何形式的同步的司法审查……在整个审前程序中，法院既无权对那些涉及限制或剥夺公民人身自由的强制措施发布许可令，并接受有关公民的申诉，也无权对一些涉及侵犯公民隐私、财产权的侦查措施发布许可令，更无权就审判前出现的阶段出现的程序事项进行开庭听审活动。

---

① 陈永生:《侦察程序原理论》，中国人民公安大学出版社 2003 年版，第 305–319 页。

② 陈永生:《侦察程序原理论》，中国人民公安大学出版社 2003 年版，第 305–319 页。

三、对控辩平等的理性思考

控辩平等强调的是一种同等对抗、势均力敌的状态，揭示了在刑事诉讼过程中控诉和辩护双方的法律地位及相互关系。显然控辩平等这一命题是从属于刑事诉讼模式这一命题的。

在私力救济时期，血亲复仇、决斗等残酷而充满血腥味的行为成为社会公认并予以接受的解决冲突的方式。暴力等同于司法，以武力对抗武力，以暴力还击暴力，成为当时解决争端的普遍方法。随着时间的推移，人们渐渐发现这种纠纷解决方式的劣根性，人们不断处于暴力死亡的恐惧和危险中，人的生活“孤独、贫困、卑污、残忍而短寿。”[①] 在理性的驱使下，人们不得不最终走到一起。相互达成协议，自愿地服从一个人或一个集体，作为其中的一个必然的伴生物——用以解决社会冲突的法庭也就出现了，由此人类跨进了由国家出面来解决刑事冲突的门槛。伴随着统治者对犯罪的性质发生了认识上的急剧转变，他们不再将犯罪看成仅仅是个人之间的私人冲突，而是意识到一切犯罪从根本上都是危害自身统治的行为，因此，加强国家对犯罪的追究和打击这一职能便成为必然。为此，统治者们不仅将追究犯罪的权力从被害人手中收归国家，而且为了更有效地追究犯罪，还把侦查、起诉、审判三种职权交由法官一体行使。作为疯狂追求有效追究犯罪这一结果的代价，刑事诉讼在这一时期完全丧失了保障公民人权和自由这方面的价值，控辩平等也就没有生成的基础。

资产阶级在革命和建立政权的进程中，为了迎合公民憎恶封建专制的心理和追求个人独立自由的愿望、巩固其在大众心目中的领导地位以最终获得人民的支持，顺应历史潮流，大肆宣扬一系列“民主”“自由”“人权”“正义”等进步理念，彻底抨击封建国家无限膨胀的权力对个人自由和权利的粗暴干涉，竭力鼓动公民个人充分地享有独立的意志和完全的自由。“个人主义”在这一历史时期发挥到了极致，在刑事诉讼中，便表现为强

---

① ［英］霍布斯:《利维坦》，黎思复等译，商务印书馆 1985 年版，第 85 页。

调作为辩方的公民不仅是诉讼主体，而且拥有与作为控方的国家公诉机关完全相抗衡的力量。控、辩真正成为诉讼中平等的对立方，享有相同的或对等的权利，作为裁判者的法官完全以对等的眼光来看待控辩双方，作为控方的国家机关在刑事诉讼这场博弈中没有任何的优越感，也不享有特权。控辩平等的出现成为必然。

其后，随着经济的发展和社会的进步，现代文明越来越偏向对公民个人的人权和自由的关注，刑事诉讼作为国家为追究犯罪、惩罚犯罪而进行的最严厉的活动，无疑最容易发生侵犯公民人权和自由的情况。随之，现代人的视角自然转向了刑事诉讼这一领域。因此，资产阶级所创立的刑事诉讼制度中关于对人权和自由的保障不仅没有没落的迹象，反而在现代各国大有加强和倍受重视的趋势，控辩平等作为刑事诉讼文明进步的成果在现代社会中进一步得到了巩固。[①]

笔者研究发现，在人权保障由低到高、由弱到强的呼声中，保障被追诉人的权利越来越引起国际社会和法治国家的重视，控辩平等无论从理论上还是从立法和司法实践角度都有着不同程度的发展，虽然，这并不就意味着控辩平等原则从形式上到实质上已经得到普遍性确立，检视国际社会有关人权保障的公约、文件和有关国家的法律制度，一方面反映了国际社会对控辩平等原则的共识，另一方面这些共识也逐渐渗透进各国的法律规定中，尽管各国控辩双方的关系呈现出不同的特点，但其总体趋势是：法律赋予辩方越来越多的权利以防止控方滥用权力，控辩双方的法律地位正在趋向平等，尽管这种平等也许尚需时日才能真正实现，综观两大法系关于控辩平等原则的不同特点，由于政治体制和民主化进程的不同，在确立控辩平等原则过程中的变化不尽相同，但整体趋势却是一致的，即从纠问制下的控辩不平等逐步走向现代诉讼模式下的控辩平等。目前，各国对控辩平等原则的态度和模式依然不尽相同，其对控辩关系的认识和法律规定也有差异。

---

① 谭世贵：《刑事诉讼原理与改革》，法律出版社 2002 年版，第 232 页。

英美国家更倾向于控辩双方平等对抗与合作，法德国家更倾向于限制控方权力保护辩方权利以有利于公正审判。不过，这些变化的实质依然朝着控辩平等原则确立的方向发展，英美法系从形式上的平等走向实质上的平等，大陆法系从辩方缺乏权利保护走向加强权利保护，这些都是控辩平等原则的实质性体现。

在全球视角之下，近代以来，随着人权观念的兴起整个刑事诉讼制度的价值目标逐渐由惩罚和控制犯罪转向保障和维护人权，刑事诉讼制度的发展日益呈现出文明化、民主化、科学化的趋势。刑事诉讼人权保障价值的重心是犯罪嫌疑人、被告人的人权保障，而犯罪嫌疑人、被告人的人权保障的核心是如何确立犯罪嫌疑人、被告人在诉讼中的地位，实现刑事诉讼活动中的控辩平等。应当客观地看到。1996 年，我国对《刑事诉讼法》进行的修改，就是以加强人权保障为基本指导思想的。而立法变动的重点在于对我国职权主义的诉讼模式进行改造，特别是意图通过在庭审阶段引入对抗制因素来增强庭审的公平对抗性，着力塑造一个控辩双方平等对抗的新型诉讼结构。为此，尽管立法上没有直接规定控辩平等原则，但在总则和分则中无疑吸收了诸多控辩平等原则的合理内核，让我们欣喜地看到了控辩平等原则在我国刑事诉讼中的雏形。但是，必须冷静地指出，1996 年《刑事诉讼法》的修改，只是迎合了当时国家司法制度的需求，除去功利性太强、预见性不足、程序规则设计不具有可操作性、立法技术过于粗糙等原因之外，根本上是缺乏一个贯彻始终的控辩平等的指导思想，对整个刑事诉讼制度和程序的构建没有给予控辩平等原则统筹下的系统性安排，这是造成其修改后不到十年即再次纳入全国人大重大立法变动计划的重要原因。

在笔者看来，控辩平等在我国刑事诉讼中科学构建至少应当解决如下几个问题：

第一，厘清控辩平等与刑事诉讼本质及其基础理论的关系。刑事诉讼的本质决定了设立控辩平等原则的必要性，而刑事诉讼基础理论则是控辩平等的理论基础。对刑事诉讼本质认知不足是侵犯被指控人权利现象屡禁不止，从而导致控辩失衡的根本原因；刑事诉讼基础理论的研究不足及其在实务中受到忽略，是控辩平等得不到充分重视的重要原因。因此在构建我国控辩平等原则时，必须将其置于权力制衡、程序正义、无罪推定等基本原则的背景之下。

第二，解读控辩平等的现代内涵。笔者认为，控辩平等从内在的权力（利）配置原则上要求，应当具备平等武装和平等保护。其中，平等武装追求的是一种实质的平等，平等保护追求的是一种形式的平等；控辩平等从外在的权力（利）行使目的上规范，应当包含平等对抗和平等合作，其中平等对抗是手段和现象，平等合作是目标和本质。

第三，建立合理的刑事诉讼权力结构。从结构决定功能的理论出发，没有权力制衡的科学合理的结构，就不会有刑事诉讼场域的各个权力的最佳功能的发挥。科学的诉讼权力结构，一方面是诉讼场域中的各个权力都具有合法性和正当性的权力，另一方面是诉讼场域中的权力的制约和平衡。由此观之，我国的刑事诉讼场域必须纳入新的权力与权利因素，以实现刑事诉讼中国家权力和个人权利的平衡。

第四，扩张被指控人的辩护权。被告人辩护权脆弱是我国目前面临的现实，也是控辩失衡的主要体现。不仅被告人本身辩护权之行使受到限制并缺乏救济措施，而且辩护律师的法律地位、帮助辩护的效果等缺乏必要的保障。为了加强被指控人的辩护权，不但需要完善相关的法律规范，而且更需要转变人们对律师辩护的观念。此外，加强辩护权并非仅限于简单的法律条文的增补，还需要具体而完备的配套措施予以实现。研究者将针对目前立法、司法实务中存在的实际困难以及理论研究与实务的脱节与困惑对于如何加强被指控人的辩护权做出详尽的分析，并提出具体的解决方案作为完善辩护权的重要内容。

第五，培养执法者正确的司法理念与适格的职业素养。权力的制衡需要一个完整的闭环监督系统，而当下我国刑事诉讼场域中对公权力的监督却是一个典型的开环结构。这样的刑事诉讼法律是亟需修正的。当然一部刑事诉讼法无论制定的如何精妙绝伦，如果没有执法者正确的司法理念与适格的职业素养，也只能造成理论的精妙衣装和实践的低劣皮囊之间严重脱节的现象。这也是 1996 年修订的《刑事诉讼法》实施后人权保障问题颇多，刑事辩护走向低迷是控辩关系恶化的重要原因之一。必须看到，中国法治理念最终确定和被人民所信仰需要的还有时间，没有时间这种上帝事业的保证，我们的社会注定是一时难以形成和确立法治思维和司法理念的。

第六，研究决策者与社会公众在控辩平等原则构建方面的互动机制，为立法和司法实务提供参考。概括地讲，在我国《刑事诉讼法》之再修改中，应当以控辩平等原则为基本原则，重构我国控辩关系及其相关体系。其中，既包括对诉讼权力（利）的重新配置，又包括对诉讼制度的构建改造。

学说五　刑事辩护“木桶说”

学说界定

木桶理论（或称短板效应）是指木桶中最短的木板之长度将影响木桶的整体容量。通过木桶理论就可以看到：如果把国家与社会治理比作一个木桶，在多种治理手段中，法治就是国家与社会治理木桶中最短的木板；如果把法治也比作一个木桶，在行政法治、民事法治、经济法治等多元法治中，刑事法治是法治木桶中最短的木板；如果把刑事法治也比作一个木桶，在侦查法治、检察法治、审判法治等刑事法治中，刑事辩护就是刑事法治木桶中最短的那块木板。所以，看一个国家的法治建设状况，看其刑事辩护律师的地位，看刑事辩护制度的情况，就可“窥一斑而知全豹”。刑事辩护就是决定一个国家法治“水量”的“木桶短板”，而要想真正推动国家法治发展与人权保障事业，只关注公、检、法机关却忽视刑事辩护制度建设显而易见是不够的。笔者提出刑事辩护“木桶说”的价值，就在于提示理论界及实务界，尤其是立法者，依法治国、建设社会主义法治国家，必须拉长刑事辩护这一“木桶短板”的高度。

增加法治木桶中最短木板的高度[①]

时至2012年，中国刑事辩护制度已经恢复重建三十多年，一直在曲折中发展，此时正处在一个关键的发展阶段。一个不容忽视的问题就是，1996年《刑事诉讼法》修改引入对抗制以后，控、辩、审关系发生了较大变化，先是控辩关系紧张乃至非理性对抗。辩护律师对权利保障的渴求与环境恶化改良的希冀寄望于《刑事诉讼法》的再修改。

当下中国正在面临百年不遇的法制变革与法治建设契机，这对于中国律师而言，既是机遇，又是挑战。做一名学习型、专家型律师是建设法治国家对我们的必然要求。一方面，从中国控辩队伍业务素质与能力的发展状况看，特别是从1996年《刑事诉讼法》修改以来，检察官教育的规范化与律师教育的松散化，检察官队伍素质的迅速提高与刑事辩护律师继续教育不足形成了鲜明对比。在控辩法律素质的比较中，控辩地位已经悄然发生了变化，检察官已经赶上并超过律师。对此，广大刑事辩护律师要有紧迫感。另一方面，辩护质量低，社会对辩护律师评价差，不仅是律师权利保障不足和辩护环境差的原因，中国律师必须在社会责任、职业追求、职业素质与伦理等方面作深刻地自我反思。在社会现代文明发展与经济建设越来越依赖于专业化人才发展时，我们扪心自问：有多少学习型、专业型律师？我们办理案件是在靠水平还是在“打关系”？

1996年《刑事诉讼法》再修改在公、检、法、律、学者、普通国民以及社会各界的博弈与妥协中已经出台，这里没有胜负，只有“一口挖好的井”，我们每个人都要保护着这口井，所不同的是，你为你保护它，我为我保护它。我们也可以把这种状态称之为“法律共同体”。我们应当深深地认识到，“不要向井里吐痰，

① 本部分原载《法治周末》2012年11月8日。

也许你还会来喝井里的水。”这里有两个不证自明的道理：己所不欲，勿施于人；推己及人，将心比心。我们需要的不仅是每个人都遵守不向井里吐痰的道德防线，还有禁止向井里吐痰的法律保障。

2012 年修改的《刑事诉讼法》虽然仍有不尽如人意之处，但我们仍应当理性认识。我国法治建设历 60 余年始有今日之成就，实为法律人一砖一石精心堆砌之功，从法律制度的逐步完善到法治思想的逐步形成，从法律原则的理性化到法律条文的人性化，无处不有法学人、法律人以及社会各界人士辛勤贡献的身影。1996 年《刑事诉讼法》的修改更是在诸多法律人的努力之下得以完成。这部法既是法官的法，又是检察官的法，还是警察的法，也是律师的法，它是大家的法，所以我们应当善待之。

控辩双方是既对立又统一的关系，相互依存、唇亡齿寒。公诉人和辩护律师都是法律职业者，与法官一样，在法曹中充当着不同角色，彼此关联、密不可分，共同构成法律职业共同体。所以从该种意义而言，尊重“对手”就是尊重自己。检察官对律师的尊重亦应如此。假如有一天控方把辩方全部“抓进监狱”，或者“赶走”，或者“吓退”，那么控方还有继续存在的必要性吗？只有尊重对手，才能赢得对手的尊重。

任何一个国家的法治进程都不是一帆风顺的。任何国家的法律实践中，无论其司法制度设计得多么精美，都不可避免个案判决的疏漏。关键在于树立司法的权威以及民众对法律的信仰。

辩护律师应当特别清醒地认识到，要通过提升刑事辩护这块在法治木桶中最短的木板来提高中国法治的水平。建设中国特色的社会主义法治国家，既需要政治家的远见卓识与胆略，又需要法学家的独立品格和勇气，还需要社会各界的理解与支持，更需要中国刑事辩护律师在内的法律人的责任、操守和良心。

学说六　刑事辩护“三步走说”

学说界定

首先做到“普遍辩护”，然后实行“准入辩护”，通过“准入辩护”实现“有效辩护”，这是我对我国刑事辩护制度发展的“三部走说”研究。

面对我国刑事辩护率不足30%的境况，首先需要解决的是“普遍辩护”问题，进而对刑事辩护制度实行专业化改造，实施“准入辩护”，然后通过“准入辩护”制度路径，实现有效辩护的目标 。“有效辩护”说是在“准入辩护”说基础上提出的。就刑事辩护准入制度与有效辩护的关系而言，一方面，刑事辩护准入制度是有效辩护实现的前提和保障；另一方面，有效辩护是刑事辩护准入制度追求的目标，只有系统性地建立刑事辩护准入制度，才能从刑事辩护主体素质上保障刑事辩护的质量，从而实现有效辩护。有效辩护的概念在我国法律规定中难觅踪影，但在一些法治国家的司法制度之中，在国际条约、国际准则之中却早已确立，其包含以下三重含义：一是被追诉人作为刑事诉讼当事人在诉讼过程中应当享有充分的辩护权；二是应当允许被追诉人聘请合格的、能够有效履行辩护义务的辩护人为其辩护，包括审前阶段的辩护和审判阶段的辩护，甚至还应当包括执行阶段提供的法律援助；三是国家应当保障被追诉人自行充分行使辩护权，设立法律援助制度，确保其获得律师的帮助。[①] 有效辩护与无效辩护也是一对紧密联系的概念，在被追诉人行使其获得律师有效辩护权的过程中，无效辩护的认定起到预防侵权的制度保障作用；在被追诉人获得律师有效辩护权被侵害的情况下，无效辩护制度为辩护人提供了一种程序内的权利救济。相对于法治国家的有效辩护原则和无效辩护制度，我国对该问题的研究尚不深入，不仅没有确立有效辩护原则，也未建立无效辩护制度。面对辩护质量低下和律师辩护信赖弱的现实，需要在建立中国刑事辩护准入制度的同时，确立有效辩护原则和无效辩护制度，只有这样才能从根本上改善中国刑事辩护的不良现状，从而进一步完善我国刑事法治，最终建成中国特色社会主义法治国家。

① 参见宋英辉:《刑事诉讼原理》，法律出版社 2003 年版，第 118 页。

刑事辩护：本体属性，有效辩护，准入制度[①]

从历史考察的视角，在固属自然权利之辩护权中，律师辩护权是一项能将被指控人的辩护权真正还原为一种现实权利的派生权利，所以，“刑事诉讼的历史就是扩大辩护权的历史”。囿于激进主义国家意识形态和等级模式司法官僚结构之背景，中国法对于刑事辩护功能定位缺失，辩护律师角色定位偏颇，辩护制度结构根本性缺陷，使得刑事辩护之时下境况犹如“冰雪行车人”[②]一般。当下中国正处在一个不可逆转的法律变革与转型时期，“有效辩护”概念的提出，使得1996年《刑事诉讼法》之再修改，必须考虑构建辩护律师自由的会见制度、规范的讯问在场制度、独立的调查取证制度、完全的阅卷制度和必要的执业保障制度，同时在法律服务体制改革中，建立刑事辩护准入制度。

一、现状的描述

关于刑事辩护的变革曾经是1996年《刑事诉讼法》修改时最受褒扬的“精彩之笔”，但时过经年，当《刑事诉讼法》之再修改被纳入第十届人大立法规划时，辩护制度的立法变动却又成为“首当其冲”。1996年修订的《刑事诉讼法》将律师参加刑事诉讼的时间大为提前，明确规定了辩护人的数量、资格，扩大了法院指定辩护的范围，扩充了辩护律师的诉讼权利，引入了庭审控辩对抗机制等，律师能够多阶段、多形式介入刑事诉讼活动。这一立法变动旨在通过对辩护制度的完善，提升人权保障的力度，使我国的刑事辩护制度得以沿着法治的轨道前行。笔者曾经撰文认为，仅仅从立法的角度看中国1996年《刑事诉讼法》的修改，无疑是中国刑事

① 本部分原载《中国司法》2006年第9期。

② 冀祥德：《中国刑事辩护的困境与出路》，载《政法论坛》2004年第2期。

司法改革的一个巨大进步，甚至有人把它说成是刑事诉讼立法科学化、民主化的“一个重要里程碑”也不为过。然而，在司法实践中，就 1996 年《刑事诉讼法》的修改对于中国刑事辩护制度所引起的实质性影响而言，不仅并非巨大进步，而是严重倒退——辩护率越来越低，辩护律师越来越少，辩护信赖越来越弱……中国的刑事辩护正在面临着让立法者始料不及的滑稽、尴尬而艰难的困境，刑事辩护的路越走越难[①]。

究其原因是多方面的，立法上的、司法上的、制度上的、规则上的……但是，少有研究者从理念和刑事辩护准入方面探究改造的进路。“坏人有没有接受律师辩护的权利？”“是国家需要律师，还是个人需要律师？”“律师是为国家，还是为个人？”“律师负有维护司法公正之责吗？”“律师与正义是什么关系？”这些问题不仅一般公众众说纷纭，立法、司法官员更是见仁见智，即使律师自身也是莫衷一是。同时令人担忧的是，随着律师精英因为种种原因淡出辩护，刑事辩护已经成了初出茅庐的律师实习和“糊口”的舞台，刑事辩护的质量何以保障？是否需要建立辩护律师准入制度？是否需要提出一个“有效辩护”的概念和构建一套“有效辩护”的保障规则？如此等等，这些问题的存在已经成为中国刑事辩护能否走向法治的瓶颈。

二、刑事辩护的本体属性

被追诉人的辩护权是一项基本人权。纵观人类刑事辩护的发展历史，可以清晰辨明，辩护权历经了萌芽、形成、断层和发展繁荣等不同阶段[②]，凸显出如下本体属性：

（一）辩护权是一种自然权利

辩是诉的本能反应，作为一种事实现象，它普遍存在于各个

---

① 详见冀祥德：《中国刑事辩护的困境与出路》，载《政法论坛》2004 年第 2 期。
② 详见冀祥德：《中国刑事辩护本体省思》，载《中国司法》2005 年第 6 期。

历史时期以及现代三大诉讼程序之中。在人权之生命权、健康权、自由权等诸多内容中，犯罪嫌疑人、被告人的辩护权是存在于其中的一项特殊权利，它是犯罪嫌疑人、被告人作为人的一项天然权利或曰自然权利。

（二）律师辩护权是一项延伸权利

从本源上看，辩护权属于被指控人本人。社会专业分工和经济发展变化，使得被指控人行使辩护权的障碍越来越大，只有借助于专业人员的辩护救济，才能将被指控人的辩护权真正还原为一种现实权利。从此意义上讲，辩护律师的权利来源于被指控人的权利。现代刑事诉讼活动中辩护律师相对独立的诉讼地位是在辩护制度的发展中形成的。

（三）辩护权是一项发展中的权利

作为被追诉人的权利是一种自然权利，在不同的历史条件与制度背景之下，辩护权的体现形式虽有差异，但从总体上讲，刑事辩护经历了一个从无到有，从强调被追诉人权利到兼顾被害人权利的过程，同时对被追诉人的保护也在不断强化与完善。“刑事诉讼的历史就是扩大辩护权的历史”[①]，就是这样的一个描述。

（四）辩护权具有实体辩护与程序辩护的双重内容

实体辩护的内容包括被指控人不在犯罪现场、被害人同意或过错、陷入圈套、被迫、过失、未成年、精神异常、防卫等，程序辩护的内容是为被指控人在诉讼程序上应当享有的诉讼权利受到侵犯而抗辩。

（五）辩护权是一项被普遍承认的权利

尽管世界各国的政治体制、社会制度、意识形态、文化传统不同，但是，被指控人有权获得辩护却是各国公认的法律原则，

---

① ［日］田口守一：《刑事诉讼法》，法律出版社 2000 年版，第 89 页。

并且得到国际社会的高度认同。一般认为，被指控人的辩护权在普通法系当事人主义诉讼模式下较大陆法系职权主义诉讼模式下更充分，时下，两大法系的融合使被指控人的辩护权共同呈现出扩充完善趋势。

三、有效辩护的保障

（一）有效辩护概念的提出

对于一个国家稳定和信誉最重要的制度莫过于刑事司法制度。而一个国家的刑事司法制度的质量又端赖于辩护律师能否真正履行好刑事辩护的职责。即使在英美这样法治发达的国家，政府对于律师的辩护工作也常常加以干涉，公众对于辩护律师的作用也会产生误解。美国自 2001 年 9 月 11 日恐怖事件以来，政府开始试图在涉及国家安全的事件中限制律师的作用。正如一位美国纽约大学法学院教授杰罗姆·柯恩在一次“中美律师辩护职能与司法公正研讨会”上所言，美国在重大刑事案件中为被告人提供充分而有效的辩护方面还有漫长的路要走。英国犯罪嫌疑人接受律师帮助的权利，曾经一度被称之为犯罪嫌疑人权利的“一块橡皮图章”而已。有研究者就《1984 年警察与刑事证据法》实施后，犯罪嫌疑人享有的律师帮助问题进行了专门调查，研究发现，有 1/4 案件的律师只是通过电话对犯罪嫌疑人提供帮助，而在提供法律援助的案件中，有不少于 44% 的案件律师只是通过电话为犯罪嫌疑人提供帮助。尽管犯罪嫌疑人自己聘请的律师能比法律援助的义务律师更负责任，只有 17% 的案件是通过电话而完成保证任务的，但是这些律师更愿意通过向警察署寄送法律意见的方式完成帮助任务。[①] 可见，虽然获得律师的辩护是公认的被指控人应当享有的一项基本诉讼权利，也得到了包括国际公约、准则、文件和各国刑事立法的一致确认，但是，能否获得有效的律师辩护，

---

① Lee Brilges and Jhcqueline Hodgson, “Inpoving Cusbdial Legal Advie”, *Criminal Law Reviw*, 1995, p.103.

则是另外一个层面意义的问题，而且不仅是中国的问题，同时也是世界的问题。有鉴于此，在关于被指控人权利保障之研究中，提出“有效辩护”的概念，其意义当值首肯。

（二）辩护低效的原因分析

中国现代刑事辩护制度较侦查、起诉、审判制度起步较晚，在多元权力和利益的博弈中，刑事辩护制度的构建、发展一直不断面临重重障碍与困难。虽然不乏律师辩护成功的要案、名案，但是律师辩护的质量较低是一个不争的事实，特别是法律援助刑事案件的辩护质量。

笔者对于我国刑事辩护低效的原因概括为六大方面：

1．律师在侦查阶段的会见权被“司法剥夺”

律师会见在押的犯罪嫌疑人、被告人是1996年《刑事诉讼法》规定的律师的一项基本诉讼权利，是辩护律师了解案情、准备辩护以及维护犯罪嫌疑人、被告人诉讼权利的前提条件。但是这一立法规定在司法中却被“依法”剥夺：一是律师会见批准制由例外变成了通例；二是侦查机关阻挠律师会见犯罪嫌疑人，以各种理由拖延安排会见时间，并对会见的时间和次数进行限制；三是限制会见内容，不允许律师向犯罪嫌疑人了解有关案件情况；四是律师会见犯罪嫌疑人，侦查机关普遍派员到场，律师与犯罪嫌疑人的交流完全由侦查人员控制。

2．律师的阅卷权被“立法限制”

1996年《刑事诉讼法》第36条规定，辩护律师自案件审查起诉之日起，可以查阅、摘抄、复制案件的诉讼文书、技术性鉴定材料。立法的这一规定本身就是对律师阅卷权的限制，因为律师们最希望看到的证人证言、物证、书证等对定罪量刑有决定意义的证据材料都不在此范围内，而且在实践中检察机关却还故意设置障碍对这有限的阅卷权进行限制。在审查起诉阶段，介入的辩护律师一般只能看到仅能反映涉嫌罪名的拘留证、逮捕证、搜查证等采取强制措施和侦查措施的诉讼文书以及鉴定结论，至于立案决定书、批准逮捕决定书、起诉意见书等在一定程度上能够反映案件情况的诉讼文书，办案机关一般并不向辩护律师提供。

依据1996年《刑事诉讼法》规定，自人民法院受理案件之日起，辩护律师可以查阅、摘抄、复制本案所指控的犯罪事实的材料。但法律同时又规定，人民检察院起诉时，只需向人民法院提供起诉书并附上证据目录、证人名单和主要证据复印件或者照片即可，不允许向法院移送全部证据和卷宗材料。实践中公诉机关提供的这些证据目录，往往只有目录而没有证据，证人名单往往只有证人的名单而没有证人证言，主要证据往往只提供有罪和罪重的证据，而没有无罪和罪轻的证据材料。因此律师无法了解到与案件事实相关的证据和案情，包括公诉机关指控犯罪的证据和对犯罪嫌疑人、被告人有利的证据，也就难以进行充分的辩护准备，辩护质量当然可想而知。

3. 律师调查举证权的行使严重受限且布满“陷阱”

1996年《刑事诉讼法》对律师取证权作了规定，但又有诸多的限制，这种限制主要表现为以下三个方面：第一，法律没有明确赋予律师在侦查阶段享有调查取证权。《刑事诉讼法》第96条规定律师在侦查阶段可以参与诉讼，为犯罪嫌疑人提供法律咨询，代为申诉、控告；向侦查机关了解涉嫌的罪名；会见犯罪嫌疑人，向其了解有关案件情况；为犯罪嫌疑人申请取保候审等，但是不能调查取证。第二，辩护律师只能有限行使调查取证权。在审查起诉和审判阶段，法律虽然规定律师可以向证人、被害人或者被害人的近亲属、被害人提供的证人或者其他有关单位和个人收集与本案的有关的材料，但同时又规定，向证人或者其他单位和个人收集材料必须经被调查者同意；向被害人或其近亲属以及被害人提供的证人收集材料时，除必须经这些人的同意外，还必须经过人民检察院或者人民法院的许可。这意味着律师以辩护人的身份参加诉讼后，其收集证据的权利仍受到很大的制约，一旦上述人员不同意或者司法机关不许可，就意味着辩护律师调查取证权利之虚设。第三，律师调查取证权缺乏法律保障。立法虽然赋予了辩护律师申请人民检察院、人民法院收集、调取证据的权利，但这一规定对人民检察院来说并没有实际的约束力，因为许可与否，没有明确的条件限制，人民检察院完全可以视其需要来作出相应的处理，实践中人民检察院对于这种申请往往也是不予理睬。

由于法律本身存在的问题，加上当前我国公民普遍缺乏法律意识，实践中证人往往不愿作证。根据法律规定，只要证人自己不同意，律师显然是难以取证的，因此，律师在刑事诉讼中进行调查取证非常难，难以收集到有力的辩护证据。而且，律师一旦收集到与侦查机关相反的证据时，还有可能被侦查机关或者检察机关以伪证或者妨碍证据罪而被羁押甚至判刑。据不完全统计，1996年《刑事诉讼法》修改以来，全国已有近数百名辩护律师被抓被押，而且多数拘捕羁押是错误的。[①] 面临随时可能出现的上述职业风险，大部分律师不得不放弃了刑事辩护活动的调查取证，此无疑严重影响辩护的质量。

4．立法上没有规定律师的讯问在场权

辩护律师的在场权，普遍存在于现代各国的刑事诉讼之中，在刑事审判前程序中具有极为重要的功能，它不仅可以有效防止侦查人员侵犯犯罪嫌疑人的人权，抑制非法侦查，而且对于保障犯罪嫌疑人诉讼权利的及时行使，保障程序的诉讼构造，维护程序的正当性和权威性，都有十分积极的意义。[②] 正因为如此现代各国 刑事诉讼法多数都规定了辩护律师的在场权。[③] 我国侦查机关刑讯逼供现象之所以屡禁不止，除了侦查机关对口供过分依赖之外，在录取口供时缺乏辩护律师的制约也是很大的原因。同时，在场

---

① 目前，笔者正在对此问题进行专题调查研究，相关数据统计工作及问卷调查活动正在全国范围内开展进行。

② 宋英辉:《刑事审判前程序研究》，中国政法大学出版社2002年版，第398页。

③ 英国法律规定除特定情况之外，对于警察对犯罪嫌疑人的讯问，律师有权自始至终地在场，并且必须进行同步录音录像。在美国，一切司法程序都必须有律师在场，否则程序的结果将是无效。意大利《刑事诉讼法典》第350条规定，警察应当在辩护律师的参与下从被调查人那里获得情况。虽然在特定地点和紧急情况下，警察也可以在辩护律师不在场的情况下向被调查人了解有助于立即开展侦查工作的消息和情况。但是由此而获得的消息和材料，不得列入档案并不得使用。律师不在场时，警察可以听取被调查人的自动陈述，但所获取的有关材料除用作弹劾被告人的证据外，不得在审判中使用。法国《刑事诉讼法典》第114条规定，讯问犯罪嫌疑人时，律师必须在场，除非双方当事人的律师在场或者已经合法传唤，不得听取当事人的陈述、讯问当事人或者让其对质，除非当事人公开放弃此项权利。

权的缺失，使得辩护律师难以为被指控人提供有效的辩护。

5. 辩护律师的执业权利没有有效保障

律师的言论豁免权是联合国签发的《关于律师作用的基本原则》中明确规定的律师基本权利，目的在于使辩护律师在执业中获得某种特权，以抵御可能来自控方的侵害，并且使律师在义务冲突中得到解脱，保障辩护律师的正常执业活动。我国1996年的《刑事诉讼法》与现行《律师法》中不仅没有关于律师执业豁免的规定，而且在2006年《刑法》第306条还针对辩护人规定了辩护人毁灭、伪造证据、妨碍作证罪，该条规定使辩护律师行使刑事辩护工作如履薄冰，深怕掉进伪证罪的深渊，极大降低了律师参与刑事辩护的热情。辩护律师的人身权利缺乏保障是实践中刑事辩护步履维艰的一个重要原因。

6. 刑事辩护门槛过低，缺乏准入制度

当下，关于刑事辩护制度的改革，我们听到的更多声音是对律师执业环境恶化的声讨和对执业权利扩张的呼吁，少有从律师自身的原因剖析。笔者认为，“春江水暖鸭先知”，律师们的声讨与呼吁当值首肯。在律师尤其是刑事辩护律师执业风险加大、执业陷阱增多、执业权利受禁锢这些问题上，律师们当然是最有发言权的。但是中国刑事辩护律师也应当进行深刻的自我反思：律师们不能仅仅强调客观，不能只想到自己的权利；律师们还应当反思主观，还应当想到自己的义务。第一，毋庸置疑，我们辩护律师中的非个别人在履行辩护律师职责上存在重大问题，受功利主义影响，在会见、调查取证等执业活动中，背离职业道德，违反执业纪律的问题、事件屡见不鲜。第二，刑事辩护业务不精，质量不高。刑事案件辩护意见“三段论”——“初犯、偶犯、认罪态度好”“一份辩护词天天讲”，辩护意见谈不到关键要害上。第三，刑事辩护资格门槛过低，甚至没有门槛，刑事辩护业务对取得司法人员资格者没有任何准入制度，刑事辩护成了初出茅庐律师的实习业务。

（三）有效辩护的制度保障

笔者认为，有效辩护的实现，至少需要赋予辩护律师以自由的会见权、规范的讯问在场权、独立的调查取证权、完全的阅卷权和必要的执业豁免权，并构建相应权利保障制度。

1. 建立自由的辩护律师会见制度

主要应包括两个方面的制度：一是确保被指控人应当有充分的时间和便利选任聘请律师以及与所聘律师联系的制度，① 二是确保被指控人与其律师在不被窃听、不经检查和完全保密情况下自由充分地交流案情和意见。②

2. 建立规范的辩护律师讯问在场制度

因为侦查机关与犯罪嫌疑人的力量对比悬殊，犯罪嫌疑人往往又处于被羁押状态下，所以给予并保障犯罪嫌疑人在侦查讯问

---

① 例如《关于律师作用的基本准则》第 1 条规定，律师应当在“刑事诉讼的各个阶段”为被指控人提供辩护。第 5 条规定，各国政府还应确保由主管当局“迅速告知”遭到逮捕和拘留，或者被指控犯有刑事罪的所有的人。他有权得到自行选定的一名律师提供帮助，第 7 条规定，各国政府还应确保，被逮捕或拘留的所有的人，不论是否受到刑事指控，均应迅速得到机会与一名律师联系，至少不得超过“自逮捕或拘留之时起的四十八小时”。《公民权利和政治权利国际公约》规定：被指控人应有“相当的时间和便利”准备他的辩护并与自己选择的律师联络。《世界刑法学协会第十五届代表大会关于刑事诉讼法中的人权问题的决议》第 7 条规定：“辩护律师以及被羁押人所要求的近亲属或其他接近的人。应迅速被告知关于羁押被告人的事实、原因和地点。”《保护所有遭受任何形式拘留或监禁的人的原则》第 15 条规定，被拘留人或监禁人与外界、特别是与其家属或律师的联络，“不应被剥夺数日以上”。第 17 条规定，主管当局应在被拘留人被捕后“及时告知”其有权获得法律顾问协助的权利。

② 例如《关于律师作用的基本准则》第 8 条规定：“遭逮捕、拘留或监禁的所有的人应有充分机会、时间和便利条件，毫不迟延地、在不被窃听、不经检查和完全保密情况下接受律师来访和与律师联系协商。这种协商可在执法人员能看得见但听不见的范围内进行。”《世界刑法学协会第十五届代表大会关于刑事诉讼法中的人权问题的决议》第 19 条规定：“羁押中的被告人有权与其律师秘密交谈”。《囚犯待遇最低限度准则规则》规定：未经审讯的囚犯可以会见律师，警察或监所官员对于囚犯与律师间的会谈。可用目光监视。但不得在可以听见谈话的距离以内。《保护所有遭受任何形式拘留或监禁的人的原则》第 18 条规定：（1）被拘留人或被监禁人应有权与其法律顾问联络和磋商；（2）应允许被拘留人或监禁人有充分的时间和便利与其法律顾问进行磋商；（3）除司法当局或其他当局维持安全和良好秩序认为必要并在法律或合法条例具体规定的特别情况，不得终止或限制被拘留人或被监禁人接受其法律顾问来访和在既不被搁延又不接受检查以及充分保密的情形下与其法律顾问联络的权利；（4）被拘留人或被监禁人与其法律顾问的会见可在执法人员视线范围内但听力范围外进行；（5）本原则所述的被拘留人或被监禁人与其法律顾问之间的联络不得用作对被拘留人或被监禁人不利的证据，除非这种联络与继续进行和图谋进行的罪行有关。

过程中获得律师帮助特别是规定辩护律师享有自由而充分的讯问在场权，对犯罪嫌疑人的权利保障就尤为重要。一方面，律师介入并参与讯问过程，可以增强被讯问人的信心，平衡讯问人与被讯问人之间的力量对比，迎合“平等武装”（equality ofams）的思想。另一方面，侦查讯问时的律师在场，也可以起到监督或制约侦查权滥用、防止违法现象出现之作用。①

3. 建立独立的辩护律师调查取证制度

应在法律中明确规定，律师在刑事诉讼的各阶段有独立的调查取证权；取消律师向司法机关申请调取证据的规定；规定任何人对律师的调查取证都有配合的义务。

4. 建立完全的辩护律师阅卷制度

建议在庭审前建立证据展示制度，控诉机关的一切证据在庭前必须向辩护方出示，保证辩护方完全的阅卷权。当然，为了确保司法公正和审判效率，控诉方和辩护方都负有向对方开示相应证据的义务，至于双方各自所应当开示的证据范围，可以根据我国当前的司法体制、诉讼程序以及辩控双方的地位等因素予以规制。

5. 建立必要的辩护律师执业豁免制度

必须尽快取消或者完善2006年《刑法》第306条，明确规定辩护律师在刑事诉讼中依法履行职责的行为和言论不受法律追究。

四、通过准入辩护实现有效辩护

毋庸置疑，形成我国刑事辩护目前艰难困境的另外一个不可忽视的重要因素，还有刑事辩护律师职业素质与水平的参差不齐，

---

① 在讯问阶段，侦查人员不可避免会带有“有罪推定”倾向，并或多或少地将这种倾向表现出来，加之，犯罪嫌疑人大都不是法律专家，面对讯问时常常心惊胆战，因此口供的真实性和自愿性在这种条件下难以保证。显然，警察“一旦发现犯罪嫌疑人是有罪的，他们就会倾向去努力证实他们的看法，而不是去检验他们的看法。”（参见［英］迈克·麦考韦利：《对抗制的价值和审前刑事诉讼程序》，载英国文化委员会编：《英国法律周专辑》，法律出版社、博慧出版社1999年版，第125页。）所以，只有律师参与到讯问过程中来，并且具有某种影响侦查结果的潜在可能，侦查人员才会在行使权力时有所收敛，也才会在讯问过程中对犯罪嫌疑人的人权给予适当的关怀。

中国要彻底走出刑事辩护的当前窘境，除去前述角色地位的转变以及法律制度所必需的立法变动之外，还必须提高律师参与刑事辩护的“门槛”，设立规范的刑事辩护准入制度，建立刑事辩护律师专业资格，提高刑事辩护律师素质，彻底改变当前凡是取得律师职业资格的人员无论执业时间之长短、执业水平之高低均可从事刑事辩护的不正常状况，以保障刑事辩护的质量。

刑事辩护作为律师最基础的业务，历来受到各国律师制度的重视，并对律师担任刑事辩护人规定了特别严格的专业资格条件。我国在律师制度恢复伊始，由于受各种条件的限制，尚不能对刑事辩护律师提出过高的要求。截至2006年，经过20多年的发展，特别是随着依法治国方略的提出和实施，建立刑事辩护律师专业资格制度已成为当务之急。笔者认为，建立我国的刑事辩护准入制度，不仅是稳定辩护律师队伍、提高刑事辩护质量、全面实现刑事辩护社会价值的需要；还是确保辩护律师全面介入刑事诉讼过程、实现司法公正的需要，更是适应现代社会专业化发展的需要。

（一）建立辩护律师资格考试、考核制度

要建立刑事辩护律师准入制度，打造专业化、高素质的刑事辩护律师队伍，首先必须提高刑事辩护律师专业的“门槛”，严格这一专业领域的资格考试制度。严格而专业化的考试制度是现代国家选拔人才、塑造精英阶层的最基本、同时也是最有效的手段，精英的层次越高，其资格的取得就越难。我国要提高刑事辩护质量，培养高素质的刑事辩护律师队伍，也必须从改革资格考试制度入手，笔者建议，在我国现有的全国司法人员资格统一考试的基础上，设立专门的刑事辩护律师专业资格考试。一般律师要想进入刑事业务领域，必须对刑事法律知识进行更加系统、深入的学习，才可能通过专门的考试，取得刑事辩护律师资格。严格的专门考试不仅可以从客观上强化刑事辩护律师的专业知识水平，而且有助于增强刑事辩护律师的职业责任感和精英意识，正因为刑事辩护律师这一资格来之不易，所以他们会在其今后的从

业生涯中对刑事辩护律师这一身份倍加重视和珍惜。对于社会来说，基于严格的专业考试而选拔出来的人更容易取得大众的信任和尊重，这对于提高刑事辩护律师的社会地位和荣誉感，都将十分有益，笔者建议，刑事辩护律师资格考试的具体操作可参照国家关于证券法律业务律师资格考试的规定进行，在建立辩护律师资格考试制度尚不具备成熟条件时，也可先实行辩护律师资格考核制度，由国家成立专门的考核组织，对申请取得刑事辩护资格的人员进行统一考核。

（二）建立刑事辩护业务实习前置制度

刑事诉讼过程中的证据展示、询问证人、法庭辩论，最能考验和体现一个律师的机智与灵敏、毅力与耐心、口才与风度，因此刑事案件与其他案件相比，对律师的灵敏度、逻辑思维能力、口才表达能力以及临场发挥能力等综合素质都有更高的要求，由此决定了刑事辩护律师资格的取得，不仅要进行严格的专门考试或者考核，而且应当结合严格的实习训练制度，培养和强化刑事辩护律师的实务能力。西方国家普遍非常重视律师的素质尤其是执业技能，如以英美为代表的普通法系国家，以判例法作为重要的法律渊源，因此法学教育中一向实行判例式教学法，将法律作为一种技能（而非一门科学）传授给学生，以培养学生分析案例、解决案例、毕业后能够顺利考取律师资格从而开业谋生为目的；以法国、德国为代表的欧洲大陆国家，以成文法为唯一的法律渊源（我国也是如此），法学教育中以系统传授法律知识为主而不注重学生实际能力的培养，为弥补这一缺陷，大陆法系国家的律师资格考试中便在笔试之外增加口试，内容一般包括起草法律文件和口头答辩，以考查考生的实际能力。我国也应当吸收这一有益经验，规定通过刑事辩护律师资格考试或者考核者，必须进行一定期限的实习，实习期满后向司法行政部门递交由实习单位鉴定并盖章的实习报告，并由司法行政部门组织专家进行刑事辩护答辩和模拟刑事审判考核，只有通过答辩和考核，才能颁发刑事辩护律师执业执照。如此方能真正全面保证刑事辩护律师素质的提高，使“文凭律师”转化为“能力律师”。

（三）建立合理的刑事辩护收费制度

要促进刑事辩护律师整体素质的提高，仅靠建立刑事辩护律师专业资格制度、严格把住刑事辩护律师的入口关是不够的，还必须提高刑事辩护的收费标准、增加刑事辩护律师的收入，使其承担的风险、付出的辛苦劳动与收入形成合理的正比这样才能改善律师业务领域中不合理的利益驱动机制，使刑事辩护律师与民事、经济案件律师一样，通过自己的辛苦工作获得高额报酬，这是稳定刑事辩护律师队伍、吸引优秀人才向刑事辩护领域靠拢的关键性因素。在一个正常而合理发展的社会中，高付出总是与高收入联系在一起的，高额的报酬不仅反映一个人对社会作出了较大的贡献，同时也是支撑其社会地位的一个重要因素，为此，笔者建议国家有关部门对现行律师收费标准进行修改，提高律师办理刑事案件的收费额，具体做法是：提高刑事案件的律师基本收费额；允许律师在统一收费额的基础上按照具体案件的难易程度、花费时间长短，以及律师自身的级别和知名度同委托人协议收费额与收费方式。此外，政府在宣传倡导与律师管理政策上应向刑事辩护律师倾斜，鼓励建立专门的刑事律师事务所，鼓励规模较大的律师事务所对律师进行专业分工，明确规定刑事辩护律师的数量比例，在荣誉、职称等方面有意识地向刑事辩护律师实行一定的倾斜，特别是应尽快完善立法、协调司法，为刑事辩护律师营造良好的执业环境。

建立我国刑事辩护准入制度，是笔者鼓吹多年的一项律师制度改革。[①] 笔者预见，对于这样一项利大于弊的大快人心的制度改革，一旦变为现实，必将极大地提高我国刑事辩护的质量，有力地推动司法公正建设进程，使刑事诉讼领域中的人权得到更加全面、彻底的保障。

---

① 详见冀祥德：《建立中国刑事辩护专业资格制度的法律思考》，载《法学论坛》2001 年第 1 期。

五、结语

革故鼎新是一项艰苦而复杂的伟大事业，毕其功于一役是不合现实的，时下，中国正处在一个不可逆转的法律变革与转型时期，1996 年《刑事诉讼法》的再修改已被列入立法计划并拟于 2007 年完成，而刑事辩护制度的改革与完善也必将成为本次修法之重点，审慎考量中国法变革的历史进路与现实情状，走向法治的中国刑事辩护制度赖以生存的刑事诉讼模式，应当是一种当事人主义与职权主义优势并蓄的、以公正为基本法律理念兼存高效的中国化模式。理论界同仁们的大胆探索与缜密论证，实务界决策者的锐意创新与勇于实践，皆为该模式生成之共同近因。

笔者提出的“车轮说”认为，公、检、法、律是推进社会法治进程不可或缺的四个车轮，缺乏现代辩护律师制度的刑事司法制度，永远不可能驶入现代法治的轨道，“刑事诉讼的历史就是扩大辩护权的历史”，中国刑事诉讼的历史将因辩护权的法治扩张而被改写，中国刑事诉讼将因刑事辩护法治蓝图的绘制而增添灿烂的篇章。

刑事辩护：准入辩护，有效辩护，普遍辩护[①]

刑事辩护在国家法治建设与人权保障中的应然重要性与我国允许非律师承担辩护职责的实然性之间存在明显反差。实证调查证明，无论是从律师的数量上还是辩护质量上，在我国取消非律师担任辩护人的规定，建立刑事辩护准入制度的时机和条件已经成熟。这一制度既可实现有效辩护的目的，也不违背普遍辩护的要求。故应当在现实国情允许的情况下，从死刑案件开始，分步

① 本部分原载《清华法学》2012 年第 4 期。

骤、分层次地设立刑事辩护的准入制度。同时，设置与准入制度配套的管理监督机制、惩戒机制以及退出机制，并从辩护律师执业环境和刑事辩护收费制度等方面为刑事辩护准入制度的构建与实施营造良好的制度运行环境。

刑事辩护质量低是我国刑事辩护的一大顽疾。理论界对这些问题的解决奉献了诸多智力成果。我认为，如同只有获得医师专业资格的人才能做医生给病人治病一般，只有获得刑事辩护专业资格的律师方能做辩护人。因此，对上述问题十多年前我即主张，为了提高我国刑事辩护质量，应该提高刑事辩护的门槛，建立刑事辩护准入制度，并就此提出实行国家统一的、专门的刑事辩护律师资格考试等建议。[①]这一构想提出后，在学界引起了积极反响。[②]从法律实务层面看，目前，尽管以律师垄断刑事辩护业务为基本条件的刑事辩护专业化早已成为法治发达国家成熟的司法制度，但是，我国《刑事诉讼法》第32条依然允许人民团体或者犯罪嫌疑人、被告人所在单位推荐的人和犯罪嫌疑人、被告人的监护人、亲友等非律师作为辩护人。同时，不仅普通公民可以作辩护人，而且只要取得律师执业资格者即可为包括死刑案件在内的所有案件被告人作辩护。在侦查阶段规定了辩护律师准入制度是2012年《刑事诉讼法》修正案的一大亮点，但是，在审查起诉和审判程序等阶段依然保持了非律师可以作辩护人的旧规，而且，侦查阶段关于辩护律师的规定也十分笼统，这是人权保障的一大遗憾，与刑事辩护在国家法治建设与人权保障中的重要地位极不相称。

有鉴于此，我进一步研究认为，有必要结合中国的实际，分步骤、分层次地构建刑事辩护准入制度。在我提出建立刑事辩护

---

① 参见冀祥德：《论刑事辩护专业资格制度的建立》，载《法学论坛》2001年第1期。

② 如常洁琨：《刑事辩护准入制度探析》，载《西部法学评论》2009年第6期。2008年11月1日至2日，中国社会科学院法学所、国际司法桥梁与中国行为法学会律师执业行为研究会共同召开了“中国刑事辩护30年暨刑事辩护准入制度”国际研讨会。参见简乐伟、张文静：《建立刑事辩护准入制度提高刑事辩护质量》，载《中国司法》2009年第2期。

准入制度的观点后，也有一些学者对此提出质疑，其核心理由是，目前我国刑事辩护率本来就很低，准入制度可能会使刑事辩护率更低。另外，用行政管理性质的准入措施来设定刑事辩护的门槛，与律师法律服务的市场性质可能不兼容。[①] 这些反驳的理由主要涉及辩护的有效性与普遍性，普遍性又涉及刑事辩护权的性质问题，故本文从有效辩护与普遍辩护入手来回应这些问题。

本文选取的主要素材是死刑辩护，主要基于两个方面原因考虑：其一，死刑制度最能体现建立刑事辩护准入制度的必要性，也最能体现刑事辩护区别于其他案件辩护的专业性与技术性；其二，为面临可能被判处监禁的人或者剥夺生命的人提供最好的辩护，应当是“立法机关、司法机关和律师的首要任务。”[②] 所以各国均最重视对死刑案件的辩护。此外，这也使本文的比较更为方便。

一、刑事辩护准入制度及其合理性

（一）刑事辩护准入制度的界定

刑事辩护准入制度是从比较法中抽象出来的名称，它是指政府或者受委托的行业组织，为保障犯罪嫌疑人和被告人辩护权的有效实现，依法对刑事诉讼活动中，提供刑事辩护法律服务的主体的资格进行限制和确认，并对其进行监管的各项规则的总称。[③] 从一些法治发达国家刑事辩护制度的发展历史看，刑事辩护准入制度包括如下两部分内容：

一是出席法庭辩护是律师的一项特权，除律师外其他任何人不能从事这项业务。这是在刑事辩护的实践中逐步形成的。目前，许多国家都已经将刑事辩护作为一项垄断性的业务交由符合条件

---

① 简乐伟、张文静：《建立刑事辩护准入制度提高刑事辩护质量》，载《中国司法》2009 年第 2 期。

② Stephen B.Bright，“Counsel for the Poor：The Death Sentence Not for the Worst Crime but for the Worst Lawyer”，103 *Yale L. J.* 1883(1994).

③ 参见冀祥德：《建立刑事辩护准入制度实现刑事辩护专业化》，载《中国司法》2009 年第 2 期。

的律师承担。为此，许多国家都规定了刑事诉讼律师强制介入制度。德国《刑事诉讼法》第140条通过详尽地列举规定了必须由律师垄断辩护的案件范围。在丹麦、意大利、德国、法国，侵犯律师对于法庭辩护享有的垄断权利必须承担刑事责任。而在其他一些成员国（如欧共体成员国）则通过严格禁止非律师人员从事法庭辩护，来确认和保护律师对此享有的特权。[①]

二是依据法院级别和案件复杂严重程度等因素，对律师代理不同的案件进行准入限制。如英国的律师分为出庭律师和初级律师。出庭律师可以在英国任何法院出庭为当事人辩护，且基层以上的法院都要求出庭为当事人进行辩护的律师为出庭律师，而初级律师（又称事务律师）则只能在郡法院和治安法院等基层法院出庭为当事人辩护。在日本，原则上辩护人必须从律师中选任，但是根据日本《刑事诉讼法》规定，简单法院、家庭法院、地方法院可以经法院许可选任非律师作辩护人，这类辩护人叫“特别辩护人”。[②]除以上三种法院外，在其他高级法院必须选任有律师身份的人作刑事辩护人。在丹麦，律师只有以到高等法院进行两个实际案件的辩护的形式通过辩护考试，并得到该法院的批准，然后才能取得在高等法院出庭辩护的权利。如果一个律师想要取得在最高法院出庭辩护的权利，还必须具有高等法院辩护5年以上的资历。[③]在法国，只有少数专门的律师才能在行政法院和最高法院出庭辩护。这些律师被称为“行政法院和最高法院的律师”。在意大利，只有那些经过特别授权并将其名字载入一份专门名录的律师，才能在宪法法院、最高法院、国务会议和审计法院出庭辩护。而要取得这种资格，必须从事一段时间的普通律师业务，或者通过一种专门的公开考试。而且，在这两种情况下，有关律师

---

① 参见［法］色何勒·皮埃尔·拉格特、［英］帕特里克·拉登：《西欧国家的律师制度》，陈庚生等译，吉林人民出版社1991年版，第114–115页。

② 事实上，特别辩护人的选任，多半因为案件的性质上需要有特殊技能、经验、学识，或者与被告人有特殊关系。日本司法研修所编《刑事辩护实务》，王铁成、秀义译，中国政法大学出版社1989年版，第50–51页。

③ 参见［法］色何勒·皮埃尔·拉格特、［英］帕特里克·拉登：《西欧国家的律师制度》，陈庚生等译，吉林人民出版社1991年版，第113页。

都必须从来没有受过纪律惩戒处分。[①]

此外，案件的复杂严重程度不同，刑事辩护进入条件也有所差异。如美国就对于死刑案件的辩护人特别设置了严格的准入条件。在死刑案件审理过程中，美国联邦和各州法院一般都要求，被告人至少要有两名律师为其辩护，一个应为死刑方面的专家，另一个则应精通诉讼方面的事务。而且，原则上，死刑案件的辩护律师都应参加过死刑知识和案件辩护技巧等方面的培训。美国律师协会的《死刑案件辩护律师的指派与职责纲要》为死刑案件辩护实务提供了一个全国性的标准，严格限制进入死刑辩护的律师的资格，以保证给所有面临可能被任何司法机构判处或执行死刑的人提供高质量的法律代理。

（二）刑事辩护准入制度之合理性

律师之所以成为一种资格，律师辩护和普通公民辩护之所以有区别，在于法律服务本身具有的专业性。既然律师本身就采取了准入制度，且准入的依据在于专业性，那么，要对刑事辩护律师再采取准入制度，即“双重准入制度”，首先要论证的就是刑事案件尤其是死刑案件的辩护资格准入，其对律师专业性要求比其他律师业务更高。

从司法实践看，这一判断是成立的。这首先是因为刑事案件涉及的证据相对而言更为复杂。刑事案件的证据是由专门从事刑事侦查职能的国家权力机关取得的，相对个人而言，国家权力机关取得证据的能力更强，要判断这些证据的真伪、合法与否，难度通常较普通的民商案件、行政案件更大。所以，美国律师协会的《死刑案件辩护律师的指派与职责纲要》明确要求死刑案件辩护律师应具备运用专家证人的技能；熟悉法律调查问题（包括指纹、病理学以及 DNA 证据）的技能；调查、准备以及展示与精神状态有关的证据的技能；在调查、准备和展示减刑证据上的技能，

---

① 参见［法］色何勒·皮埃尔·拉格特、［英］帕特里克·拉登：《西欧国家的律师制度》，陈庚生等译，吉林人民出版社 1991 年版，第 114–115 页。

等等。[①] 此外，现代社会抽象性的发展以及正当程序观念的具体化，使刑事诉讼程序越来越复杂，不是专门从事刑事辩护的律师也很难掌握。

但问题在于，刑事案件的证据、程序具有很强的专业性，同样，现代社会中大量的法律案件，如海商案件、金融衍生品案件、国际贸易案件、反倾销案件等也都具有强烈的专业性，非专业律师不能驾驭。那么，这些种类的案件又何尝不可以采用律师准入制度（如我国以往实行的证券律师制度），而只有刑事案件的律师应采用律师准入制度？这就涉及刑事案件辩护的特殊职能。

在刑事案件中，获得专业辩护人的帮助是被追诉人最重要的辩护权内容。这主要是因为，专业的辩护人的辩护使得被追诉人诉讼权利的实现具有了可能性。获得辩护人有效帮助的权利，“是被告人所有权利中最有影响的权利”，因为“它决定着被告人行使其他权利的能力”。[②]“联邦宪法要求实质性的平等（substantial equality）和公平对待，如果被告人不能找到有能力的律师为其辩护，所有这一切就无从谈起。”[③]

诉讼程序中的“平等保护”与“平等武装”，当然并非刑事诉讼所独有，民事诉讼、行政诉讼也强调这些理念，可以说，没有这些理念的诉讼都不是真正意义上的诉讼。但在刑事诉讼中，个人面对的是国家追诉，双方天然不平等。为了使“平等武装”落到实处，弥补国家和个人之间的力量的悬殊，除国家主动限制、克减其司法机关的权力、防止司法权力的滥用外，更重要的是要为被追诉人提供防御和抵抗司法权力滥用的切实有效的手段。故有学者指出，在刑事诉讼中，辩护权首先是作为公民对抗政府无

---

① 参见 http：//www. americanbar. org/ content/ dam/ aba/ uncategorized/Death_Penalty_Representation /Standards/ National/2003Guidelines，authcheckdam. pdf，最后访问时间：2012 年 2 月 2 日。

② Chales F.Hemphill，*Criminal Procedure*：*The Administration of Justice*，pp.107–108.

③ Chales F.Hemphill，*Criminal Procedure*：*The Administration of Justice*，pp.107–108.

理追诉的权利出现的，具有防御国家权力的性质。[①]实际上，辩护权本身体现的是以社会力量制约国家权力的现代民主思路，换句话说，这种权利的行使是否成功，关涉的不仅仅是某个被告的权利，而最终与整个社会的权利能否与国家权力形成有效的制衡密切相关。正如美国律师协会在《死刑辩护的作用》中所指出的那样，刑事辩护人是当事人的委托人，是检察机关的对手，是法院的咨询者。[②]在职权主义模式下，辩护权的这种作用应更为突出，若辩护不能形成对国家追诉权的有力制衡，则良性的国家——社会关系即无法构建。可见，在刑事案件中，辩护权虽然是由个人行使的一种权利，但其实是一种公共职能。这就使它与为了保护当事人民事合法权益的民事案件中的律师职能区分开了。通过专业性辩护保障被追诉人权利，可以促使刑事法治发展，实现国家——社会的良性互动。

二、刑事辩护准入制度与有效辩护

（一）有效辩护的要求：以死刑案件为例

在刑事诉讼法学中，“有效辩护”（effective assistance of counsel）的核心含义是指辩护足以发挥其在刑事诉讼权力架构中应有的作用。与之相对应的概念的是产生程序制裁法律效果的“无效辩护”。

《公民权利和政治权利国际公约》《欧洲人权公约》《美洲人权公约》等国际或者区域人权文件都规定了辩护权，尤其是强调通过法律援助使刑事被告人获得公正审判的基本权利。但这些文件都是原则性规定，不可能涉及辩护质量，包括死刑案件的辩护质量。第七届联合国预防犯罪和罪犯待遇大会通过的《律师的作用》

① 参见林劲松：《美国无效辩护制度及其借鉴意义》，载《华东政法学院学报》2006年第4期。

② 参见 http：//www.americanbar.org/content/dam/aba/uncategorized/Death_Penalty_Representation/Standards/National/DefenseFunction2ndEdition.pdf，最后访问时间：2012年2月2日。

指出："要使公民的权利得到充分的保护，就需要使所有的人都能够有效地获得由律师提供的法律服务。" 其中明确提到了"有效"概念。真正确立刑事案件有效辩护的具体要求与规则的是美国律师协会的一系列指南与准则。如《律师刑事诉讼辩护准则》(ABA Standards For Criminal Justice)、《死刑案件辩护指导纲要》、《死刑案件中律师的指派与行为指南》[Guidelines for the Appointment and Performance of Defense Counsel in Death Penalty Cases (以下简称《指南》)] 等。《指南》对美国各州影响巨大，而且也被法院承认。它明确规定："《纲要》的目标旨在提出一个死刑案件辩护的全国标准，以保证给所有面临可能被任何司法机构判处或执行死刑的人进行高质量的法律代理。"此外，美国法律援助与辩护协会 (The National Legal Aid & Defender Association) 也制定了《死刑案件辩护标准》(Standards For The Performance of Counsel in Death Penalty Cases)，其第 6.1 条明确规定，律师在接受死刑代理时，必须以提供有效辩护为标准。

美国律协的上述规定主要是为了回应美国死刑案件辩护质量低下的现实。在美国，没有废除死刑的 36 个州，即使死刑判决较多的州，律师辩护质量也是一个大问题，出庭律师往往没有多少经验。① 统计表明，1973 年至 1995 年这 23 年期间，68% 的死刑判决都因为严重的错误被推翻，这些错误大多数是因为辩护律师的严重不称职造成的。② 有学者进一步指出，死刑往往是那些不合格的辩护人或者没有时间、没有专业知识的辩护人造成的，而不是因为犯罪行为以及被告人的背景与个性造成的。③ 所以有学者主张"在大多数 (公众) 情感与政治色彩的指控中，只要因为律师的法律辩护不充分，陪审团成员与法官们因此对重要的信息不知情，

---

① See Jordan M.Steiker, "Improving Representation in Capital Cases: Establishing the Right Baselines in Federal Habeas to Promote Structural Reform Within States", 34 *Am.J.Crim.L.* 293(2007).

② See Whitney Cawley, "Raising the Bar: How Rompillan.Beard Represents the Court's Increasing Efforts to Impose Stricter Standards for Defense Lawyering in Capital Cases", 34 *Pepp. L. Rev.*1139(2007).

③ See Jill Miller, "The Defense Team in Capital Cases", 31 *Hofstra L.Rev.*1117(2003).

只要在大多数涉及忽视了权利法案，那么，法院就应无权对被告处以死刑这种不可撤销的极刑。”否则，“死刑就将继续适用于那些不是因为犯了最恶劣的罪行（worst crimes），而是不幸被指派了最差劲的律师的人（worst lawyers）”。[①]

就死刑辩护而言，本文以指定辩护为例说明死刑案件有效辩护的要求。之所以如此，是因为指定辩护是政府财政支持的，与市场选择律师辩护相比，它的服务质量通常只能更低下。美国法律援助与辩护协会、美国律师协会及保留死刑的各州几乎对指定死刑辩护律师都有具体的规定。各州一般指派两个律师，一个首席律师（lead counsel），一个辅助律师（associatecounsel），前者的资格准入条件高于后者。美国各州对指派这类案件的律师通常都有资格要求。除了辩护律师必须是律师协会的成员、具有高度的律师责任感、勤勉之外，各州还对指定死刑案件辩护律师有如下共同的具体要求：

1. 从业经验

这体现在从业时间和代理案件数量两个方面：

在从业时间要求上，美国各州规定不同，但大多数州都要求具有 5 年的刑事辩护经验。如亚利桑那州《刑事程序法典》第 6.8 条规定，死刑代理律师应获得律师资格 5 年，从事刑事法律实践 3 年。一些州的要求稍低，如北卡罗来纳州律师协会 2001 年的规则要求，委派的律师至少必须具有 5 年的从事普通法律工作的经验，熟悉刑事审判实践，并不要求其必须此前专门从事刑事案件辩护。但一些州要求更为严格，如纽约州《司法法》（Judiciary Law）35—b 规定，首席律师至少必须具有 6 年的刑事辩护经验，或者有 4 年专门从事代理刑事案件的经验；辅助律师则至少有 3 年的刑事辩护经验。康涅狄格州对首席辩护律师从业时间的要求最严格，规定其必须从事刑事辩护 7 年以上。

在代理案件数量要求上，美国法律援助与辩护协会的《死刑

---

① See Stephen B.Bright, “Counsel for the Poor: The Death Sentence Not for the Worst Crime but for the Worst Lawyer”, 103 *Yale L. J.* 1883(1994).

案件辩护标准》要求首席辩护律师至少代理过9起陪审团审判的复杂或者重大的刑事案件，其中至少有3起是谋杀案件。但各州的要求差异较大。如纽约州《司法法》35—b规定，首席律师至少必须代理过10个重罪案件；2001年的犹他州《刑事程序规则》规定，指定律师必须在任命之前的4年中代理过6个重罪案件，或者一共代理过25个重罪案件；《弗吉尼亚法典》（1999年）要求律师代理过5起最高刑罚为20年或者以上的暴力犯罪案件；内华达州《高等法院规则》250（V）规定，律师应代理过5起重罪案件、1起死刑案件。

需要指出的是，美国律师协会2003年版的《死刑案件中律师的委派及其职责》不再强调律师的诉讼经验和代理案件的数量。理由是，死刑案件对律师辩护质量的要求与其他诉讼都不同，数量并非律师辩护的必要条件，以往的诉讼经验并不代表其业务娴熟程度，没有多少诉讼经验的律师，如果专注于这一领域，如法学专家、检察官、民事律师也可能在死刑辩护中有良好表现。[①]“以律师参与司法实务的年限或参与诉讼的数量为委派刑事辩护律师的标准，对提高辩护质量收效甚微。因为很多最糟糕的律师，恰恰是长期从事刑事辩护而且满足上述标准的律师。[②]

2. 辩护能力与培训

死刑案件指定辩护律师应精通刑事法与刑事程序法及其实践，具有良好口头表达能力、沟通能力、熟悉并运用专家证言与证据。这是各州的一般性要求。此外还要求律师应定期参加法律培训，如美国律师协会《死刑案件中律师的指派与行为指南》第8.1条（培训）规定，律师要提供有效辩护，应参与经认可的培训项目（包括国际法在内的11项培训科目）。美国法律援助与辩护协会的《辩护人培训与发展标准》（Defender Training and Development Standards）第1.1条规定，辩护人组织必须提供培训机会，以使辩

① See ABA Guidelines for the Appointment and Performance of Defense Counsel in Death Penalty Cases，February 2003，p. 36.

② See Stephen B.Bright，“Counsel for the Poor：The Death Sentence Not for the Worst Crime but for the Worst Lawyer”，103 *Yale L. J.* 1883(1994).

护人能够提供热诚的、高质量的辩护。另外，该协会的《死刑案件辩护标准》要求，律师应在接受任命后1年内参与一次死刑法律培训。在州层面，《弗吉尼亚法典》(1999年)要求主辩护律师与辅助辩护律师都必须在过去2年内至少参加过6个小时的有关死刑案件诉讼的培训；密苏里州《高等法院规则》24.036(b)与29.16(b)要求，在任命之前的2年内，辩护律师有关死刑的培训时间必须达到12个小时；蒙塔纳州《法院高等规则》第21章第46条要求，辩护律师必须在任命之前2年或者任命后90天内，连续接受12个小时有关死刑辩护的培训，而且这些培训必须被认可方才有效；亚利桑那州《刑事程序法典》第6.8条规定，律师应在任命1年之前参加过6个小时的死刑法律培训，或者12个小时的刑事辩护培训。

另外，美国绝大多数死刑案件中的律师都是指派的，这些律师缺乏时间与资源来处理这些案件。[①] 为保障律师能够全身心投入到死刑案件的辩护中，各州对辩护律师尚未完成的工作量也有限制。研究表明，死刑案件需要的时间与劳动远远超过了其他案件。加利福尼亚州的公共辩护人(Public Defender)在死刑案件中所花时间是判处其他刑罚(包括最长有期徒刑)案件的4倍。[②] 美国律师协会的《对与公共辩护人有关的过量工作的八点建议》(ABA Eight Guidelinesof Public Defense Related to Excessive Workloads)第3条规定，公共辩护的提供机构应对其律师进行从事代理时的职业与伦理责任进行培训，包括告知律师在他们觉得其工作量过大时，应通知公共辩护机构的提供者。[③] 佐治亚州《死刑辩护标准》(Georgia Death Penalty Standards,2006)第4.1条规定，律师应将其积案限制在可以为委托人提供高质量法律辩护的范围内。

---

① See Jeffrey Levinson, “Don’tLet Sleeping Lawyers Lie: Raising the Standard for Effective Assistance of Counsel”, 38 *Am.Cnm.L. Rev.*147, 148-149(2001).

② See Richand J.Wilson & Robert L.Spangenberg, “State Post-eonviction Representation of Defendants Sentenced to Death”, 72 *Judicature*, 331, 336-337(1989).

③ See http: //www.americanbar.org/content/dam/aba/administrative/legal_aid_indigent_defendants/ls_sclaid_def_eight_guidelines_of_public_defense.authcheckdam.pdf.

在实践中，美国司法实务中的无效辩护实质上支持了美国律协等规定的有效辩护标准。如在2005年的Rompilla v. Beard[①]案中，美国联邦最高法院认为，辩护律师没有调查先前定罪记录并收集减轻被追诉人刑事责任的证据，使被追诉人获得了不利判决，因此美国联邦法院推翻原始判决，发回重审。

（二）我国有效辩护现状与刑事辩护准入机制

自1996年《刑事诉讼法》修改以来，辩护律师违法行为时有发生，辩护律师的社会评价呈下滑之势。如2009年5月18日重庆市沙坪坝区检察院通报了这样一组数据：在检察院办理的案件中，只有38%的案件中辩护律师（既包括委托的辩护律师，也包括指定的辩护律师）提出了阅卷和复印卷宗的要求。[②]2010年，我带领课题组[③]对中国刑事辩护总体质量评价进行了调查，发现在列入统计分析范围的来自警察、检察官、法官、律师和社会公众的2278个的被调查者中，认为当前中国刑事辩护的总体质量“很好”的有144人，仅占6.3%；认为“一般”的有1580人，占69.4%；认为“差”的有477人，占20.9%；认为“很差”的有77人，占3.4%。由此可以看出，调查对象中认为中国刑事辩护质量“一般”“差”或“很差”的人数比例占到93.7%，认为辩护总体质量“很好”的仅占6.3%，而认为“差”或“很差”的人数比例是“很好”近四倍（24.3%）。调研还发现，76.3%的法官、69.5%的检察官、68.6%的警察和63.5%社会公众认为当前中国刑事辩护质量状况一般，20.6%的法官、27.3%的检察官、17.4%的警察和26.5%的社会公众认为当前中国刑事辩护质量状况差或者很差，68.4%的律师认为中国刑事辩护质量状况一般，26.5%的律师认为中国刑事辩护质量状况差或者很差。

---

① See 355 F.3d 233(3d Cir.2004).

② 参见钱学敏：《律师参与刑辩不过两成》，载《检察日报》2009年6月8日，第7版。

③ 参见中国社会科学院2008年重点课题“建立中国刑事辩护准入制度研究”，课题编号YZDN。

被追诉人是律师辩护效果的直接承受者，所以其对辩护律师的评价应当是最真实的。为此，调研组选择了 266 名被追诉人为调查对象，设计了“满意”“基本满意”“一般”与“不满意”四个选项，调查了其对辩护律师的满意度，有 263 人作了有效回答。调查结果显示，认为“很满意”的被追诉人有 40 人，占 15.2%；认为“基本满意”的有 65 人，占 24.7%；认为“一般”的有 103 人，占 39.2%；认为“不满意”的 55 人，占 20.9%。对辩护律师评价“一般”和“不满意”的比例高达 60.1%。

即使在死刑的指定辩护中，辩护质量也难差强人意。辩护意见公式化、千篇一律；仅当庭发表辩护意见，不提交书面辩护词；刑事辩护技能低下；专业知识匮乏相当突出。[①] 有鉴于此，我国也采取了一些措施提升死刑辩护的质量。如 2008 年最高人民法院、司法部《关于充分保障律师依法履行辩护职责，确保死刑案件办理质量的若干规定》中，针对死刑案件法律援助的辩护质量做了相应规定，要求法律援助机构在收到指定辩护通知书三日以内，指派“具有刑事案件出庭辩护经验的律师”担任死刑案件的辩护人；被指定担任死刑案件辩护人的律师，不得将案件转由律师助理办理；有正当理由不能接受指派的，经法律援助机构同意，由法律援助机构另行指派其他律师办理。山东省也出台了第一个省级《死刑案件辩护指导意见》，此后一些省市也作出了类似规定。

解决我国刑事辩护质量低问题最有效的方法当然是建立刑事辩护准入机制。刑事辩护准入机制的核心有二：一是律师的职业伦理。这种职业共同体的伦理规则对有效辩护至关重要。“在障碍四伏的黑夜里，能照亮前程的火把就是律师道德，这是唯一可以信赖的安全路标。它就像护卫乐园的天使手里的标枪”。[②] 这是因为，律师提供的专业服务很难有统一的评价标准，所以美国的无效辩护标准才几经变迁。目前通行的 Strickland 规则中的双重检验标准（two-parttest），即辩护行为低于客观合理标准（objective

① 参见杜开林：《死刑指定辩护的现状与完善——以南通市一审死刑刑事案件为例》，载《法学》2009 年第 11 期。

② 季卫东：《律师的重新定位与职业伦理》，载《中国律师》2008 年第 1 期。

standard of reasonableness）与使被追诉人承担不利后果，[①] 只是最低限度的标准，而且从辩护行为的外观中很难发现律师是否全身心投入，具有高度的职业责任感，除非有明显外在的不称职的表现。二是律师的职业能力与经验。如前述美国对死刑辩护律师所提出的各种客观标准。刑事辩护律师准入机制通过强化内在的职业伦理要求，强化外在的能力标准，无疑会提升刑事辩护的质量。这一判断在逻辑与经验层面都是成立的。

三、刑事辩护准入机制与普遍辩护

普遍辩护要求被追诉人都能够获得律师的专业辩护，借此获得制衡国家权力，实现国家权力与公民个体权利的平衡。可见，有效辩护虽然是指辩护的深度，普遍辩护是指辩护的广度。但是，两者都是刑事辩护应追求的价值，都源于正当程序观念。

有人认为，我国刑事案件中律师辩护的比例本来就不大，而且律师辩护权的享有和行使还存在诸多需要完善的问题，因此提倡刑事辩护准入无疑是无源之水、无本之末，没有任何现实合理性。[②] 换言之，刑事辩护准入机制的建立必然会危及普遍辩护这一价值。事实上，这一观点是不成立的。因为它假定了目前我国辩护率低是因为从事刑事案件的律师人数不足，只有基于这一假定，建立刑事律师辩护准入制度才会出现辩护供不应求的情况。但准确地说，我国目前的刑事辩护陷入了怪圈：一方面，律师数量极其庞大，另一方面，能够提供有效刑事辩护的律师数量却不多；一方面，刑事辩护的需求强劲，另一方面，律师出庭辩护率却一直不高。[③] 可见，至少在目前，我国刑事律师的数量与刑事辩护率

---

① See Strickland .Washington，466 U.S.668(1984).

② 参见简乐伟、张文静：《建立刑事辩护准入制度提高刑事辩护质量》，载《中国司法》2009 年第 2 期。

③ 据统计，2005 年全国刑事案件律师辩护率仅为 30%，而北京更低，不足 10%，平均一个律师一年承办的刑事案件不到一件。参见黄秀丽：《刑事案件律师辩护率不足一成》，载《北京日报》2005 年 8 月 29 日，第 7 版；参见钱学敏：《律师参与刑辩不过两成》，载《检察日报》2009 年 6 月 8 日，第 7 版。

没有任何函数关系，既然如此，刑事辩护准入制度建立后，虽然提高了刑事辩护的门槛，但未必会因此降低律师辩护比例。

从我国现实情况看，刑事辩护强劲需求、律师人数充足甚至人浮于事与刑事辩护率低下并存，其根本原因有二：一是当事人无力依据市场规则支付律师应获得的报酬；二是律师从事刑事辩护的动力不足，包括外部环境恶劣与职业满足感、荣誉感差。前者体现为国家承担保障被控告人辩护权的义务；后者则与律师的执业环境、管理方式等密切相关。

（一）国家对普遍辩护的给付义务

在现代法治国家，保证被控告人获得专业律师辩护权是国家的人权保障义务。国家不仅不能侵害辩护权，而且应切实保障辩护权，对辩护权负有给付义务。所谓给付义务，是指国家以积极作为的方式为公民提供某种利益的义务。给付的内容可以是物质性的利益，可以是法律程序，也可以是服务行为。[①]

美国《宪法第六修正案》规定了国家的辩护权给付义务，它规定所有刑事被告人都有权获得律师帮助。美国联邦最高法院在 Powell v. Alabama 一案中指出，“在死刑案件中，如果被告无力延请律师……无论被告请求与否，依据法律的正当程序的要求为其指派律师，都是法院的职责。”[②]联邦最高法院认为，阿拉巴马州高等法院的判决违反了正当程序，理由是：①被告没有受到公正、没有偏袒的、精细的审判；②被告被剥夺了辩护的权利；③陪审团的成员完全排除了与被告同种族的人。本案之后的很多年，在大多数州，获得指定律师辩护的权利限于死刑案件、罪行严重的案件、疑难案件与被告人为文盲的案件。[③]Gideon v. Wainwright[④]案

---

① 张翔：《基本权利的受益权功能与国家的给付义务：从基本权利分析框架的革新开始》，载《中国法学》2006 年第 1 期。

② Powell v. Alabama，287 U.S.45，53–58(1932).

③ See Betts v.Brady，316 U.S.455，467–472(1942).

④ See 372 U. S. 335（1963），本案后，美国全国范围内设置了公设辩护人。Barbara Allen Babcock，“Inventing the Public Defender”，43 *American Criminal Law Review* 1267(2006).

是美国法律史上里程碑一样的案件。该案中，美国最高法院一致同意，州法院应按照美国《宪法第六修正案》的要求，为无力聘请律师的刑事被告提供辩护人。这扩大了国家提供辩护帮助的范围。其后，通过 Massiah v. United States[①] 与 Miranda v. Arizona[②] 案，在审判（包括上诉）、警察询问过程中，被告人（犯罪嫌疑人）都享有这一权利。1960 年以来，各州纷纷出台法律，要求在特定案件中提供律师辩护。目前，在保留死刑的美国各州，若被告人的罪行可能判处死刑，其因经济能力原因不能聘请律师的，各州应提供公共刑事辩护律师。这些规定有些是成文法（如佛罗里达州、爱达荷州、印第安纳州等均在刑事诉讼成文法中规定），有些是法院的规则（如伊利诺伊州、路易斯安那州、俄亥俄州等），有些州则采纳了美国律师协会的规则（如肯塔基州、堪萨斯州、新墨西哥州等）。

目前，美国大多数刑事案件都是由公共刑事辩护律师辩护的。据估算，大约 80% 的刑事被告人是由政府出资聘请律师的。[③] 美国为此支付了大量的费用。依据美国律师协会法律援助与穷困被告人常设委员会（SCLAID）的统计，1986 年，美国财政年度为穷困被告人支付了 10 亿美元，2002 年支付了 33 亿美元，2005 年支付了 41 亿美元，2008 年支付了 53 亿美元。即便如此，这还远远不够。[④]

而且，尽管法院发布了诸多有关死刑辩护的要求，但大多数州政府都不愿意为穷困被告人支付充分辩护所需要的费用。最高法院也没贯彻其有关穷困被告援助的原则。[⑤] 可见，即使在采取对抗制、辩护制度发达的美国，大多数刑事案件的辩护权也并非通过市场机制来配置的，而是通过国家法定辩护权给付义务来完成

① See 377 U.S.201(1964).

② See 384 U.S.436(1966).

③ See William J.Stuntz, *The Virtues and Vices of the Exclusionary Rule*, 20 Haru J.L.&Pub.Pol'y 443, 452(1997).

④ See ABA Bar Information Program, State And County Expenditures for Indigent Defense Services In Fiscal Year 2002 2 (Sept. 2003), http://www.abanet.Org/legalservices/downloads/sdaid/indigentdefense/indigentdefexpend 2003. pdf。

⑤ See Stephen B.Bright, "Counsel for the Poor: The Death Sentence Not for the Worst Crime but for the Worst Lawyer", *103 Yale L. J.* 1883(1994).

的。美国刑事案件法律援助的范围比我国宽泛，也与我国面临同样的经费紧张问题。美国在普遍辩护方面的经验可以归结为两个方面：一是强化重罪案件中律师辩护的准入机制；二是通过国家提供经费，保障辩护权的实现。尽管美国也没有很好兼顾普遍辩护与有效辩护，但它依然坚持了严格的刑事辩护准入机制，这说明了一个简单的道理：高质的有效辩护与劣质的普遍辩护不可兼得时，宁选前者，而放弃没有任何实际意义的普遍辩护。当然普遍辩护的最终解决，还是取决于国家履行辩护权给付义务的力度。

（二）普遍辩护的法治环境

按照美国律协的要求，辩护律师必须在职业判断的指引下，独立、自由地辩护。任何律师都不应因为从事积极辩护而受到任何正式或非正式的制裁的威胁，如解聘、降低报酬、不能升迁等。无论公共指派的律师与私人聘请的律师都应如此。[①]公共律师的辩护制度，包括选任律师、资金来源、律师报酬的支付也都是独立的，尤其独立于政治。公共律师的指定应以律师的德性与能力为主，同时保障律师的多元化。这是律师最重要的职业伦理，但只有良好的法治环境才能保障律师的独立、自由辩护。

良好的执业环境是刑事辩护业赖以生存和发展的必要条件。刑事辩护准入制度建立的目的是要打造一支精英化的刑事辩护队伍。因此，只有为辩护律师提供一个良好的执业环境，才能吸引优秀的律师加入到刑事辩护队伍中来。执业环境是诸多因素的集合体，既有内在的，又有外在的。但是，在当下中国，刑事辩护环境已经成为法学界、法律界特别是律师诟病的最突出的问题。据悉，1995 年全国律协接到各地律师协会或律师上报的维权案件仅有十几起，而到 1997 年、1998 年每年达 70 多起，特别是 2011 年《刑法》实施后，律师执业中涉及伪造证据罪、妨害作证罪的

---

① See ABA Standards For Criminal Justice：Providing Defense Services Standard 5-1.3 emt.(3d ed.1992)；ABA，THE Ten Principles Of A Public Defense Delivery System，Principle 1 and emt.(2002).

案件占全部维权案件数量的 80%，[①] 为此，我带领课题组对中国辩护律师的执业环境进行了调查，在列入统计分析范围的 2276 人中，认为当前中国辩护律师的执业环境“很好”的有 191 人，仅占 8.4%；认为“一般”的有 1247 人，占 54.8%；认为“差”的有 662 人，占 29.1%；认为“很差”的有 176 人，占 7.7%。这一结果反映出当前中国辩护律师的执业环境不容乐观的现状。调研还发现，除律师外，法官、检察官、警察、社会公众的大多数皆认为当前中国辩护律师的执业环境“一般”，认为“差”的人数远远超过认为“很好”的人数。值得关注的是，法官、检察官、警察、社会公众认为辩护律师的执业环境“差”或“很差”的比例亦均在 23% 以上，而律师群体认为当前中国辩护律师的执业环境“差”的比例远远超过了认为其“一般”的比例，律师认为“一般”的比例仅占 31.6%，而其认为执业环境“差”或“很差”的比例高达 64.6%。毕竟“春江水暖鸭先知”。这一调查结果反映出律师对当前执业环境的强烈不满。基于以上调查，我认为执业环境已经成为影响我国目前刑事辩护业务开展的“瓶颈”，亟需改善。以上实证调查结果告诉我们，社会公众和被追诉人对辩护律师的评价均比较低。为此，必须从刑事实体法与程序法角度完善律师的执业环境。鉴于这些内容讨论较多，本文不再赘述。这里只谈刑事辩护的收费标准。刑事辩护准入制度必然要求律师辩护服务通过市场形成价格。只有律师承担的风险、付出的辛苦劳动与收入形成合理的正比，才能改善律师业务领域中不合理的利益驱动机制，使辩护律师与民事、经济案件律师一样，通过自己的辛苦工作获得高额报酬，这是稳定刑事辩护队伍、吸引优秀人才向刑事辩护领域靠拢的关键性因素。合理的收费制度不但能够准确反映市场的供求规律，而且能够促进整个刑事辩护市场的良性运行，有利于为刑事辩护营造良好的环境。

首先，辩护律师收费制度必须反映刑事辩护市场的规律。

---

① 参见孙万怀:《从李庄案看辩护人伪造证据、妨害作证罪的认定》，载《法学》2010 年第 4 期。

刑事辩护市场具有多层次性、多元性的特点，刑事辩护的提供者——辩护律师具有多层次性，辩护律师的资历和专业水平各不相同，因此其收费的标准也应有所区别；刑事辩护的服务对象具有多元性，既有案情简单的轻微刑事案件，又有案情复杂的需要投入更多精力的重大刑事案件，显然，针对不同的案件，收费的标准也应有所不同。所以，收费制度应充分体现出刑事辩护市场多层次性、多元性的特点。其次，刑事辩护收费应主要由市场进行调节，辅之以必要的行业自律，这也是国际上的通行做法。由市场调节价格是最科学、最高效的办法。为了避免刑事辩护市场上竞相削价、恶性竞争以及垄断价格的现象，可由律师协会给予必要的限制和监督。但是现行《律师服务收费管理办法》（以下简称《收费管理办法》）却明确指出刑事案件实行政府指导价，鉴于地区差距太大的现实，该《收费管理办法》规定政府指导价的基准价和浮动幅度都由各省、自治区、直辖市人民政府价格主管部门会同司法行政部门制定，完全没有考虑跨地区协调以及原则上的统一化等问题，也完全没有考虑律师协会在律师收费制度中的角色。这是政府对市场的一种非常不恰当的干涉行为，明显违反了当事人意思自治的原则。其所造成的后果正如有学者所言"行政指导和行政处罚直接用于律师收费，弄不好很可能导致这样令人哭笑不得的结局：法院还没有来得及跳出地方财政约束的'金钟罩'，刚翻身不久的律师事务所却又听到了地方指导价以及行政处罚的'紧箍咒'。如此一来，不仅审判独立和律师自律等理念难以落实，要消除司法体制的地方主义流弊也将面临更大的阻力。"[①] 也许有人担心，主要由市场进行调节可能会导致刑事辩护收费过高而增加委托人的负担，甚至出现无力聘请辩护律师的情况。现行《收费管理办法》制定的初衷也是缓解群众特别是困难群众请律师打官司难的问题，而且规定对刑事、民事、行政等诉讼案件的收费实施政府指导价。如前所述，当事人无力聘请律师的问题完全可以借助国家法律援助制度加以解决，国家有义务保障

---

① 季卫东：《律师收费：政府管制还是行业自律》，载《财经》总第158期。

公民的辩护权，在公民无力聘请辩护律师时，国家理应给予其法律援助。所以，不能以此为理由而给刑事辩护收费设定种种不符合市场规律的限制。毕竟，不能由辩护律师过多地分担国家本应承担的责任。通过限制律师在法律服务市场上的收费来解决国家法律援助应当解决的问题，不仅有违国家责任，而且违反市场规律，从而挫伤律师从事刑事辩护的积极性，进而损及更大的公共利益。

四、我国刑事辩护准入机制的建构设想

建立刑事辩护准入机制是为了保证刑事辩护人能够帮助被追诉人充分行使辩护权，有效保障被追诉人的合法权益。一套完整的准入机制是以资格取得为核心，辅之以监管—惩戒机制和退出机制。

（一）刑事辩护的准入资格

刑事案件的千差万别，决定了对辩护人的要求也有所不同，例如，情节简单、轻微的刑事案件对辩护人专业素质的要求显然要低于重大、复杂的刑事案件。所以，基于被追诉人权利保障和合理配置辩护资源的考虑，应当根据不同情况设置不同的准入条件。

基于我国的现实国情，我对刑事辩护准入机制的构想如下：

1. 准入条件

我的建议是，修改现行《刑事诉讼法》第 32 条，规定辩护人必须由律师担任；分层次设立基层法院出庭律师、中级以上法院出庭律师以及死刑案件辩护律师的准入条件。

2010 年，我指导课题组调取了北京市某区 1997 年 1 月 1 日至 2009 年 12 月 31 日间立案审理的全部刑事案件卷宗，进行了细致地统计分析。调研发现，在这 13 个年度中，非律师担任辩护人的案件占刑事案件总数的比例每年都在 5% 以下，13 年的平均数值仅为 2.7%；13 年来，在平均 31.9% 的辩护率中，辩护律师占 29.2%，占辩护人数量的 91.4%；辩护人系非律师的为 2.7%，仅

占辩护人数量的 8.6%；非律师辩护人与律师辩护人的辩护意见被审判机关采纳比例为 1∶10.9。这个调研结果说明，非律师作为辩护人在刑事辩护中，不仅数量小，而且辩护质量低，其实际发挥的作用是十分有限的。对此，我分析认为，1979 年《刑事诉讼法》制定时，规定被追诉人的亲友等非律师可以担任辩护人，是基于当时律师数量少、法律专业化分工不够细致、法制尚不够健全等历史背景与时代需要，具有现实意义。目前，中国律师数量已经从 1979 年的 2000 多人增加到 22 万多人，而且，随着中国法学院培养的学生数量和质量的提高，特别是国家司法考试的推行以及法律服务市场的良性发展，可以合理地预见，中国律师的数量会越来越多，符合刑事辩护资格条件的律师数量也会相应增加。所以，从律师当前的数量及其以后的增长趋势看，取消非律师担任辩护人的规定，在中国建立刑事辩护准入制度的条件已经成熟。

首先，对死刑案件的辩护律师设置严格的准入条件。死刑已被大多数国家视为一种残忍的不人道的刑罚，到目前为止，全球已经有一百多个国家在法律上或司法实践中废除了死刑。如今，虽然仍有少数国家还在实践中执行着死刑，但废除死刑的趋势对保留死刑的国家形成了很大的冲击，使得这些国家都在努力通过立法和司法上的种种控制手段，大幅度减少死刑的适用。中国是保留死刑的国家，虽然目前废除死刑的条件依然不成熟，但是，严格限制死刑，切实贯彻“少杀、慎杀”的政策，已成为法学界和法律界的共识。确保有可能被判处死刑的被追诉人在死刑案件中获得辩护律师的有效帮助，不仅有助于维护被追诉人的程序性权利和实体权利，也是纠正错判、防止错杀的最有效的制度保障之一。在该种意义上，对从事死刑案件辩护的主体设置严格的准入条件就显得十分必要。从中国目前实际出发，规定具有中级以上法院 5 年以上刑事辩护从业资历，并接受专门的死刑辩护业务培训和品行考核，获得死刑案件辩护的资格者，方能从事死刑案件的辩护业务。

其次，分层次设立基层法院出庭律师和中级以上法院出庭律师的准入条件。在基层法院出庭的辩护律师，必须具有从事一般律师业务3年以上的从业资历，并经过专门的辩护业务培训和品行考核，获得刑事辩护资格；在中级以上法院出庭的非死刑案件的辩护律师，必须具有在基层法院3年以上的刑事辩护资历，并接受专门的培训，通过考试或者考核。

鉴于中国地域经济、社会、文化状况的差异，在实践层面，可以选择北京、上海、广东等发达地区予以试点，待条件成熟时，在全国统一实施。

2. 准入考试

一般来说，设置进入门槛的行业都需要通过考试的形式考察申请人员对专业知识和技能的掌握程度。比如，会计从业资格实行考试制度，凡高中以上学历，申请会计从业资格证的人员均可报名考试，通过考试合格者可获得会计从业资格证。对于注册会计师，国家实行注册会计师全国统一考试制度。依中国《注册会计师法》规定，具有高等专科以上学历，或者具有会计或相关专业中级以上技术职称的人，可以报名参加注册会计师全国统一考试。考试成绩合格者，并从事审计业务工作2年以上的，可以申请注册。就建立中国辩护律师准入制度而言，严格的专门考试不仅可以从客观上强化辩护律师的专业知识水平，而且有助于增强辩护律师的职业责任感和精英意识。对于社会来说，基于严格的专业考试而选拔出来的人更容易取得大众的信任和尊重，这对于提高辩护律师的社会地位和荣誉感，都将十分有益。

从考试的形式上看，宜将考试分为笔试和面试两个环节。笔试主要考核申请者专业知识的掌握程度，面试的目的主要是为了进一步确认申请者专业知识水平，考察其语言表达、临场反应等辩护技能，同时弥补中国司法考试制度法律运用技能、法律思维能力等考察之不足。

3. 建立辩护律师数据库

刑事辩护准入制度通常都需要与辩护律师数据库配套。如《弗吉尼亚法典》（1999年）第19.2条规定，弗吉尼亚公共辩护委员会（Public Defender Commission）应有资格为被指控死刑案件的穷人的律师名单。在编制这一名单时，委员会应至少考虑如下因素（但不限于）：律师的背景、经验、培训情况以及委员会对律师是否可以提供高质量的辩护的评价。但巡回法院可以在上述名单以外，任命符合委员会设定的资格的律师。《马里兰州法典》第27A规定，包括死刑在内的重罪辩护都需要律师有特定的资格。[①]

我国实行刑事辩护准入制度的同时，也应当建立全国统一的辩护律师数据库，把所有取得刑事辩护资格的律师名录均纳入该数据库。数据库的主要内容至少应包括：辩护律师基本情况、取得刑事辩护资格时间及其种类、律师业务专长和从业经历、奖惩考核记录等。该数据库应该向社会公众、包括被羁押的犯罪嫌疑人、被告人开放，便于当事人查阅、挑选适合自己的辩护律师，降低当事人选择辩护人的成本和风险。该数据库的建立，便于司法行政部门和律师协会加强对辩护律师的管理，实时掌握辩护律师的供需情况及执业情况。同时，数据库的建立，也有利于加强公众对辩护律师的监督和辩护律师的自律。数据库应当由司法行政部门或者律师协会建立和管理，以确保信息的真实性、完整性和及时性。

（二）刑事辩护退出机制

一个良性发展的职业必然是一个有进有出的开放型系统。在对刑事辩护设置了一个严格的入口之后，尚需相应地设置一个合理的出口，以形成进出有序的科学运转机制。刑事辩护的退出机制包括自愿性退出机制和强迫性退出机制两种。

1. 自愿性退出机制

取得刑事辩护资格的律师应当对是否从事辩护业务有选择的权利，包括从刑事辩护转做其它律师业务，但更主要的是选择从事另外一种法律职业，比如做法官、检察官，也包括选择机关、团体、企事业单位从业人员。

当前，中国法律职业共同体内没有形成一个有机的流动机制，似乎法官、检察官、警察可以向律师业转行，而律师除了当律师

---

① 参见 http://www.nesconline.Org/WC/Publications/KIS_IndDefMemoPub.pdf，最后访问时间：2012年1月25日。

还是当律师，想从事其他法律职业非常困难。这样一种单向的流动机制极大地束缚了律师的职业发展，也阻碍了整个法律职业共同体的健康发展。所以，应该努力改变目前法律职业共同体内部的这样一种单向流动机制，逐步建立起从优秀辩护律师中选拔法官、检察官的体制，为自愿退出刑事辩护行业的律师提供一条于律师于社会都有益的退路。近年来，最高人民法院曾几次试图从律师中选拔法官，但均未果。但从 2007 年起，安徽等地律师经过公开选拔任职中级人民法院副院长的尝试，可以看作是一个良好的开端。

2．强迫性退出机制

对于强迫性退出，系因业务水平所限或者严重违反执业纪律，不适合再从事刑事辩护职业而被取消刑事辩护资格的情况。强迫性退出是一种在外在力量的强迫下而被动地被取消刑事辩护资格的机制。

强迫性退出机制至少应当包括以下内容：第一，关于取消刑事辩护资格的条件，应当制定明确、严格的条件，应当做到慎之又慎。因为取消刑事辩护资格意味着辩护律师职业生涯的结束。第二，关于取消刑事辩护资格的程序，应当设计科学、民主、文明的刑事辩护资格取消程序。既要进行全面、客观、真实的事实调查，又要给予拟被取消刑事辩护资格的辩护律师充分的辩护机会并且保障这种机会得到有效的实现，最后在充分的证据基础上严格依据相关的法律法规做出是否取消其刑事辩护资格的决定。第三，关于享有取消刑事辩护资格之决定权主体，它直接关系到资格取消的科学性和权威性，应该由级别相对较高的主体做出取消刑事辩护资格的决定，在中国，可以考虑由司法部承担此项职责。第四，关于救济机制，救济机制的目的是保护受到取消辩护资格惩罚的辩护律师的合法权利，这既是程序正义的客观要求，又是防止错判、实现实体正义必不可少的步骤。因此，应该赋予被取消辩护资格的律师相应的救济权，即不服取消辩护资格决定的辩护律师，有权向有关部门提起申诉，有关部门必须受理，并在充分调查后作出相应的决定。第五，关于辩护资格恢复问题。

刑事辩护资格被取消不应是永久性的，如果有证据证明被取消辩护资格的主体确实已经改正不良行为，适宜从事刑事辩护的，重新参加刑事辩护准入考核，符合刑事辩护准入条件的，可以恢复其辩护律师资格，允许其重新执业。

需要特别强调的是，刑事辩护是专业性、技术性和适应性极强的工作，退出机制有别于一般律师的督促执业机制。对于那些取得刑事辩护准入资格，却多年不从事刑事辩护事务的律师，应当以合法程序取消其辩护律师的资格。从刑事辩护准入制度设立的宗旨出发，应当保证每个辩护律师达到刑事辩护的基本标准，其提供的刑事辩护服务是合格的、有效的。

（三）刑事辩护管理监督机制

在对律师的管理监督上，德国的律师行业组织受司法部的领导与监督。律师协会主席团团长每年必须定时向司法部部长做一次书面工作报告。对律师的处罚程序由律师法院主持，律师法院包括三个审级，它们逐级依次是地区律师名誉法院、州律师名誉法院和联邦律师名誉法院。通过法院主持，律师将受到包括警告、训诫、罚款、1 到 5 年内的禁止执业、撤销律师资格等处罚。可见，德国对律师的监督是比较系统和规范的。美国律师管理体制的最大特点就是以行业组织管理为主，兼之法院共同参与管理。联邦政府的司法行政部门并不直接管理律师，真正管理律师的机构是律师协会。法院的主要职责是监督管理律师，促使律师更好地为公众服务。美国的律师协会分美国律师协会和州律师协会。美国律师协会除负责律师资格的考试、录取等一系列具体工作之外，还负责律师道德品行的考察。经考试考察合格后，才会授予申请人律师从业资格。对于律师执业的表现，美国律师协会对律师违反其对当事人，法律制度及社会的义务的行为进行查处。同时美国律师协会在接受控告、检举、调查取证、听讯质证等一系列的工作中，发挥着重大的不可替代的作用。州律师协会负责本州律师的录取、监督等一系列工作，如资格考试和登记注册等，对律师的违纪行为进行查处。法院作为监督、管理律师的司法机构，通过行使自己的司法监督权来管理律师。具体而言，法院可以审判律师的渎职等行为，确定律师对受害人的法定赔偿。通过对律师藐视法庭的行为以及违反利益冲突原则的案件，进行认定和制裁，直接约束律师的行为，以达到对律师进行有效的监督管理。律师协会与法院在监督律师上互相制衡。法院不仅监督、管理律师，而且对律师协会实行制约，如"通过扩大法律强制适用的范围来限制和干预律师协会的行动自由。法院有权监督管理律师，律师也有其表达自己意志的渠道。一方面，律师协会监督管理律师，而律师则通过法院来监督律师协会；另一方面，法院监督管理律师、律师协会，而律师协会、律师又通过一定的渠道来监督法院。"[①] 我们可以看出，美国的律师监督、管理有联邦和州两条平行体制，由律师协会和法院两种机关相互制约，甚至可以说，是由律师、律师协会和法院三者相互制约。这样的监督机制有利于制约各方的权力，有利于保护各方的权益。

当前，中国由司法行政机关和律师协会二者共同对律师实行监管。这种管理模式的一个突出问题就是权力划分与监管职责不相匹配，例如，律师协会承担着对律师投诉的调查工作，但处分权由司法行政部门行使，由此导致监管效果不理想，不良执业行为得不到及时有效的制止，以至造成不良执业行为的继续发生和恶劣影响的进一步扩大。中国律师行业管理监督的最大问题是，行政主管部门管理监督力度不够，律师协会管理监督形同虚设。近年来，中国试图加强律师协会建设，强化各级律师协会的管理监督职能，但是，有的律师协会的会长、副会长、主任、副主任在一定程度上又演变成了律师为了自身发展寻求的"官衔"，并未对律师行业的发展和管理作出实质性贡献。对此，我认为，行业自律是中国律师"顽症"。在中国的现实国情下，走律师自我管理之路尚需进一步探索，换言之，中国律师还不具备自我管理的境界与能力，进一步加强司法行政机关对律师的管理监督依然必要

① 王德生：《欧美日发达国家律师管理体制与管理模式研究二》，载 http://www.istis.sh.Cn/list/list.aspx ? id = 6267，最后访问时间：2012 年 2 月 2 日。

与必须、任重而道远。管理监督制度应当立足中国辩护律师队伍建设现状，与刑事辩护准入机制的构建同时进行，主要内容包括辩护律师的政治表现、业务活动开展、职业道德与执业纪律和个人品行等。

（四）刑事辩护惩戒机制

惩戒是一种有效的监督方式，是对进入机制的必要补充，目的在于防止和惩罚可能出现的律师败德行为和其他违反刑事辩护准入机制的行为。惩戒机制的构建必须遵循“同等情况，同等对待”的基本原则。惩戒机制应当包括对辩护律师的惩戒、对不具有刑事辩护资格而从事刑事辩护的人的惩戒以及相应救济机制等内容。

1. 对辩护律师之惩戒

出于对政府公权力的信任，公众会当然地信任一个持有执业执照的律师，并认为其有能力提供优质的服务。建立对辩护律师的惩戒机制，一方面是为了惩罚本人，以儆效尤；另一方面是为了维护公众对辩护律师的职业信任。

关于惩戒的种类，可以根据情节不同给予辩护律师轻重不同的处罚，例如，通报批评、警告、罚款、暂时停止执业，严重的还可以取消辩护律师资格，甚至吊销律师执照。当然，惩戒措施的运用应该慎重，因为暂停或者取消律师资格不仅会对辩护律师的职业生涯造成重大影响，而且由于辩护律师职业的特殊性，惩戒措施运用不慎或者惩戒程序简单，都会使辩护律师的风险意识增强，从而可能给刑事辩护业带来消极的影响。

2. 对非律师辩护人之惩戒

刑事辩护资格是辩护人素质的基本保证。不具备刑事辩护资格的人从事刑事辩护不仅会损害被追诉人的利益，而且也会破坏公众对辩护律师的职业信任，甚至对司法制度的公信力。在操作层面，可以通过设置举报机制和与司法机关的沟通机制，发现非律师辩护人，视情况给予警告、罚款、行政拘留等行政处罚；对于给被追诉人带来损失的，应当追究其民事责任；对于冒充辩护律师非法提供刑事辩护服务等造成恶劣影响或者严重后果的，应当追究其承担刑事责任。

3. 处罚程序与救济机制

无论是对辩护律师还是对非律师辩护人的惩戒均应建立必要的调查、听证、处罚程序之上。第一，要有专门的机构或者组织对行为人涉嫌的违规行为予以调查；第二，对行为人的处罚要建立在听证基础上，保障被处罚人的知情权、申辩权、举证权、申诉权；第三，应当建立被处罚人权利救济程序，允许被处罚人对处罚不服的，可以向有关机构或者组织申诉或者申请复议；第四，应当将对辩护人的处罚情况记录于辩护律师数据库，以便对其考核与管理。

（五）刑事辩护环境建设机制

良好的执业环境是刑事辩护业赖以生存和发展的必要条件。刑事辩护准入制度建立的目的是要打造一支精英化的刑事辩护队伍，因此，只有为辩护律师提供一个良好的执业环境，才能吸引优秀的律师加入到刑事辩护队伍中来。执业环境是诸多因素的集合体，既有内在的，又有外在的。从中国目前现实看，需要从以下几方面加强刑事辩护执业环境的建设：

第一，清醒认识辩护律师的社会地位及其作用。必须用法治的观念来认识辩护律师在法治社会建设中的地位，认清律师在维护社会公正、制约公权力方面的作用，改变“律师是为坏人说话”的观念。第二，赋予并保障辩护律师在刑事诉讼中应当享有的执业权利，完善辩护律师会见制度、调查取证制度、阅卷制度等。第三，注意对辩护律师的正面宣传。当前社会舆论对律师片面的、消极的宣传不能不说是影响律师社会形象的一个重要因素。应当看到，辩护律师在中国还是一个处于发展时期的新生事物，要从“公、检、法、律是法治建设不可或缺的四个车轮”的视角看待刑事辩护，积极宣传律师在法治社会中的重要作用，使越来越多的民众认识到律师制度的意义。第四，进一步规范刑事辩护市场，有效抑制恶意分割市场和恶性竞争的行为。第五，加强律师内部环境建设，即加强辩护律师道德规范建设。辩护律师执业道德规范和执业环境有着紧密的联系，职业道德与执业环境中的任何一方都会对相对一方产生影响，当其中一方处于较好或较高水平时，必然会对另一方产生积极的影响和推动作用，反之亦然。

五、结语

一位美国学者在研究美国的死刑辩护后感慨："这一代律师可以走出美国历史上影响刑事司法程序的歧视、敌意与种族的阴影，迎接充满希望、信义、信任、人权的阳光，回应正义的需求，为每一个被控犯罪的人提供其所需要的合格的、独立的辩护。"[①] 在我国，"刑事辩护专业资格制度的建立，将会引导刑事辩护律师行业成为高素质、高收入，拥有崇高地位和荣誉感的社会职业，从而吸引最优秀的人才不断加入到刑事辩护领域中来，这必将极大地提高我国刑事辩护的质量，有力地推动司法公正，使刑事诉讼领域中的人权得到更全面、彻底的保障"。[②] 所以，有理由相信，随着刑事辩护准入制度及其配套机制的建立和完善，中国的刑事辩护将会走出当下的"瓶颈"，不仅实现自身更大、更长足的发展，而且，必将为我国法治建设与人权保障提供重要的推动作用。

---

① Jordan M.Steiker, "Improving Representation in Capital Cases: Establishing the Right Baselines in Federal Habeas to Promote Structural Reform Within States", 34 *Am.J.Crim.L.*293(2007).

② 冀祥德：《建立中国控辩协商制度研究》，北京大学出版社 2006 年版，第 201 页。

刑事辩护：精准辩护，有效辩护[①]

我一进会场，就听到潘金贵教授在讲“精准辩护”这个概念，我也在思考《精准辩护》这本书的名称，觉得这个点抓得很亮。我做过出版社的社长、总编辑，这本书要是改成《有效辩护》的话，关注点可能就会降下来。因为“精准辩护”，特别是在律师界怎么叫“精准辩护”，尤其是对新律师来讲，他特别希望能够做到一上手就“精准”。什么叫精准？它是指在时间和空间上都要做到准确无误。“精准”的反义词是“粗略”，“精准辩护”如果是对应于“粗略辩护”的话，我觉得显然它提出的价值意义就非常之大。

与“粗略辩护”相关联的概念还有“偏差辩护”“错误辩护”等，这是我们律师界最反对的和最应该避免的。“粗略辩护”在一定程度上还情有可原，但是，“错误辩护”则是无情可原，而“精准辩护”应该是我们的孜孜以求。

2013 年 11 月，习近平总书记在考察湖南湘西土家族苗族自治州十八洞村调研时提出了“精准扶贫”这个概念。2021 年，我正在组织编写《湘西土家族苗族自治州精准扶贫志》，作为中国扶贫志文化工程的试点，记录精准扶贫这一在中国共产党领导下创造出来的伟大历史奇迹。就精准扶贫而言，第一是精确的识别；第二是精确的帮扶；第三是精确的管理，这三个环节紧密相连。而我注意到阚吉峰主任的《精准辩护》著作，在他的自序中也有对“精准辩护”的解释。我理解就是首先要提炼好辩点，然后是形成辩护策略，再后是说服法官，最后是取得意见被法官采纳的效果。我是肯定这个概念的。

但是，“精准辩护”是说起来容易做起来难。如何实现“精准辩护”呢？我认为，要把习近平总书记关于“精准扶贫”三个层

---

① 本部分源于作者在尚权刑辩论坛上的发言，原载 2021 年 4 月 20 日尚权刑辩公众号。

面含义的重要阐述在刑事辩护中学懂、弄通、做实。我认为，“精准辩护”也有三个层面的实现路径：一个是人，一个是制度，一个是环境。

首先人就是指辩护律师。辩护律师这个人怎么样，什么水平，什么能力，决定了是精准，还是粗略，还是偏差，还是错误。我提出的建立中国刑事辩护准入制度就是解决这个问题的。

其次是制度。人是好人，律师是好律师，但是法律制度、社会制度太差，好律师也难有施展拳脚之地，或者让有功夫的律师“一拳打在棉花上”。比如说，规定应当会见，应当在 48 小时内安排会见，但有关部门就是不让律师会见，你又能怎么办？甚至像有些律师所言，死刑案件裁定书上连律师的名字都不写，那“准”又有什么用？“不准”又能如何？这就是制度问题。

最后是环境。人是好的，制度也是完善的，但是执法司法的环境怎么样？我站在世界刑事诉讼视阈，考察发现，司法权是从行政权中分离出来的，行政权对司法权的影响之深，我们众多律师都有感同身受的体会。按照我的研究，世界刑事诉讼有四次革命，第一次革命是行政权与司法权的分离；第二次革命是控诉权与审判权的分离；第三次革命是控辩平等；第四次革命是控辩双方的关系，从以对抗为主、合作为辅，转向以合作为主、对抗为辅。

那么，问题是，在刑事诉讼四次革命中，我们是在第几次革命进行中呢？有人说，我们是关于司法权与行政权分离的革命还没有结束，审判权与控诉权分离的革命正在进行，控辩平等的路还有很长需要我们走，但是，控辩协商、认罪认罚制度已经到来。我们是在这样的一种充满机遇和挑战的环境中从事刑事辩护工作的，所以，我们不仅要有好的律师，还要有好的法律制度，还要有一个好的司法环境，三者必不可缺。这就是我学习阚吉峰主任“精准辩护”概念给我的一些启发，概括成一句话，就是通过“精准辩护”实现“有效辩护”。与大家分享。

学说七　控辩协商说

学说界定

“控辩协商说”亦即“控辩合作说”，是我在汪建成教授的指导下，在我的博士学位论文《论辩诉交易的引进与移植——建立中国控辩协商制度研究》中提出的。

20 世纪末，21 世纪初，国内学者开始关注辩诉交易（Plea Bargaining）问题研究，但是，褒贬之声都有。这项发端于美国的司法制度，为什么能够从其产生的那一天起，就在种种的批评、责难甚至谩骂声中仍然表现出旺盛的生命力，且对许多国家的刑事诉讼制度产生深刻的影响，的确是需要进行认真思考的一个问题。在强烈的问题意识驱使下，汪建成教授将我和祁建建的博士学位论文确定为辩诉交易问题研究，并界分了研究范围——祁建建的博士学位论文选题是《美国辩诉交易制度研究》，我的博士学位论文选题是《论辩诉交易的引进与移植——建立中国控辩协商制度研究》。除此之外，汪建成教授还派我去山东，与时任山东省人民检察院检察长的国家森先生一起主持并完成最高人民检察院 2022 年关于借鉴辩诉交易制度研究重大课题，汪建成教授作学术顾问。

研究发现，我国司法制度正在面临百年一遇的变革，围绕公正与效率的主题，如何在保证诉讼公正的前提之下，节约司法资源，提高诉讼效率，成为改革之中心，尤其成为刑事诉讼法再修改关注之焦点，而辩诉交易的引进与移植，则成为能否解决该问题之争点。

我提出，辩诉交易从在美国之发端，到在加拿大、英国、德国之实践，再到意大利、俄罗斯、法国等国家之广为传播，其之所以在一片抨击与责难声中，仍能保持如此旺盛的生命力，根源于该制度之生成与发展所独具的、其他诸多刑事司法制度所无法媲美的价值蕴涵。中国法学界从最初对这一制度的一般性介绍，到有关该制度“进”与“不进”的理论争鸣；司法实务界从诸如“綦江虹桥案”“污点证人作证交易豁免”的“犹抱琵琶半遮面”，到牡丹江铁路运输法院对“孟广虎故意伤害案”第一个公开“吃螃蟹”的大胆尝试，无不揭示了诉讼法学者与司法实务者对于该制度能否洋为中用的深切关注。虽然东西方有着诸多不同的历史渊源、文化积淀和制度结构，但在诉讼的价值追求与法律理念的建构上，是日趋统一的。美国的辩诉交易，从控辩双方自发的、地下的悄悄产生，到被法院以判例的形式确认其合法性，有长达十几年的时间，但其仍然是在一片责难声中，不断修正，不断完善，顽强向前。我们所处的是一个伟大的变革时代，既然辩诉交易已经在中国刑事司法实践中占有一席之地，中国的刑事司法情状也需要“辩诉交易”的引进，为什么我们还要坐等其像在美国的从“自发”到“合法”一般，经历一个十几年的等待历程？我们为什么不可以在推进中国刑事司法改革的大潮中，同时筑坝修堤，疏淤导流，引进与借鉴国外辩诉交易的优势，建立中国的控辩协商制度？[①]

我经过较长时间的慎重思考，认为“交易”一词在中国被赋

---

① 冀祥德：《借鉴域外经验，建立控辩协商制度——兼与陈国庆先生商榷》，载《环球法律评论》2007 年第 4 期。

予了浓重的商业化色彩，考虑到中国公众对于“杀人”“放火”这样人命关天的大事焉能“交易”的容忍度，以及学者关于“正义无价，如何‘上市’”[①]的担忧，故将辩诉交易制度在中国的借鉴，称之为“控辩协商”。一方面，可使被构建制度本身之称谓上，凸显控辩双方在法治阳光下的平等与理性，避免了“交易”可能被读出的隐秘性和“讨价还价”的“和稀泥”；另一方面，顺应了国际刑法对于犯罪非刑罚化和轻刑化的发展趋势，为协商性司法在中国的驻足奠定一个坚实的基础。

其后，我进一步研究提出，中国刑事诉讼制度发展的基本方向是“简者更简，繁者更繁”[②]，认罪认罚从宽制度就是其中的“简者更简”。但是，需要注意的是，“简者更简”本质是控辩协商，而控辩协商必须以被追诉人享有沉默权和案件知情权（证据开示或者完全阅卷权）为前提保障。我们目前的认罪认罚从宽制度之所以诟病颇多，一方面是“名不正”，认罪认罚从宽是适用控辩协商程序之后的结果，而不是制度本身，故我坚持认为，其名称应该是控辩协商制度。另一方面，沉默权、证据开示和控辩协商三种制度是“孪生兄弟”，缺一不可[③]。没有沉默权制度，没有完善的证据开示制度，难以真正实现法治形态下的控辩合作制度。[④]

---

① 参见孙长永：《正义无价，如何上市——关于我国刑事诉讼引入辩诉交易的思考》，载陈光中主编：《辩诉交易在中国》，中国检察出版社 2003 年版，第 240 页。

② 冀祥德：《被告人认罪案件程序改革的基本方向》，载《人民检察》2008 年第 14 期。又见冀祥德：《刑事审判改革的基本立场：简者更简，繁者更繁》，载《人民司法》2006 年第 8 期。

③ 关于本问题之专论，详见冀祥德：《辩诉交易、沉默权、证据开示关系论——兼论中国司法改革若干问题》，载《政法论坛》2006 年第 3 期。

④ 冀祥德：《从控辩关系看我国刑事诉讼制度研究发展》，载《中国刑事法杂志》2022 年第 1 期。

控辩协商制度的构建原则

控辩协商是控辩合作的实现方式，是在控辩平等的基础上发展形成的，它通过强化控方与辩方间的沟通交流，使双方在一定限度内秉持自愿、协商、参与、合法的原则，就刑事诉讼的程序、实体、证据等问题达成一致意见，以达到实现诉讼正义的同时提升诉讼效率、节约司法资源之目的。控辩协商的出现符合世界刑事诉讼四次革命的发展规律——第一次革命中行政权与司法权相分离，第二次革命中控诉权与审判权相分离，第三次革命中控诉权与辩护权相互对抗、制衡，达成控辩间相对平等、动态平衡的局面，最终才有了控辩平等交流并最终达成合意的空间和可能。试想，若控诉权与审判权未分离，则被追诉方只能是刑事诉讼中的客体，自然也就没有与其协商的必要；若控辩平等没有出现，所谓的“协商”也只会是控方对辩方单方面的压迫。

控辩协商理念在世界各国广泛存在，并具有不同的表现形式，在美国通常被称为“Peal bargaining”，也即“辩诉交易”，美国联邦法院于 1970 年在 Brady v. U.S[①] 一案中正式确认了辩诉交易的合法性。《布莱克法律词典》称，“辩诉交易是指刑事被告人就较轻的罪名或数项指控中的一项或几项作出有罪答辩以换取检察官的某种让步，通常是在获得较轻的判决或者是撤销其他指控的情况下，检察官和被告人经过协商达成的协议。”[②] 这种制度在英国、加拿大等国家中依然被习惯性地称之为“辩诉交易”；在德国被称作“刑事协商”；在意大利《刑事诉讼法典》中被规定为“依当事人要求适用刑罚的程序”；在俄罗斯《刑事诉讼法典》中则被称为“在刑事被告人同意对他提出的指控时法院判决的特别程序”。早在 20 世纪 90 年代初我国就有学者简单地介绍了美国的辩

---

① U.S.742,752-753(1970).

② *Black's Law Dictionary* 7th Ed，p，1173，WestGroup，2000.

诉交易制度，但将其中蕴含的“控辩协商”理念真正引入我国还经历了一番曲折坎坷，那时，学界对“辩诉交易制度是否能引入中国”存在肯定论、否定论、缓行论三种观点。持“肯定论”的学者认为，我国应当谨慎而有限度地引进辩诉交易制度；持“否定论”的学者认为，辩诉交易制度只能存在于对抗制刑事诉讼中，其制度背景的四大要素我国均不具备；持“缓行论”的学者则认为，可以对辩诉交易制度进行探索、研究、论证，吸收其合理成分，以改革我国当时正在进行的加大简易审判程序的适用、庭前展示证据制度、普通程序简便审理等方面的探索实践，切实为实现公正与效率服务，待到时机成熟的时候再考虑提出辩诉交易的立法建议。

随着法治的不断发展，我国犯罪率的快速增长与司法资源有限性之间的冲突日益激烈。根据《中国法律年鉴》的统计数据，2011 年到 2020 年十年间，年度刑事案件收案数从 845714 件激增到了 1683754 件，增加了 99.09%，年度生效判决人数从 1051638 人增加到 1528034 人，增加了 45.30%。[①] 由于我国现在正处在经济体制转型期，法治尚不完善，人口流动频繁、贫富两极分化、离婚率和失业率上升等诱发犯罪的各种因素大量存在。可以预计在今后很长的一段时间内，刑事案件的发案率将会维持在较高的水平上。随着刑事案件的发案率日益增加，司法机关需要处理刑事案件数量越来越多，多年来司法机关一直处在“超负荷”的运作之中，几乎达到了不堪重负的程度。正是基于这种现实的迫切需要，我国 2018 年《刑事诉讼法》修订时以法律的形式正式规定了具有中国特色的控辩协商制度——认罪认罚从宽制度。刑事和解、附条件不起诉乃至认罪认罚从宽制度之实践，都昭示着中国和谐社会语境下刑事司法制度由“对抗”向“合作”变革的必然性。是故，笔者可以肯定，控辩协商是我国构建和谐社会语境与建立高效刑事司法制度的过程中，控辩关系发展的一种新型的、理性的、当然的模式。

① 数据来源于《中国法律年鉴》（2010—2021）。

进一步而言，要构建我国的控辩协商制度，也应当遵循一些指导性的基本原则。这些原则应当既符合刑事诉讼法的理论要求，具有先进性；同时立足于我国的国情，具有可行性。如此，构建出来的控辩协商制度才能够进步而又合理，扬长而又避短，有效地解决我国司法体制所面临的问题。具体而言包括以下几点：

一、尊重国情原则

从宏观角度，建立我国控辩协商制度应当遵循国情原则。虽然从国情出发这一原则并不是什么新鲜的观点，一般人都能够想到，但是这种普遍性才恰恰显示了这一原则的重要性。因为任何一种实在的制度总是在一定的社会中存在并发挥作用的，两者之间存在着互动的关系。虽然制度能够通过规范来影响社会，使其适合自身发展的需要，但是社会更是制度生存和发展的基础，也是任何制度的最终归宿点。对于构建控辩协商制度而言，也必须充分考虑到我国的现实情况。

一方面，我国社会正在经历“百年未有之大变局”，我国政治、经济、文化正经受非同寻常的考验，犯罪率不断上升的同时，我国的经济水平尚不发达，国家物力财力不丰，所能投入的司法资源有限，这就对司法效率提出了更高的要求，从而给控辩协商制度提供了良好的发展前景。

另一方面，我国是一个具有五千年历史的文明古国，许许多多传统的东西在民族的意识里根深蒂固，阻碍着新观念和新思潮的传播和认可。同时，我国司法机关工作人员和其他的法律职业者的业务素质不高，道德自律性较差，以及相关的监督机制薄弱，这又给控辩协商制度的适用设置了主观上的障碍。因此，在建构中国的控辩协商制度时应该从我国实际出发，综合考虑到社会环境中的利弊因素，既要看到控辩协商广阔的制度前景，也要意识到现实情况的严峻性，从而满怀希望，踏踏实实地做好工作。

二、公正与效率并重原则

从诉讼制度上而言，控辩协商作为刑事诉讼的一个组成部分，应当坚持公正与效率并重原则。公正与效率是刑事诉讼法所要实现的两大基本价值，一般而言，在刑事诉讼制度中，是以公正作为第一要旨，效率为其次，当公正与效率不能兼顾时，应当追求公正。因此，虽然控辩协商追求程序的简化，是以诉讼效率的提高为目标的，但是在制度设计中依然应当注重公正的实现。这体现在两个方面：一是不能只注重与被追诉人进行控辩协商的结果而减弱甚至放弃行使惩罚的权力，也不能为了达成协议而不顾案件的事实真相，这是实体公正的内在要求；二是在控辩协商过程中应当尊重并保护被追诉人所享有的合法权益，比如程序选择权、律师帮助权、刑罚减让权等，不能够违背被追诉人的意愿，强迫性地达成协议，这是程序公正的基本要求。

三、意思自治原则

意思自治原则，是契约精神在控辩协商中的直接体现。该原则要求在控辩协商程序的全过程中，都必须尊重程序主体的自由选择，不得强迫。在纵向层面上，控辩协商的启动是基于被追诉人的主动认罪和控辩双方的共同选择；在协商的过程中，对于能否达成协议以及协议的具体内容，应当是双方真实意思的表达；如果有一方最后违反协议的内容，还应当受到相应的程序制裁。在横向层面上，意味着被追诉人在控辩协商的过程中享有完全的自主权。首先，他的辩护律师应当从被追诉人的利益出发，在分析指控的性质、控方掌握的证据的基础上，比较接受协议或者选择审判的利弊，向委托人提供知情的、现实的策略和建议；其次，检察官与被告方的地位是完全平等的，检察官不得以强迫或者欺骗的手段诱使被追诉人进行协商；最后，法官的职责只是确认协商的结果，而不可以直接介入协商过程，否则就会使控辩双方的力量出现失衡，法官丧失中立性，可能导致司法报复。

四、循序渐进原则

从建立我国控辩协商制度的过程上看，应当遵守循序渐进原则。社会制度是一个系统工程，每一个组成部分都是牵一发而动全身的，因而一项新制度的构建绝对不是一蹴而就的事情，尤其是在我国这样的社会条件下，考虑到民众的传统思想和道德法律素质以及现有的制度环境和物质基础，想要顺利地建立控辩协商制度并使其和谐地融入到司法体制中，更应当从长远考虑，切忌急功近利。当前的认罪认罚从宽制度就是控辩合作精神在我国的典型实践，但其现实运行中也出现了诸如值班律师制度虚置等问题，这就提示我们，制度的建设要稳扎稳打，在推进控辩协商制度本身的同时不应忽视用以保障被追诉人沉默权、辩护权等诉讼权利的配套制度的构建。

中国控辩协商制度构建设想[①]

在制度的产生发展上，有两种模式：一是理性的，预构的，未来的；二是经验的，进化的，传统的。对于在中国构建控辩协商这样一个全新的制度而言，完全照搬美国或者其他国家的辩诉交易模式，不仅忽略了中国本土的国情和现状，同时对于社会公众的思想观念也是个剧烈的冲击，其在社会中的可接受性存在很大疑问。因而，欲要在中国成功地移植辩诉交易制度，应该走上述两种模式的结合之路：首先，作为一种新制度，在最初运行的时候，理性的构建是主要的，也就是说在制度安排上应当经过充分的考虑、详细的论证和周密的设计。而后，在具体的实践中，通过意识的培养和经验的积累，逐渐完善发展中国式的控辩协商制度，使其融入并成为中国法律制度的有机组成部分。

---

① 本部分原载《法律适用》2007 年第 8 期。

一、控辩协商的适用范围

对于控辩协商程序的案件适用对象，当前学界和实务界大体存在以下三个方面的争议。

（一）考虑到社会的接受程度和我国的实际情况，有人认为应当将控辩协商的对象仅仅限于 3 年以下有期徒刑、拘役、管制和单处罚金的轻微刑事案件。[①] 但是也有意见认为轻微刑事案件在总的刑事案件数目中所占的比例不是很大，因而这种做法对于提高诉讼效率的意义并不显著，因而他们认为较为合理的主张是适当限制控辩协商的案件适用范围，将其限定在法定刑为 10 年以下有期徒刑、拘役、管制和单处罚金的案件。[②]

（二）有学者主张协商的条件不在于犯罪轻重，而是看案件的证据是否存疑，控辩双方只能对那些有确实证据但欠充分的案件进行协商，也就是说，只要是证据存疑的案件，即使是犯罪较重，也可以适用控辩协商。[③] 而持不同意见者则认为，案件证据是否充分，本来就没有一个具体的标准，控辩审三方也不一定能有统一认识，控方或者辩方是否需要与对方通过协商来解决案件，应取决于他们站在各自的立场上考虑是否达成合意，而不应以证据是否充分来作为取舍尺度。[④]

（三）有学者主张对犯罪性质严重、犯罪情节特别严重和犯罪集团的首要分子、累犯以及对危害国家安全、杀人、爆炸、抢劫、

---

① 陈卫东、刘计划：《从建立被告人有罪答辩制度到引进辩诉交易——论美国辩诉交易制度的借鉴意义》，载《中国法学会诉讼法研究会刑事诉讼法专业委员会年会论文集》2002 年 8 月。

② 马贵翔：《辩诉交易本质之考量》，载《中国法学会诉讼法研究会刑事诉讼法专业委员会年会论文集》2002 年 8 月。

③ 柯葛壮、杜民霞：《略论美国辩诉交易制度及检察官的作用》，载《中国法学会诉讼法研究会刑事诉讼法专业委员会年会论文集》2002 年 8 月。

④ 冀祥德：《辩诉交易中国化的理论与现实考量》，载《中国法学会诉讼法研究会刑事诉讼法专业委员会年会论文集》2002 年 8 月。

强奸、绑架等暴力性犯罪，不应当进行控辩协商。[①] 反对意见则认为，不宜对此类案件加以特别限制，其理由有三：一是这些案件大都会被判处重刑，因而不属于控辩协商的范围；二是对于某些性质特殊的案件（如危害国家安全犯罪），是否需要与被告人进行协商，应当根据案件的具体情况由控方加以决定，过多的限制反而不能够达到设立控辩协商的目的；三是对于累犯，自应根据《刑法》第65条的规定从重处罚，也就没有必要再加以明确。[②]

笔者认为，仅就刑事诉权理论而言，对控辩协商案件的适用范围不应当有所限制。理由主要有二：第一，所有案件的被告人在法律上都应当是平等的，他们都有根据自己的意愿选择诉讼程序的权利，而不能因为所涉嫌犯罪的性质轻重而给予区别对待。换言之，如果以案件性质轻重为依据而选择适用不同诉讼程序，必然剥夺了另一部分被告人进行协商的机会，这种不公平是显而易见的；第二，即使是法定刑较高的案件中的被告人也有可能因为种种原因而被施以轻微的刑罚乃至被判无罪，因此在法官作出判决之前就以涉嫌犯罪法定刑的高低来对被告人进行诉讼程序适用上的“筛选”，不仅是欠科学的，也有违无罪推定之原则。控辩协商是给所有的被告人提供了一个自愿选择诉讼程序的机会，这是被告人程序主体性的表现，是对被告人权利和人格尊严的重视。当然，考虑到我国现实的情况，在推行控辩协商制度时必须采取分步走的策略，最终的目标仍然是要实现所有案件的被告人都有控辩协商程序之选择权。

二、控辩协商的主体

控辩协商的主体是作为控方的检察官和辩方（被告人及其辩护律师），法官不能够主动介入协商的过程，这是没有争议的。但是，问题在于刑事案件的被害人在控辩协商中应该处于怎样的地

---

① 李建明：《辩诉交易中的正义保障》，载《中国法学会诉讼法研究会刑事诉讼法专业委员会年会论文集》2002年8月。

② 杨正万：《简论辩诉交易》，载《中国法学会诉讼法研究会刑事诉讼法专业委员会年会论文集》2002年8月。

位呢？笔者在加拿大访问期间，问及加拿大的辩诉交易是否应当征询被害人的意见时，来自安大略省一位资深的检察官的回答给笔者留下了深刻的印象，他说：主控官应当有自己的主张，主控官的意见不能受制于任何人，尤其是被害人，他（她）们的意见是不能考虑的，因为被害人从来不会愿意对被告人从轻处罚，即使他（她）得到了赔偿。另一位检察官副主席补充道：主控官代表的是国家，而不是任何个人，被害人不是国家，但在辩诉交易的过程中如果问一下被害人的意见会更好，但不一定采纳。同时在场的两位资深辩护律师也阐述了与主控官相同的观点。笔者认为，控辩协商主要是控辩双方之间的合意，虽然也应当考虑被害人的利益，但是在协商程序中不宜赋予被害人过多的权利。因此，在控辩协商程序中，被害人或其法定代理人、诉讼代理人不能够直接参与协商，但是他们享有知情权和表达意见权。检察官应当耐心向他们解释进行协商的必要性，充分地听取他们的意见，通报协商的进程和结果。如果在某一案件中，被害人一方表示坚决反对控辩双方进行协商，特别是被告人没有达成赔偿协议的情况下，检察官不应轻易与辩方达成协议。

三、控辩协商的内容

控辩协商是控辩双方博弈的过程，双方各自均试图以较少地让步而换取较大的利益。在笔者设计的刑事程序中，虽然说经过问罪程序被告人已经认罪，但这种认罪是概括性的，进入控辩协商程序后，辩方仍然有权对控方指控的具体问题予以协商。如果双方经过协商无法达成协议，那么被告人在问罪程序的认罪将被认为无效，案件即进入普通程序审理。[①]

从主体上看，控辩协商的内容主要有两个方面：一是被告人方面，经协商，被告人可以同意控方指控的犯罪事实、证据及罪

① 关于该问题之专论，详情参见冀祥德：《刑事审判改革的基本立场：简者更简，繁者更繁》，载《人民司法》2006年第8期。

名；在有被害人的案件中，被告人的赔偿得到了被害人认可；被告人放弃对控方指控证据不足的辩护意见。二是检察官方面，在被告人做出让步的基础上，控方承诺向法官建议对其减轻或从轻处罚，并提出具体的量刑意见。

从控辩双方协商的具体内容上看，又包括罪名的协商和刑罚的协商。

罪名的协商是指通过协商，检察官降低或者减少指控，即将本应指控的数个犯罪改为仅指控其中的一个或者几个，或者是以较轻的罪名来取代原先所指控的较重的罪名。但是检察官不得承诺彻底放弃指控或者作出不起诉的决定，因为控辩协商的目的是以较少的刑罚来换取被告人的认罪，从而提高诉讼的效率，并非不对被告人进行处罚。如果检察官彻底放弃指控或者是作出不起诉就违背了制度设计的最初目的，况且控辩协商程序是在检察官起诉后进行的，如果是属于不起诉的案件，则应在检察官提起指控之前即已作出。

刑罚的协商，也就是量刑的协商，即检察官承诺向审判法官建议对被告人适用较轻的刑罚。就量刑部分进行协商，并不意味着对被告人的刑罚作了定论，而仅是检察官在对法官的量刑建议上作出了让步，而量刑的决定权还是属于法官，但是控辩协商的结果对法官具有一定的约束力，如果没有出现法定的违背协议的情况，则法官应当按照协议的量刑条款作出判决。美国等国家辩诉交易实践的情况基本如此。另外，为了防止控方作出无限制的让步，应将量刑折扣的幅度限制在法定刑的1/3内，也就是说控辩协商最后所达成的协议中的刑罚年限不能少于其法定刑的2/3。

四、控辩协商的程序

笔者设计的控辩协商程序包括程序启动、进行协商、法庭审查和裁判结果等过程。

（一）程序启动

在审判阶段，案件经过证据开示和问罪程序之后，对于被告人认罪的，但是事实不清证据不足的案件，程序法官[①]将建议控辩双方进行协商，如果检察官和辩护方都表示同意，则正式开启控辩协商程序。

（二）进行协商

检察官和被告人及其辩护律师在平等自愿的基础上就被告人涉嫌的罪名和可能适用的刑罚进行协商，在有被害人的案件中还应适当考虑被害人的意见，而法官则不介入协商过程。笔者建议，协商应当自控辩双方同意进行协商之日起 7 日内完成。如果双方达成一致意见，则应形成书面的协议，载明协商的时间、地点、参与人及协商的具体内容和结果，并由控辩双方签字认可。如果协议有涉及被害人之内容，则还应当有被害人的签名认可。如果双方未能达成协议，则在协商程序期满之日起 3 日内向主持问罪程序的法官报告，由程序法官将案件转入普通程序。

（三）法庭审查

控辩双方达成协议后，应当在 3 日内向法院报告，并请求开庭。法官在开庭中的主要任务是对协议进行司法审查，以保证协商的正当性。审查的内容主要是被告人的认罪是否有事实基础，协议的作出是否出于被告人的明知、明智和自愿。审查的方法主要是由审判法官对被告人进行直接询问，对相关证据材料进行审核，并听取辩护律师的意见。在有被害人的案件中，还要询问被害人或其法定代理人、诉讼代理人意见。

（四）裁判结果

法官对协议进行审查后，可能产生三种结果。一是法官认为协议

① 程序法官，乃是专门负责诉讼程序而不介入事实审判的法官，在各国的刑事诉讼程序中都有类似该种类型的法官职位，比如英国的治安法官，美国的司法官，法国的预审法官等。在我国现在的司法体制中还没有这种法官，但是随着诉讼程序的日益健全，建立此种法官势在必行。考虑到他们主要是处理程序性事务，因此本文便以程序法官冠名。同理，其他审理案件的法官称之为审判法官。

符合自愿性、真实性和合法性要求，决定接受该协议，作出判决，该判决应当体现协议的内容，并且要当庭作出，立即生效。一是，对于该判决，被告人不能上诉，检察官不能抗诉；二是，法官经过审查认为该协议有违被告人自愿原则或是不存在认罪的事实基础的，或者一方存在违反协议约定的内容的，审判法官可以拒绝接受协议，由控辩双方重新协商或者适用普通程序审理；三是，在法官作出判决之前，被告人有权撤回协议。需要注意的是，无论是法官拒绝还是被告人撤回协议，此时控辩协商程序便自动终止，被告人在此协商过程对控方指控的事实和罪名所作出的承认归于无效，不能成为以后审理活动中认定被告人有罪或者作出其他不利于被告人推断的依据。

五、控辩协商的监督机制

控辩协商在性质上是一种交易，然而与社会中其他形式交易所不同的是，控辩协商是以国家刑罚权为内容的交易，此也为所有对控辩协商在道德上和法理上予以非议的根源所在。为此，笔者认为，在构建中国式控辩协商制度时，应当同时建立相应的监督机制，以防止国家刑罚权被“买卖商品化”，保证交易的公正性。笔者构建的控辩协商监督机制主要有四个方面的内容。

（一）控辩协商制度必须与抗辩式诉讼程序共同构建

因为在抗辩式诉讼中，控辩双方平等武装，平等对抗，他们都在努力地追求自己的诉讼利益。在此基础上的协商，双方都会竭尽全力地与对方进行“讨价还价”，争取以最少的让步换取最大的利益，这种博弈的结果必定是寻找到了平衡国家刑罚权和被告人利益的黄金分割点，于是诉讼便取得了双赢的局面，公正和效率都得到了保证。反之，在非抗辩式诉讼程序中，控辩双方无法建立一个平等的交易平台，并进行理性地交涉，实行协商的后果极可能会使控辩协商成为只求效率而不顾公正的快速定罪程序。因此，保证我国控辩协商制度公正性的关键因素是要建立抗辩式的诉讼程序，即在构建控辩协商制度的同时，其他相关的抗辩式程序制度如审前羁押、辩护权保障、检察官量刑建议权、非法证据排除规则等，也应当同时建立并完善。

（二）控辩协商除了要靠协商主体的道德自觉性来约束外，必须建立体制上的制约

尤其是在控辩协商中享有较大的自由裁量权的检察官，更是制约的重点对象。首先，从整体上限制控方的权力，即检察官所能够减让的刑罚不得超过该罪名法定刑的三分之一。其次，在某一具体案件的协商中，如果检察官在刑罚方面所作出的减让超过 2 年的，应当报经本院检察长或者检察委员会审核批准。当然，也可以考虑在检察系统内部建立专门的审批机构，以限制自由裁量权的滥用。对于辩方而言，制约的内容主要是提高律师的职业水平与道德修养，保证辩护律师能够忠诚地为被告人的利益服务。这些可以通过加强律师执业规范，完善行业管理，理顺辩护律师与委托人之间的权利义务关系，建立辩护律师准入制度等途径来实现。①

（三）必须同时建立中立的法官制度，保障控辩协商的公正性

法官在诉讼中的角色是消极的，他不主动介入诉讼双方的争执，但却时时监视着他们的举动。他就像一场球赛中的裁判，不会直接参与双方的竞赛，但是一旦有一方违背了游戏规则，他就会马上出现，来维护游戏的公正性。在控辩协商程序中亦是如此，法官不应当直接参与控辩双方的协商程序，但是他负有审查案件的事实基础和确认协议的作出是基于被告人自愿的义务。这种审查能够促使控辩双方在协商过程中注重遵守规则，以免导致协议不能够通过法官的审查而遭到否决，最终徒劳无功的后果。

---

① 冀祥德:《刑事辩护：本体属性 有效辩护 准入制度——兼论〈刑事诉讼法〉修改若干问题》，载《中国司法》2006 年第 9 期。

（四）建立必要的程序救济机制

虽然通过上述三个方面监督制约机制的构建基本上能够保证控辩协商的公正性，但是任何严谨的规则设计总难以穷尽形形色色、千变万化的社会现实，况且，规则的执行中，总会有失范或者疏漏之处。因此应当建立必要的程序救济机制，允许对确有错误的控辩协商案件提起审判监督程序。一般而言，对于经过控辩协商的案件，被告人不得提出上诉，检察官也不得提起抗诉。但是，刑事诉讼在维护程序稳定性和判决既判力的同时，也应当平衡实体正义的价值。对于存在明显错误的案件，应当给予救济的机会。当然，绝对不是对所有的案件都可以走“有错必纠”之老路，而是设定一定的规则和范围，按照有利于被告人的原则，严格限制进入控辩协商救济程序的案件。笔者考虑，该种限制性条件主要有二：其一，必须是损害了被告人的利益而导致错误地适用了刑罚，比如事实上无罪的人与控方达成了协议，或者存在被告人是被强迫或是被欺骗等违背自愿性原则之情形；其二，应当有充分的证据表明上述情形的存在。

六、控辩协商制度中的被告人认罪自愿性保障机制

被告人认罪的自愿性是控辩协商合法化的基点，是控辩协商最基本和最核心的要求，因而如何确保这一自愿性是构建我国控辩协商制度的重要内容。笔者认为，这一保障机制可以从以下几个方面考虑：一是，提高被告人的诉讼地位，改变社会公众对被告人的歧视态度，尤其是要克服被告人自身的自卑心理，使社会认可，被告人自身意识到自己在诉讼中的主体地位；二是，赋予被告人在诉讼中更多的防御性、救济性权利保障措施，如确立无罪推定原则，赋予被告人不被强迫自证其罪的权利，完善被告人的辩护权，特别是扩张辩护律师参与刑事诉讼的权利，使被告人有信心也有能力与控方进行平等对抗；三是，建立控辩协商制度中对司法人员的监督机制，保障被告人有罪答辩的自愿性；四是，建立非法证据排除规则，将违背被告人自由意志而作出的有罪陈

述作为非法证据予以排除。

辩诉交易生成的制度基础与文化背景毕竟与东方的中国有着较大的差异，故研究辩诉交易的引进与借鉴，构建中国的控辩协商制度，必须慎而又慎。5 年也好，10 年也罢，其根本性的问题不在于引进时间之长短，而在于建构质量之高低。从中国国情出发，这个基本原则再老生常谈也必须要谈，公正与效率并重，这个价值追求再难以把握也必须把握。在中国从警察国到法治国的迈进中，遵循循序渐进的一切事物之发展规律，张扬权利本位，尊重个体意愿，是建立中国控辩协商制度应当坚持的基本方向。

学说八　控辩关系说

学说界定

控辩关系，即控诉方与辩护方的关系，是刑事诉讼主体之间的基本关系，是刑事诉讼的重要关系，关乎刑事诉讼的基本构造和价值取向，关乎刑事诉讼中公正与效率关系的实现。研究控辩关系不仅具有重要的理论价值，而且具有重要的现实意义。在我国，学界专门研究控辩关系的成果较少。我研究认为，新中国的刑事诉讼制度是在彻底废除旧法统的基础上从零起步，逐步建立发展起来的，控辩关系经历了从新中国成立初期到 1979 年第一部《刑事诉讼法》颁布时的无序阶段，从 1979 年到 1996 年《刑事诉讼法》第一次修改时的失衡阶段，从 1996 年到 2012 年《刑事诉讼法》第二次修改时的对抗阶段，从 2012 年至今的对抗兼合作阶段。其中，对抗阶段又分为非理性对抗和理性对抗两个阶段，对抗兼合作阶段又分为以对抗为主、合作为辅和以合作为主、对抗为辅两个阶段。漫观世界有关国家现代刑事诉讼制度的发展历程，从控辩关系演变的角度看我国刑事诉讼制度七十多年的发展，可以发现，其一直在以控辩平等为追求，沿着从“法制”转向“法治”的轨道，逐步向前发展，虽然这一过程有时曲折，甚至在某些制度或者机制上也还存在着一定程度的不足，但是，该制度的演进一直是正向的、积极的、合乎诉讼法治规律的，并呈现出鲜明的中国特色。

从控辩关系看我国刑事诉讼制度的演进发展[①]

1949 年 2 月 28 日，中共中央发布《关于废除国民党政府六法全书与确定解放区的司法原则的指示》指出，在新的法律未发布之前，应以共产党的政策以及人民政府与解放军发布的各种纲领、法律、条例、决议作依据。新中国是在反帝、反封建、反官僚资本主义取得胜利的基础上建立的，这决定了其在废除六法全书后，既不会承继清末修律过程中制定的相关法律制度以及形成的司法制度，也不会借鉴英美法德等国家的法律制度及司法制度，而是以第一个社会主义国家——原苏联的法律制度及司法制度作为摹本，[②]从无到有进行法律制度和司法制度建设，而这在一定程度上也决定了我国法治建设的独特性和曲折性。以新中国成立后，特别是改革开放四十多年来控辩关系的演进为观察研究视角，对我国的刑事诉讼法律制度进行反思性总结和前瞻性研究无疑是有意义的。我们认为，我国的控辩关系自新中国成立以来，已从无法可依到有法可依，从失序到规范，从非理性对抗到理性对抗，从以对抗为主、合作为辅到以合作为主、对抗为辅为主要特征，向着建设中国特色社会主义法治国家目标，逐步演进、发展、成熟，主要经历了无序、失衡、对抗、对抗与合作四个阶段。

一、无法可依状态下的控辩关系无序阶段

（一）制度创设上的尝试

从制度规范层面看，1979 年之前，我国没有制定统一的《刑事诉讼法》对控诉权、辩护权以及控辩关系予以规范和调整，和控诉权、辩护权有关的规定都散落在《宪法》《人民法院组织

---

① 本部分原载《中国刑事法杂志》2022 年第 1 期。

② 汪海燕：《我国刑事诉讼模式的演进》，北京大学出版社 2008 年版，第 151 页。

法》和《人民检察院组织法》中，尤其是和辩护权有关的规定，不但数量极少，且都是原则性规定，而关于控辩关系，几乎当时所有的法律中都没有涉及，控辩关系处于全然的无序状态。1954年颁行的《宪法》只规定了由人民检察院独立行使检察权，人民法院审理案件原则上一律公开进行，被告人有权获得辩护，但对于控辩之间的关系并无具体规定。同年颁布的《人民法院组织法》和《人民检察院组织法》只对人民法院和人民检察院行使职权的原则、职责权限、组织架构及任免程序等进行了规定，其中《人民法院组织法》对被告人的辩护权进行了规定，对于辩护权的具体落实及控辩关系都无涉及。同样，1954年颁布的《中华人民共和国逮捕拘留条例》，虽然对搜查、拘留、逮捕、取保候审、监视居住等侦查或强制措施的实施主体和程序进行了规范，但该条例只涉及人民法院、人民检察院和公安机关的职权以及被追诉人的少量权利（如搜查时的在场权或见证权），而对于辩护权及控辩关系则完全没有涉及。新中国成立初期，除上述3部法律及1部条例外，关于诉讼及审判程序，再无其他法律规范，以至于董必武在1954年担任最高人民法院院长之初即提出，为顺利开展审判工作，要总结各地法院的审判经验和程序。按照董必武的要求，时任最高人民法院副院长的马锡五带领调查组对14个大中城市高中级人民法院刑事案件审理程序和13个大中城市高中级人民法院民事案件审理程序进行了调研，并在此基础上形成了《各级人民法院刑、民事案件审判程序总结（草稿）》（以下简称《总结（草稿）》），该《总结（草稿）》经最高人民法院审判委员会审议通过后，于1956年10月17日印发全国法院参酌执行，并报全国人大常委会备案。[①] 其中，刑事案件审判程序总结为制定刑事诉讼法奠定了基础，1957年《中华人民共和国刑事诉讼法草案（草稿）》开始征求意见，但当时正值“反右运动”，后来接着又是“反右倾运动”，

① 何兰阶、鲁明健：《当代中国的审判工作》，当代中国出版社1993年版，第73–74页。

直到 1962 年，经过修改的《中华人民共和国刑事诉讼法草案（初稿）》才又重新开始接受讨论。1963 年 3 月到 4 月间，《中华人民共和国刑事诉讼法草案》的第三稿、第四稿、第五稿、第六稿相继形成，对无罪推定原则、人民检察院和公安机关的侦查分工、侦查监督、刑事第二审审理程序、二审法院对被告人的近亲属及辩护人为被告人利益提起的上诉是否可以加重刑罚以及死刑复核审查程序等相关争议问题，均进行了讨论。①但因为历史原因，该部法律并未获得通过，直到 1978 年 12 月，党的十一届三中全会召开，才让刑事诉讼法的制定重回正轨。②在此期间，1975 年《宪法》对于审判机关和检察机关只规定了一条，且规定由各级公安机关行使检察机关的职权，检察和审理案件，都必须实行群众路线，关于辩护权的规定消失殆尽；1978 年《宪法》虽然恢复了 1954 年《宪法》关于公开审理和被告人有权获得辩护的规定，但仍然仅限于原则性规定。

（二）司法实践中的曲折与混乱

从实践层面看，自 1957 年到 1966 年，我国先后经历了“反右派”“大跃进”“反右倾”等运动，可以说这是我国法制建设在曲折中前进的十年，而自 1966 年开始的“文化大革命”则是刚起步的我国法制建设被严重破坏的十年。1966 年至 1976 年这十年间，初步建立的法律制度几乎被彻底抛弃，表现在：律师制度被废弃；检察机关直接被撤销；法院名存实亡，成为各地公安机关军管会下属的“审判组”，由公安机关军管会行使国家的审判权③。

---

① 参见《最高法院党组关于刑事诉讼法制定情况的汇报（1957 年）》《关于〈刑事诉讼法草案（初稿）〉的修改情况和几个主要问题的报告 (1963 年 4 月 12 日）》《关于刑诉法修改情况的说明 (1963 年 4 月 13 日）》《关于 1963 年刑事诉讼法草案讨论制定经过的汇报》《关于讨论刑诉草案意见的汇集 (1963 年 11 月 16 日）》，载吴宏耀、种松志主编：《中国刑事诉讼法典百年 1906 年 ~2012 年》（中册），中国政法大学出版社 2012 年版，第 724 页以下。

② 卞建林、谢澍：《“以审判为中心”与刑事程序法治现代化》，载《法治现代化研究》2017 年第 1 期。

③ 何兰阶、鲁明健：《当代中国的审判工作》，当代中国出版社 1993 年版，第 130 页。

此期间，新中国成立初期形成的比较有限的刑事诉讼制度和程序也被斥为“资产阶级的假民主”“旧衙门式的审判方式”而被全部废弃不用，处理案件实行侦查、起诉、审判“一竿子插到底”的做法，许多案件甚至只根据发案单位“群众专政”组织报送的材料即可定案，有些案件甚至不许承办人员查阅原始资料，审判在很多时候只是为了制作一纸既定的判决，办一个“法律”手续而已，办理案件可以采用逼供、诱供、指名问供，甚至刑讯逼供的方式，且不允许被告人申辩。当时全国各地经常召开万人，甚至几十万人参加的公审大会，批斗罪犯，宣判执行。大会宣判后，不容被告人上诉就交付执行，还把即将执行的罪犯押上刑车游街示众或组织群众围观执行死刑，[①] 犯罪嫌疑人或被告人包括辩护权在内的基本权利根本无从谈起。

无论是从制度规范层面，还是从实践层面，1979 年第一部《刑事诉讼法》出台前，诉讼形态下的控辩关系在我国基本不存在，[②] 控辩关系处于无法可依的状态，在此背景下，控辩关系当然是无序、失范，甚至是扭曲的。

二、制度恢复重建时期的控辩关系失衡阶段

（一）控辩关系第一次有法可依

新中国第一部《刑事诉讼法》于 1979 年正式颁布，该法不但规定了公检法三机关的职责，在程序上对三机关如何行使权力进行了规范和制约，而且以专章（第四章）规定了辩护权，对辩护人及辩护律师的职责和权利进行了规定。具体而言，包括：规定公检法三机关必须依法取证，严禁刑讯逼供和以威胁、利诱、欺骗和其他非法的方式取证；规定被告人有权获得辩护，其可以随时为自己辩护，在审判阶段还可以获得律师的帮助；规定辩护律

① 何兰阶、鲁明健：《当代中国的审判工作》，当代中国出版社 1993 年版，第 132–133 页。

② 冀祥德等：《从对抗转向合作：中国控辩关系新发展》，载《中国司法》2011 年第 12 期。

师可以与在押的被告人会见、通信以及查阅卷宗、收集证据，其他辩护人在经过法院许可后，也可以了解案情，同在押的被告人会见、通信，以帮助被告人实现辩护权；等等。与此同时，《人民法院组织法》和《人民检察院组织法》也正式颁布，人民法院、人民检察院和法官、检察官的职责定位进一步得到明确。此后，《律师暂行条例》也于1980年获得通过，该条例规定了律师的性质、任务、职责和权力、资格条件及工作机构。[①]1981年，《最高人民法院、最高人民检察院、公安部、司法部关于律师参加诉讼的几项具体规定的联合通知》，对律师阅卷、会见在押被告人、诉讼文书的送达等具体问题进一步作出规定，刑事辩护制度的基本框架初步确立。1979年《刑事诉讼法》的颁布实施是我国刑事诉讼制度发展史上的巨大进步，其第一次明确了控辩双方的职能，较为详细地规定了被告人的辩护权以及辩护律师和其他辩护人的权利，规定了辩护律师可以介入的阶段，同时也对控诉机关行使权力进行了规范。此后，《律师暂行条例》《最高人民法院、最高人民检察院、公安部、司法部关于律师参加诉讼的几项具体规定的联合通知》等法律法规及司法解释的颁布，对《刑事诉讼法》中的律师辩护制度及控辩关系等内容进行了进一步细化，控辩关系第一次实现了有法可依。

此后，我国的经济、社会、政治、文化等因为改革开放以及市场经济的发展发生了巨大变化，自由、平等、权利和竞争等观念逐渐孕育而生，以立法为中心的法制建设进入“快车道”，如被告人有权获得辩护直接被规定进1982年《宪法》，辩护权再次成为一种宪法权利；1982年《宪法》第5条第1款规定的“国家维护社会法制的统一和尊严”，为依法治国方略的提出奠定了宪法基础；1993年党的十四届三中全会通过的《中共中央关于建立社会主义市场经济体制若干问题的决定》首次在党的正式文件中提出“依法行政”，进一步丰富了依法治国的内涵。尤其是，在这个

① 张志铭：《回眸和展望：百年中国律师的发展轨迹》，载《国家检察官学院学报》2013年第1期。

时期，我国陆续出台了《民法通则》《民事诉讼法》《行政诉讼法》《海商法》《经济合同法》等多部法律，法制建设成绩斐然。与此同时，1979 年制定的《刑事诉讼法》也逐渐显现出其与经济社会发展和法制建设不同步的问题，表现在控辩关系上，一方面，控辩不分，辩护律师在当时作为“国家法律工作人员”，履行了过多的与辩护人“天职”不一致的职能；另一方面，表现为控辩权力（利）失衡，公、检、法三家都戴“大盖帽”下的互相配合、共同对“敌”，使得辩方的地位低下，权利弱小，与控方强势的地位与强大的权利无法同日而语。①

（二）有法可依中的控辩失衡

尽管 1979 年《刑事诉讼法》的制定让控辩关系有法可依，但也要看到该法在第 1 条即规定“以马克思列宁主义毛泽东思想为指针，以宪法为根据，结合我国各族人民实行无产阶级领导的、工农联盟为基础的人民民主专政即无产阶级专政的具体经验和打击敌人、保护人民的实际需要制定”，其中“无产阶级专政的具体经验”“打击敌人”等都是以政治概念代替了法律概念；没有“犯罪嫌疑人”的概念，尤其是在“强制措施”一章，对被追诉人所用概念绝大多数为“人犯”，反映出立法上的有罪推定观念，形成了我国超职权主义的刑事诉讼模式。在该种诉讼模式下，控辩关系是不正常的，甚至是严重失衡的，主要表现在以下几个方面：

1. 控辩双方的诉讼地位不平等

1979 年《刑事诉讼法》没有确立无罪推定的刑事诉讼原则，被追诉人的地位是“敌人”或“人犯”，是无产阶级专政的对象，而不是与控方具有平等地位的诉讼一方当事人。法律虽然规定被告人有权获得辩护，但同时也规定被告人有权获得辩护的时间是在人民法院决定开庭审判后，在开庭 7 日以前向被告人送达起诉书副本，告知其可以委托辩护人。这意味着，在侦查阶段和审查

---

① 冀祥德等：《从对抗转向合作：中国控辩关系新发展》，载《中国司法》2011 年第 12 期。

起诉阶段，被追诉人作为被侦查和审查起诉的对象（大多数时候已经失去了人身自由），只能凭借自己极其微弱的力量独自面对强大的国家机器——侦查机关和检察机关，其间既没有任何中立的第三方就侦查机关和检察机关针对他的搜查、扣押、拘留、逮捕、讯问等侦查措施或强制措施的合法、合理性进行判断，也没有可以依靠的其他支持力量，作为控诉一方的侦查机关和检察机关在审判机关没有对犯罪嫌疑人作出有罪判决的情况下可以单方面决定在相当长时间内（侦查、审查起诉阶段甚至延续到审判阶段）剥夺或限制被追诉人包括人身自由在内的多项基本权利，侦查机关和检察机关相对于被追诉人具有绝对优势地位。不仅如此，即便1979年《刑事诉讼法》规定了律师可以在审判阶段介入诉讼，但因为介入时间较迟——在开庭7日以前向被告人送达起诉书副本时方告知其可以委托辩护人，这使得被告人家属委托律师以及辩护律师准备辩护都受严格的时间限制，辩护质量无法得到保证，有些案件甚至来不及委托律师，控辩双方在审前阶段及审判阶段的诉讼地位都极端不平等。而且，1979年《刑事诉讼法》的立法理念距离无罪推定原则甚远，无论是在公检法机关还是在律师的观念里，被追诉人都是“敌人”或“人犯”，是被打击或专政的对象。当时的律师作为身着警服、乘坐警车的“国家法律工作人员”，很难正确认识辩护律师应有的职责和定位，经常在不自觉中将自己放到控诉人一方，与检察院一起履行起与辩护职能截然相反的控诉职能，控辩职能严重不分，这又进一步加剧了控辩双方地位的不平等。

2．控辩双方的权力（利）配置不平衡

1979年《刑事诉讼法》虽然规定辩护人可以在审判阶段介入诉讼，但被告人即便委托了辩护律师，其权利也仅限于可以查阅卷宗、收集证据，同在押的被告人会见和通信，而其他辩护人若要获得相关权利，则需要经过法院同意。实际上，即使是这些非常有限的辩护权，也因为种种原因而很难得到落实，律师的会见难、阅卷难等问题始终是律师行使辩护权中的老大难问题，尤其是在20世纪80年代的“严打”期间，辩护律师在“严重危害社会治安”的刑事案件中介入诉讼的时间被进一步压缩，而政法机关在该阶段的办案机制和证据标准等方面常态化地突破1979年《刑事诉讼法》的规定，各地不同程度地出现过公检法三机关联合办案的情形，普遍存在“先定后审”“先判后审”的现象，[①]控方几乎在整个刑事诉讼过程中行使权力都不受任何限制，辩护制度在一定程度上形同虚设。

3. 控审权力之间密切配合有余而相互制约不足

1979年《刑事诉讼法》和1982年《宪法》都规定了公检法三机关“应当分工负责，互相配合，互相制约”，但在司法实践中，公检法三机关之间总体上呈现出密切配合有余而相互制约不足，并一致对被追诉人以“敌”的状态，尤其是作为审判机关的法院对作为控诉机关的检察院与公安机关的制约不足，而这在一定程度上又加剧了控辩之间力量的不平衡。控审之间之所以会配合有余而制约不足，一方面是思想观念的原因，另一方面则和相关法律规定有关系。1982年《宪法》明确规定人民检察机关是法律监督机关，但其对检察机关的法律监督权并没有进行界定，而早于该《宪法》制定的1979年《刑事诉讼法》则没有提出法律监督权的问题，当然更不会对此进行界定，法律监督权行使的对象、范围、内容和方式是含混不清的，这在一定程度上会带来权力行使的乏力或泛化问题。具体而言，对侦查机关，根据1979年《刑事诉讼法》的相关规定，除采取逮捕措施需经检察机关批准外，侦查机关可自行决定采取搜查、扣押、拘留等几乎其他所有侦查措施或强制措施；相关条文虽然规定“严禁刑讯逼供和以威胁、引诱、欺骗以及其他非法的方法收集证据”，但对于通过以上非法方法取得的证据并没有规定排除规则，检察机关很难对侦查机关的非法取证行为进行程序上的有效监督并给予其不利程序或实体后果的处置等。对审判机关，1979年《刑事诉讼法》第13条第2款规定，“贪污罪、侵犯公民民主权利罪、渎职罪以及人民检察院

① 孙长永主编：《中国刑事诉讼法制四十年回顾、反思与展望》，中国政法大学出版社2021年版，第51页。

认为需要自己直接受理的其他案件，由人民检察院立案侦查和决定是否提起公诉”。第 112 条第 2 款又规定，“出庭的检察人员发现审判活动有违法情况，有权向法庭提出纠正意见”。在有罪推定观念还较为普遍的情况下，实践中难免会出现极少数检察机关在法庭上当场纠正审判活动甚至因为法院没有按照其起诉书的意见认定犯罪并科处刑罚而根据相关条款对法官追责等情形，法官也会在一定程度上存在顾虑。这些方面合力作用，造成了刑事诉讼中“公安是做饭的，检察院是端饭的，法院是吃饭的”现象在相当长一段时间内客观存在，被追诉人则直接被沦为刑事诉讼的客体，更遑论控辩双方平等武装与平等对抗。

总之，1979 年第一部《刑事诉讼法》的颁布使得控辩关系有法可依，但因为传统观念的惯性力量以及制度上的不健全，控辩关系是严重失衡的，这在 20 世纪 80 年代初的“严打”中表现得尤为突出，成为酿成冤错案件的重要根源之一。

三、制度快速演进中的控辩关系对抗阶段

（一）对抗式诉讼结构形成

随着改革开放的持续深入，我国的经济、政治、文化、社会等建设取得了长足的进步，人们的法制观念也发生了极大变化，亟需对 1979 年《刑事诉讼法》予以修改。1996 年，我国的《刑事诉讼法》进行第一次修改，人权保障理念得以体现，吸收了无罪推定原则的精神，扩张了律师辩护权，在审判程序中建构起对抗式诉讼模式，向塑造控辩双方平等对抗的新型诉讼结构迈进了一大步。[①]

1. 吸收了无罪推定原则的精神

无罪推定原则是现代刑事诉讼的基本原则之一。1996 年《刑事诉讼法》虽然没有明确规定该原则，但其取消了 1979 年《刑事诉讼法》中对被追诉人“人犯”的带有先天有罪推定色彩的称谓，并在第 12 条规定“未经人民法院依法判决，对任何人都不得确定

① 冀祥德：《控辩平等论》（第二版），法律出版社 2018 年版，第 153 页。

有罪”。这是对无罪推定原则精神的实质吸收和采纳，是对过去相当长一段时间内有罪推定观念的颠覆。根据该条规定，任何人只要没有被人民法院宣判有罪，其就是无罪的，而不是“敌人”或“人犯”，其就应该享有宪法和法律赋予的合法权利，尤其是和人身自由、生命、健康、财产等相关的基本权利，这些权利不能受到非法侵犯，哪怕是侦查机关、检察机关也必须依法行使侦查权、审查起诉权，并接受权利的制约。不但如此，1996 年《刑事诉讼法》第 140 条第 4 款还规定，“对于补充侦查的案件，人民检察院仍然认为证据不足，不符合起诉条件的，可以作出不起诉的决定”。第 162 条 3 项则规定，人民法院对于“证据不足，不能认定被告人有罪的案件，应当作出证据不足、指控的犯罪不能成立的无罪判决”。这实际上是在我国《刑事诉讼法》中第一次确立了疑罪从无的原则，而疑罪从无原则不但是无罪推定原则的重要内容，同时也是证据裁判原则的重要基础，更是人权保障理念在司法领域的重要体现。

2. 进一步加强了被追诉人的诉讼主体地位及权利保障

1996 年《刑事诉讼法》吸收了当事人主义的因素，在确立疑罪从无原则的基础上，进一步加强了对被追诉人的诉讼主体地位及权利的确认和保障，同时对控诉方的部分权力进行了规范和限制。一是加强了被追诉人的诉讼主体地位。1996 年《刑事诉讼法》第 33 条规定，“公诉案件自案件移送审查起诉之日起，犯罪嫌疑人有权委托辩护人”，并规定“人民检察院自收到移送审查起诉的案件材料之日起三日以内，应当告知犯罪嫌疑人有权委托辩护人”；第 96 条第 1 款规定，“犯罪嫌疑人在被侦查机关第一次讯问后或者采取强制措施之日起，可以聘请律师为其提供法律咨询、代理申诉、控告。犯罪嫌疑人被逮捕的，聘请的律师可以为其申请取保候审”。根据这两条规定，犯罪嫌疑人有权委托辩护人的时间由 1979 年《刑事诉讼法》规定的审判阶段被提前到审查起诉阶段，且其在侦查阶段即可聘请律师提供法律帮助，而检察机关在审查起诉阶段也多了一项告知犯罪嫌疑人有权委托律师的义务，被追诉人的诉讼主体地位得到了进一步确认和加强。二是加强了对被追诉人的权利保障。1996 年《刑事诉讼法》扩大了制定辩护的范围，首次确立了法律援助制度，其第 36 条对辩护权进行了具体规定，规定辩护律师“可以查阅、摘抄、复制本案的诉讼文书、技术性鉴定材料”，其他辩护人经检察机关或法院许可也可行使上述权利；第 37 条规定，辩护律师在经同意后可向证人或其他单位和个人收集和本案有关的材料，在经检察机关或法院许可，并经同意后可向被害人或者其近亲属、被害人提供的证人收集和本案有关的材料……以上规定使得辩护权的内容更加具体且更具可操作性，切实加强了对被追诉人的权利保障。三是限制和进一步规范了控诉机关的部分权力。1996 年《刑事诉讼法》第 8 条规定，“人民检察院依法对刑事诉讼实行法律监督”，法律监督权得到了一定程度的明确和界定；第 142 条第 2 款规定，“对于犯罪情节轻微，依照刑法规定不需要判处刑罚或者免除刑罚的，人民检察院可以作出不起诉决定”，取代了 1979 年《刑事诉讼法》第 101 条“依照刑法规定不需要判处刑罚或者免除刑罚的，人民检察院可以免予起诉”，取消了检察机关的定罪权；取消了由公安机关执行的、几乎不受任何监督和制约的收容审查制度，将该制度中和犯罪有关的内容纳入拘留、逮捕措施中接受相应的监督。

3. 在庭审中确立了对抗式的刑事诉讼结构

“如果法官本身就是控告者，那么，只有上帝才能充当辩护人。”正因如此，控审分离原则作为现代刑事诉讼的另一项基本原则对于控辩关系的平衡才会格外重要。控审分离原则虽然在 1979 年《刑事诉讼法》中得到了确立，如规定了公检法三机关之间“应当分工负责，互相配合，互相制约”，并对公安机关、人民检察院、人民法院的职责进行了明确，但因为司法观念以及相关制度仍有待完善等原因，该原则在贯彻落实中仍然存在较多问题，控审不分的情形不但在制度规定中存在，在司法实践中更是大量存在。如 1979 年《刑事诉讼法》第 114 条规定，“公诉人在审判庭上宣读起诉书后，审判人员开始审问被告人”，之后经审判长许可，公诉人、辩护人才可以讯问或向被告人发问；第 116 条规定，“审判人员应当向被告人出示物证，让他辨认”；第 123 条规定，

“合议庭认为案件证据不充分，或者发现新的事实，需要退回人民检察院补充侦查或者自行调查的”，可以延期审理。这些规定意味着法庭调查程序是由合议庭主导的审问式程序，审判机关在一定程度上仍然充当着主动追究犯罪的追诉者角色，而非被动、中立的裁判者角色。对此，1996年《刑事诉讼法》进行了相应修改：一是弱化了人民法院主动追诉犯罪的权力，强化了其中立的裁判者地位以及审判权，如第165条删除了“合议庭认为案件证据不充分，或者发现新的事实，需要退回人民检察院补充侦查或者自行调查的”条款，取消了法院主动将案件退回检察机关补充侦查的权力，限制了法院较为广泛的自行调查的权力，在第158条规定合议庭只有在核实证据时，才有权力进行调查，且取消了合议庭的搜查权等。二是确立了对抗式的刑事诉讼结构。1996年《刑事诉讼法》第155条规定，“公诉人在法庭上宣读起诉书后，被告人、被害人可以就起诉书指控的犯罪进行陈述，公诉人可以讯问被告人。被害人、附带民事诉讼的原告人和辩护人、诉讼代理人，经审判长许可，可以向被告人发问”，将法庭调查程序由法官主导的审问式程序变革为以控辩双方为主推进的对抗式程序，即由公诉人、辩护人向法庭出示证据，公诉人、当事人、辩护人可以对证据和案情发表意见，互相质证、辩论，充分发挥公诉人、辩护人在庭审中的作用，[①]对抗式诉讼结构在我国的刑事诉讼中初步确立。

由此可以看出，1996年的《刑事诉讼法》修改进一步确立和强化了被追诉人的诉讼主体地位以及权利保障，吸收了当事人主义的因素，确立了控辩对抗式庭审模式，对1979年《刑事诉讼法》中规定的控诉权和审判权的范围都进行了一定程度的限缩，对控诉权和审判权的行使给予更多的制约和监督，弱化了1979年《刑事诉讼法》中的超职权主义色彩。自此，我国刑事诉讼中的控辩关系进入了对抗阶段，其中尤为值得一提的是1996年颁

---

① 汪海燕：《我国刑事诉讼模式的演进》，北京大学出版社2008年版，第154-156页。

布、1997年起开始正式实施的《律师法》，其将律师的身份定位由“国家的法律工作者”改为“社会法律工作者”，该定位更侧重于强调律师代表的是委托人的利益，而非公共利益的代言人，律师可以无须再过多地考虑遥远的国家利益，控辩关系进入了一个以对抗为主的阶段。①

（二）控辩关系的从非理性对抗到理性对抗

1996年《刑事诉讼法》修改中，吸纳了无罪推定原则一些精神，被追诉人诉讼地位得到显著提高，辩护权大大扩张，尤其是在庭审中对抗制的刑事诉讼结构的初步构建，都使得控辩对抗成为一种新的诉讼形态。然而，由于修法中借鉴西方国家诉讼制度时没有充分考虑中国国情，过多地借鉴了英美法系的制度，而对于大陆法系的制度和中国的实际问题缺乏审慎考察研究，因此制度引进后的“水土不服”或者“器官移植”后的排异效应十分显著，控辩关系呈现出明显的非理性对抗特征，以至于不少刑事辩护律师被按照《刑法》第306条指控追究，会见难、阅卷难、调查取证难的“刑事辩护三难”很快成为普遍性问题，一大批律师退出或者拒绝刑事辩护，出现了“刑事辩护的路啊，为什么越走越难”的一片哀叹。

具体说来，1996年《刑事诉讼法》虽然明确规定了律师的会见权、阅卷权和调查取证权，但与此同时，又对这些权利的内容及行使进行了较为严格的限制：关于会见权，规定“涉及国家秘密的案件，律师会见在押的犯罪嫌疑人，应当经侦查机关批准。”关于阅卷权，将审查起诉阶段的阅卷范围仅限于“本案的诉讼文书、技术鉴定材料”，②且在第150条规定检察机关对提起公诉的案件，不再随案移送全部案卷材料，而只需移送“证据目录、证人名单和主要证据复印件或者照片”。关于调查取证权，规定辩护

---

① 冀祥德等：《从对抗转向合作：中国控辩关系新发展》，载《中国司法》2011年第12期。

② 孙长永主编：《中国刑事诉讼法制四十年回顾、反思与展望》，中国政法大学出版社2021年版，第56页。

律师必须经过证人或者其他有关单位和个人同意，才可以向他们收集与本案有关的材料。此外，1996 年《刑事诉讼法》虽然规定辩护律师可以申请人民检察院、人民法院收集、调取证据，或者申请人民法院通知证人出庭作证，但是 1998 年《最高人民法院关于执行〈中华人民共和国刑事诉讼法〉若干问题的解释》和 1999 年最高人民检察院《人民检察院刑事诉讼规则》又规定，辩护律师申请人民法院、人民检察院收集、调取证据的，人民法院、人民检察院认为必要或需要调查取证时，辩护律师方可收集、调取。

这些严格的限制很快就导致了实践中律师会见难、阅卷难、调查取证难问题的大量涌现。关于会见难问题。律师即便是会见非涉密案件的犯罪嫌疑人，也几乎都要经过批准或变相批准，有的侦查机关会以“案件涉及国家秘密”为由拒绝律师会见，有的侦查机关则不及时安排律师会见或限定会见的次数和时间，或者对会见的谈话内容或记录进行限制等。[①] 关于阅卷难问题。根据 1996 年《刑事诉讼法》的规定，律师在审查起诉期间只能看到本案的诉讼文书及相关技术鉴定材料，即便法律规定辩护律师在审判阶段阅卷的范围为“本案所指控的犯罪事实的材料”，其实质上在审判阶段也难以查阅案件的全部证据材料，而是只能看到由公诉机关决定和提供的“证据目录、证人名单和主要证据复印件或者照片”，阅卷权很难有效实现。[②] 关于调查取证难问题。根据 1996 年《刑事诉讼法》及相关司法解释的规定，辩护律师收集证据必须经过证人或者其他有关单位和个人同意，人民法院、人民检察院在认为必要或需要调取证据时，才会同意律师关于调取证据的申请。在实践中，难免会出现一些证人或有关单位拒绝作证的情形，[③] 当然也存在有的法院、检察院以没有必要或不需要为

---

① 陈卫东主编：《刑事诉讼法实施问题调研报告》，中国方正出版社 2000 年版，第 223–227 页。

② 孙长永主编：《中国刑事诉讼法制四十年回顾、反思与展望》，中国政法大学出版社 2021 年版，第 57 页。

③ 李学宽：《论起诉阶段律师辩护功能》，载陈光中、江伟主编：《诉讼法论丛》（第三卷），法律出版社 1999 年版，第 141 页。

由否定律师申请的情况。不但如此，1997 年《刑法》修订时又在第 306 条增设了律师伪证罪，这不但增加了律师的调查取证困难，而且对律师执业中的人身自由、安全构成了最大威胁。[①]

“三难”问题是控辩双方非理性对抗的必然结果，究其原因，主要是因为受到长期以来“敌我矛盾”观念的影响，而律师的职业定位又发生了显著变化，从公共利益、国家利益的代言人转向代表犯罪嫌疑人的利益，于是就会有不少侦查人员、检察人员在将犯罪嫌疑人当作“犯罪人”的同时，理所当然地将辩护律师视作“犯罪人”的代言人和法律的“异己分子”，控辩双方缺乏沟通，更难言合作。控辩双方庭下的不沟通、不合作，直接导致庭上的不留情、硬碰硬，控辩冲突屡屡发生。[②]不仅如此，控辩关系这种非理性对抗还进一步延伸到审辩关系之间，“死磕派”律师应运而生。

控辩双方的非理性对抗，刑事辩护律师强烈抗议，以及“死磕派”律师的大量出现，引起了法学界和立法机关、司法机关乃至全社会的高度关注。与此同时，顺应时代的要求，我国于 2004 年对 1982 年《宪法》进行了第 3 次修改，在第 33 条第 3 款增加规定“国家尊重和保障人权”，这是我国《宪法》史上具有跨时代意义的一次重大修改，对于我国的法治建设具有极为重要的意义。与《宪法》修改相适应，同时也是为了适应社会、政治、经济、文化以及法治建设的进一步要求，中央于 2008 年底开始了新的一轮司法体制与工作机制改革，在这一过程中，经过法学界、立法机关、司法机关和律师界的共同努力，控辩关系逐渐从非理性对抗转向理性对抗，一直到 2012 年《刑事诉讼法》的第二次修改，控辩关系基本转向比较理性的对抗阶段。

---

① 孙业群：《做一个刑辩律师究竟有多难——律师参与刑事诉讼活动有关问题的思考》，载《中国律师》2003 年第 4 期。

② 冀祥德等：《从对抗转向合作：中国控辩关系新发展》，载《中国司法》2011 年第 12 期。

四、刑事诉讼制度完善中的控辩关系对抗兼合作阶段

控辩对抗既有利于实体公正和程序公正的实现，同时也有利于保障人权。但是，对抗的前提必然是司法资源的大量占用和司法成本的高昂投入，结果必然是诉讼效率的降低。随着经济、社会、科技等的高速发展，进入刑事司法视野的社会矛盾也愈来愈多、愈来愈复杂，快速增加的犯罪案件与有限增长的刑事司法资源的紧张关系越来越突出，如何在现有的司法资源配置下，有效应对犯罪案件日益增多的问题，实现国家治理和社会发展的基本平衡，维护社会治安秩序，成为世界上多数国家司法体制改革中都在考虑解决的问题。正是在这种司法情势下，世界上多数法治国家都在刑事诉讼立法和实践中，选择调整控辩关系，不断地从控辩平等对抗一步步转向控辩平等合作，我国的控辩关系转型就是在这个背景下展开的。[①]

（一）控辩关系进入以对抗为主、合作为辅的阶段

1. 人权的司法保障进一步明确和加强

2004 年《宪法修正案》在第 33 条第 3 款增加规定“国家尊重和保障人权”之后，2012 年《刑事诉讼法》修改时在第 2 条也新增了“尊重和保障人权”的规定，人权的司法保障成为刑事诉讼法明确的任务之一，被追诉人的诉讼主体地位和权利保障得到了进一步提高和加强。具体表现在：2012 年《刑事诉讼法》第 79 条细化了逮捕条件，特别是对 1996 年第 60 条“采取取保候审、监视居住等方法，尚不足以防止社会危险性”中的“社会危险性”作了具体明确的规定，将其限定于可能实施新的犯罪，有危害国家安全、公共安全或社会秩序的现实危险，可能毁灭、伪造证据等 5 种情形，降低了逮捕条件的模糊性和不确定性，有利于对被追诉人合法权利的保障；第 86 条完善了审查批准逮捕程序，增加

---

① 关于本问题之专论，详见冀祥德等：《建立中国控辩协商制度研究》，北京大学出版社 2006 年版。

了审查批准逮捕应当讯问犯罪嫌疑人的规定与程序，增加了应当听取辩护律师意见的情形，审查逮捕程序中的当事人主义因素得到了加强；第 91 条明确规定犯罪嫌疑人被逮捕后应当立即送看守所羁押，并删除了 1996 年《刑事诉讼法》第 71 条中关于有碍侦查不通知家属的规定，在一定程度上能够有效防止刑讯逼供的发生；第 33 条将犯罪嫌疑人有权委托辩护人的时间由 1996 年规定的审查起诉之日进一步提前到“自被侦查机关第一次讯问或者采取强制措施之日起”，并规定侦查机关此时对犯罪嫌疑人有告知其有权委托辩护人的义务，同时规定在押犯罪嫌疑人、被告人的监护人、近亲属可以代为委托辩护人，扩大了聘请辩护律师的主体范围，被追诉人的权利范围进一步扩大；第 34 条删除了 1996 年《刑事诉讼法》第 34 条将法律援助限定于“公诉人出庭公诉的案件”的规定，扩大了法律援助的范围，没有聘请辩护人的“尚未完全丧失辨认或者控制自己行为能力的精神病人”也被列入法律援助的范围；第 36 条至第 40 条吸收和完善了《律师法》中关于律师会见权、阅卷权的规定，恢复了提起公诉时的全案移送制度，规定了辩护律师在侦查阶段的权利内容，设置了辩方对于阻碍辩护职责履行的救济渠道等，有利于律师辩护权的实现；第 50 条在 1996 年《刑事诉讼法》第 43 条的基础上增加规定“不得强迫任何人证实自己有罪”，并在第 54 条至第 58 条增加了有关非法证据排除的规定，其中包括非法证据的范围、非法证据的调查核实程序、检察人员证明取证合法性的义务、确认或不能排除非法取证情形时的不利后果归属等，根据上述规定，刑事诉讼每个阶段的办案机关都有排除非法证据的义务；第 211 条规定审判人员应当“告知被告人适用简易程序审理的法律规定，确认被告人是否同意适用简易程序审理”，只有在被告人同意的情况下才能适用简易程序审理案件，加强了当事人的程序选择权，这体现了对适用简易程序的慎重以及对被告人诉讼权利的尊重；在侦查一章增加了第八节技术侦查措施，将技术侦查纳入法治轨道，同时强调犯罪嫌疑人基本权利保障；等等。

2. 对抗式诉讼结构进一步完善

1996 年《刑事诉讼法》确立了对抗式的刑事诉讼结构，由控辩双方为主推动法庭调查程序的进行，但在适用简易程序的案件、再审案件及死刑复核案件的审理中，相关规定都没有明确规定检察机关必须参加，并由此导致了检察机关在这 3 类案件中几乎都是缺席的，对抗式诉讼结构在这 3 类案件中也并未实现。2012 年《刑事诉讼法》对此进行了修改，进一步完善了对抗式诉讼结构，控辩平等武装下的平等对抗得以进一步完善。譬如：第 210 条规定“适用简易程序审理公诉案件，人民检察院应当派员出席法庭”，强调了适用简易程序的公诉案件审理中检察官的出庭义务，而 1996 年《刑事诉讼法》第 175 条规定，“适用简易程序审理公诉案件，人民检察院可以不派员出席法庭”；2012 后《刑事诉讼法》第 240 条第 2 款规定，“在复核死刑案件过程中，最高人民检察院可以向最高人民法院提出意见。最高人民法院应当将死刑复核结果通报最高人民检察院”，而在 1996 年和 1979 年的《刑事诉讼法》中，检察机关是不介入死刑复核程序的，2012 年《刑事诉讼法》对于死刑复核案件的检察监督进行了强调，不但明确最高人民检察院可以在复核死刑案件的过程中向最高人民法院提出意见，而且规定最高人民法院有将死刑复核结果通报给最高人民检察院的义务；第 245 条在 1996 年《刑事诉讼法》第 206 条规定的基础上增加一款规定“人民法院开庭审理的再审案件，同级人民检察院应当派员出席法庭”。上述规定在增强了适用简易程序案件、审判监督案件、死刑复核案件审理中的控辩对抗性同时，也进一步强化了人民法院的中立性、被动性。

3. 控辩关系由对抗开始转向合作

控辩对抗式诉讼结构的确立符合世界刑事诉讼发展的趋势，有利于保障犯罪嫌疑人或被告人的合法权益，有利于司法公正的实现，但因为该种诉讼模式程序上的复杂性，在面对简单案件或者事实清楚、证据充分的案件时，存在着效率较低的劣势。根据 2012 年《刑事诉讼法》第 2 条的规定，我国《刑事诉讼法》的任务之一是“保证准确、及时地查明犯罪事实”，其中“准确”是对司法公正的要求，而“及时”是对司法效率的要求。正是基于在保证司法公正基础上对于司法效率的考虑，2012 年《刑事诉讼法》扩大了简易程序的适用范围，其第 208 条第 1 款规定，基层人民法院管辖的案件，只要符合“（一）案件事实清楚、证据充分的；（二）被告人承认自己所犯罪行，对指控的犯罪事实没有异议的；（三）被告人对适用简易程序没有异议的”这 3 个条件，即可适用简易程序。适用简易程序的案件不再受 1996 年《刑事诉讼法》第 174 条规定的“三年以下有期徒刑、自诉案件”等条件的限制，且关于是否适用简易程序，被告人有最终决定权，检察机关只有建议权，而非 1996 年《刑事诉讼法》中规定的由检察机关“建议或者同意”方可适用简易程序。2012 年《刑事诉讼法》第 208 条第 1 款第（二）项和第（三）项体现了被告人在刑事诉讼中的合作意向，这同时也是控辩之间进一步合作的基础。由此，控辩关系开始从对抗转向对抗与合作共存，但以对抗为主、合作为辅的新发展阶段。

（二）抗辩关系进入以合作为主、对抗为辅阶段

这个阶段是以 2018 年《刑事诉讼法》第三次修改为标志开始的，比较突出的表现在本次修法中扩大了简易程序适用范围，确立了值班律师制度，规定了认罪认罚从宽制度，同时对于侦查、检察、审判机关的职能进行了比较科学的调整，特别是简易程序范围的扩大和认罪认罚从宽制度的构建与完善，控辩关系从对抗开始转向合作，从对抗为主、合作为辅的状态，转向以合作为主、对抗为辅的状态。

1．确立了值班律师制度

2018 年《刑事诉讼法》第 36 条在 2012 年《刑事诉讼法》的法律援助制度之后增加规定“法律援助机构可以在人民法院、看守所等场所派驻值班律师”，对于没有委托辩护人、法律援助机构也没有指派律师为其提供辩护的犯罪嫌疑人、被告人，由值班律师为其提供法律咨询、程序选择建议、申请变更强制措施、对案件处理提出意见等法律帮助，确立了值班律师制度，并在第 174 条规定，“犯罪嫌疑人自愿认罪，同意量刑建议和程序适用的，应

当在辩护人或者值班律师在场的情况下签署认罪认罚具结书”，在一定程度上保证了没有辩护人的犯罪嫌疑人认罪认罚的自愿性以及认罪认罚具结书的真实性、合法性，从而也就在一定程度上保障了犯罪嫌疑人的诉讼权利及其他合法权利。

2. 确立了认罪认罚从宽制度

2014 年 6 月 27 日，全国人大常委会表决通过《关于授权最高人民法院、最高人民检察院在部分地区开展刑事案件速裁程序试点工作的决定》，授权“两高”在北京、天津、福州、厦门等 18 个城市开展程序试点工作。在此授权下，最高人民法院、最高人民检察院、公安部、司法部联合制定了《关于在部分地区开展刑事案件速裁程序试点工作的办法》，对事实清楚，证据充分，被告人自愿认罪，当事人对适用法律没有争议的危险驾驶、交通肇事、盗窃、诈骗、抢夺、伤害、寻衅滋事罪等情节较轻，依法可能判处一年以下有期徒刑、拘役、管制的案件，或者依法单处罚金的案件，在一定条件下可以适用速裁程序，进一步简化了《刑事诉讼法》规定的相关诉讼程序。在刑事速裁程序试点的基础上，中央又部署了认罪认罚从宽试点改革。2014 年 10 月 23 日，党的十八届四中全会通过《中共中央关于全面推进依法治国若干重大问题的决定》，首次提出“完善刑事诉讼中认罪认罚从宽制度”。2016 年 7 月 22 日，党的十八届中央全面深化改革领导小组第二十六次会议审议通过了《关于认罪认罚从宽制度改革试点方案》。2016 年 9 月 3 日，全国人大常委会表决通过《关于授权最高人民法院、最高人民检察院在部分地区开展刑事案件认罪认罚从宽制度试点工作的决定》，授权“两高”在北京、天津、福州、厦门等 18 个城市开展刑事案件认罪认罚从宽制度试点工作，其中刑事速裁程序被纳入到认罪认罚试点工作中，其适用范围扩大到 3 年有期徒刑以下刑罚的案件。2016 年 11 月 16 日，最高人民法院、最高人民检察院、公安部、国家安全部、司法部联合出台《关于在部分地区开展刑事案件认罪认罚从宽制度试点工作的办法》。2017 年 10 月，最高人民法院又联合司法部出台了《关于开展刑事案件律师辩护全覆盖试点工作的办法》，在 8 个省（直辖市）试点刑事案件律师辩护全覆盖，以切实维护当事人合法权益、促进司法公正。[①]2018 年 10 月,《刑事诉讼法》第三次修改通过，认罪认罚从宽制度在此次修改中被正式确立，且该制度适用的案件范围非常广，几乎所有刑事案件的犯罪嫌疑人或被告人只要认罪认罚，都可以适用该制度。不但如此，认罪认罚从宽制度影响的程序非常多，从侦查到起诉，再到审判，认罪认罚从宽制度的适用几乎贯穿于刑事诉讼的全过程，涉及辩护制度、强制措施制度等多项基本制度，其中对辩护制度的影响最大，对刑事辩护的数量和质量提出更高要求。可以说，认罪认罚从宽制度就是中国特色的控辩协商制度。

3．对侦查、检察、审判机关的职能进行了适当调整

2018 年《刑事诉讼法》第 120 条规定，侦查人员在讯问犯罪嫌疑人时“应当告知犯罪嫌疑人享有的诉讼权利，如实供述自己罪行可以从宽处理和认罪认罚的法律规定”，这意味着侦查机关在侦破案件的方式上也可能会因此而有所调整，认罪认罚从宽制度或许会成为其破案的重要途径之一。2018 年《刑事诉讼法》除了对侦查机关的上述规定外，其第 173 条、第 190 条也规定，人民检察院在审查认罪认罚案件时、人民法院在开庭审理认罪认罚案件时，都应当告知犯罪嫌疑人、被告人其享有的诉讼权利和认罪认罚的法律规定；人民检察院还应当听取和记录犯罪嫌疑人、辩护人或者值班律师、被害人及其诉讼代理人关于“涉嫌的犯罪事实、罪名及适用的法律规定”“从轻、减轻或者免除处罚等从宽处罚的建议”“认罪认罚后案件审理适用的程序”“其他需要听取意见的事项”这 4 个方面的意见，并“应当提前为值班律师了解案件有关情况提供必要的便利”；人民法院则应当“审查认罪认罚的自愿性和认罪认罚具结书内容的真实性、合法性”。同时，第 176 条第 2 款规定，“犯罪嫌疑人认罪认罚的，人民检察院应当就主刑、

① 许聪、卞子琪：《提升司法质效 确保宽严相济》，载《人民法院报》2018 年 3 月 16 日，第 4 版。

附加刑、是否适用缓刑等提出量刑建议，并随案移送认罪认罚具结书等材料”。第201条规定，“对于认罪认罚案件，人民法院依法作出判决时，一般应当采纳人民检察院指控的罪名和量刑建议”。根据上述一系列规定，在认罪认罚案件中，侦查机关、检察机关、审判机关的职能都有了适当调整，其中既包括三机关都有的告知义务以及为值班律师了解案件提供必要便利的义务，也包括检察机关独有的听取、记录犯罪嫌疑人、辩护人或者值班律师等意见和根据犯罪嫌疑人认罪认罚情况提出量刑意见的义务，审判机关独有的审查检察机关移送起诉的认罪认罚案件中被告人认罪认罚的自愿性和认罪认罚具结书真实性和合法性的义务。相关法律和司法解释还规定，人民法院在检察机关提出的量刑意见无明显不当的情况下一般应当采纳检察机关指控的罪名和量刑建议。这些规定既体现出控辩双方之间在认罪认罚案件中具有较高程度的合作，同时也在相当大程度上体现出审判机关对控辩双方合意的尊重，而合作的顺利进行和合意的最终达成是建立在控辩平等的基础上。控辩平等不仅对于认罪认罚之后的从宽结果非常重要，而且对在诉讼过程中达成认罪认罚与从宽之间合意的方式也很重要，还对于认罪认罚与从宽合意达成过程的规范化很重要。①

可以说，相对体系化的认罪认罚从宽制度的确立，标志着我国的控辩关系正式走向以合作为主、对抗为辅阶段，而这也是控辩双方平等武装、平等对抗、平等保护、平等合作的时代内涵在我国新时期刑事司法体制改革的具体体现。

五、我国刑事诉讼制度及控辩关系的未来

应该客观地看到，2012年修改《刑事诉讼法》后，控辩关系由非理性对抗转向理性对抗阶段，伴随着2018年《刑事诉讼法》的修改，控辩关系从对抗转向对抗兼合作阶段，控辩关系不断向

① 王敏远：《认罪认罚从宽制度中的重点、难点问题》，载《人民司法》2019年第10期。

良性的、科学的方向发展。然而，问题还是存在的。譬如“刑事辩护三难”问题，律师会见难、阅卷难的问题在一定程度上得到了解决，但调查取证难的问题仍然没有得到根治，尤其是侦查阶段的调查取证权在相关法律和司法解释中并没有明确，律师因顾虑职业风险，一般也不敢在侦查阶段以积极方式行使调查权，[①]而侦查阶段在相当大程度上决定了刑事案件的最终走向。不但如此，因为在审前阶段的律师会见权和阅卷权在一定程度上得到了解决，律师履职方面困难的焦点逐渐转移到审判阶段，主要表现在由于证人出庭作证率低，导致律师发问难、质证难，以及少数法官在审理中随意打断或限制律师的质疑与发问导致的法庭辩论难问题。[②]发问难、质证难、辩论难看似与控辩关系的关系不大，实质上在一定程度上仍然是控辩关系中曾经存在的问题的延续，尤其是少数法官存在的随意打断或限制律师质疑或发问导致的辩论难问题，从某种角度看也是因为这少数法官在不自觉中混淆了控审职能，将自己放到了控诉方的位置上。除此之外，2018 年 3 月颁行的《中华人民共和国监察法》，将原由检察机关侦查的职务犯罪案件全部移交给监察委员会管辖，监察机关调查的 88 种刑事案件被调查人在调查期间不能获得律师帮助。与此同时，虽然监察机关将案件移送人民检察院审查起诉后应当允许辩护律师介入，但在实践中律师（包括值班律师）在此类案件中的会见权还是会受到一定程度的限制。不但如此，在近年开始的“扫黑除恶”专项行动中，涉黑和涉众案件在侦查阶段的律师会见权也受到了一定的限制。[③]如上种种，都在一定程度上影响着良性、科学控辩关系的未来发展。

我认为，控辩关系是衡量一个国家刑事诉讼制度以及司法制度文明程度的关键元素。从控辩关系演变的角度，从纵横两个视

---

① 孙长永主编：《中国刑事诉讼法制四十年回顾、反思与展望》，中国政法大学出版社 2021 年版，第 64 页。

② 韩旭：《以保障律师职业权利 让法官律师良性互动》，载《人民法院报》2015 年 9 月 10 日，第 2 版。

③ 孙长永主编：《中国刑事诉讼法制四十年回顾、反思与展望》，中国政法大学出版社 2021 年版，第 70 页。

阈对世界刑事诉讼制度发展和我国，特别是新中国成立以来刑事诉讼法制的发展历程进行回顾，我们可以明显看出，我国刑事诉讼制度一直在以控辩平等为追求，沿着从“法制”到“法治”转向的轨道，积极向前发展。在这个过程中，虽然因为多方面的主客观原因，还存在很多不如人意的地方，但不可否认，我国的刑事诉讼制度是在不断进步的，其发展符合世界刑事诉讼制度发展的趋势：控审分离原则在刑事诉讼制度和刑事司法实践中不断得到强化，控诉方不断向当事人一方角色转变，被追诉人的刑事诉讼主体地位和权利保障不断加强，控辩关系从混乱无序阶段走向有法可依阶段，走向对抗阶段，再走向对抗兼合作阶段，控辩平等原则除了传统意义上的平等武装与平等对抗之外，在当代法治视野特别是人类命运共同体构建之时代背景之下，又吸纳凝聚了平等保护与平等合作的现代内涵，[①]程序公正日益得到重视，司法在关注公正的同时也开始不断兼顾效率。

毋庸讳言，法治现代化既不是某个国家或地区法治发展的个别态势，也非孤立封闭的法律现象，而是一个具有国际性的、开放的法治发展过程。这一具有革命性的法治发展过程，对人类法律生活产生了深刻的影响，极大地推动了各民族、各国家和各地区法律文化的碰撞与融合，飞快地促进了人类法律文明的成长，[②]刑事诉讼制度的现代化同样如此，各国现代刑事诉讼制度的形成都离不开借鉴他国的先进经验，当然也离不开本国的国情。法国虽然是最早实现刑事诉讼制度现代化的国家，但是其刑事诉讼制度的现代化是在吸收英国弹劾式（或对抗式）诉讼制度中当事人主义因素的基础上，再结合本国的国家追诉主义传统并进行了检察制度的创新等才实现的；德国的现代刑事诉讼制度创设最早受到法国的影响，但也形成了其尤其注重对警察活动合法性进行控制和监督的特色；英国的现代刑事诉讼制度也吸收了法德等大陆

① 冀祥德：《和谐社会语境下的控辩平等——以构建平等合作诉讼模式为中心的研究》，载《法学家》2008 年第 3 期。

② 公丕祥：《国际化与本土化：法制现代化的时代挑战》，载《法学研究》1997 年第 1 期。

法系国家的国家追诉主义，向其借鉴并设置了专职警察和代表国家追诉犯罪的公诉人——皇家检察署；美国则在继承英国弹劾式（或对抗式）刑事诉讼制度和司法传统的同时，吸收了法国的检察制度，但其也开创了刑事诉讼权利宪法化的先河；日本则在二战前先确立了法德职权主义模式的刑事诉讼制度，在二战后进行了向英美当事人主义诉讼模式方向转变的根本性改革；意大利也于1988年在原有的大陆法系职权主义诉讼制度的传统上，移植了英美法系国家当事人主义诉讼制度中的一部分内容，重新调整和设计了意大利的刑事诉讼制度。正因如此，我们应当用全球化的眼光来关注我国刑事程序法治现代化的问题，即需要超越狭隘的东方主义或西方主义的法律发展模式，走出一条契合我国传统与现实，适合我国国情，能够反映我国民族法律精神的刑事程序法治现代化道路。[①]事实上，我国的刑事诉讼制度发展至今也是在遵循这一理念，从最初1979年《刑事诉讼法》以原苏联的刑事诉讼制度为模板，到1996年《刑事诉讼法》吸收了普通法系国家的当事人主义因素确立了对抗式诉讼结构，再到2012年《刑事诉讼法》在进一步完善对抗式诉讼结构的同时在简易程序中增加了控辩合作的因素，再到2018年《刑事诉讼法》修改设立具有鲜明中国特色的认罪认罚从宽制度，无一不体现了我国在结合本国国情基础上对世界先进法治文明成果的借鉴和吸收。

近些年来，世界各国都对各自的刑事诉讼制度进行了一些具有针对性的改革，这一方面是立法对司法现实诉求的回应，另一方面也反映了各国在个人自由和公共安全两种价值之间不断寻求平衡。普通法系国家如英国，针对其追诉犯罪的效率以及社会安全保障方面的欠缺，在司法改革中简化了起诉预审程序，[②]逐渐扩充了警察在搜查和拦截方面的权力，[③]缩小了陪审团审理案件的范围，加强了量刑指导规则的制定，从而在一定程度上加强了追

---

① 公丕祥：《全球化时代的中国法制现代化议题》，载《法学》2009年第5期。

② 齐树洁：《英国司法制度》，厦门大学出版社2007年版，第538页。

③ 刘方权：《论搜查——以英美法为分析参照》，载陈兴良主编：《刑事法律评论》（第12卷），中国政法大学出版社，第501页。

诉犯罪和社会控制的力量；美国则修正了在排除规则上的强硬立场，相继确立了“必然发现的例外”“独立来源的例外”“善意例外”“削弱因果联系”“质疑”等例外。大陆法系国家如法国，则针对其对被追诉人权利保障不够的问题，取消了预审法官先行羁押的权力，并将该权力移交给新设立的自由与羁押法官，[①]加强了对被追诉人权利的保障，设置了被告人“审前认罪出庭程序”，[②]提高了追诉犯罪的效率等；德国为解决国家司法资源的有限性以及法官的认知能力的局限性与案件审判压力大之间的矛盾，也在刑事司法实践中逐步形成了一种类似美国辩诉交易的协商性司法制度；[③]2000年至现在的日本也引进了有关强化刑事裁判和迅速审判的各种对策，如创设了争点整理程序以确保连日集中开庭审理以及法官诉讼指挥权得以充分发挥，与此同时，设立了审前整理程序，完善了即决裁判程序、国选辩护人制度等。[④]

从上述改革举措可以发现，各国围绕调整控辩关系，主要致力于几个方面的改革：一是在通过对羁押等各种审前程序进行诉讼化改造，加强审前程序中的控辩平等保障。二是通过进一步完善审判程序，加强了庭审的实质化，加强了量刑指导，审判程序中的控辩平等武装、平等对抗也得到了进一步加强。三是通过设置和完善控辩协商程序、速裁程序等，加强控辩合作，在保证司法公正的基础上提高司法效率，缓解司法资源的匮乏。

回望我国近些年刑事司法制度改革，总的方向是与世界刑事诉讼制度的发展基本一致，但具体的制度和机制改革又审慎地考虑了中国的现实国情，呈现出鲜明的中国特色，如进行了庭审实质化改革、速裁程序改革、司法责任制改革、非法证据排除规则，以及认罪认罚从宽制度等，尤其是最高人民检察院近年对逮捕程

---

① ［法］贝尔纳·布洛克：《法国刑事诉讼法》，中国政法大学2009年版，第390–394页。

② ［法］贝尔纳·布洛克：《法国刑事诉讼法》，中国政法大学2009年版，第478–479页。

③ 邵建东：《德国司法制度》，厦门大学出版社2010年版，第296–299页。

④ ［日］田口守一：《刑事诉讼法》，张凌、于秀峰译，中国政法大学出版社2010年版，第3–13页。

序进行的司法化改造试点工作，是检察机关在现行《宪法》《刑事诉讼法》框架内，在尊重刑事司法规律的前提下，顺应刑事诉讼制度发展趋势，作出的重大尝试，而学术界和实务界在一定程度上对逐步实现对侦查中强制措施和强制性侦查行为的司法审查也形成了较为一致的认识。[①] 在未来，这些已经在进行的改革还有待继续深化，各项已经初步确立的制度也还有待进一步完善，对犯罪嫌疑人、被告人在刑事诉讼各阶段的诉讼权利及其他合法权利的保障有待进一步加强，侦查权、审查起诉权、审判权之间的互相制约，尤其是审判权对侦查权和审查起诉权的制约有待进一步加强，改革在注重司法公正的同时也要更加注重效率方面的价值，“以审判为中心”的诉讼制度改革还应进一步深化。

尤其值得充分肯定地是，新中国成立 70 年来，控辩关系从无序到失衡，从非理性对抗到理性对抗，从对抗到合作，从以对抗为主、合作为辅到以合作为主、对抗为辅，展现出我国刑事司法制度曲折中前进、螺旋式上升的特点，也在一定程度上彰显出我国从“法制”建设到“法治”建设过程中的若干特征。可以看出，我国控辩关系的这样一种发展轨迹，是基本符合世界刑事诉讼发展规律的，也符合中国特色社会主义建设的基本国情。那么，我国控辩关系的未来是什么样的？我认为，这是一个值得法学界和法律界十分关注的问题。无疑，无论是控方，还是辩方，我们都渴望构建起更加良性、科学、契合刑事诉讼规律、具有中国特色的控辩关系。在我看来，当下应当主要考虑以下三个方面的问题：

第一，修改《宪法》第 140 条、《刑事诉讼法》第 7 条，把《宪法》和《刑事诉讼法》规定的“公检法”三机关之间的关系，改为规范调整“公检法律”四主体之间的关系，就是把“刑事诉讼三机关”改为“刑事诉讼四主体”。《宪法》第 140 条和《刑事诉讼法》第 7 条所规定的“公检法三机关”分工负责、互相配合、互相制约已经完成了它的历史使命，现在到了按照刑事诉讼规律

---

① 谢鹏程:《检察理论：在职能深刻调整中砥砺前行》，载《检察日报》2019 年 1 月 9 日，第 3 版。

强调“公检法律四主体”关系的时候了。良性、科学的控辩关系寓于“公检法律四主体”关系之中。

第二，建构以审判为中心诉讼制度改革这座大厦的三个重要支点。第一个支点是构建以公诉为中心的控诉制度，第二个支点是构建以辩护为中心的被追诉人权利保障制度，有了前两个支点，才能构建起以审判为中心的诉讼制度这是第三个支点。现代刑事诉讼构造的基本特征依然是控辩审三方的等边三角形结构，在以审判为中心诉讼制度构建的大格局中，控诉方的支点就是以控诉职能为根本要求的以公诉为中心，而不是以其他职能为中心。辩方的支点就是以辩护职能为根本要求、围绕被追诉人权利保障制度的以辩护为中心。没有这三大支点，就不可能真正构建起以审判为中心的诉讼制度。在三大支点为坐标的控辩审三方的等边三角形结构中，才有良性的、科学的控辩关系。

第三，我早就撰文提出，中国刑事诉讼制度发展的基本方向是“简者更简，繁者更繁”，[①] 认罪认罚从宽制度就是其中的“简者更简”。但是，需要注意的是，“简者更简”本质是控辩协商，而控辩协商必须以被追诉人享有沉默权和案件知情权（证据开示或者完全阅卷权）为前提保障。我们目前的认罪认罚从宽制度之所以诟病颇多，一方面是“名不正”，则理不顺——认罪认罚从宽是适用控辩协商程序之后的结果，而不是制度本身。故我坚持认为，其名称应该是控辩协商制度；另一方面，沉默权、证据开示和控辩协商三种制度是“孪生兄弟”，缺一不可，[②] 没有沉默权制度，没有完善的证据开示制度，而强调控方主导，怎么可能有法治形态下的认罪认罚从宽制度（控辩协商制度）？

---

① 冀祥德：《被告人认罪案件程序改革的基本方向》，载《人民检察》2008 年第 14 期。又见冀祥德：《刑事审判改革的基本立场：简者更简，繁者更繁》，载《人民司法》2006 年第 8 期。

② 关于本问题之专论，详见冀祥德：《辩诉交易、沉默权、证据开示关系论——兼论中国司法改革若干问题》，载《政法论坛》2006 年第 3 期。

从对抗转向合作：中国控辩关系新发展①

一、问题的提出

长期以来，对公正与效率的共同追求是中外刑事司法制度发展路径中显著的共同特征。当下，我国的刑事司法制度正在面临百年一遇的变革。围绕公正与效率的主题，如何在保证诉讼公正的前提之下，节约司法成本，提高诉讼效率，成为司法理论界和实务界共同关注的焦点。为此，学界和实务部门献计献策，提出和探索了诸如简易程序的改革、轻微刑事案件快速审理、普通程序简化审、认罪案件程序分流、控辩协商制度构建等设想和实践。应该说，这些大胆的设想和开拓性的探索，不乏真知灼见，有的工作机制性的变革也收到了良好的效果和反映，假以时日，进一步论证、改造和完善后而求发挥其更大的功用，也均为现实举措。但是，本文对此问题的探讨却并不欲泼墨于此，而是想从另外一个人们关注颇多但尚缺乏深入思考的视角——控辩关系模式转化，对建立中国特色的高效的刑事司法制度略陈管见，希冀引起致力于该问题研究和探索的同仁们以更深入地思考与实践。

二、从对抗转向合作的该当性分析

（一）对我国控辩关系的历史检视

从历史的纵向坐标来看，控辩关系在我国经历了几个明显不同的发展阶段：

1. 控辩关系扭曲阶段

在1979年《刑事诉讼法》制定实施之前，国家没有制定统一的刑事诉讼法典，不仅没有规范和调整控辩双方权利义务

---

① 本部分原载《中国司法》2011年第12期，第二作者张文秀。

关系的法律，而且，“军管会”作为对敌斗争的强大专政机器，一体化行使公、检、法部门的侦查、起诉与审判职能，根本谈不上诉讼形态下的控辩关系，或者说控辩关系只能处于扭曲的状态。

2. 控辩关系失常阶段

1979 年《刑事诉讼法》实施至 1996 年《刑事诉讼法》修改之前，法律确立了辩护人的地位，赋予了辩护人某些权利，控辩关系得以在法律制度中建立。但是，在刑事诉讼的超职权主义模式之下，控辩关系是不正常的。一方面表现为控辩不分，辩护律师在当时作为“国家法律工作人员”，履行了过多的与辩护人“天职”不一致的职能，另一方面表现为控辩失衡，公、检、法三家都戴“大盖帽”下的互相配合、共同对“敌”，使得辩方的地位低下，权利弱小，与控方强势的地位与强大的权利无法同日而语。①

3. 控辩关系对抗阶段

对抗是当事人主义模式下控辩关系的基本特征。我国 1996 年《刑事诉讼法》的修改，吸收了一些当事人主义因素，除律师介入刑事诉讼的时间提前到了侦查阶段，律师有权自审查起诉阶段开始调查证据等辩护权的扩张外，庭审方式开始采取“控辩式”，增强了法庭中控辩双方的对抗性。特别是 1997 年起施行的《律师法》，将律师定位为社会法律工作者，不再被定位为公共利益的代言人，可以不再过多地考虑遥远的国家利益，而是更多地强调其

---

① 1979 年《刑事诉讼法》制定的时候，刑事诉讼程序被设计为政策执行的工具和阶级斗争的工具，在这种体制下，律师除了维护委托人的利益之外，还必须维护国家和社会利益，所以，刑事诉讼中的辩护律师就不仅仅是被告人利益的代表者，在特定的场合下，他还要代表国家利益和社会公共利益。但这种意识形态上将律师视为公共利益的代表的观念促使决策者同时在稍后不久颁布的《律师暂行条例》中将律师定位为国家工作人员。在我国法制尚不健全的情况下，将律师规定为国家的法律工作者，无疑使律师具有了较大的权威性。而且，律师作为国家法律工作者对改变人们不正确的传统观念，确立律师与法院审判员同等法律地位，是有利于发挥律师的作用，切实保证律师执行职务、开展业务、保障律师自身合法权益的有效措施。

代表的委托人的利益。[①] 控辩关系进入了一个以对抗为主的阶段。

（二）对抗：《刑事诉讼法》修改后控辩关系的突出特征

“要想熟知真相，首先就得对其进行争论。”（To become properly acquainted with a truth we must first have...disputed against it）[②] 美国大法官 Eldon 也认为“通过互问强有力的问题是发现事实真相的最好办法”。[③] 诚然，与私力纠纷解决、弹劾式诉讼以及纠问式诉讼纠纷解决方式不同的是，现代刑事诉讼程序是在中立法官的主持下，通过控辩双方的平等对抗进行的，刑事诉讼的价值是在控辩双方的平等对抗中实现的：通过控辩双方有秩有序的良性对抗，使得纠纷在受到理性控制的、看得见的条件下得到解决。

我国自 1996 年修改的《刑事诉讼法》实施后，控辩对抗成为控辩关系的突出特征。表现为：一方面，控辩双方的关系不够和谐。就控辩关系而言，由于长期以来“敌我矛盾”观念的影响，基于职业立场的不同而导致控辩关系对立的问题尤为突出。不少公安人员、检察人员把犯罪嫌疑人当作“犯罪人”，将辩护律师视作“犯罪人”的代言人和法律的“异己分子”。在诉讼活动中，对律师“横眉冷对”，百般刁难。在法庭上，控辩双方更像“仇人相

---

① 1997 年起施行的《律师法》将律师界定为依法取得律师执业证书，为社会提供法律服务的执业人员，即社会法律工作者。应该说，这一定性比国家法律工作者更为科学，从国家法律工作者到社会法律工作者的转变，表明我国对律师性质认识上的一大飞跃，具有历史进步意义。但是这一变化却带来了一系列消极的后果。将律师界定为国家工作人员实际上是将律师置于与检察官、法官平等的位置上，从理论上说，检察官和法官有更多的理由将律师视为内部人，而不是外部人。因此，律师的权利也能够得到官方的尊重。然而修改后的《律师法》中，将律师不再被视为国家工作人员，相应地，律师更容易被检察官、法官视为外部人，所以，在律师的执业活动中，公、检、法的人员尤其是公、检部门的人员认为“律师是异己分子，是来找茬的”，远不是个别与少数。律师是非公有制中介机构中社会法律工作者的定位，使得多数公众更认为律师和“个体户”没有什么区别。

② Novalis，reprinted in Fragments (Carlyle，late eighteenth century)，Novalis was the pseudonym of eighteenth-century German poet Friedrich von Hardenberg.

③ Kaufman，Does the Judge Have a Right to Qualified Counsel，61 A. B. A.J.569，569(1975)，quoted in United States v.Cronic，466 U.S. 648，655(1984).

见，分外眼红”，控辩冲突屡屡出现。[①] 另一方面，控辩双方缺乏沟通，更难言合作。按照现行法律和司法解释的规定，控辩双方并非没有沟通与合作的条件与机会，但是，实践中，所谓的控辩沟通往往流于形式，如控方向辩方进行权利告知、辩护人到控方处阅卷、申请安排会见、申请取保候审和控方听取辩方的意见等，控方往往是基于法律的强行规定而为之，实际上，双方的沟通多数停留在表面意义上，有的甚至就是“作秀”而已。至于合作，控辩双方更是少有，有的甚至以不屑与辩方合作为荣。控辩双方庭下的不沟通、不合作，导致庭上的不留情、硬碰硬，使得诸多本可以作协商性处理的案件，不得不以较大的诉讼成本付诸复杂的诉讼程序，求得诉讼各方未必满意的一个结果。

（三）合作：建立高效司法制度下控辩关系的应有改良

控辩对抗无疑既有利于实现实体公正，又有利于保证程序公正，同时也有利于保障人权。但是对抗的前提必然是司法资源的大量占用和司法成本的高昂投入，包括辩方（被追诉人）时间、精力、物质的耗费，结果必然是诉讼效率的降低。况且，随着社会的飞速发展，科技的日新月异，进入刑事司法视野的社会矛盾也愈来愈多、愈来愈复杂化。而刑事司法资源的增长，无论是人力还是物力均具有明显的滞后性。因此刑事司法面临着这样一个必须解决的重大课题：如何在现有的司法资源配置下，有效解决刑事司法视野中日益增多的问题，控制犯罪的恶化，维持社会秩序的基本平衡。此时，效率的价值目标便与刑事司法的价值追求统一起来，即在追求公正的同时，在刑事诉讼程序中引入司法效益观。正是在这样的一种背景之下，世界多数法治国家刑事诉讼中的控辩关系，不断地从控辩平等对抗一步步走向控辩平等合作。我国刑事政策中的“坦白从宽”和司法实践中诸如“綦江虹桥倒塌案”的“污点证人制度”，也表明了控辩合作的正当性基础和司

---

① 参见冀祥德：《检察官自由裁量权之自由与不自由——评中国律师把公诉人辩出法庭第一案》，载陈兴良主编：《刑事法评论》（第 18 卷），北京大学出版社 2006 年版。

法实务需要。

从和谐社会构建的视角分析，控辩合作就是一种典型的和谐诉讼关系模式。中国传统的大同观是一种朴素的和谐，反映到刑事诉讼领域，也需要达到一种和谐，控辩合作即是其中的内容之一。控辩合作追求的就是控辩和谐，这种和谐需要通过控辩双方合理沟通与合作来实现。除此之外，控辩合作也是法律职业共同体的应有之义，从宏观的角度看，在我国法律人尚未形成一个法律共同体的社会，不同法律职业者之间存在隔阂、猜疑、不信任甚至对抗，无法构建起法律职业者之间的和谐关系。控辩双方态度生冷、关系僵硬甚至心怀敌对的态度不可能实现良好的沟通，必须放平心态，摆正各自的位置，以法律共同体的思想看待控辩关系。检察官、律师以及其他以法律为职业者所构成的法律人共同体以及法律人对这样一个共同体的认同，是形成控辩良性关系的重要条件。法律人共同体的形成需要不同法律职业者之间的相互理解、信任、支持，需要他们之间的相互需要，能够相互荣辱与共，并形成不同法律职业间有机的连通和流动机制。①

三、控辩合作的价值及其模式

（一）控辩合作的价值

社会生活关系的纵横交错，冲突的发生是必然而不是偶然。犯罪只不过是一种冲突的升级。对于冲突可以有下列几种不同的反应模式：一是容忍；二是用新的冲突解决原来的冲突，以眼还

---

① 目前，我国尚未形成一个这样被法官、检察官、律师等法律职业者共同认可的法律人共同体。尽管国家统一司法考试制度的确立，诉讼制度的不断完善以及法律人文化的不断培植等会为促进中国的法律人共同体形成提供越来越好的制度基础，但是，就像对法治的信仰一样，法律人共同体的形成需要整个社会生态机制的完整提升，不是几部法律的修改完善可以促成的。尽管最高人民法院制定有《法官行为规范（试行）》，对于法官的职业行为也提出了明确的要求，要求法官在庭审中不随意打断代理人、辩护人的陈述，对代理人、辩护人的代理、辩护意见是否采纳都要阐述理由。尽管这些职业操守可以限制法官随意地“运用之妙存乎一心”，但法官职业道德行为的字里行间，还是让人能够真切地感受到法官面对当事人和律师的“居高临下”。法律人共同体的形成还需要我们不懈的努力。

眼，以牙还牙；三是通过冲突双方的协商解决冲突，即冲突中的双方由对立转向对话，共同探讨冲突产生的根源，开诚布公地讨论双方在冲突中的责任分担，并找到解决冲突的办法；四是通过冲突双方之外的第三方解决冲突，如仲裁、诉讼等方式。上述第三种方式和第四种方式分别被日本法学家棚濑孝雄称为合意型的冲突解决方式和决定型的冲突解决方式，在棚懒孝雄看来，合意型方式更能适应不同主体的独特状况。而控辩合作就是一种合意型解决犯罪案件的方式。

现行的刑事责任理论将刑法视为国家规定的违反其生存条件的价目表，在这张价目表中，任何犯罪行为都有一定的代价，犯罪越严重，代价越大，犯罪人实施了一种具体的犯罪行为后，国家就有权按价求偿，要求犯罪人接受价目表上规定的刑罚，而犯罪人一旦服刑完毕，其所负的刑事责任也就不复存在了。用控辩合作的方式解决刑事案件，应当被视为，刑事司法的一个文明进化模式，通过对犯罪做出的一种独特反应，有别于改造性的和报复性（只是惩罚）的反应。控辩合作实行的一种办法是：在一项具体犯罪中有利害关系的所有各方聚在一起，共同决定如何消除这项犯罪的后果及其对未来的影响。

从世界范围来看，缘于犯罪率的不断攀升对诉讼效率的需求，同时也因为国家追诉目的从惩罚犯罪到控制犯罪的转变，当今世界刑法的发展趋势是刑罚的人格化和轻刑化，随之引发的刑事诉讼的发展趋势就是逐步扩大以刑事速决程序处理案件的范围。在我国当下《刑事诉讼法》的修改正在如火如荼地进行。围绕公正与效率的主题，如何在保证诉讼公正的前提之下，节约司法资源，提高诉讼效率，成为本次修法的重点与争点。这是因为：一方面，犯罪率不断上升，司法资源严重短缺的现实导致案件大量积压，办案效率低下；另一方面，抗辩式诉讼机制的引入和疑案从无规则的建立，使检察官在刑事诉讼中败诉的风险加大。如何走出这些困境是每一个司法改革者所不得不面临的现实问题，而现有的一些改革措施往往顾此失彼。我们在这样一种情势之下研究控辩合作诉讼模式的构建，其意义无疑是现实的、功利的和有价值的。

笔者认为，控辩对抗固然是刑事诉讼的应有规律，但是，激烈的对抗不仅会增加诉讼成本、直接加剧控辩之间的紧张关系，而且无疑会影响到以案件为中心的多种利害关系人之间的和谐关系。控辩合作模式的运用，就是解决如此诸多问题的一把“金钥匙”，它不仅可以实现司法效益的最大化，而且可以体现司法和谐的现代价值追求。以控辩合作的典型模式辩诉交易为例，在侦查阶段它将会缩减警方调查取证以及为破案而付出的各种人力、物力和其他成本，缩短侦查周期；在审查起诉阶段，可以减轻检察官的胜诉压力以及为获取胜利而付出的诸多精力；在审判阶段，法院不需要主持开庭程序，控辩双方不需要出庭对抗，证人不需要出庭作证，周而复始的举证、质证、交叉询问等一概免除。因此辩诉交易使得司法机关及时地了结案件，及时地将犯罪与处罚联系起来，其结果并不是因此而牺牲了公正，而恰恰反映了一种动态的公正，因为真正的司法公正是应当具备效率的司法公正。而漫长的诉讼期间既拖累了被告及其家庭成员，也导致司法机关不堪重负，同时也导致社会公众对公正程序的失望，副作用随之产生。即使经过漫长审判之后，判决给了被告人所谓的公正，但是被告所受的身体和精神的磨难都已经无法挽回，刑法特殊预防和一般预防的功能收效显微，正所谓“迟到的正义为非正义”。辩诉交易的结果是使得司法机关、被告人以及被害人在自愿明智的前提下都得到了满意的结果，无疑是诉讼效益显著的一项司法制度。从经济学中的效益观而言，只有以较低的投入收到较高的产出才是合理的，也才是合乎经济正义的，而高投入低产出则是对资源的浪费，有违于满足最大多数人的最大利益的基本功利原则。

控辩合作的司法效益价值不仅在理论上是成立的，而且在现实中也得到了印证。美国通过辩诉交易制度解决了90%左右的刑事案件，这已经不再是鲜为人知的事情了，但是在这个百分比里面增减一定的幅度将会带来的后果可能是很多人都无法预计的。美国联邦法院就在Santobell v. New York一案的判决中认为“如果每一项刑事指控均要经受完整的司法审判，那么州政府和联邦政府需要将其法官的数量和法院的设施增加不知多少倍。”[①]美国前最高法院首席大法官沃沦·伯格甚至指出“即使将适用辩诉交易的案件比例从目前的90%降到80%，用于正式审判所需要的人力、物力等司法资源的投入也要增加一倍。”[②]从辩诉交易在美国自发产生到今天三十多年的实践看来，辩诉交易不仅已经彻底融入美国的司法制度，而且已经成为确保美国刑事司法制度得以正常运转的重要保障。所以，有学者预言：如果没有了辩诉交易制度“整个美国的刑事司法制度就会面临崩溃的危险。”[③]而且，辩诉交易制度通过允许犯罪人在诉讼的早期阶段，以向被害人和社会表达愧疚的方式，给付被害人相应的金钱赔偿，这样也会使得被害人从精神上和物质上都得到安抚与慰藉，更有利于促进社会正常关系的恢复。笔者认为，辩诉交易从在美国之发端，到在加拿大、英国、德国之实践，再到意大利、俄罗斯、法国等国家之广为传播，成为这些国家一项以简约程序处理大量刑事案件的司法制度，其之所以在一片抨击与责难声中，仍能保持如此旺盛的生命力，根源于该制度之生成与发展所独具的、其它诸多刑事司法制度所无法媲美的合作和谐的魅力。

上述研究表明，控辩合作对于纠纷的解决和社会关系的恢复，显然是现实的和功利的。然而，这种合作不是无条件的、任意的，而应当是有条件的、合意的。笔者认为，一方面，控辩合作实现了平等、自愿、合意、互利和诚信等重要的法律价值，有利于贯彻人权的观念和民主的精神。平等合作下的合意使得被追诉人可以和民事诉讼的当事人一样自由处分诉讼权利，被追诉人在某种程度上掌握了自己的命运，而不是被动地成为追诉和审判的客体，通过平等合作解决的案件不会出现诉讼请求被搁置、身体自由被束缚、公开审判下被曝光以及对不确定的审判结果的猜测和惶恐。

---

① Santobell v. New York，404，U.S 251，260(1971).

② Jeffrey. J. Miller，“Plea Bargaining and Its Analogues under the New Italian Criminal Procedure Code and in the United States”，22 *N. Y. U. J. Int’LL. & Pol.* 215(1990).

③ 参见冀祥德：《全球视角下的辩诉交易》，载中国博士后科学基金会、中国社会科学院、中国社会科学院法学研究室主编：《首届“中国法学博士后论坛”（2006）论文集——法治与和谐社会的建设》，社会科学文献出版社2006年版，第298页。

由此可见，合作观念和对抗思想相比，最大的特点在于其可以为参与者能动性的发挥提供空间，从而实现其主体性，体现对人权的尊重。另一方面，我们通过控辩平等合作还可以看到，在最严肃的刑事诉讼领域内，政府与公民在人格上是平等的，并且这种平等通过协商机制得到实现，这是民主精神高度发达的表现，也对整个诉讼制度乃至公权领域弘扬民主精神起着典范和促进的作用。[①]

（二）控辩合作的模式

通过对现代两种典型意义的刑事诉讼模式分析看，在当事人主义诉讼结构形式中，奉行的是司法竞技（JudicialSports）理论，刑事诉讼是以控辩双方的高度对抗向前推进的。与职权主义诉讼形式相比较，当事人主义诉讼的这种运行机制导致了两种现象的必然发生：一种现象是诉讼各方（包括国家在内）需要为诉讼投入更多的资源，因为对抗会使每一个案件的处理程序变得冗长和复杂，时间、精力和财力的增加便是不可避免的。另一种现象是使得诉讼的结果更加具有不确定性，控辩双方在诉讼过程中所面临的败诉的风险更大。有时，一个律师的精巧辩护完全有可能使得一个本来有罪的被告人被无罪释放。这两种现象的存在都迫切需要一种控辩合作机制的存在，通过这一制度既可以使大量的刑事案件在动用正规的审判程序之前就已经得到解决，有限的司法资源可以投入到更为棘手的案件中，又可以使控辩双方对诉讼结果有着相对确定的心理把握，即同时解决当事人主义诉讼中的高投入和高风险双重难题。从这个意义上讲，控辩平等合作就是为了弱化当事人主义诉讼的过分对抗化和竞技化所带来的弊端。

在笔者看来，在现代刑事诉讼活动中，控辩双方平等合作的方式至少可以表现在如下几个方面：

1. 强制措施的同意行为

强制措施的同意行为是见于一般强制措施适用的司法令状主

---

① 详见冀祥德：《和谐社会语境下的控辩平等——以构建平等合作诉讼模式为中心的研究》，载《法学家》2008 年第 3 期。

义，追诉机关为了避免繁琐的程序给追诉犯罪带来的困难，被追诉人为了排除自身的犯罪嫌疑或者避免时间的耗费，同意追诉机关对其有关搜查、扣押、盘查、监听、测谎、身体检查等强制措施的适用，而法律也认可这种经过同意而采取的强制措施行为。

强制措施的同意行为作为控辩双方在侦查程序中合作的一种形式，从本质上看是控辩双方就强制措施适用的一种合意。被追诉人通过意思表示，表明其愿意接受追诉机关对于自己权利的干预，该种意思表示作为一种权利上的放弃，是通过自愿来支配或者行使自己的权利与自由。“经当事人同意后的搜查”规则是美国控辩平等合作的一种形式。美国的搜查规则实行严格的司法令状主义。搜查必须经过法官的批准，并获得关于搜查的主体、时间、场所和内容的令状。搜查措施中的司法审查制度有效地保护了被搜查人的权利，但是，也在一定程度上影响了及时获取证据、控制犯罪的社会需要。所以，1973 年美国联邦最高法院在舒涅克罗斯诉巴斯达蒙特（Schnekloth V Bustamonte）一案中确立了“经当事人同意后的搜查”规则。在没有获得司法令状的情况下，只要当事人予以合作，同意搜查，所获取的证据即可不被排除。

2. 刑事和解

贝卡里亚认为“对于犯罪最强有力的约束力量不是刑罚的严酷性，而是刑罚的必定性……而这一切只有在宽和法制的条件下才能成为有益的美德。即使刑罚是有节制的，它的确定性也比联系着一线不受处罚希望的可怕刑罚所造成的恐惧更令人印象深刻。因为，即使是最小的恶果，一旦成了确定的，就总令人心悸。”[①]虽然贝卡里亚并不赞成受害人以宽恕的方式免除犯罪人的刑罚，[②]

① ［意］贝卡里亚：《论犯罪与刑罚》，黄风译，中国大百科全书出版社 1993 年版，第 59 页。

② 贝卡里亚说“有些人免受刑罚是因为受害者方面对于轻微犯罪表示宽大为怀，这种做法是符合仁慈和人道的，但却是违背公共福利的。受害者的公民个人可以宽免侵害者的赔偿，然而他难道也可以通过他的宽恕同样取消必要的鉴戒吗？使犯罪受到惩罚的权利并不属于某个人，而属于全体公民，或属于君主。某个人只能放弃他那份权利，但不能取消他人的权利”。

但是他依然倡导刑罚的宽和，反对刑罚的严酷。近年来犯罪学的研究成果证明，唯刑主义已经被颠覆，刑罚只是犯罪的结果，而不是犯罪的原因。“恢复性司法”正是在这样一种对传统的惩罚性法律效应的质疑中，伴随着保护被害人运动的发展而逐步在西方一些法治发达国家兴起。根据联合国经社理事会《运用恢复性司法方案于犯罪问题的基本原则》规定，恢复性司法是指运用恢复性过程达成协议，如赔偿、社区服务和其他任何设计来实现被害人和社会的恢复以及被害人和犯罪人关系的重新整合。为此，不乏研究者认为，以恢复性司法为基本理念的刑事和解制度是西方的舶来品，事实上，刑事和解在中国却有着最古老而深厚的中华民族底蕴，中国是一个具有悠久历史和灿烂文化的国家，在数千年传承不辍的传统文化中，以儒家文化“和为贵”为核心的传统美德是中华民族宽和品质的集中体现。在改革开放新的历史时期和创建社会主义和谐社会的背景之下，刑事和解制度在我国刑事诉讼中的驻足，正是我们重拾中华传统与人为善美德，弘扬中华民族宽和文化，建设中国特色的刑事诉讼制度的迫切与现实需要。

一般认为，刑事和解是以加害人真诚认罪悔罪为前提，通过积极赔偿等方式取得被害人的谅解，加害人由此也会获得国家刑罚减让。该种刑罚减让既包括对加害人作免于刑罚处罚等无罪化处理，也包括对加害人从轻、减轻处罚。但是，本原意义上的刑事和解应当是对加害人免于追究刑事责任为结果。笔者所设计的诉讼程序改革中的刑事和解，正是该种意义。在审查起诉阶段，通过刑事和解程序，加害人与被害人达成一致的，检察机关对于案件作出不起诉、暂缓起诉的决定或者建议公安机关撤销案件。当然，刑事和解程序不仅设置在审查起诉阶段，在侦查阶段和审判阶段同样可以适用。因为文章篇幅限制，本文不作展开论述。

3. 有条件的暂缓起诉

从某种意义上讲，暂缓起诉从形式上看似乎只是检察官自由裁量权的行使，但其却蕴涵了控辩平等合作的丰富内容。暂缓起诉权是指检察机关对于犯罪嫌疑人，根据其犯罪性质、年龄、处境、危害程度及犯罪情节、悔罪表现等情况，依法认为没有立即追究其刑事责任之必要而作出的暂时不予提起公诉的权利。其内涵是：要求犯罪嫌疑人在一定期限内履行一定义务，如果犯罪嫌疑人在期限内经考察确实履行了规定的义务，检察机关就作出不再予以起诉的决定，诉讼程序终止；如果犯罪嫌疑人在期限内经考察没有履行规定的义务，检察机关就作出提起公诉的决定，依法请求法院进行审判。暂缓起诉制度是起诉与不起诉之间的一种过渡性措施，确立它本身就体现了保障犯罪嫌疑人合法权益精神。

4．多样化的辩诉交易

辩诉交易（Plea Bargaining）是一种典型意义的控辩平等合作。作为一种在美国司法制度中自发生成的诉讼模式，辩诉交易以控辩合作的形式，凸显出其案件纠纷处理中方便、快捷、高效和节省司法成本的显著特点。1970 年，美国联邦高等法院在 Brady V. U．S（Brady United States，379，U．S．742，752–53（1970）一案的判决中正式确认了辩诉交易合法性。[①]1974 年 4 月美国修订的《联邦地区法院刑事诉讼规则》以立法的形式确认了辩诉交易在司法制度中的法律地位。笔者研究发现，尽管在美国反对辩诉交易的声音一直不绝于耳，但是，美国司法界目前大多数人却并不倾向于废除这一制度，而是主张在努力抑制其弊端和不断改良中，进一步发挥其任何其他制度所无法替代的功能。[②]客观地讲，辩诉交易的理论与实践是在啧啧“骂声”中，我行我素、跌跌撞撞地成熟与发展起来的，其由秘密到公开再到合法化的成长历程，完全合乎了达尔文“适者生存”的生物进化理论。可以预见，辩诉交易在美国，还将会在激烈的批评声中日臻合理与完善，并将继续在美国的刑事司法体制中发挥积极作用。另据笔者研究，辩诉交易在英国、法国、德国、意大利、俄罗斯、日本等国家的发展和实践情况也与美国、加拿大类同。[③]可见，辩诉交易这种控辩合

---

① Brady V. United States，379，U. S.742，752–53(1970).

② See Stephen Schulhohofer，“Is Plea Bargaining Inevitable?” 97 *Harv. L.Rev.* 1037(1984).

③ 详见冀祥德：《建立中国控辩协商制度研究》，北京大学出版社 2006 年版，第 7–35 页。

作模式，在解决有限的司法资源与大量的刑事案件之间的矛盾时所显示出来的巨大作用，体现了其追求司法正义、司法效益和司法和谐的共同价值。

四、对抗与合作的兼容模式及和谐关系

法律社会学的理论告诉我们，历史从远古的洪荒一步步演变到当今灿烂的文明，无论是物质文化高度发达的国度，还是行进程度相对滞后的族园，人们都无一例外地不能超脱其最基本的社会性质所产生的必然状态：在一定规范中生存。尽管社会形态的不同变化必然引致社会规范的迥异演进，而在无数种社会规范差异中，法律文化往往有着最后共同的归宿，即用法律制度凝聚和表达法律的进步与文明。控辩平等合作作为一种现代司法制度中与平等对抗共存的诉讼模式，其在域外已经自发生成与广为传播应用，并在我国刑事政策与司法实践中“犹抱琵琶半遮面”的事实，已经在向中国和谐社会语境下的刑事司法制度变革昭示着一种必然。

笔者认为，控辩合作是我国构建和谐社会语境与建立高效刑事司法制度之下，控辩关系发展的一种新型的、理性的、当然的模式。应当明确，无论控辩对抗还是控辩合作，其前提条件都是控辩平等。而控辩平等之立论，源于“平等武装”（equality of arms）理论。长期以来，国内外学术界都是从平等武装与平等对抗的层面认识和剖析控辩平等的内涵。但是，笔者认为，在现代刑事诉讼中，控辩平等的内涵已经有了新的丰富的发展：[①]

第一，在当代法治视野特别是和谐社会（世界）构建之时代背景之下，控辩平等除传统意义上之平等武装与平等对抗之外，又吸纳凝聚了平等保护与平等合作的现代内涵。

第二，平等武装、平等保护、平等对抗和平等合作之间，相

---

① 关于控辩平等的现代内涵的详细解读，可参见冀祥德：《控辩平等之现代内涵解读》，载《政法论坛》2007 年第 6 期。

辅相成、共生共长、密切联系、缺一不可，成为控辩平等现代内涵的有机统一体。

第三，在控辩平等的现代内涵之中，控辩双方在平等武装与平等保护之下，首先致力于平等合作；如果合作不成，再转向平等对抗。控辩双方在平等武装与平等保护的前提下，通过自愿与合意的选择，以合作或者对抗的方式，良性沟通，和谐发展。

刑事辩护制度的反思与重构

中国刑事辩护的困境与出路[①]

公、检、法、律是推进社会法治进程不可或缺的“四个车轮”，缺乏现代辩护律师制度的刑事司法制度，永远不可能驶入现代法治的轨道。就1996年《刑事诉讼法》的修改对于中国刑事辩护制度所引起的实质性影响而言，有关部门权利本位的司法解释或规章使得中国的刑事辩护正在面临着让立法者始料不及的、尴尬而艰难的困境。刑事辩护制度的改革已经成为刑事司法改革的当务之急。

保护人权是现代法治的核心。在人权之生命权、健康权、自由权等诸多内容中，有一项更特殊的权利，即犯罪嫌疑人、被告人的辩护权，它是犯罪嫌疑人、被告人作为人的一项天然权利或曰自然权利。就是这项重要的人权在我国却长期被忽视以致畸形地存在。刑事辩护制度的缺陷，突出表现为辩护权没有得到基本的张扬，刑事辩护的职能明显弱化，辩方的地位远远低于控诉方，控、辩、审正三角形的结构严重扭曲，等等。1996年《刑事诉讼法》的修改，在国内外引起广泛关注，吸收了当事人主义因素，“亦使我国的刑事诉讼模式发生了根本性的转变”。[②]除庭审开始采取“控辩式”，增强了法庭中控辩双方的对

---

① 本部分原载《政法论坛》2004年第2期。

② 陈卫东：《刑事诉讼法实施问题调研报告》，中国方正出版社2001年版。

抗性外，表现在刑事辩护制度的规定上，主要有律师介入刑事诉讼的时间提前到了侦查阶段；律师有权在自审查起诉阶段开始调查证据等。笔者认为，仅仅从立法的角度看中国1996年《刑事诉讼法》的修改，无疑是中国刑事司法改革的一个巨大进步，把它说成是刑事诉讼立法科学化、民主化的“一个重要里程碑”也不为过。然而，在司法实践中，1996年《刑事诉讼法》的修改对于中国刑事辩护制度所引起的实质性影响而言，不仅并非巨大进步，还是严重倒退。有关部门权利本位的司法解释或规章使得中国的刑事辩护正在面临着让立法者始料不及的尴尬而艰难的困境。刑事辩护制度的改革已经成为刑事司法改革之当务之急。

一、刑事辩护的理论基础

为何要为有罪的人辩护？是研究刑事辩护制度首先要回答的问题。要回答这个问题必须对刑事辩护制度形成的条件和价值做深入的理论分析，现代刑事辩护制度发展到今天必然有强大的理论支持。笔者认为，刑事辩护的理论基础有两大方面：

（一）刑事辩护的物质基础

人类为自己辩护的实践自从有了人类社会就开始出现。让被追诉人说话是人类区别于动物的理性选择。但仅有辩护权存在还不能自然产生辩护制度，辩护制度的产生要有物质基础的支持。原始社会生产力低下，人们共同劳动，无社会分工，人类的社会关系简单，无太多的纠纷出现，解决纠纷的方式主要靠氏族习惯，不可能产生职业的辩护人。随着人类文明的进步，生产力的发展，人类社会出现了三次社会大分工。经过三次社会大分工，使人类社会经济繁荣，尤其是第二、三次社会大分工后，手工业、商业发达，人类的经济关系复杂，纠纷增多，为了解决纠纷，国家必须制定一系列的法律，由于法律的不断增多，日渐复杂，当事人在诉讼中需要熟悉法律的人帮助，律师作为独立的阶层就应运而生，辩护人制度最早出现于古罗马，正是当时社会经济发达的产物。可见，社会分工和经济的发展是刑事辩护制度产生的物质基础。

（二）刑事辩护的思想基础

社会分工和经济发展为刑事辩护的产生奠定了物质基础，但仅有物质基础的存在还无法解释刑事辩护制度为何能发展到今天如此发达地步，这就需要从人类思想意识中去找原因，即人类在思想上对刑事辩护的价值是如何认识的。在我国，关于刑事辩护的价值存在有两种观点，笔者分别称其为工具主义说和诉讼主体保障说。

工具主义说认为，刑事辩护的价值是为了保障案件事实真相的发现。其理论基础是“程序工具主义”和“实体真实说”。刑事诉讼是实现实体法的工具，目的就是为保障案件事实的查清，强调打击和控制犯罪，维护社会整体利益。刑事辩护作为刑事诉讼中的一部分，其作用也在于查清案件事实，刑事辩护与查清案件事实的关系是通过对立统一规律来支持。对立统一规律要求按照事物的本来面目去认识世界和改造世界，采取矛盾分析的方法，全面地、科学地、客观地考察事物和处理问题。刑事诉讼中查明案件事实是一种认识活动，受对立统一规律的指导，即法律明确规定了控告方和辩护方不同的权利和诉讼职能，控辩双方对案件中的某些问题的看法产生分歧和矛盾是经常的和必然的，这种矛盾的运动促进案情的查证和核实工作，并将在“以事实为根据、以法律为准绳”的原则下达到统一。

诉讼主体保障说认为，刑事辩护的价值是保障被追诉人的诉讼主体地位，保障程序公正和法治健全。这种观点的理论基础是程序本位主义和程序公正说。这种观点认为被追诉人从诉讼客体地位上升到拥有一系列诉讼权利的主体地位，是近代资产阶级革命的产物，是历史的进步。无罪推定原则的创立是被追诉人成为诉讼主体的基础。无罪推定原则的基本内容有两项，一是被追诉人的罪行须经依法证明才能确定；二是只有法院有权确定被追诉人是否有罪，并依法量刑。基于这两项内容，被追诉人在诉讼中应享有必要的程序保障和辩护权。这些程序保障和辩护权利包括：被及时告知控诉的理由和罪名；获得自己委托的辩护律师的帮助；拥有为准备辩护所需的适当时间和手段；有权保持沉默；排除非法取得的证据；与控诉方提供证人质证，等等。这些诉讼权利的取得使被追诉人完成了由诉讼客体到诉讼主体地位的转变。因此，刑事辩护的价值首先体现在保障被追诉人的诉讼主体地位上，而被追诉人取得诉讼主体地位的终极目的是通过行使主体权利在刑事诉讼中维护自己的合法权益，体现人格尊严。并且通过建立刑事辩护制度，使诉讼结构合理，保障程序公正，公正的程序自然产生公正的裁判结果，从而保障法治的健全。

笔者认为，上述两种观点对刑事辩护的理论基础仅从单方面论述，有失偏颇。工具主义说强调刑事辩护的工具作用，忽视刑事辩护的人权保障功能，这是其致命弱点，应为现代法治所抛弃。诉讼主体保障说过分强调被诉主体的权利保障，忽视刑事辩护作为刑事诉讼的一部分而应有的工具作用，也有不妥之处。笔者研究近几年中国有关刑事辩护的文章、著作发现，绝大多数都对被追诉人的权利保障异常关注，在罗列中国现行法律和司法制度对被追诉人权利保障的种种不足后，连篇累牍地介绍外国尤其是英美等国保护被追诉人权利的法律和司法制度，强调保护被追诉人权利的重要性。但却很少有人提到与被追诉人对立的另一面，被追诉人侵害的对象——受害人权利的保护。受害人也是诉讼主体之一，其权利同样应该保护。故有学者称："在现代法治国家，实体法和程序法相互依存，相辅相成，构成统一的法制体系，不能有主次、轻重之分。应当承认，诉讼法的第一价值是保证实体法的实施，同时决不能忽视其自身的重要独立价值。当前我们应当重点纠正重实体、轻程序的观念和做法，但不能矫枉过正。"[①] 所以笔者认为，刑事辩护作为人类解决刑事纠纷的一种理性选择，首先考虑的应当是其工具作用，刑事辩护是作为解决刑事纠纷的

---

① 陈光中、王万华：《简论诉讼法与实体法的关系——兼论诉讼法的价值》，中国检察出版社 1997 年版。

一种工具而出现的，现代法治中，无刑事辩护就无法启动刑事诉讼程序。在刑事诉讼中，通过刑事辩护的参与，查明案件真相，使被追诉人受到应有的法律制裁，便是对受害人的生命权、健康权、财产权等受到侵害后能给予的最好补偿，从一定意义上说，这也是国家对受害人人权保障的一种措施。因此，公正的程序要求刑事辩护既要保证案件真相的查清，又要保障被追诉人的合法权益，还要保护受害人的合法权益，这才是刑事辩护的价值追求。

二、刑事辩护的角色定位

刑事辩护的角色定位，顾名思义是指刑事辩护在刑事诉讼结构中所处的地位。刑事诉讼结构是指国家专门机关在当事人和其他诉讼参与人的参加下进行刑事诉讼的基本方式以及专门机关、诉讼参与人在刑事诉讼中形成的法律关系的格局，[①] 或者是由一定的目的所决定的，并由主要诉讼程序和证据规则中的诉讼基本方式所体现的控诉、辩护、审判三方的法律地位和相互关系。[②] 刑事诉讼的基本含义就包括了控诉、辩护、审判三方在刑事诉讼中的法律地位和相互关系。当今世界分为以法国和德国为代表的大陆法系的职权主义的诉讼结构，以英国和美国为代表的普通法系当事人主义诉讼结构和以日本为代表的以当事人主义为主、职权主义为辅的混合式诉讼结构三种基本模式。一个国家采取何种刑事诉讼结构模式，取决于其价值取向。古今中外，任何一个国家在设计其刑事诉讼结构时，都不得不在惩罚犯罪与保护人权，实体公正与程序公正的价值目标间进行选择。职权主义强调社会安定和社会秩序，把国家和社会的利益作为第一位的选择，更注重惩罚犯罪。因此，在刑事诉讼中就限制辩护方的权利，在刑事诉讼结构中辩护方的地位就低于控诉方和审判方。当事人主义强调个人尊严，个人利益至上，当个人利益与国家利益发生冲突时，优

---

① 陈光中主编：《刑事诉讼法学》（新编），中国政法大学出版社 1996 年版，第 10 页。

② 李心鉴：《刑事诉讼构造论》，中国政法大学出版社 1992 年版，第 7 页。

先选择个人利益，重视人权保障和程序公正。因此，在刑事诉讼中限制代表国家的控诉方和审判方权力，扩张辩护方权利，在刑事诉讼结构中辩护方的地位与控诉方、辩护方完全平等。从当今刑事诉讼的发展来看，任何一个国家进行价值目标选择时，都不能单一化和极端化，而应采取价值均衡原则，兼顾当事人主义和职权主义的混合式诉讼结构模式就成了未来刑事诉讼的发展趋势。在混合式刑事诉讼结构中，是以当事人主义为主，还是以职权主义为主，应根据各国的历史文化传统、社会治安状况，以及人权保护现状来确定。但从现代法治的发展趋势看，更强调人权保护，以当事人主义为主的混合式刑事诉讼结构应是更好的选择。

我国的刑事辩护的角色定位和刑事诉讼结构模式同样取决于我国刑事诉讼的价值取向。我国由于长期受阶级专政思想的影响，我们对刑事诉讼的价值取向一直是打击犯罪、保护人民、维护社会秩序。刑事犯罪是敌我矛盾，1979 年《刑事诉讼法》是对敌人专政的工具，刑事被追诉人是专政的对象，刑事诉讼中辩护权有限，控诉方、审判方有着强大的职权，共同对刑事被追诉人实行专政。在刑事诉讼结构中，辩护方与控诉方、审判方的地位完全不平等，是超职权主义的刑事诉讼结构。随着我国经济建设的发展，社会主义市场经济的确立，法治建设也随之不断发展，许多现代法治观念被逐渐引入，尤其是世界范围内的人权保护观念引起我国重视，刑事诉讼的价值取向增加了保护被追诉人人权功能，因此，1996 年《刑事诉讼法》修改时吸收了当事人主义的一些内容。但由于对人权保护认识的不到位，只是在审判阶段引进了当事人主义的辩论模式，侦查、控诉阶段仍然实行职权主义，辩护权的内容并没有增加，控辩双方的地位仍不平等。

三、中国刑事辩护的当前困境

中国刑事辩护的状况不尽如人意，一个突出的表现就是刑事案件律师出庭辩护率低。根据 1998 年版《中国法律年鉴》的统计，1997 年全国法院开庭审理的案件中，被告人有辩护人帮助的达30%左右，70%左右的案件是在没有辩护人出庭的情况下审理结束的。造成这一状况的原因是多方面的，有人们封建思想严重、法治观念淡薄的原因。我国有过漫长的封建专制统治，权力本位、官本位至今仍在一部分普通公民的思想中根深蒂固，在人们的意识中还存在着“请律师辩护不如直接找当官的管用”的观念，当人们遇到纠纷时，解决途径的首选目标是有权的官方，而不是无权的律师。在刑事领域，犯罪嫌疑人、被告人往往先想到的是能否找到政府、司法部门当官的人，能否通过关系打通司法机关的关节来解决此事，中国是个熟人社会，人们往往能通过各种渠道拉上关系，况且由于法治的不健全，社会中有一批人利用与司法官员的特殊关系，专门为他人解决刑事案件问题，形成了一个专门靠请客送礼从中渔利的说客群体，只有确实找不到当官的关系后，才想起找律师为其辩护。但是更重要的原因是我国刑事辩护制度本身存在着重大缺陷，为律师开展刑事辩护设置了种种障碍，使律师对从事刑事辩护工作失去了兴趣，制约了刑事辩护的健康发展。我国刑事辩护制度的缺陷主要表现在：

（一）刑事辩护角色定位的缺陷

我国这种在审判阶段实行当事人主义的控辩双方对等的角色定位，与在侦查、起诉阶段实行职权主义的控辩双方地位完全不平等的角色定位，使刑事辩护在实践中遇到了尴尬的局面。一方面，在侦查、起诉阶段，没有充分辩护权保障的辩护方，不能充分收集证据，而控诉方依据其强大的职权能够收集到足够的证据；另一方面，在审判阶段却要求二者平等对抗，这显然是不公平的。刑事辩护的角色定位的前后不一致是我国刑事辩护制度的最大缺陷，从而导致了立法上的缺陷和司法中的困惑。

（二）立法上的缺陷

1．现行法律对于辩护律师调查取证权限制过多

现行法律规定，律师在侦查阶段可以参与诉讼，并享有下列权利：为犯罪嫌疑人提供法律咨询，代为申诉、控告；向侦查机

关了解涉嫌的罪名；会见犯罪嫌疑人，向其了解有关案件情况；为犯罪嫌疑人申请取保候审。从法律规定上可以看出侦查阶段的律师参与诉讼只能为犯罪嫌疑人提供法律上的帮助，这时的律师不能称为辩护人，根本没有赋予律师收集材料、调查取证的权利。在审查起诉阶段和审判阶段，法律虽然规定犯罪嫌疑人、被告人可以聘请律师为其辩护，律师可以向证人、被害人或者被害人的近亲属、被害人提供的证人或者其他有关单位和个人收集与本案有关的材料。但法律同时又规定，向证人或者其他单位和个人收集材料必须经这些人同意，向被害人或其近亲属以及被害人提供的证人收集材料时，除经过这些人的同意外，还必须经过人民检察院或者人民法院的许可。这意味着律师以辩护人的身份参加诉讼后，其收集证据的权利仍受到很大的限制，一旦上述人员不同意或司法机关不许可，就意味着辩护律师的这项权利不存在。

2. 公共司法资源的使用对辩护律师限制过多

首先，根据现行法律规定，辩护律师自己无法收集证据时，可以申请检察院、法院收集、调取证据，或者申请人民法院通知证人出庭作证。但法律同时又规定，针对辩护律师的上述申请，只有人民检察院、人民法院认为需要时才被许可。这样，如果辩护律师认为属于案件需要而检察院和法院认为不需要时，律师便不能取得这些证据。

其次，现行法律规定，辩护律师自案件审查起诉之日起，可以查阅、摘抄、复制案件的诉讼文书、技术性鉴定材料。这些诉讼文书、技术性鉴定材料只是程序上的公文，对案件事实而言基本没有证据作用。

最后，现行法律规定，自人民法院受理案件之日起，辩护律师可以查阅、摘抄、复制本案所指控的犯罪事实的材料。但法律同时又规定，人民检察院起诉时，只需向人民法院提供起诉书并附上证据目录、证人名单和主要证据复印件或者照片即可，不允许向法院移送全部证据和卷宗材料。移送的主要证据完全由检察院决定，实践中检察院往往故意将一些重要证据不移送。这样，辩护律师就无法像 1979 年《刑事诉讼法》修改以前那样全面阅卷，复制、摘抄控诉方所有的案卷材料，由此，辩护律师在审判阶段获取的证据也是有限的。

3. 现行诉讼制度限制了辩护权之质证权

现行法律没有规定证人、鉴定人必须出庭作证，控诉方宣读证人证言、鉴定结论即可，使辩护律师无法在法庭上交叉询问证人、鉴定人，只能对证人证言和鉴定结论进行质证，降低了质证质量，不能充分行使辩护权。

4. 立法没有规定辩护律师的言论豁免权

律师的言论豁免权是指辩护律师在诉讼期间依法履行职责时其行为和言论不受法律追究的权利，该项权利是联合国签发的《关于律师作用的基本原则》中明确规定的律师的基本权利，对保障律师正常执业起了巨大作用，我国法律对此不但没有规定，反而在《刑法》第 306 条中针对辩护人专门规定了辩护人毁灭、伪造证据、妨害作证罪，该条规定使辩护律师行使刑事辩护工作如履薄冰，深怕掉进伪证罪的深渊，极大降低了律师参与刑事辩护的热情。

5. 立法没有规定辩护律师的在场权

讯问被追诉人时，律师有权在场，是世界大多数国家刑诉法所规定的，这对维护被追诉人合法权益有重大作用。我国侦查机关刑讯逼供现象之所以屡禁不止，除了侦查机关对口供过分依赖之外，在录取口供时侦查机关缺乏辩护律师的制约也是很大原因。

（三）司法实践中的困难

由于刑事辩护角色定位的前后矛盾和立法的上缺陷，刑事辩护在司法实践中遇到了巨大的困难。突出表现于以下几个方面。

1. 律师在侦察阶段的会见权形同虚设

1996 年《刑事诉讼法》明确规定，律师在侦查阶段可以会见在押犯罪嫌疑人，但由于侦查阶段律师还不能以辩护人的身份出现，辩护方的地位与侦查机关的地位完全不平等，侦查机关往往利用强大的职权为律师辩护设置种种障碍，主要表现在：一是不论案件是否涉及国家秘密，会见都要经过侦查机关批准或变相批准。二是对一般案件也以涉及国家秘密为由拒绝会见。三是不及时安排会见，以种种理由拖延安排会见时间。四是限制会见的谈话内容。会见时侦查人员一律在场，不允许律师与犯罪嫌疑人谈案情。

2. 律师的阅卷权较旧法有倒退而无进步

法律规定的阅卷权已十分有限，在审查起诉阶段的阅卷对律师查清案情、收集证据几乎起不到任何作用。但在实践中，检察机关却故意设置障碍对这有限的阅卷权进行限制。如有的检察院将公安机关移送的案卷分为主卷和副卷，副卷只存放诉讼文书、技术性鉴定材料等，作为定案的主要证据则存入主卷。律师阅卷时只允许看副卷。在审判阶段律师可以查阅涉及案情的证据材料，但在实践中审判机关却又设置种种障碍对阅卷权进行限制。如有的法院规定每周只安排星期二、星期四为阅卷日，阅卷要提前来人、来电预约，不准复制涉及个人隐私、国家秘密和对社会有不良影响的材料等。部分地区的检察机关“看菜下碟”，以关系亲疏决定给辩护律师阅卷的范围。所谓的证据开示制度的改革，实行得“非驴非马”，有的甚至至今实行的仍是1979年《刑事诉讼法》的卷宗全部移送制，只是对辩护律师单独设置一本卷宗。可以客观而公正地说，自1996年《刑事诉讼法》修改后，辩护律师的阅卷权反而比以前受到了更多的剥夺和限制。

3. 律师调查取证权的行使布满陷阱

取证难是中国整个司法界面临的一大难题。拥有强大权力保障的侦查机关取证时都感到十分困难，没有充分辩护权保障的律师取证的难度就可想而知。譬如调查对象不配合，律师收集不到关键证据；申请人民检察院、人民法院调取证据在某种情况下形同虚设，得不到司法机关的配合；等等。然而，这尚非问题之关键，司法实践中，律师调查取证权的行使还布满了诸多诸如律师伪证罪、泄露国家秘密罪等法律的陷阱，辩护律师行使调查取证权时胆战心惊，如履薄冰，稍有不慎，即会身陷囹圄，蒙受牢狱之灾。

四、中国刑事辩护的发展出路

中国刑事辩护要走出低谷，笔者认为应重点对中国的刑事辩护制度做如下改造：

（一）诉讼价值：刑事辩护角色的重新定位

笔者无意完全接受当事人主义的刑事诉讼结构模式，但从人权保护的角度出发，刑事诉讼中保护被追诉人人权的内容的增加已成为世界范围的发展趋势，世界各国通过对两次世界大战的反思，都深刻认识到专权统治对人性的摧残和压迫，深感保护个人权利的重要性。公正的程序，权力的制约，是反对专权、保护个人权利的基本手段，是现代法治观念的基本内容。因此，我国刑事诉讼中增加保护被追诉人人权是大势所趋，在刑事诉讼结构中自然要提高辩护方的地位，扩充辩护方的权利，这种地位的提高应是诉讼各阶段全方位的提高。彻底改变我国现阶段刑事辩护的地位在刑事诉讼中前后不一致的局面。

（二）立法变动：辩护律师必需的权利保障

目前，我国《刑事诉讼法》应增加辩护律师以下权利：

1. 赋予辩护律师独立的调查取证权

应在法律中明确规定，律师在刑事诉讼的各阶段有独立的调查取证权；取消律师向司法机关申请调取证据的规定；规定任何人对律师的调查取证都有配合的义务。

2. 赋予律师完全的阅卷权

建议在庭审前建立证据展示制度，控诉机关的一切证据在庭前必须向辩护方出示，保证辩护方完全的阅卷权。

3. 赋予律师执业豁免权

通过立法变动取消《刑法》第306条，明确规定辩护律师在刑事诉讼中依法履行职责的行为和言论不受法律追究。

（三）司法机关：一个愚顽观念的转变

笔者认为，公、检、法、律是推进社会法治进程不可或缺的“四个车轮”，缺乏现代辩护律师制度的刑事司法制度，永远不可能驶入现代法治的轨道。为此，司法机关包括公安机关必须改变过去长期以来形成的那种律师参与刑事诉讼，会给侦查、起诉、审判工作造成困难的观念，树立律师参与诉讼是为了保障被追诉人的合法权益、保障程序公正的现代法治观念，在刑事诉讼中平等地、善意地对待辩护律师，与辩护律师携手并肩，共同推动我国法治建设的进程。

（四）制度变革：建立刑事辩护律师专业资格

形成我国刑事辩护目前艰难困境的另外一个不可忽视的重要因素，还有刑事辩护律师队伍执业素质与水平的参差不齐。中国律师要彻底走出刑事辩护的当前窘境，除去前述角色地位与价值观念的转变以及法律制度所必需的立法变动之外，还必须改变目前凡是取得执业律师资格的人员无论执业时间长短、无论刑事辩护水平高低均可从事刑事辩护的现状，提高律师参与刑事辩护的门槛，建立刑事辩护律师专业资格，切实保障和提高刑事辩护的质量。

刑事辩护作为律师最基础的业务，历来受到各国律师制度的重视，并对律师担任刑事辩护人规定了特别严格的专业资格条件。我国在律师制度恢复伊始，由于受各种条件的限制，尚不能对刑事辩护律师提出过高的要求。目前，经过二十多年的发展，特别是随着依法治国方略的提出和实施，建立刑事辩护律师专业资格制度已成为当务之急。笔者认为，建立我国的刑事辩护律师专业资格制度，不仅是稳定辩护律师队伍、提高刑事辩护水平、全面实现刑事辩护社会价值的需要；还是适应新刑事诉讼法的要求、确保辩护律师全面介入刑事诉讼过程、实现司法公正的需要；更是适应现代社会专业化发展的需要。[①]

---

① 冀祥德：《建立刑事辩护专业资格的法律思考》，载《中国律师》2001 年第 2 期。

1. 实行国家统一的、专门的刑事辩护律师资格考试

要建立刑事辩护律师专业资格制度，形成专业化、高素质的刑事辩护律师队伍，首先必须提高刑事辩护律师专业的“门槛”，严格这一专业领域的资格考试制度。严格而专业化的考试制度是现代国家选拔人才、塑造精英阶层的最基本、同时也是最有效的手段，精英的层次越高，其资格的取得就越难。我国要提高刑事辩护质量，培养高素质的刑事辩护律师队伍，也必须从改革资格考试制度入手，在我国现有的全国司法人员资格统一考试的基础上，设立专门的刑事辩护律师专业资格考试。一般律师要想进入刑事业务领域，必须下大功夫对刑事方面的法律进行更加系统、深入的学习，才可能通过专门的考试，取得刑事辩护律师资格。严格的专门考试不仅可以从客观上强化刑事辩护律师的专业知识水平，而且有助于增强刑事辩护律师的职业责任感和精英意识。正因为刑事辩护律师这一资格来之不易，所以他们会在其今后的从业生涯中对刑事辩护律师这一身份倍加重视和珍惜。对于社会来说，基于严格的专业考试而选拔出来的人更容易取得大众的信任和尊重，这对于提高刑事辩护律师的社会地位和荣誉感，都将十分有益。刑事辩护律师资格考试的具体操作可参照国家关于证券法律业务律师资格考试的规定进行。

2. 严格实习要求，强化实战素质

刑事辩护是最能展示律师水平和风采的地方。刑事诉讼过程中的证据展示、询问证人、法庭辩论，最能考验和体现一个律师的机智与灵敏、毅力与耐心、口才与风度。因此，刑事案件与其他案件相比，对律师的灵敏度、逻辑思维能力、口才表达能力以及临场发挥能力等综合素质都有更高的要求，由此决定了刑事辩护律师资格的取得，不仅要进行严格的专门考试，而且应当结合严格的实习训练，培养和强化刑事辩护律师的实战能力。我国《律师法》中对通过考试取得律师资格的人尽管也有一定的实习期规定，但实践中执行得并不严格，一般实习期满就万事大吉，而对实习效果却无人过问，不需要经过严格的验收。建立刑事辩护律师专业资格制度，必须对上述做法进行改革，不仅要实行严格

的、专门化的刑事辩护律师资格考试，而且更应当注重对刑事辩护律师实战能力的培养。西方国家普遍非常重视律师的素质尤其是执业技能，如以英美为代表的普通法系国家，以判例法作为重要的法律渊源，因此法学教育中一向实行判例式教学法，将法律作为一种技能（而非一门科学）传授给学生，以培养学生分析案例、解决案例、毕业后能够顺利考取律师资格从而开业谋生为目的；以法德为代表的欧洲大陆国家，以成文法为唯一的法律渊源（我国也是如此），法学教育中以系统传授法律知识为主而不注重学生实际能力的培养，为弥补这一缺陷，大陆法系国家的律师资格考试中便在笔试之外加口试，内容一般包括起草法律文件和口头答辩，以考查考生的实际能力。我国也应当吸收这一有益经验，规定通过刑事辩护律师资格考试者，必须进行一定期限的实习，实习期满后向司法行政部门递交由实习单位鉴定并盖章的实习报告，并由司法行政部门组织专家进行刑事辩护答辩，比如模拟刑事审判，由实习律师进行刑事辩护，只有通过答辩，才能颁发刑事辩护律师执业执照。如此方能真正全面保证刑事辩护律师素质的提高，使“文凭律师”转化为“能力律师”。①

3．提高收费标准，形成合理的利益驱动机制

要促进刑事辩护律师整体素质的提高，仅靠建立刑事辩护律师专业资格制度、严格把住刑事辩护律师的入口关是不够的，还必须提高刑事辩护的收费标准，增加刑事辩护律师的收入，使其承担的风险、付出的辛苦劳动与收入形成合理的正比，这样才能改善律师业务领域中不合理的利益驱动机制，使刑事辩护律师与民事、经济案件律师一样，通过自己的辛苦工作获得高额报酬，这是稳定刑事辩护律师队伍、吸引优秀人才向刑事辩护领域靠拢的关键性因素。在一个正常而合理发展的社会中，高付出总是与高收入联系在一起的，高额的报酬不仅反映一个人对社会做出了较大的贡献，同时也是支撑其社会地位的一个重要因素。为此，笔者建议国家有关部门对旧的律师收费标准进行修改，提高律师办理刑事案件的收费额。

① 冀祥德：《建立刑事辩护专业资格的法律思考》，载《中国律师》2001年第2期。

具体做法是：提高刑事案件的律师基本收费额；允许律师在统一收费额的基础上按照具体案件的难易程度、花费时间长短，以及律师自身的级别和知名度同委托人协议收费额与收费方式。此外，政府在宣传倡导与律师管理政策上应向刑事辩护律师倾斜，鼓励建立专门的刑事律师事务所，鼓励规模较大的律师事务所对律师进行专业分工，明确规定刑事辩护律师的数量比例，在荣誉、职称等方面有意识地向刑事辩护律师实行一定的倾斜。特别是应尽快完善立法、协调司法，为刑事辩护律师营造良好的服务环境。例如，取消立法中对辩护律师调查取证权的限制，赋予其与控方平等的调查取证权，真正使控辩双方职能平衡；公、检、法各部门关于《刑事诉讼法》的解释应协调一致，不能人为地为律师设置障碍；等等。

总之，刑事辩护律师专业资格制度的建立，必将极大地提高我国刑事辩护的质量，有力地推动司法公正，使刑事诉讼领域中的人权得到更加全面、彻底地保障。笔者预见，这将是一项利大于弊的大快人心的律师制度改革。

中国刑事辩护本体省思①

一、引言

1996 年全国人民代表大会对我国《刑事诉讼法》进行了一系列重大修改，其中关于刑事辩护制度的修改是带有历史性的重大改革。与 1979 年《刑事诉讼法》相比，修改后的《刑事诉讼法》将律师或者其他辩护人参加刑事诉讼的时间大为提前，明确规定了辩护人的数量、资格，扩大了法院指定辩护的范围，扩充了律师或者其他辩护人的诉讼权利，引入了庭审控辩对抗机制等，律师能够多阶段、多形式介入刑事诉讼活动。这一立法变动旨在

① 本部分原载《中国司法》2005 年第 6 期。

通过对辩护制度的完善，提升人权保障的力度，使我国的刑事辩护制度得以沿着法治的轨道前行。笔者认为，仅仅从立法的角度看中国《刑事诉讼法》的修改，无疑是中国刑事司法改革的一个巨大进步，甚至有人把它说成是刑事诉讼立法科学化、民主化的“一个重要里程碑”，这也不为过。[①]然而，在司法实践中，就《刑事诉讼法》的修改对于中国刑事辩护制度所引起的实质性影响而言，不仅并非巨大进步，而是严重倒退。有关部门权利本位的司法解释或规章使得中国的刑事辩护正在面临着让立法者始料不及的滑稽、尴尬而艰难的困境。[②]

修改后的《刑事诉讼法》实施至今，中国刑事辩护的路却越走越难。以浙江省和杭州市为例，《刑事诉讼法》修改前后，刑事辩护率呈逐年下降之势（详见表 1、2[③]）。

表 1　浙江省 1995 年至 2002 年上半年律师刑事辩护数据

年份	辩护案件	法院指定的法律援助	刑事辩护率
1995 年	13689	993	21.89%
1996 年	14912	1359	19.3%
1997 年	13247	1300	15.3%
1998 年	14692	1575	15.37%
1999 年	17754	2001	16.26%
2000 年	16164	2224	14.48%
2001 年	20471	2680	16.26%
2002 年	9104	1144	14.89%

① “毋庸置疑的是，修正后的《刑事诉讼法》在体例上更具有科学性，在内容上更具有民主性，在惩罚犯罪与保护人民方面发挥了重要作用。”（陈卫东：《刑事诉讼法实施问题调研报告》，中国方正出版社 2001 年版，第 1 页。）陈光中教授评价：“《刑事诉讼法》的修改与完善，标志着中国法制建设史上一个新的重要发展”。

② 2001 年 12 月 7 日至 9 日，由全国律师协会刑事专业委员会和中国人民大学法学院共同举办的“司法公正与刑事辩护国际学术研讨会”在北京市稻香湖培训中心举行。代表报到之日，适逢北京首场瑞雪，隆冬的冰天雪地给代表们的行程带来了很大的困难。本来仅需十几分钟的路，代表们坐在车上战战兢兢、担惊受怕竟用了几个小时、甚至十几个小时。

③ 参见孙业群：《做一个刑辩律师究竟有多难——律师参与刑事诉讼活动有关问题的思考》，载《中国律师》2003 第 4 期。

表 2 杭州市 1997 年至 2002 年上半年律师刑事辩护数据

年份	辩护案件	辩护率
1997 年	2308	20.4%
1998 年	2637	19.8%
1999 年	3027	19.2%
2000 年	3090	16.7%
2001 年	3200	14.6%
2002 年	1269	11.6%

根据资料显示，目前全国法院每年审结的刑事案件没有辩护人的达到 70% 以上。[①]不少律师事务所干脆取消了刑事辩护业务，一大批原来从事刑事辩护的律师也拒绝办理刑事案件，与之相对应的是，在目前尚有的刑事辩护律师中，初出茅庐的律师占有了相当的比例。[②]检察部门和法院均反映，律师办理刑事案件的质量，特别是法院指定的刑事案件质量较低，发表的辩护意见谈不到关键要害上；被告人、犯罪嫌疑人对辩护律师的信任度越来越低；社会公众认为刑事辩护的作用越来越小。笔者对此问题专门设计问卷，于 2004 年 3 月以烟台市 3 个看守所的被羁押人员和北京大学法学院学生为对象进行了调查。调查结果如下：在被调查的 303 名犯罪嫌疑人、被告人中，回答“信任辩护律师（答案一）”的 61 人，占总人数的 20.13%；回答“有辩护律师比没有好，但关键要靠自己和亲属（答案二）”的 217 人，占总人数的 71.62%；回答“辩护没用（答案三）”的 25 人，占总人数的 8.25%（见图 1、2）。

① 樊崇义：《刑事诉讼法实施问题与对策研究》，中国人民公安大学出版社 2001 年版，第 100 页。

② 冀祥德：《建立刑事辩护专业资格的法律思考》，载《中国律师》2001 年第 2 期。

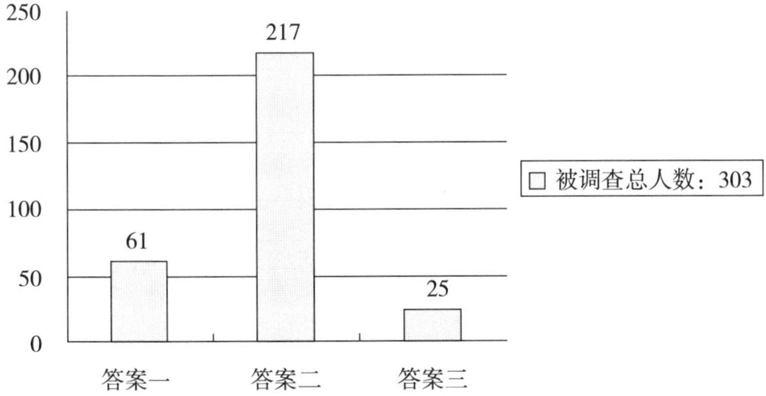

图 1 各选项人数分布图

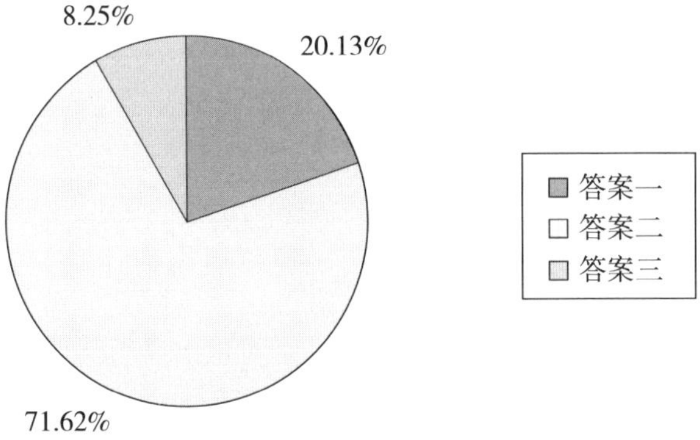

图 2 各选项比例分布图

笔者以“当前刑事辩护在刑事审判中的作用”为题，对北京大学法学院的学生（含本科生 15%、硕士研究生 80%、博士研究生 5%）进行了问卷调查。在被调查的 100 人中，回答“作用大”的 6 人，占总人数的 6%；回答“作用小”的 76 人，占总人数的 76%；回答“说不清”的 18 人，占总人数的 18%（见图 3、4）。

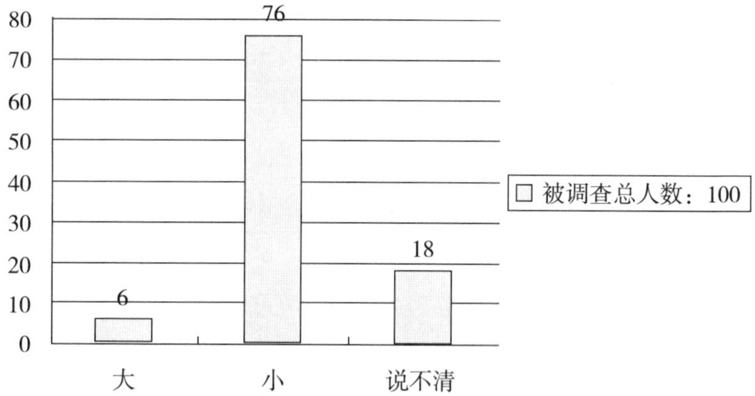

图 3 各选项人数分布图

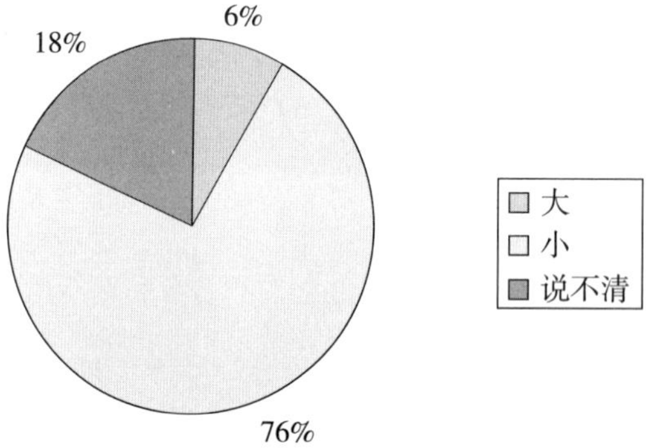

图 4 各选项比例分布图

面对上述现象与问题，立法部门在反思，律师在着急，学者在呼吁，百姓在困顿，司法部门在麻木……近年来，关于刑事辩护的研讨会一个接着一个，中美、中英、中加、中欧……每年的全国诉讼法年会，刑事辩护问题的研讨都成为一个炙手可热的重点。立法乎？司法乎？观念乎？素质乎？管理乎？笔者拟以从事刑事辩护十多年之亲历以及近年来对该问题之专门研究思考略述管见。

二、从刑事辩护的历史嬗变看辩护权的本体属性

辩护权是一项基本人权，古已有之，这从人类刑事辩护的发展史中可清晰辨明。刑事辩护史可以分为以下几个阶段：

（一）萌芽阶段

作为一项对被追诉人的权利进行保护的制度，一般认为辩护可以追溯至氏族部落时代。随着原始社会中社会分工和交往的扩大，氏族成员间的纠纷不断出现，在缺乏法律手段予以解决的情况下，血亲复仇的私力救济成为解决纠纷的唯一途径。血亲复仇在当时有一套完整的程序。摩尔根在《古代社会》一书中详细描述了这一过程："氏族的一个成员被杀害，就要氏族去为他报仇，但是，在采取非常手段之前，杀人者和被杀者双方的氏族有责任设法使这件事情得到调解。双方氏族的成员分别举行会议，为对杀人者的行为从宽处理提出一些条件，如果罪行有辩护的理由或具备减轻罪行的条件，调解一般可达成协议。"可见，在人类社会最初的原始状态，在没有阶级的天然状态下，人类解决"刑事案件"的方式已经有了辩护的成分在其中，刑事辩护和代理的雏形开始显现。

（二）形成阶段

古希腊的雅典是刑事辩护制度的发源地。众所周知，雅典的历史上进行过多次著名的社会改革，如公元前 594 年的梭伦改革，公元前 443—前 429 年的伯里克利改革，这些改革在刑事领域废除了重刑，并且设立陪审制度、议事制度，使审判方式更加民主化，诉讼双方可以广泛采取辩论方式。正是在雅典的这种民主气氛中，刑事辩护应运而生。雅典法律中规定，当事人可以通过辩论方式自己行使辩护权，也可以委托他人行使，并对辩论的内容、时间、地点等都有明确而完备的规定。当然，古希腊还没有出现职业的辩护人，通常认为职业辩护人，即现在所说的律师是在古罗马出现的。

古罗马是律师制度的诞生地。罗马法以民法著称于世，但诉讼法在罗马法中也占有重要地位，其一大贡献就是创制了律师制度。公元前 3—前 1 世纪，古罗马共和时期，由于商务的发展，衍生自商业纠纷的社会冲突也日益加剧，诉讼日益增多，但是商人们往往由于忙于商务而无暇顾及，社会上出现了专门为诉讼当事人提供法律帮助的辩护士，辩护士的职责是：为当事人进行诉讼代理活动，在法庭上为被告人发言，反驳控诉。公元 1 世纪，罗马进入帝国时期后，这一诉讼代理制度和辩论原则逐渐发展成律师辩护制度。

（三）断层阶段

人类社会进入中世纪，即封建制社会后，刑事辩护进入了断层期。这一时期，东西方专制统治盛行，毫无民主自由空气，刑事辩护失去了生存空间。在东方，封建时期的中国，实行国家追诉和纠问式的诉讼方式。在诉讼中，法官是唯一的享有各种权利的人，最为严重的是集审判职能与控诉职能于一身，不仅有权进行审判，而且有权进行侦查和追诉，被告人只是被拷问的对象，只有供述的义务而无辩护的权利。正如意大利学者指出，随着纠问式的建立，控告所引发的范围广泛的辩论失去了一切存在理由，因此，辩护也变得不那么至关重要。[①] 因为，纠问式诉讼所要做的正是要竭力防止过分尊重个人权利而不能确保对犯罪人进行追究的情形发生，按照这种诉讼程序，可以认为在某种程度上，结果始终可以证明使用的手段正确。在西方国家，宗教、神学统治盛行，并逐渐介入诉讼，占据了裁判的地位，宗教要求人们思想统一，不允许异端邪说，自由辩论也是不存在的，诉讼就演化成国家单方面的，赤裸裸的、随心所欲的暴力，刑事辩护制度近乎中断。在这一时期，英国虽然以法令方式对陪审团制度予以确认，在刑事诉讼中予以适用，从而使辩护制度得以有限地保存，但与

---

① ［意］朱赛佩·格罗索：《罗马法史》，黄风译，中国政法大学出版社 1994 年版，第 372 页。

真正意义上的辩护制度仍有较大差异。

（四）发展繁荣阶段

16、17世纪的资产阶级思想启蒙运动和18、19世纪的资产阶级民主革命，使刑事辩护制度得以在这一时期复兴并长足发展。资产阶级民主、自由、平等思想的提出，尤其是刑事诉讼中无罪推定原则的确立，为刑事辩护的复兴和发展奠定了坚实的理论基础。世界范围内出现了英美法系和大陆法系两大法系。两大法系在刑事诉讼中都确立了刑事辩护制度，但由于历史传统不同，两大法系对刑事辩护制度的内容规定得不太一致。英美法系从保护人权的价值观念出发，主张程序本位主义，认为程序本身有其独立存在的内在品质，程序的目的不仅在于发现案件事实，还在于通过程序的公正使被追诉人得到公正的裁判，因此英美法系特别重视刑事辩护制度，在刑事诉讼中辩护方与控诉方、审判方地位完全平等，法律上赋予辩护方在侦查、起诉、审判各阶段充分的辩护权。大陆法系从维护社会整体利益的价值观念出发，主张程序工具主义，认为刑事诉讼的价值就在于发现案件事实，维护社会秩序，它本身没有内在的价值，因此，大陆法系的刑事诉讼中，辩护方的地位与控诉方、审判方完全不平等，被追诉人及其辩护人的诉讼权利在一些方面受到较大的限制。

20世纪后，随着两大法系的不断借鉴融合，世界各国普遍认识到，保护人权已经成为法治社会的必然要求，各国在加强保护人权的同时注意到保护刑事被追诉人人权的重要性，因此在本国的刑事诉讼中都把辩护权明确确立为一项基本人权，各国刑事辩护的重点，也逐渐由泛泛地从法律上宣布被告人享有此项权利转向加强对辩护权的保障措施的建设。同时被指控人有权获得辩护在现代不仅成为各国国内法原则，而且也成为联合国人权活动的基本原则之一，在一系列国际文件中得以规定，刑事辩护进入了繁荣期。

通过上述对刑事辩护制度历史演变的描述，至少可以得出两点结论：

第一，辩护权是一种自然权利。辩是诉的本能反应，作为一种事实现象，它普遍存在于各个历史时期以及现代三大诉讼程序之中。在人权之生命权、健康权、自由权等诸多内容中，犯罪嫌疑人、被告人的辩护权是存在于其中的一项特殊权利，它是犯罪嫌疑人、被告人作为人的一项天然权利或曰自然权利。

第二，辩护权作为被追诉人的权利是一种自然权利，在不同的历史条件与制度背景之下，辩护权的体现形式虽有差异，但从总体上讲，刑事辩护经历了一个从无到有，从强调被追诉人权利到兼顾被害人权利的过程，同时对被追诉人的保护也在不断强化与完善。“刑事诉讼的历史就是扩大辩护权的历史”[①]，就是这样的一个描述。

三、刑事辩护的理论基础

为何要为有罪的人辩护？是研究刑事辩护制度首先要回答的问题。要回答这个问题必须对刑事辩护制度形成的条件和价值做深入的理论分析，现代刑事辩护制度发展到今天必然有强大的理论支持。笔者认为，刑事辩护的理论基础可以从以下三个方面得以阐述：

（一）哲学基础：对立统一规律

刑事诉讼活动的基本内容是查明已经发生的客观存在的案件事实，在此基础上正确适用法律，惩罚犯罪分子，保障无辜的人不受刑事追究。作为一种认识活动或者证明活动，它离不开唯物辩证法的指导，对立统一规律是我国建立刑事辩护制度的哲学基础，这是我国学者的共识。[②]对立统一规律是唯物辩证法的三大规律之一，是人们认识客观世界及其发展规律的科学理论。它认为，世界上的一切事物都包含着两个既互相联系又互相排斥的方面，

① ［日］田口守一：《刑事诉讼法》，刘迪、张凌、穆津译、卞建林审校，法律出版社2000年版，第89页

② 熊秋红：《刑事辩护论》，法律出版社1998年版，第104页。

这两个方面既对立又统一，它们的斗争和统一推动着事物的运动和发展，对立统一规律要求按照事物的本来面目去认识世界和改造世界，采取矛盾分析的方法，全面地、科学地考察事物和处理问题。

刑事案件是已经发生了的过去，案件的审判者并没有亲眼目睹犯罪事实发生，要使审判公正，就必须全面、客观地审查判断证据，从控诉方那里得到的往往是不利于被告人的材料，如果过于相信，势必产生偏见。而控辩双方平等地进行辩论，可以各扬其长，克服偏见，互相补充、修正对方的意见，使有关事实和证据愈辩愈明，从而为正确处理案件奠定可靠的基础。正如美国学者指出的，“相互申辩似乎是唯一有效的对策，借以抵御人们借熟知事物对并未完全清楚的事物作过分轻率结论的人性之自然倾向。”

（二）物质基础：社会分工和经济发展

人类为自己辩护的实践自从有了人类社会就开始出现，但仅有辩护权存在还不能自然产生辩护制度，辩护制度的产生要有物质基础的支持。原始社会生产力低下，人们共同劳动，社会关系简单，没有太多的纠纷出现，解决纠纷的方式主要靠氏族习惯，不可能产生职业的辩护人。随着人类文明的进步，生产力的发展，人类社会出现了三次社会大分工，使人类社会经济繁荣，尤其是第二、三次社会大分工后，手工业、商业发达，人类的经济关系复杂，纠纷增多。为了解决纠纷，国家必须制定一系列的法律，随着法律的不断增多，日渐复杂，诉讼程序也日益显露出越来越明显的技术化、专门化倾向，当事人在诉讼中需要熟悉法律的人的帮助，诉讼逐渐职业化，律师作为独立的阶层就应运而生。可见，社会分工和经济的发展是刑事辩护制度产生的物质基础。

（三）价值基础：被追诉人的权利保障

刑事辩护存在的价值到底是什么，这是一个在刑事诉讼法理论上存在争议的问题。但无论是目前的真实发现理论或是公平裁判理论都无法为刑事辩护制度的进一步发展找到坚实的理论基础，刑事辩护的价值基础只能从保障被告人权利这一点得到论证。

刑事诉讼主要是围绕着国家与被告人的刑事追诉而展开的，国家为达此目的，动用司法权，包括采取各种限制甚至剥夺被告人的人身自由的强制措施，一旦刑事追诉成功，更会涉及对被告人的生杀予夺，在强大的国家机器面前，被告人是一个弱者。在这种情况下，如果被告人的权利得不到保障，就会造成不可逆转的重大伤害。为此，为了防止过于强大的追诉机关滥用权力压制被追诉人，必须引入平衡二者的因素，以维持诉讼构造的基本均衡。这种理论反映在刑事诉讼中就要求对被追诉人赋予充分的参与机会，使其能够攻击防御、陈述意见或辩论，并且保证其辩护的有效性，以避免发生有失公正的突袭性裁判。因此，人权保障就成为刑事辩护正当性的价值论基础。

四、中国刑事辩护现状检讨

（一）刑事辩护定位缺陷

刑事辩护定位上的缺陷，既包括立法中刑事辩护功能定位的缺陷，又包括司法中辩护律师角色定位的缺陷。

1. 刑事辩护功能定位的缺陷

刑事诉讼结构是指国家专门机关在当事人和其他诉讼参与人的参加下进行刑事诉讼的基本方式以及专门机关、诉讼参与人在刑事诉讼中形成的法律关系的格局，[①]或者是由一定的目的所决定的，并由主要诉讼程序和证据规则中的诉讼基本方式所体现的控诉、辩护、审判三方的法律地位和相互关系。[②]可见刑事诉讼的基本含义就包括了控诉、辩护、审判三方在刑事诉讼中的法律地位和相互关系。当今世界分为以法国和德国为代表的大陆法系的职权主义的诉讼结构，以英国和美国为代表的普通法系当事人主义

---

① 陈光中主编：《刑事诉讼法学》（新编），中国政法大学出版社 1996 年版，第 10 页。

② 李心鉴：《刑事诉讼构造论》，中国政法大学出版社 1992 年版，第 7 页。

诉讼结构和以日本为代表的以当事人主义为主、职权主义为辅的混合式诉讼结构三种基本模式。一个国家采取何种刑事诉讼结构模式，取决于其价值取向，古今中外，任何一个国家在设计其刑事诉讼结构时，都不得不在惩罚犯罪与保护人权，实体公正与程序公正的价值目标间进行选择。职权主义强调社会安定和社会秩序，把国家和社会的利益作为第一位的选择，更注重惩罚犯罪。因此，在刑事诉讼中就限制辩护方的权利，在刑事诉讼结构中辩护方的地位就低于控诉方和审判方。当事人主义强调个人尊严，个人利益至上，当个人利益与国家利益发生冲突时，优先选择个人利益，重视人权保障和程序公正。因此，在刑事诉讼中限制代表国家的控诉方和审判方权力，扩张辩护方权利，在刑事诉讼结构中辩护方的地位与控诉方完全平等。从当今刑事诉讼的发展来看，任何一个国家进行价值目标选择时，都不能单一化和极端化，而应采取价值均衡原则，兼顾当事人主义和职权主义的混合式诉讼结构模式就成了未来刑事诉讼的发展趋势。在混合式刑事诉讼结构中，是以当事人主义为主，还是以职权主义为主，应根据各国的历史文化传统，社会治安状况，以及人权保护现状来确定。但从现代法治的发展趋势看，更强调人权保护，以当事人主义为主的混合式刑事诉讼结构应是更好的选择。

我国的刑事辩护的功能和刑事诉讼结构模式同样取决于我国刑事诉讼的价值取向。过去，在相当长的一段时间中，由于受“极左”思想的影响，我国对刑事诉讼的价值取向一直是打击犯罪，保护人民，维护社会秩序，刑事犯罪是敌我矛盾，1979 年《刑事诉讼法》是对敌人专政的工具，刑事被追诉人是专政的对象，刑事诉讼中辩护权有限，控诉方、审判方有着强大的职权，共同对刑事被追诉人实行专政。在刑事诉讼结构中，辩护方与控诉方、审判方的地位完全不平等，是超职权主义的刑事诉讼结构。随着我国经济建设的发展，社会主义市场经济的确立，法治建设也随之不断发展，许多现代法治观念被逐渐引入，尤其是世界范围内的人权保护观念引起我国重视，刑事诉讼的价值取向增加了保护被追诉人人权功能。因此，1996 年《刑事诉讼法》修改时吸收了当事人主义的一些内容。但由于对人权保护认识的不到位，只是在审判阶段引进了当事人主义的辩论模式，侦查、控诉阶段仍然实行职权主义，辩护权的内容并没有增加，控辩双方的地位仍不平等。

我国这种在审判阶段实行当事人主义的控辩双方对等与在侦查、起诉阶段实行职权主义的控辩双方地位完全不平等的畸形结构，使刑事辩护在实践中遇到了尴尬的局面。一方面，在侦查、起诉阶段，没有充分辩护权保障的辩护方，不能充分地收集证据，控诉方依据其强大的职权能够收集到足够的证据；另一方面，在审判阶段却要求二者平等对抗，这显然是不公平的。

2. 辩护律师角色定位的缺陷

刑事辩护权主要是通过律师的执业活动行使的，因此对辩护权的深入研究不能不考察作为辩护权主体的律师。刑事辩护律师的角色定位是指辩护律师在刑事诉讼结构中所处的地位。这是律师制度存在与发展中的一个最基本的问题，同时也是最重要的问题。对律师的角色或者说是职责进行怎样的定位，影响着刑事辩护在一个国家的法制运行中能够在多大程度上发挥作用。

1979年《刑事诉讼法》制定的时候，刑事诉讼程序被设计为政策执行的工具和阶级斗争的工具，在这种体制下，律师除了维护委托人的利益之外，还必须维护国家和社会利益，所以，刑事诉讼中的辩护律师就不仅仅是被告人利益的代表者，在特定的场合下，他还要代表国家利益和社会公共利益。但这种意识形态上将律师视为公共利益的代表的观念促使决策者同时在稍后不久颁布的《律师暂行条例》中将律师定位为国家工作人员。在我国法制尚不健全的情况下，将律师规定为国家的法律工作者，无疑使律师具有了较大的权威性。而且，律师作为国家法律工作者对改变人们不正确的传统观念，确立律师与法院审判员同等法律地位，是有利于发挥律师的作用，是保证律师执行职务，开展业务，保障律师自身合法权益的有效措施。[①]

---

① 陈卫东：《中国律师学》，中国人民大学出版社1990年版，第52-53页。

1997年起施行的《律师法》将律师界定为依法取得律师执业证书，为社会提供法律服务的执业人员，即社会法律工作者。律师的角色不再被定位为公共利益的代言人，也就是说，律师已经可以不再过多地考虑遥远的国家利益和社会利益，而是更多地强调律师代表其委托人的利益。应该说，这一定性比国家法律工作者更为科学，从国家法律工作者到社会法律工作者的转变，表明我国对律师性质认识上的一大飞跃，具有历史进步意义。[①]

但是这一变化却带来了一系列消极的后果。将律师界定为国家工作人员实际上是将律师置于与检察官、法官平等的位置上，从理论上说，检察官和法官有更多的理由将律师视为内部人，而不是外部人。因此，律师的权利也能够得到官方的尊重。然而修改后的《律师法》中，将律师不再视为国家工作人员，相应地，律师更容易被检察官、法官视为外部人，所以，在律师的执业活动中，公、检、法的人员尤其是公、检部门的人员认为“律师是异已分子”“是来找茬的”，远不是个别与少数。律师是非公有制中介机构中社会法律工作者，多数公众更认为律师和“个体户”没有什么区别。

（二）立法之不足

1. 辩护律师行使调查取证权受限

我国1996年《刑事诉讼法》对律师取证权作了规定，但又有诸多的限制，这种限制主要表现为以下三个方面：第一，法律没有明确赋予律师在侦查阶段享有调查取证权。《刑事诉讼法》第96条规定律师在侦查阶段可以参与诉讼，为犯罪嫌疑人提供法律咨询，代为申诉、控告；向侦查机关了解涉嫌的罪名；会见犯罪嫌疑人，向其了解有关案件情况；为犯罪嫌疑人申请取保候审等，但是不能调查取证。第二，辩护律师只能有限行使调查取证权。在审查起诉和审判阶段，法律虽然规定律师可以向证人、被害人或者被害人的近亲属、被害人提供的证人或者其他有关单位和个

---

① 陈兴良:《为辩护权辩护》，载陈卫东主编:《“3R”视角下的律师法制建设——中美“律师辩护职能与司法公正”研讨会论文集》，中国检察出版社2004年版，第128页。

人收集与本案有关的材料，但同时又规定，向证人或者其他单位和个人收集材料必须经被调查者同意；向被害人或其近亲属以及被害人提供的证人收集材料时，除必须经这些人的同意外，还必须经过人民检察院或者人民法院的许可。这意味着律师以辩护人的身份参加诉讼后，其收集证据的权利仍受到很大的制约，一旦上述人员不同意或者司法机关不许可，就意味着辩护律师调查取证权利之虚设。第三，律师调查取证权缺乏法律保障。立法虽然赋予了辩护律师申请人民检察院、人民法院收集、调取证据的权利，但这一规定对人民检察院来说并没有实际的约束力，因为许可与否没有明确的条件限制，人民检察院完全可以视其需要来作出相应的处理，实践中人民检察院对于这种申请往往也是不予理睬。

2．辩护律师的人身权利缺乏保障

律师的言论豁免权是联合国签发的《关于律师作用的基本原则》中明确规定的律师基本权利，目的在于使辩护律师在执业中获得某种特权，以抵御可能来自控方的侵害，并且使律师在义务冲突中得到解脱，保障辩护律师的正常执业活动。我国《刑事诉讼法》与《律师法》中不仅没有关于律师执业豁免的规定，而且在《刑法》第306条还针对辩护人规定了辩护人毁灭、伪造证据、妨碍作证罪，该条规定使辩护律师行使刑事辩护工作如履薄冰，深怕掉进伪证罪的深渊，极大降低了律师参与刑事辩护的热情。辩护律师的人身权利缺乏保障是实践中刑事辩护步履维艰的一个重要原因。

3．立法上没有规定辩护律师的在场权

辩护律师的在场权，普遍存在于现代各国的刑事诉讼之中，在刑事审判前程序中具有极为重要的功能，它不仅可以有效防止侦查人员侵犯犯罪嫌疑人的人权，抑制非法侦查，而且对于保障犯罪嫌疑人诉讼权利的及时行使，保障程序的诉讼构造，维护程序的正当性和权威性，都有十分积极的意义。[①] 正因为如此，现代各国刑事诉讼法多数都规定了辩护律师的在场权。我国侦查机关刑讯逼供现象之所以屡禁不止，除了侦查机关对口供过分依赖之

① 宋英辉：《刑事审判前程序研究》，中国政法大学出版社2002年版，第398页。

外，在录取口供时缺乏辩护律师的制约也是很大原因。

（三）司法之缺憾

由于刑事辩护律师角色定位的前后矛盾和立法上的缺陷，刑事辩护在司法实践中遇到了很大的困难，突出表现在以下几个方面：

1. 律师在侦查阶段的会见权被“司法剥夺”

律师会见在押的犯罪嫌疑人、被告人是《刑事诉讼法》规定的律师的一项基本诉讼权利，是辩护律师了解案情、准备辩护以及维护犯罪嫌疑人、被告人诉讼权利的前提条件。但是这一立法规定在司法中却被“依法”剥夺：一是律师会见批准制由例外变成了通例；二是侦查机关阻挠律师会见犯罪嫌疑人，以各种理由拖延安排会见时间，并对会见的时间和次数进行限制；三是限制会见内容，不允许律师向犯罪嫌疑人了解有关案件情况；四是律师会见犯罪嫌疑人，侦查机关普遍派员到场，律师与犯罪嫌疑人的交流完全由侦查人员控制。

2. 律师的阅卷权较旧法有倒退而无进步

《刑事诉讼法》第36条规定，辩护律师自案件审查起诉之日起，可以查阅、摘抄、复制案件的诉讼文书、技术性鉴定材料。立法的这一规定本身就是对律师阅卷权的限制，因为律师们最希望看到的证人证言、物证、书证等对定罪量刑有决定意义的证据材料都不在此范围内，而且在实践中检察机关却还故意设置障碍对这有限的阅卷权进行限制。在审查起诉阶段，介入的辩护律师一般只能看到仅能反映涉嫌罪名的拘留证、逮捕证、搜查证等采取强制措施和侦查措施的诉讼文书以及鉴定结论，至于立案决定书、批准逮捕决定书、起诉意见书等在一定程度上能够反映案件情况的诉讼文书，办案机关一般并不向辩护律师提供。

现行法律规定，自人民法院受理案件之日起，辩护律师可以查阅、摘抄、复制本案所指控的犯罪事实的材料。但法律同时又规定，人民检察院起诉时，只需向人民法院提供起诉书并附上证据目录、证人名单和主要证据复印件或者照片即可，不允许向法院移送全部证据和卷宗材料。实践中公诉机关提供的这些证据目录，往往只有目录而没有证据，证人名单往往只有证人的名单而没有证人证言，主要证据往往只提供有罪和罪重的证据，而没有无罪和罪轻的证据材料。因此律师无法了解到与案件事实相关的证据和案情，包括公诉机关指控犯罪的证据和对犯罪嫌疑人、被告人有利的证据，也就难以进行充分的辩护准备，显然处于不利的地位。

3．律师调查举证权的行使布满“陷阱”

由于法律本身存在的问题，加上当前我国公民普遍缺乏法律意识，实践中证人往往不愿作证。根据法律规定，只要证人自己不同意，律师显然是难以取证的，因此，律师在刑事诉讼中进行调查取证非常难，难以收集到有力的辩护证据。而且，律师一旦收集到与侦查机关相反的证据，还有可能被侦查机关或检察机关以伪证罪或者妨害作证罪为名羁押甚至判刑，面临随时可能出现的这些职业风险，大部分律师都尽量少做这些本来辩护律师必须进行的工作，这必然严重影响刑事辩护的质量。

（四）观念之愚顽

任何一套现代制度的设计和运行的背后都有一套与之相应的价值理念的支撑，辩护制度在我国司法实践中遇到的压力与阻碍说到底仍是一种司法观念的问题。根据的诉讼模式理论，对一个国家之诉讼模式起决定性影响的因素是国家意识形态和司法官僚结构。[①] 笔者认为，辩护律师作用之大小及刑事辩护功能之强弱，与一个国家的司法官僚结构和意识形态紧密关联。

1．司法官僚结构分析

达马斯卡把司法官僚结构分等级模式与同位模式两种类型。他认为，在等级模式的司法官僚结构下，职业化的官僚以及长时期的任职，均不可避免地导致专业化和程式化，而这些又导致法

---

① Mirjan Damaska, *Faces of Justice and State Authority*, Yale University: New Haven and London, 1986.

官划定一个他们认为属于他们的领域的区域，并发展出内部之间自我认同的身份意识。逐渐地，内部人和外部人之间的区别变得严格化，从而外部人对程序的参与对法官而言变地无关紧要。[①] 在这种司法官僚结构之下，辩护律师的作用会由于这种司法官僚结构的限制而受到影响。

与之相对应，理想的同位模式结构由未受过法律训练的外行人组成法官，这些外行人只是临时地在有限的时间内履行当下的职责，内部人和外部人的区分因而并不明显。[②] 在这种模式结构之下，辩护律师的作用就得到极大的加强。

2. 意识形态分析

达马斯卡把意识形态也分两种类型，即保守主义意识形态与激进主义意识形态。在一个保守的国家，国家的职责仅仅在于为社会的交往提供一个框架，政府通常被称为最小主义的政府，其职责仅仅在于保护社会秩序和解决不能由当事人自己解决的纠纷。在诉讼中，程序规则仅仅是当事人应当遵守的一种规则，公平成为涉及法律程序的主要考虑因素。为了实现诉讼程序的公平，必须要为当事人配备平等的武装。因而，保守主义的国家通常选择为较弱的一方提供律师帮助，从而，律师的角色就是热情地维护他的委托人的利益，并且这一利益也应当由其委托人来界定。[③]

与保守主义国家相反，在一个激进主义意识形态占据主导地位的国家，国家和政府有权为社会设定目标，并且有权在全国范围内执行它的意识形态。如果说保守主义的国家是将它的政府功能限定于维持社会的平衡，那么，激进主义的国家则允许政府侵入公民生活的各个领域。相应地，这样的诉讼程序中，判决合法性主要来自于它的正确性，而不是来自于程序的公正性，所以，诉讼程序就有必要尽最大可能地获得一个实体上正确的结果，而不是加强公正的观念或者保护并列的实体价值。私人律师对他的当事人的忠诚还要受制于遥远的国家利益的考量，当个人利益与

① Mirjan Damaska，supra nottel 1，pp.18–22.
② Mirjan Damaska，supra nottel 1，pp.23–28.
③ Mirjan Damaska，supra nottel 1，pp.73–146.

国家利益发生冲突时，个人利益要服从国家利益。[①]所以，律师的作用并不彰显。

我国在1979年《刑事诉讼法》制定时，显然是一个奉行激进主义意识形态的国家，法律被视为阶级斗争的工具，强调社会安定和社会秩序，把国家和社会利益作为第一位的选择。为了保证国家政策的执行，司法官僚体制也被设计为纯粹的等级模式，这种模式天然地排斥辩护律师作用的发挥。1996年修改的《刑事诉讼法》，诉讼模式虽然更多地体现了保守主义意识形态的因素，一些制度的设计都在一定程度上体现了程序正义的思想，但是，从总体上看，中国仍然不是一个保守主义意识形态占主导地位的国家，同时由于长期存在的"官本位"思想，司法官僚结构也没有发生实质性改变，这些都从根本上导致了政府与公众对于辩护律师功用的认识，成为严重影响了辩护律师作用发挥的观念原因。

对于刑事辩护功能弱化的原因分析，笔者于2004年3月进行了专题问卷调查。对北京大学法学院学生的调查结果如下：在被调查的100人中，回答"立法问题"的16人，占总人数的16%；回答"司法问题"的81人，占总人数的81%；回答"律师自身问题"的3人，占总人数的3%（见图5、6）。

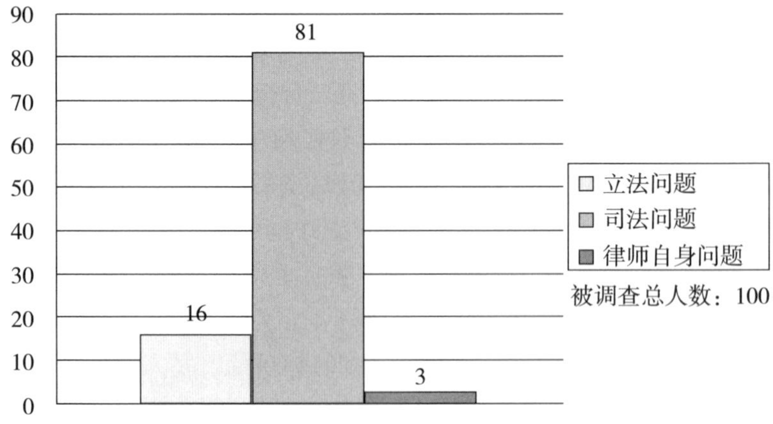

图5 各选项人数分布图

① Mirjan Damaska，supra nottel 1，pp.80–180.

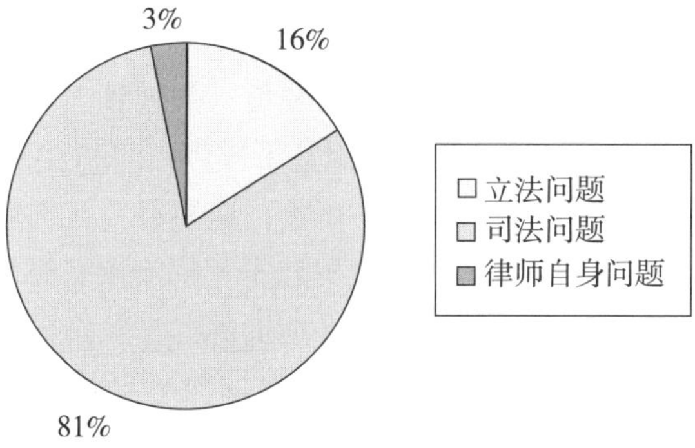

图 6 各选项比例分布图

这个数据的得出与笔者从事刑事辩护的亲历感知与理论分析是一致的。

五、中国刑事辩护的基础置换与制度构建

（一）对于刑事辩护与辩护律师的重新定位

1. 用法治的思想规范刑事辩护

从人权保护的角度出发，刑事诉讼中保护被追诉人人权的内容的增加已成为世界范围的发展趋势，世界各国通过对两次世界大战的反思，都深刻认识到专权统治对人性的摧残和压迫，深感保护个人权利的重要性。公正的程序和权力的制约是反对专权，保护个人权利的基本手段，是现代法治观念的基本内容。因此，我国刑事诉讼中增加保护被追诉人人权是大势所趋，在刑事诉讼结构中自然要提高辩护方的地位，扩充辩护方的权利，这种地位的提高应是诉讼各阶段全方位的提高。特别是以立法变动的方式，确立刑事辩护在侦查与审查起诉阶段的地位与功能，彻底改变我国现阶段刑事辩护的地位在刑事诉讼中前后不一致的局面。

2. 用法治的观念认识辩护律师

在我国，辩护律师虽然是犯罪嫌疑人、被告人的法律帮助者，是他们合法权益的保护者，但由于职权主义诉讼模式的影响，律

师并不是完全站在被告人的立场上的，同时站在国家和人民的立场上，强调积极维护国家法律的实施。于是经常出现这样的尴尬情况：一方面，律师接受被告人的委托，与被告人之间存在着一种商业性雇佣关系，他因此应当服务于被告人的利益；另一方面，他又负有维护法律和司法公正的职责，应当将自己的辩护观点建立在法律和事实的基础上。这其实是违背律师设立的初衷的，设立辩护律师的原因之一就是为了平衡追诉方与防御方的力量，但在实际上，辩护律师的参与很难说是加强了平衡还是加剧了不平衡。①

从总体上讲，律师应当主要成为私权利的维护者，即在现行法律规定的框架中，依法最大限度地维护委托人的利益。“一个高效、廉洁的政府虽然可以体恤民情，造福于百姓，却不可直接代表公民个人去与自身的权利抗衡，只有律师才可以起到这种作用。司法机关公正裁判的基础，是兼听则明和权利的制约，而律师制度正是维系这个基础的有效保障。”②

辩护律师应当完全代表被告人的利益，根据法律来为被告人进行无罪或者罪轻的辩护，同时也不能实施任何不利于被告人，可能使被告人承担任何不利后果的行为。维护法律和司法公正不应当是律师的职责，当然这样讲并不是说律师就可以置法律与司法公正于不顾，因为律师的职务行为也是有底线的，这个底线就是法律的禁止性规定。关于辩护人与公诉人在刑事诉讼中的不同目的，我国台湾地区学者蔡墩铭先生曾做过一个精辟的说明：“辩护人为被告正当利益之保护者，亦即为保护被告之利益而附带协助刑事司法之公正实施，在此意义下，辩护人处于公益地位。然而辩护人之公益地位异于检察官之公益地位，盖检察官为站在具体国家目的之立场为追诉犯罪，借以维持社会秩序，但辩护人仅

① 赵旭光：《辩护律师的职责、保密义务与作证拒绝权》，载陈卫东主编：《“3R”视角下的律师法制建设——中美“律师辩护职能与司法公正”研讨会论文集》，中国检察出版社2004年版，第331页。

② 田文昌：《关于律师职责定位的深层思考》，载陈卫东主编：《“3R”视角下的律师法制建设——中美“律师辩护职能与司法公正”研讨会论文集》，中国检察出版社2004年版，第397页。

为保护被告之正当利益，以免无辜之人受国家处罚，或犯轻罪者受罪重之处罚，是其所关心者仅为个人之保护，不在于全社会之保护，由此可见，二者之公益地位所着重者，不完全相同。”①

1996年《刑事诉讼法》的修改虽然吸收了当事人主义的一些内容，但由于对人权保护认识的不到位，只是在审判阶段引进了当事人主义的诉讼模式，侦查、控诉阶段实行的仍然是职权主义，甚至是超职权主义，刑事辩护功能的缺失成为立法的一大缺陷。在这里，刑事辩护功能与地位在立法中的缺陷，直接导致了辩护律师作用受限和诉讼地位畸形。笔者经常在可以代表律师发言的国际、国内会议上强调：国家（社会）需要律师，还是个人需要律师？律师是为了个人辩护，还是为了国家（社会）辩护？这是一个值得认真思考的问题。

（二）给予辩护律师必需的权利保障

目前，我国《刑事诉讼法》应增加辩护律师的以下权利：

1. 赋予辩护律师独立的调查取证权。应在法律中明确规定，律师在刑事诉讼的各阶段有独立的调查取证权；取消律师向司法机关申请调取证据的规定；规定任何人对律师的调查取证都有配合的义务。

2. 赋予律师完全的阅卷权。建议在庭审前建立证据展示制度，控诉机关的一切证据在庭前必须向辩护方出示，保证辩护方完全的阅卷权。当然，为了确保司法公正和审判效率，控诉方和辩护方都负有向对方开示相应证据的义务，至于双方各自所应当开示的证据范围，可以根据我国当前的司法体制、诉讼程序以及辩控双方的地位等因素予以规制。

3. 赋予律师执业豁免权。必须尽快取消《刑法》第306条，②明确规定辩护律师在刑事诉讼中依法履行职责的行为和言论不受法律追究。

---

① 蔡墩铭：《刑事诉讼法论》，台北，五南图书出版公司1993年版，第98页。

② 对于取消《刑法》第306条的探讨，详见冀祥德：《必须尽快取消刑法第306条》，载《中国律师》2004年第7期。

（三）转变对辩护律师的愚顽观念

笔者早已提出“车轮说”，指出公、检、法、律是推进社会法治进程不可或缺的“四个车轮”，缺乏现代辩护律师制度的刑事司法制度，永远不可能驶入现代法治的轨道。为此，司法机关包括公安机关必须改变过去长期以来形成的那种律师参与刑事诉讼，会给侦查、起诉、审判工作造成困难的观念，树立律师参与诉讼是为了保障被追诉人的合法权益、保障程序公正的现代法治观念，在刑事诉讼中平等地、善意地对待辩护律师，与辩护律师携手并肩，共同推动我国法治建设的进程。

（四）设立刑事辩护律师专业资格制度[①]

毋庸置疑，形成我国刑事辩护目前艰难困境的另外一个不可忽视的重要因素，就是刑事辩护律师职业素质与水平的参差不齐。中国要彻底走出刑事辩护的当前窘境，除去前述角色地位的转变以及法律制度所必需的立法变动之外，还必须提高律师参与刑事辩护的“门槛”，彻底改变当前凡是取得律师职业资格的人员无论执业时间之长短、执业水平之高低均可从事刑事辩护的不正常状况，建立刑事辩护律师专业资格，提高刑事辩护律师素质，保障刑事辩护质量。

笔者认为，要提高刑事辩护质量，培养高素质的刑事辩护律师队伍，必须从改革资格考试制度入手，在我国现有的全国司法人员资格统一考试的基础上，设立专门的刑事辩护律师专业资格考试。一般律师要想进入刑事业务领域，必须下大功夫对刑事方面的法律进行更加系统、深入地学习，才可能通过专门的考试，取得刑事辩护律师资格。严格的专门考试不仅可以从客观上强化刑事辩护律师的专业知识水平，而且有助于增强刑事辩护律师的职业责任感和精英意识。对于社会来说，基于严格的专业考试而选拔出来的人更容易取得大众的信任和尊重，这对于提高刑事辩

---

① 对于此问题的专题研究，详见冀祥德：《建立刑事辩护专业资格的法律思考》，载《中国律师》2001年第2期。

护律师的社会地位和荣誉感，都将十分有益。

中国刑事辩护制度发展的命运[①]

从立法的角度看，1996年《刑事诉讼法》的修改，无疑是中国刑事司法改革的一巨大进步，甚至有人把它说成是刑事诉讼立法科学化、民主化的“一个重要里程碑”，这也不为过。然而，在司法实践中，就《刑事诉讼法》的修改对中国刑事辩护制度所引起的实质性影响而言，不仅不是巨大进步，而且是严重倒退。中国的刑事辩护正面临着让立法者始料不及的艰难困境。中国目前的辩护制度状况尚无法满足辩诉交易中国化的基本要求。只有实现中国辩护律师队伍的专业化，赋予中国律师必要的辩护权利和执业保障权利，才能使得辩诉交易在中国移植后，被告人有适格的辩护律师提供帮助，以确保其在控辩协商中得到公平对待。

一、问题的提出

“Plea Bargaining”“Plea Negotiations”“Plea Agreement”“Plea Copping”“Copof plea”等都是美国学者对于同一制度现象的概括描述，但美国的法学研究者与法律职业者及社会公众通常使用的还是“Plea Bargainjng”，即辩诉交易。这一20世纪70年代在美国自发生成的制度，几十年来，尽管处在一片批评与责难声中，却仍然以其顽强的生命力，深深扎根于美国司法制度的土壤，用以解决90%以上的刑事案件，以至于有人提出，“如果明令禁止辩诉交易，美国刑事审判体系就会崩溃”。[②]令人不得不重视的是，辩诉交易不仅在加拿大、英国等普通法系国家得以迅速发展和实践，

---

① 本部分原载《北方法学》2007年第2期。

② Harward Law Revjew, 1984, pp.5-6.

而且，目前已经超越了两大法系诉讼模式差异的巨大障碍，在德国、法国、意大利、俄罗斯等国家广为传播，成为这些国家刑事司法制度的重要组成部分。[①]

中国法学界从最初对这一制度的一般性介绍，到有关该制度“进”与“不进”的理论争鸣；司法实务界从诸如“茶江虹桥案”“污点证人作证交易豁免”的“犹抱琵琶半遮面”，到牡丹江铁路运输法院对“孟广虎故意伤害案”第一个公开“吃螃蟹”的大胆尝试，无不揭示了法学研究者与司法实务者对于该制度能否洋为中用的深切关注。笔者提出了构建“中国控辩协商制度”的刑事司法改革设想：在对中国文化背景、司法情状与诉讼制度等审慎考察之后，既从应然的视野，系统地阐论了中国引进与移植辩诉交易具有的该当性，又从实然的视域，理性地解读了在中国目前司法体制下尚存在障碍性因素。[②]在笔者看来，当下我国的司法情势，围绕公正与效率的主题，如何在保证诉讼公正的前提之下，节约司法资源、提高诉讼效率，成为司法改革之重心。而借鉴辩诉交易，构建中国的控辩协商制度，则是解决此困境的有效途径。

控辩协商是检察官与被告人（通过其辩护人）双方以合意的方式解决案件的制度，合意的特性是辩诉交易的深刻内涵。这种合意一方面包括实体的合意，即对协议内容的合意；另一方面包括程序的合意，即对解决方式的合意。控辩协商是以充分发挥当事人作为程序主体的功能，鼓励被告人以认罪的合作换取法律的宽大处理，激发当事人自律地设定自己与社会今后的关系而作的努力，并尽量将这种努力反映在控辩协商的程序与结果之中，以获得较之于正式审判更为积极的社会效益。但是，面对拥有着强

① 辩诉交易在德国的传播实践叫“刑事协商”；在意大利《刑事诉讼法典》中被规定为“依当事人要求适用刑罚程序”；在俄罗斯《刑事诉讼法典》中被称为“在刑事被告人同意对他提出的指控时做出法院判决的特别程序”，通称为认罪程序；日本学者建议在对其简略程序改造时增加该程序叫作“司法交易”（司法取引）；而在英国、加拿大等国家中仍然习惯称之为“辩诉交易”。

② 参见冀祥德：《建立中国控辩协商制度研究》，北京大学出版社 2006 年版，第 11 页。

大检察权和专门法律知识的检察官，如何实现辩诉交易这种“交易”的自愿与平等，完善的辩护制度无疑是保障控辩协商公正性的基本底线。本文正是以构建我国控辩协商制度为视角，全面反思与重构我国的辩护制度，寻求中国刑事辩护制度发展的命运。

二、中国刑事辩护制度现状反思

（一）刑事辩护定位上的缺陷

刑事辩护定位上的缺陷，既包括立法中刑事辩护功能定位的缺陷，又包括司法中辩护律师角色定位的缺陷。

1. 刑事辩护功能定位的缺陷

刑事诉讼结构是指国家专门机关在当事人和其他诉讼参与人的参加下进行刑事诉讼的基本方式，以及专门机关、诉讼参与人在刑事诉讼中形成的法律关系的格局①，或者是由一定的目的所决定的，并由主要诉讼程序和证据规则中的诉讼基本方式所体现的控诉、辩护、审判三方的法律地位和相互关系。②可见刑事诉讼的基本含义就包括了控诉、辩护、审判三方在刑事诉讼中的法律地位和相互关系。当今世界分为以法国和德国为代表的大陆法系的职权主义的诉讼结构、以英国和美国为代表的普通法系的当事人主义诉讼结构和以日本为代表的以当事人主义为主、职权主义为辅的混合式诉讼结构三种基本模式。一个国家采取何种刑事诉讼结构模式，取决于其价值取向，古今中外，任何一个国家在设计其刑事诉讼结构时，都不得不在惩罚犯罪与保护人权，实体公正与程序公正的价值目标间进行选择。职权主义强调社会安定和社会秩序，把国家和社会的利益作为第一位的选择，更注重惩罚犯罪。因此，在刑事诉讼中就限制辩护方的权利，在刑事诉讼结构中辩护方的地位就低于控诉方和审判方。当事人主义强调个人尊严，个人利益至上，当个人利益与国家利益发生冲突时，优先选

① 陈光中主编：《刑事诉讼法学》（新编），中国政法大学出版社 1996 年版，第 10 页。

② 李心鉴：《刑事诉讼构造论》中国政法大学出版社 1992 年版，第 7 页。

择个人利益，重视人权保障和程序公正。因此，在刑事诉讼中限制代表国家的控诉方和审判方权力，扩张辩护方权利，在刑事诉讼结构中辩护方的地位与控诉方、辩护方完全平等。从当今刑事诉讼的发展来看，任何一个国家进行价值目标选择时，都不能单一化和极端化，而应采取价值均衡原则，兼顾当事人主义和职权主义的混合式诉讼结构模式就成了未来刑事诉讼的发展趋势。在混合式刑事诉讼结构中，是以当事人主义为主，还是以职权主义为主，应根据各国的历史文化传统、社会治安状况以及人权保护现状来确定。但从现代法治的发展趋势看，更强调人权保护，以当事人主义为主的混合式刑事诉讼结构应是更好的选择。

我国的刑事辩护功能和刑事诉讼结构模式同样取决于我国刑事诉讼的价值取向。过去，在相当长的一段时间中，由于受“极左”思想的影响，我国对刑事诉讼的价值取向一直是打击犯罪、保护人民、维护社会秩序。刑事犯罪是敌我矛盾，1979 年《刑事诉讼法》是对敌人专政的工具，刑事被追诉人是专政的对象，刑事诉讼中辩护权有限，控诉方、审判方有着强大的职权，共同对刑事被追诉人实行专政。在刑事诉讼结构中，辩护方与控诉方、审判方的地位完全不平等，是超职权主义的刑事诉讼结构。随着我国经济建设的发展，社会主义市场经济的确立，法治建设也随之不断发展，许多现代法治观念被逐渐引入，尤其是世界范围内的人权保护观念引起我国重视，刑事诉讼的价值取向增加了保护被追诉人人权功能。因此 1996 年《刑事诉讼法》修改时吸收了当事人主义的一些内容。但由于对人权保护认识得不到位，只是在审判阶段引进了当事人主义的辩论模式，侦查、控诉阶段仍然实行职权主义，辩护权的内容并没有增加，控辩双方的地位仍不平等。

我国这种在审判阶段实行当事人主义的控辩双方对等与在侦查、起诉阶段实行职权主义的控辩双方地位完全不平等的畸形结构，使刑事辩护在实践中遇到了尴尬的局面。一方面，在侦查、起诉阶段，没有充分辩护权保障的辩护方，不能充分地收集证据，控诉方依据其强大的职权能够收集到足够的证据；另一方面，在审判阶段却要求二者平等对抗，这显然是不公平的。

2. 辩护律师角色定位的缺陷

刑事辩护权主要是通过律师的执业活动行使的，因此对辩护权的深入研究不能不考察作为辩护权主体的律师。刑事辩护律师的角色定位是指辩护律师在刑事诉讼结构中所处的地位。这是律师制度存在与发展中的一个最基本的问题，同时也是最重要的问题。对律师的角色或者说是职责进行怎样的定位，影响着刑事辩护在一个国家的法制运行中能够在多大程度上发挥作用。

1979 年《刑事诉讼法》制定的时候，刑事诉讼程序被设计为政策执行的工具和阶级斗争的工具，在这种体制下，律师除了维护委托人的利益之外，还必须维护国家和社会利益，所以，刑事诉讼中的辩护律师就不仅仅是被告人利益的代表者，在特定的场合下，他还要代表国家利益和社会公共利益。但在这种意识形态上将律师视为公共利益的代表的观念，促使决策者在稍后不久颁布的《律师暂行条例》中将律师定位为国家工作人员。在我国法治尚不健全的情况下，将律师规定为国家的法律工作者，无疑使律师具有了较大的权威性。而且，将律师作为国家法律工作者，能够改变人们不正确的传统观念，确立律师与法院审判员同等法律地位，有利于发挥律师的作用，是保证律师执行职务、开展业务、保障律师自身合法权益的有效措施[①]。

1997 年施行的《律师法》将律师界定为依法取得律师执业证书，为社会提供法律服务的执业人员，即社会法律工作者。律师的角色不再被定位为公共利益的代言人，也就是说，律师已经可以不再过多地考虑遥远的国家利益和社会利益，而是更多地强调律师代表其委托人的利益。应该说，这一定性比国家法律工作者更为科学，从国家法律工作者到社会法律工作者的转变，表明我国对律师性质认识上的一大飞跃，具有历史进步意义。[②]

---

① 陈卫东：《中国律师学》，中国人民大学出版社 1990 年版，第 52–53 页。

② 陈兴良：《为辩护权辩护》，载陈卫东主编：《“3R”视角下的律师法制建设——中美“律师辩护职能与司法公正”研讨会论文集》，中国检察出版社 2004 年版，第 128 页。

但是，这一变化却带来了一系列消极的后果。将律师界定为国家工作人员实际上是将律师置于与检察官、法官平等的位置上，从理论上说，检察官和法官有更多的理由将律师视为内部人，而不是外部人。因此，律师的权利也能够得到官方的尊重。然而修改后的《律师法》中，不再将律师视为国家工作人员，相应地，律师更容易被检察官、法官视为外部人，所以，在律师的执业活动中，公、检、法的人员，尤其是公、检部门的人员中认为律师是“异己分子”“是来找茬的”，远不是个别与少数。律师是非公有制中介机构中社会法律工作者，多数公众更认为律师和“个体户”没有什么区别。

（二）立法上的缺陷

1．现行法律对于辩护律师调查取证权限制过多

首先，律师在侦查阶段不具有调查取证权。《刑事诉讼法》第37条所规定的律师调查取证权是赋予辩护律师的权利，亦即只有辩护律师才能享有第37条规定的调查取证权，如果不是辩护律师就没有此项诉讼权利。而根据《刑事诉讼法》对辩护律师的界定，公诉案件只有自移送审查起诉时起，犯罪嫌疑人才能够聘请辩护人，也就是说，在侦查阶段时，犯罪嫌疑人聘请的律师不是辩护人，当然也就没有调查取证权。

其次，辩护律师的调查取证权是附条件的权利。此表现主要有二：第一，辩护律师向证人或其他有关单位和个人收集与本案有关的材料时，必须经过他们的同意。此亦即明确规定，辩护律师的调查取证权并不具有自主性，而是由证人掌握。这就给被调查人拒绝律师的调查提供了法律依据，使得律师在调查取证时常常吃“闭门羹”。尤其是目前对证人权利及相关责任没有明确的规定，律师的调查取证工作无疑难以开展。第二，辩护律师在向被害人或其近亲属、被害人提供的证人收集案件材料时，不仅要经过他们本人的同意，还要经过人民检察院或人民法院的许可。笔者认为，这一规定有违刑事诉讼基本原理。法治国家刑事诉讼的基本结构是控辩平等对抗、法官居中裁决。要求控方许可辩方收

集不利于己的证据，无异于“与虎谋皮”。另外，让受害人同意自己的“仇家”对自己取证，在我国公民目前法律素养总体不高的状况下，简直就是天方夜谭。

最后，我国《刑事诉讼法》第 48 条中虽然规定了凡是知道案件情况的人都有作证的义务，但是没有规定不作证的法律后果。而且，以中国公民意识中之法律概念，“义务”只是对国家机关如公、检、法而言，对于“替坏人说话”的律师，许多公民都认为他们本来就没有作证的义务。

2. 公共司法资源的使用对辩护律师限制过多

首先，根据现行法律规定，辩护律师自己无法收集证据时，可以申请检察院、法院收集、调取证据，或者申请人民法院通知证人出庭作证。但法律同时又规定，针对辩护律师的上述申请，只有人民检察院、人民法院认为需要时才被许可。这样，如果辩护律师认为属于案件需要而检察院和法院认为不需要时，律师便不能取得这些证据。

其次，现行法律规定，辩护律师自案件审查起诉之日起，可以查阅、摘抄、复制案件的诉讼文书、技术性鉴定材料。这些诉讼文书、技术性鉴定材料只是程序上的公文，对案件事实而言基本没有证据作用。

最后，现行法律规定，自人民法院受理案件之日起，辩护律师可以查阅、摘抄、复制本案所指控的犯罪事实的材料。但法律同时又规定，人民检察院起诉时，只需向人民法院提供起诉书并附上证据目录、证人名单和主要证据复印件或者照片即可，不允许向法院移送全部证据和卷宗材料。移送的主要证据完全由检察院决定，实践中检察院往往故意将一些重要证据不移送。这样，辩护律师就无法像《刑事诉讼法》修改以前那样全面阅卷，复制、摘抄控诉方所有的案卷材料。由此，辩护律师在审判阶段获取的证据也是有限的。

3. 现行诉讼制度限制了辩护权之质证权与辩论权

现行法律没有规定证人、鉴定人必须出庭作证，控诉方只要宣读证人证言、鉴定结论即可，这使辩护律师无法在法庭上交叉询问证人、鉴定人，只能对证人证言和鉴定结论进行质证，降低了质证质量，不能充分行使辩论权。

辩论权是刑事辩护律师最基本的职业权利。从其本质上看，它是法律赋予双方平等的对抗手段，通过双方充分陈述己方理由，反驳对方主张，使法官得以形成最符合事实和法律的正确判断。在英美法系国家，辩论原则在刑事诉讼中应用得较为充分，整个庭审活动是围绕控辩双方对抗性活动展开，法官则居中听证和裁判。我国《刑事诉讼法》也规定了专门的法庭辩论阶段，尤其是1996年《刑事诉讼法》的修改引进了对抗式庭审模式，控辩双方可以就证据问题和事实认定展开辩论。辩护权是律师在发挥辩护职能中所享有的基本权利之一，对于法官查清案件事实，正确进行定罪量刑具有重要的作用。但在实践中，辩护律师的辩论权往往有意无意受到诸多限制。有的法官在辩论过程中针对律师的辩论，不论其是否与案件有关，都任意进行打断或人为缩短其发言的时间，有的甚至不给律师发言的机会。

4. 立法没有规定辩护律师的言论豁免权

律师的言论豁免权，是指辩护律师在诉讼期间依法履行职责时，其行为和言论不受法律追究的权利，该项权利是联合国签发的《关于律师作用的基本原则》中明确规定的律师的基本权利，为保障律师正常执业起了巨大作用。我国法律对此不但没有规定，反而在《刑法》第306条中针对辩护人专门规定了辩护人毁灭、伪造证据、妨害作证罪，该条规定使辩护律师行使刑事辩护工作如履薄冰，深怕掉进伪证罪的深渊，极大地降低了律师参与刑事辩护的热情。

5. 立法没有规定辩护律师的在场权

辩护律师的在场权，从最广泛的意义上来说，普遍存在于现代各国的刑事诉讼之中。辩护律师的在场权，尤其是犯罪嫌疑人受到侦讯人员讯问时的在场权，在刑事审判前程序中具有极为重要的功能，它不仅可以有效防止侦查人员侵犯犯罪嫌疑人的人权，抑制非法侦查，而且对于保障犯罪嫌疑人诉讼权利的及时行使，保障程序的诉讼构造，维护程序的正当性和权威性，都有十分积极的意义。[1] 正因为如此，现代各国刑事诉讼法多数都规定了辩护律师的在场权。我国侦查机关刑讯逼供现象之所以屡禁不止，除了侦查机关对口供过分依赖之外，在录取口供时缺乏辩护律师的制约也是很大原因。

6. 中国《律师法》对律师权利保障的力度不够

1996 年的《律师法》，虽然赋予了律师若干权利，但比较而言，它更像一部对律师执业的限制性法律，其中的限制性条款远远多于保障性条款。据统计，《律师法》总共 53 条、69 款，其中规定“律师必须”“律师不得”“律师应当”字样的条款共计 24 处，暗含律师“必须”“不得”“应当”意思的条款共 15 处，两项合计 39 处，而规定“律师有权”“律师可以”字样的条款总计不过 9 处。这样的《律师法》很难让人相信是一部保护律师权益的法律。难怪有人将《律师法》的弊端和缺陷概括为三个方面：律师权利太少，律师执业的禁区太多，主管部门的权力太大。

（三）司法实践中的问题

由于《刑事诉讼法》中关于刑事辩护定位上的前后矛盾，以及公安司法人员和社会公众对辩护律师角色定位的误读，加之有关立法中关于辩护律师权利规定的诸多缺陷，使刑事辩护在司法实践中遇到了很大的困难，突出表现在以下几个方面：

1. 律师在侦查阶段的会见权形同虚设

律师会见在押的犯罪嫌疑人是律师的一项基本诉讼权利，我国《刑事诉讼法》《律师法》及有关司法解释中都明确规定律师可以依照法律会见在押的犯罪嫌疑人。然而在司法实践中，律师的这一法定权利却基本得不到落实。不少公安、检察机关对律师在侦查阶段的介入十分抵触，认为辩护律师就是来和他们“作对的”，是来“捣乱的”，故想方设法阻碍甚至剥夺辩护律师的权利。其表现形式多种多样，有的对犯罪嫌疑人提出的聘请律师的要求

---

① 宋英辉：《事审判前程序研究》，中国政法大学出版社 2002 年版，第 398 页。

迟迟不予转告；有的以“案件涉及保密”等为由拒绝安排会见；[①]有的不在“六机关”规定的时间内安排会见；有的不论案件是否涉及国家秘密，对会见申请均要求履行批准程序；[②]有的要求律师在会见前提交谈话提纲；有的规定会见犯罪嫌疑人的律师必须是受犯罪嫌疑人本人的委托方可；[③]有的虽安排会见但一律派员在场，甚至对会见进行监听监视；有的限制会见时间、限制会见内容、限制会见次数，规定会见不得超过两次，每次会见时间不得超过15分钟、30分钟或45分钟不等，并且要求会见不得涉及案情；有的地方公安机关干脆以无钱建专门的律师会见室为由，一律不允许律师会见。各地为限制律师的会见权所采取的措施可谓千方百计，五花八门。[④]除此之外，目前各地公安机关一般都不允许律师与在押的犯罪嫌疑人或被监视居住的犯罪嫌疑人通信，使得法律规定的律师的该种权利形同虚设。

2. 修订后的《刑事诉讼法》对律师阅卷权的规定名进实退

修订前的《刑事诉讼法》中虽规定了律师在审判阶段享有的阅卷权利，但是十分有限，其范围包括案件的全部材料，即指控的犯罪事实、各种证据材料及相关目录和各种法律文书、技术性鉴定材料，其中，既包括对被告人不利的材料，也包括对被告人

① 某省的一个市自《刑事诉讼法》修订施行以来，犯罪嫌疑人申请聘请律师的案件，约有80%—90%被办案部门以涉及国家秘密为由作了不批准会见的决定；有的市、县公安局自1996年《刑事诉讼法》修正实施以来，仅象征性地批准了一二起案件允许律师会见犯罪嫌疑人。（参见陈卫东：《刑事诉讼法实施问题调研报告》，中国方正出版社2001年版，第221页。）

② 吉林省有一位律师接受犯罪嫌疑人委托后，欲依法会见犯罪嫌疑人，结果从提出会见申请到获得有关部门的批准竟长达46天。（参见田文昌：《刑事辩护学》，群众出版社2001年版，第166页。）烟台“11·24”海难案件，犯罪嫌疑人的律师足足等了一个月才会见到自己的当事人。（参见陈卫东：《刑事诉讼法实施问题调研报告》，中国方正出版社2001年版，第221页。）

③ 事实上这是变相拒绝律师会见，因为犯罪嫌疑人被拘捕后，一直处于被羁押状态，其如何直接委托律师呢?

④ 某市的看守所大多数将公安、检察院的提审室安排在犯罪嫌疑人生活区外，条件相对较好。而把律师会见室设置在犯罪嫌疑人生活区内，除去一张简陋的木桌和凳子外，夏天连一个风扇也没有，两个律师会见时，只能是一个站着，另一个坐着，犯罪嫌疑人只好蹲着。有一个新建的号称现代化的模范看守所，律师会见犯罪嫌疑人时，与犯罪嫌疑人分别在两个房间，中间隔着透明玻璃墙，墙上仅有几个细小的孔，律师只有把嘴贴在墙上并且大声说话，犯罪嫌疑人才能听得到。

有利的材料。而修订后的《刑事诉讼法》虽将辩护律师的介入时间提前，并赋予其起诉阶段和审判阶段两次阅卷权，但其范围却受到很大限制。《刑事诉讼法》第36条规定，辩护律师自人民检察院对案件审查起诉之日起，可以查阅、摘抄、复制本案的诉讼文书、技术性鉴定材料；辩护律师自人民法院受理案件之日起可以查阅、摘抄、复制本案所指控的犯罪事实的材料。在审查起诉阶段和审判阶段，律师可以依法查阅法律规定的案卷材料。依据上述法律规定，在审查起诉阶段，律师可以查阅的范围是本案的诉讼文书和技术性鉴定材料。至于何为诉讼文书和技术性鉴定材料，根据《人民检察院刑事诉讼规则》中的规定，诉讼文书包括立案决定书、拘留证、批准逮捕决定书、逮捕决定书、逮捕证、搜查证、起诉意见书等为立案、采取强制措施和侦查措施以及提请审查起诉而制作的程序性文书；技术性鉴定材料包括法医鉴定、痕迹鉴定、物证鉴定、司法精神病鉴定等由有鉴定资格的人员对人身、痕迹、物品以及其他有关证据材料进行鉴定所形成的记载鉴定情况和鉴定结论的文书。在审判阶段，辩护律师可以查阅、摘抄、复制案件所指控的犯罪事实的材料。这里的材料根据《刑事诉讼法》第150条的规定，是公诉机关提供的起诉书和证据目录、证人名单和主要证据复印件或者照片。但是，在实践中公诉机关提供的这些主要证据都是证明被告人有罪和罪重的证据，而没有无罪和罪轻的证据材料。有相当多的证据材料，比如各种物证、书证、证人证言、被害人陈述以及犯罪嫌疑人的口供材料等许多有关案情的证据材料，律师在开庭前都无法查阅。有的地方还规定，不论律师是否复印材料，只要阅卷就收5至10元阅卷费。有资料显示，某省仅1997年上半年，就发生137起检察机关不允许办案律师阅卷或者复印有关材料的事件。[①]

可见，立法规定本身就存在不少问题。而更令人遗憾的是，在司法实践中就连上述法律并不完善的规定都没有得到真正有效的贯彻。在全国律师协会刑事业务委员会每年的年会上，律师对

---

① 田文昌：《事辩护学》，群众出版社2001年版，第166页。

此问题反映都很强烈；在每年的全国诉讼法学年会上，也都有学者对这些规定与做法提出尖锐的批评与质疑。有的律师还反映，在审查起诉阶段介入诉讼的辩护律师，一般只能看到仅能反映涉嫌罪名的拘留证、逮捕证、搜查证等采取强制措施和侦查措施的诉讼文书以及鉴定结论，至于立案决定书、批准逮捕决定书、起诉意见书等在一定程度和一定范围上能够反映案件情况的诉讼文书，办案机关一般并不向辩护律师提供。另外，司法实践中由于法律上对阅卷没有作详细规定，因此，许多司法机关根据其工作的方便，自己制定有关律师阅卷的具体规则，对律师的阅卷权滥加限制。

3. 刑事辩护的路上布满陷阱

完全可以说，中国律师制度的发展历史，就是中国社会民主化、法治化的历史，而律师辩护制度正是该制度的一个核心部分。中国律师制度恢复二十多年来的实践说明，辩护律师无论其所属行业协会所发挥的社会功能，还是个体所享有的社会地位，皆无法与法治国家比拟。在原来的一种彻头彻尾的职权主义的刑事诉讼模式之下，辩护律师是附属于被告人的角色，其地位和权利保障自不待言；但当修改的《刑事诉讼法》将当事人主义模式引入我国诉讼中后，这种状况仍没有根本改变。辩护律师被抓、被侵权的事件反呈上升之势。主要表现为两种情况：

第一，辩护律师执业风险加大。辩护律师常常因执业而陷于被刑事追究的风险中。其一，立法中设置了一个针对律师的“口袋罪”，某些公、检部门在案件陷于被动时，“欲加之罪，何患无辞”，以律师伪证罪，即《刑法》第 306 条的“辩护人、诉讼代理人毁灭证据、伪造证据”，张开“口袋”，兜抓律师，进行执业报复。据全国律师协会会员部负责人介绍：1995 年全国律师协会接到各地律师协会或律师上报的维权案件仅有十几起，而到 1997 年、1998 年每年达到七十多起，特别是新《刑法》实施后，律师执业中涉及伪造证据罪、妨害证据罪的案件竟占全部维权案件数量的 80%。其二，司法过程中，有的部门以包庇罪[①]、玩忽职守罪[②]、泄露国家秘密罪[③]，甚至以诽谤罪[④]陷害辩护律师。

第二，辩护律师人身权利屡遭侵犯。主要表现为一些司法机关及其工作人员恣意将律师逐出法庭；[⑤]有的非法限制律师的人身自由或对律师进行羞辱、谩骂、殴打，[⑥]甚至给律师错误地定罪判刑。除此之外，还有一些对方当事人对案件的期望目的没有达到，便迁怒于辩护律师，泄私愤、图报复，对律师进行辱骂、甚至

---

① 例如辽宁省铁岭市律师任庆良被控“包庇罪”案件。

② 例如轰动国内外的湖南省衡阳市南方律师事务所律师彭杰被控“玩忽职守罪”案件。

③ 例如河南省焦作市路通律师事务所主任、高级律师于萍被控“故意泄露国家秘密罪”案件。

④ 例如广东经国律师事务所律师何伟民、徐作云被诉“诽谤罪”案件。

⑤ 1997 年 1 月 10 日，太原市中级人民法院对山西省高级人民法院发还重审的王立刚等共同犯罪案件进行公开重新审理。开庭时，审判长只允许 11 名案犯再作一次陈述，却一律不准他们的辩护律师针对原判决认定的事实和罪名提出疑问并且进行辩护，进入辩论程序后，首先由王立刚的第一辩护人李晓军律师发表辩护词，然后由王立刚的第二辩护人刘秉章律师进行第二轮答辩，刘律师在答辩发言中，被审判长三次打断发言，最后令其停止发言。接着，审判长翻开案卷宣读针对刘律师答辩意见的有关证词，形成审判人员与辩护律师的辩论，审判长宣读完证词，问第一辩护人李晓军律师是否还有辩护意见，李晓军律师针对审判长不让刘律师把话讲完一事说：“有，律师出于职责需要，就是要把事实辩清楚辩明白，辩护意见只能用语言来表达，不让讲话，怎能发表意见，”话未说完，审判长即指使法警：“把她轰出去！”李晓军律师立即被两名法警强行逐出法庭。（参见冀祥德：《建立中国协商控辩制度研究》，北京大学出版社 2006 年版，第 194 页。）

⑥ 吉林通化市抚顺律师事务所一名律师在辉县办案时，因对案件提出了与司法机关办案人员不同的意见，被司法人员打得鼻青脸肿。还以“妨碍公务”为由将其司法拘留 15 天。1995 年，辽宁省新宾满族自治县一律师在依法办理一起经济纠纷案时，竟然被吉林省一家法庭强行抓走，并拘留了 15 天。类似这种司法机关非法对律师兴师问罪的案件在全国范围内还有很多。例如：河南省律师冯志德因“涉嫌包庇罪”被指控和拘禁事件；山东省律师刘建栋被检察机关认定有罪而免予起诉事件；辽宁省律师任庆良被指控犯有“包庇罪”被拘留、逮捕事件；河南省郑永辉、熊庭富两律师因“包庇嫌疑”被刑事拘留事件；上海市律师陈惠中因“伪证罪”被指控并被判刑 7 个月；山东省律师孙芳丽、张兆伟因“徇私舞弊罪”被追究事件等。至于律师的人格得不到尊重，遭受司法人员轻慢、侮辱的现象，更是屡见不鲜。实际上，在相当大的程度上，中国律师在公检法人员面前是没有尊严可言的，律师办事时被司法人员呼来喝去的现象早已是司空见惯的了。（参见田文昌：《刑事辩护学》，群众出版社 2001 年版，第 176 页。）

残害。[1]

三、从控辩协商制度构建看中国刑事辩护的发展

从国家追诉权和辩护权产生的那天起，控辩双方的地位就存在着天然的不平等现象。[2]

由于人类司法的文明进化与人权运动的崛起，才有了刑事诉讼的控辩平衡理论以及控辩审等腰三角形结构理论。这一理念的实践是通过对警察权和检察权给予必要的限制，同时赋予犯罪嫌疑人、被告人以及辩护律师各种诉讼权利而实现的。在辩诉交易产生和存在的国家，无论是英美国家还是意大利等大陆法系国家，都建立了完整的以辩护权为核心的辩护律师制度，实现了控辩双方在权利平等基础上的对抗。如在美国，犯罪嫌疑人被拘捕后在享有沉默权的同时，有权委托律师或获得免费律师的帮助。辩护律师可以参与对犯罪嫌疑人的侦查活动，包括讯问的在场权；警察不得在场和监听的会见、通信权；申请保释权；等等。美国律师有证据调查请求权，辩护律师有权要求法院以强制手段传唤对本方有利的证人或要求有关人员交出对被告人有利的书证或物证。英国律师在犯罪嫌疑人被捕后24小时内，最迟不超过36小时，便会接到犯罪嫌疑人委托或由政府指定其为犯罪嫌疑人提供法律帮助；律师有权尽快会见或联络犯罪嫌疑人并有权保守其秘

---

① 1995年，山西省临汾市律师事务所主任马海旺律师因代理李雪梅诉白玉仁离婚案，引起白玉仁的不满。同年5月18日下午，在律师事务所门口，马海旺律师遭到白玉仁纠集的五六个人的围攻毒打，直至昏死过去，马海旺律师的右眼珠还被白玉仁抠出。另据1995年7月8日《中国律师报》报道，1995年3月30日，河北省鸡泽县律师事务所律师任上飞受一法律顾问单位经理委托，并经律师事务所主任和司法局分管局长批准，赴湖南醴陵市解救人质时，被醴陵市王坊乡联盟花炮厂厂长江孝明等扣为人质，遭非法拘禁，河北省政法委、司法厅及邯郸市鸡泽县有关部门几次去解救，均告失败。这些案件中，律师参与的虽然未必是刑事案件，但其参加诉讼所面临的来自对方当事人的人身风险却由此可见一斑。

② 控方代表国家行使追诉权，有强大的国家权力作后盾，能够有效获得并充分使用国家提供的各种司法资源，辩护权的行使完全是一种个人行为，即使律师的辩护也是一种没有任何强权支持的自由职业者的权利，既没有强大的权力后盾，也没有可以运用的司法资源。不仅如此，它还有国家追诉权所没有的公众对犯罪的痛恨和仇视以及对律师职业的种种偏见、诋毁甚至是责难。

密；有权查阅羁押警察制作的羁押记录；有权在讯问时在场；有权代被羁押的犯罪嫌疑人申请“人身保护令”；有权在侦查结束后全面阅读检察官用作指控证据的证据材料。英国律师有言论豁免权，其在刑事诉讼过程中的任何言论都不受法律追究，即使他的言论带有明显的恶意并与他承办的案件没有关系，也同样受到这种特权的保护。[①] 为保障辩护律师的知悉权，美英两国均设立证据开示制度和完善的法律援助制度。

意大利现行《刑事诉讼法》“最大的变革便是引进英美法系当事人主义的对抗式诉讼制度”，其规定辩护律师受委托或指定后有权与被拘捕的犯罪嫌疑人及时会见和通信；有权在其委托人被讯问时在场；有权出席司法警察搜查和扣押的场所；有权出席初步庭审、发表陈述意见并对法官作出初步的庭审结果（即提起诉讼并发出审判令或不追诉）提出上诉；有权进行辩诉交易；有权在检察官变更或增加控诉内容后享有充分辩护的机会。[②]

二战后日本受美国的影响，在刑事诉讼中大量吸收了当事人主义因素，“在诉讼目的上坚持实体真实与正当程序相统一，在诉讼结构上以当事人主义为主、职权主义为辅”。[③] 辩护律师有权与被拘捕的犯罪嫌疑人会见往来；有权与犯罪嫌疑人一起出席告知羁押理由的公开法庭并陈述意见；有权对羁押裁判提出准抗告；有权请求对某一证据实施保全；有权与检察官、被告人一起在询问证人时在场；有权与检察官一起在鉴定时在场；有权依据起诉状一本主义而请求控方开示其掌握的证据；等等。

由上述分析足以看出，中国控辩协商制度的建立，也决不应当是一个孤零零的空中楼阁，发达完善的律师制度是支撑这一制度恒久存在的重要支柱。

---

① ［英］赫恩等：《英国律师制度和律师法》，陈庚生等译，中国政法大学出版社1992年版，第5-6页。

② 程味秋：《〈意大利刑事诉讼法典〉简介》，载《程味秋文集——中外刑事诉讼比较与借鉴》，中国法制出版社2001年版，第197-198页。

③ 宋英辉译：《日本刑事诉讼法》，中国政法大学出版社2001年版，第3页。

（一）观念省思：刑事辩护与辩护律师的重新定位

1. 用法治的思想规范刑事辩护

从人权保护的角度出发，刑事诉讼中增加保护被追诉人人权内容已成为世界范围的发展趋势，世界各国通过对两次世界大战的反思，都深刻认识到专权统治对人性的摧残和压迫，深感保护个人权利的重要性。公正的程序和权力的制约，是反对专权、保护个人权利的基本手段，是现代法治观念的基本内容。因此，我国刑事诉讼中增加保护被追诉人人权的内容是大势所趋。在刑事诉讼结构中自然要提高辩护方的地位，扩充辩护方的权利，这种地位的提高应是诉讼各阶段全方位的提高。特别是以立法变动的方式，确立刑事辩护在侦查与审查起诉阶段的地位与功能，彻底改变我国现阶段刑事辩护的地位在刑事诉讼中前后不一致的局面。

2. 用法治的观念认识辩护律师

在我国，辩护律师虽然是犯罪嫌疑人、被告人的法律帮助者，是他们合法权益的保护者，但由于受职权主义诉讼模式的影响，律师并不是完全站在被告人的立场上的，同时还站在国家和人民的立场上，强调积极维护国家法律的实施。于是经常会出现这样的尴尬情况：一方面，律师接受被告人的委托，与被告人之间存在着一种商业性的雇佣关系，他因此应当服务于被告人的利益。另一方面，他又负有维护法律和司法公正的职责，应当将自己的辩护观点建立在法律和事实的基础上。这其实是违背律师设立的初衷的，设立辩护律师的原因之一就是为了平衡追诉方与防御方的力量，但实际上，辩护律师的参与很难说是加强了平衡还是加剧了不平衡。①

从总体上讲，律师应当主要成为私权利的维护者，即在现行法律规定的框架中，依法最大限度地维护委托人的利益。“一个高效、廉洁的政府虽然可以体恤民情，造福于百姓，却不可直接代

① 赵旭光:《辩护律师的职责、保密义务与作证拒绝权》，载陈卫东主编:《“3R”视角下的律师法制建设——中美“律师辩护职能与司法公正”研讨会论文集》，中国检察出版社 2004 年版，第 331 页。

表公民个人去与自身的权利抗衡，只有律师才可以起到这种作用。司法机关公正裁判的基础，是兼听则明和权力的制约，而律师制度正是维系这个基础的有效保障。”①

辩护律师应当完全代表被告人的利益，根据法律来为被告人进行无罪或者罪轻的辩护，同时也不能实施任何不利于被告人，可能使被告人承担任何不利后果的行为。维护法律和司法公正不应当是律师的职责，当然这样讲并不是说律师就可以置法律与司法公正于不顾，因为律师的职务行为也是有底线的，这个底线就是法律的禁止性规定。关于辩护人与公诉人在刑事诉讼中的不同目的，我国台湾地区学者蔡墩铭先生曾做过一个精辟的说明：“辩护人为被告正当利益之保护者，亦即为保护被告之利益而附带协助刑事司法之公正实施，在此意义下，辩护人处于公益地位。然而辩护人之公益地位异于检察官之公益地位，盖检察官为站在具体国家目的之立场为追诉犯罪，借以维持社会秩序，但辩护人仅为保护被告之正当利益，以免无辜之人受国家处罚，或犯轻罪者受罪重之处罚，是其所关心者仅为个人之保护，不在于全社会之保护。由此可见，二者之公益地位所着重者，不完全相同。”②

1996 年《刑事诉讼法》的修改虽然吸收了当事人主义的一些内容，但由于对人权保护认识的不到位，只是在审判阶段引进了当事人主义的诉讼模式，侦查、控诉阶段实行的仍然是职权主义，甚至是超职权主义，刑事辩护功能的缺失成为立法的一大缺陷。在这里，刑事辩护功能与地位在立法中的缺陷，直接导致了辩护律师作用受限和诉讼地位畸形。笔者经常在可以代表律师发言的场合强调：国家（社会）需要律师，还是个人需要律师？律师是为了个人辩护，还是为了国家（社会）辩护？这是一个值得认真思考的问题。

---

① 田文昌：《关于律师职责定位的深层思考》，载陈卫东主编：《“3R”视角下的律师法制建设——中美“律师辩护职能与司法公正”研讨会论文集》，中国检察出版社 2004 年版，第 397 页。

② 蔡墩铭：《刑事诉讼法论》，台北，五南图书出版公司 1993 年版，第 98 页。

（二）立法变动：完善辩护律师的权利保障

从建立中国控辩协商制度的视角透视我国的刑事辩护现状，我国的立法变动至少应当有如下举措：

1. 赋予辩护律师独立的调查取证权

笔者认为，在中国刑事辩护步履维艰的困境中，如果说中国律师的“会见难”“阅卷难”是基于部门本位主义作祟或司法实践中的有法不依的话，那么，中国律师的“调查取证难”则在很大程度上是囿于立法上的诸多弊端。而究其个中缘由则是源于立法者对被告人人权保障的漠视和对中国法治化进程之信心不足。故而笔者建议，应当通过立法变动取消对律师调查取证权的过多限制，赋予辩护律师与司法机关办案人员平等的调查取证权。除此之外，通过立法确立规范的证人作证制度，明确证人的责任，增设对拒不作证的证人予以相应处罚的规定，同时，建立证人保护制度。主要包括：

第一，证人的权利保障制度。即国家对证人作证权利承担保障义务，并以立法形式加以固定，任何人都不得对证人权利进行侵犯。

第二，证人经济补偿制度。即对证人因作证而合理支出的差旅费及由此所减少的正当收入等由国家根据具体情况予以补偿。

第三，奖励制度。即对在重大案件中有立功表现的证人给予适当奖励，以激发证人作证的积极性。

第四，证人保险制度。即国家应为证人投保专项的人身保险和财产保险，保证使其因为作证而导致人身和财产的损失能够得以补偿。

第五，责任追究制度。即对任何侵害证人或其近亲属的行为，一经发现，应依法追究行为人责任。

2. 赋予律师充分的会见权

律师会见犯罪嫌疑人是一项双向的法定诉讼权利，它不仅关系到律师辩护职能的发挥，而且关系到犯罪嫌疑人人权的保障。笔者认为，实践中限制或者剥夺律师的会见权现象之所以比比皆是，一方面是因为有法不依，另一方面则囿于立法不完善以及缺乏可操作性。鉴于此，除应加强严肃执法外，也应完善立法，加强律师会见制度的可操作性。例如，明确规定对会见时间、次数及会见内容不得予以限制；明确规定对于律师会见不得安装录音录像设备予以监控，切实保障其权利得到行使；增加有关非法剥夺或限制律师会见权的法律后果的规定，明确规定在律师会见权受到剥夺或限制的情况下所取得的犯罪嫌疑人口供不得作为证据使用，由此从根本上杜绝侵犯律师会见权情形的发生等。

3. 赋予律师完全的阅卷权

从上述情况可以看出，立法者规定的模糊与部门司法解释的本位主义，使得律师刑事诉讼中的阅卷权在很大程度上是形同虚设，律师单凭这些材料难以把握案情和提出辩护意见，更枉谈在“控辩平等”的平台上进行控辩协商。笔者认为，中国控辩协商制度的构建，必须首先解决辩护律师的阅卷问题。没有阅卷权保障的辩护律师的法律帮助、控辩协商的操作、辩护人对于被告人的帮助，就像“哑巴”对“聋子”的交流一般，难以真正完成控辩协商的使命。当然，还必须尽快建立我国的证据开示制度，方可有效治疗“律师阅卷难”这一流行性“顽症”。对此问题，笔者将在下文中作专题论及。

4. 赋予律师保守职业秘密权

联合国《关于律师作用的基本原则》第 22 条规定：“各国政府应确认和尊重律师及其委托人之间在其专业关系内所有联络和磋商均属保密。”

第一，拒绝作证权。拒绝作证权是指律师有权拒绝向司法机关提供其在执业过程中知悉的不利于己方当事人的案件事实的权利。拒绝作证权作为一项职业特权，在西方各国得到了普遍的确立。意大利《刑事诉讼法》第 200 条规定：“律师没有义务就自己因职务或职业原因而了解到的情况作证。”德国《刑事诉讼法》第 53 条规定：“律师对于在行使职务时被信赖告知或者所知悉的事项，有权拒绝作证。”日本《刑事诉讼法》第 149 条规定：“医师、牙科医师、助产士、护士、律师（包括外国法事务律师）、代办人、公证人、宗教职业者或者曾经担任以上职务的人……可以拒绝提供证言……”美国《律师职业道德准则》第4条规定：“律师应当保守当事人的秘密和隐私。”

笔者主张在我国设立辩护律师的拒绝作证权，不仅因为这一权利在我国现实的司法环境中有利于减轻律师的执业风险，防止司法机关以律师包庇当事人，隐匿、毁灭证据等理由随意拘禁律师，更重要的原因还在于这一权利对律师职业和辩护人制度本身的稳定和保障功能上。因为，律师执业必须与其当事人保持相互合作和信任的关系。如果法律不规定律师拒绝作证的权利和义务，一旦律师将当事人的秘密向司法机关泄露，必将使其当事人处于极为不利的境地，当事人也必将对律师彻底丧失信任和尊重。这种情形如果因为制度的原因而普遍化，其后果必将是律师行业在全社会信誉扫地，辩护制度的基础也将被破坏殆尽，控辩协商制度的构建则无从谈起。

第二，律师谈话和通信守密的特权。联合国《关于律师作用的基本原则》第8条规定，被羁押的人应当有权“在不被窃听、不经检查和完全保密的情况下接受律师来访和与律师联系协商。这种协商可在执法人员能看得见但听不见的范围内进行”。联合国《关于律师作用的基本原则》第22条规定：“各国政府应确认和尊重律师及其委托人之间在专业关系中所有联络和磋商均属保密。”我国刑事诉讼法不仅没有规定律师与犯罪嫌疑人交流的守密权，而且还规定律师会见在押的犯罪嫌疑人时，侦查机关根据案件情况可以派员在场。试想，如果控辩协商制度建立后，被告人与辩护人的沟通还要在侦查人员在场的情形下进行，那还有什么平等协商？

（三）行业准入：建立刑事辩护律师的专业资格[①]

形成目前我国刑事辩护艰难困境的另外一个不可忽视的重要因素，是刑事辩护律师职业素质与水平的参差不齐。中国要彻底走出刑事辩护的当前窘境，除去前述角色地位的转变以及法律制度所必需的立法变动之外，还必须提高律师参与刑事辩护的门槛，

---

① 关于此问题的专题研究，请详见冀祥德：《建立中国刑事辩护资格制度的法律思考》，载《法学论坛》2001年第1期。

建立刑事辩护律师专业资格，提高律师自身素质，切实保障刑事辩护的质量。

1．实行国家统一的、专门的刑事辩护律师资格考试

要提高刑事辩护质量，培养高素质的刑事辩护律师队伍，必须从改革资格考试制度入手，在我国现有的全国司法人员资格统一考试的基础上，设立专门的刑事辩护律师专业资格考试。一般律师要想进入刑事业务领域，必须下大功夫对刑事方面的法律进行更加系统、深入的学习，才可能通过专门的考试取得刑事辩护律师资格。严格的专门考试不仅可以从客观上强化刑事辩护律师的专业知识水平，而且有助于增强刑事辩护律师的职业责任感和精英意识。对于社会来说，基于严格的专业考试而选拔出来的人更容易取得大众的信任和尊重，这对于提高刑事辩护律师的社会地位和荣誉感，都将十分有益。

2．严格实习要求，强化实战素质

刑事辩护律师资格的取得，不仅要进行严格的专门考试，而且应当结合严格的实习训练，培养和强化刑事辩护律师的实战能力。西方国家普遍非常重视律师的素质尤其是执业技能，我国《律师法》中对通过考试取得司法人员资格的人尽管也有一定的实习期规定，但实践中执行得并不严格，一般实习期满就万事大吉，而对实习效果却无人过问，不需要经过严格的验收。建立刑事辩护律师专业资格制度，必须对上述做法进行改革，不仅要实行严格的、专门化的刑事辩护律师资格考试，而且更应当注重对刑事辩护律师实战能力的培养。

3．调整收费标准，形成合理的利益驱动机制

要促进刑事辩护律师整体素质的提高，仅靠建立刑事辩护律师专业资格制度、严格把住刑事辩护律师的入口关是不够的，还必须调整刑事辩护的收费标准，使其承担的风险、付出的辛苦劳动与收入形成合理的正比，这样才能改善律师业务领域中不合理的利益驱动机制，使刑事辩护律师与民事、经济案件律师一样，通过自己的辛苦工作获得高额报酬，这是稳定刑事辩护律师队伍、吸引优秀人才向刑事辩护领域靠拢的关键性因素。

总之，刑事辩护律师专业资格制度的建立，将会引导刑事辩护律师行业成为高素质、高收入、拥有崇高社会地位和荣誉感的社会职业，从而吸引最优秀的人才不断加入刑事辩护领域中来，这必将极大地提高我国刑事辩护的质量，有力地推动司法公正，使刑事诉讼领域中的人权得到更加全面、彻底的保障，为中国控辩协商制度的构建打下坚实的基础。

（四）制度规范：明确辩护律师在控辩协商中的作用

辩护律师在控辩协商制度中的作用主要是为了保证犯罪嫌疑人、被告人作出有罪供述，与控方达成协议是建立在自愿的、明知的和理智的基础上的。为了达到这个目的，除了提高犯罪嫌疑人、被告人的诉讼地位之外，还必须赋予律师在刑事诉讼中更多的权利，以增强辩护力量，形成与控方势均力敌的局面，从而为供述的自愿性提供条件。具体表现在：

1. 律师应当在最初接触犯罪嫌疑人、被告人之时，就告知他们有关控辩协商的法律事项，并随时提供相关的法律信息。在诉讼过程中，还应根据案件的具体情况进行具体分析，适时地建议犯罪嫌疑人、被告人进行控辩协商。

2. 应当给予律师更自由的会见权、通信权。这样律师就能够及时和犯罪嫌疑人、被告人联系，及时给予他们法律帮助，告知有罪供述的后果和意义，分析案件的事实和证据，衡量认罪与否的利弊，并最终促使犯罪嫌疑人、被告人作出明知且明智的选择。

3. 赋予律师在公诉机关讯问犯罪嫌疑人、被告人时的在场权。对犯罪嫌疑人、被告人进行讯问是公诉机关取得供述的途径，因此，赋予律师讯问时的在场权，目的是为了监督公诉机关讯问的合法性，避免刑讯逼供以及威胁、引诱、欺骗犯罪嫌疑人、被告人情况的出现，从而保证有罪供述的自愿性。

4. 律师在建议犯罪嫌疑人、被告人进行控辩协商时，应当从他们的利益出发，而不能不顾个案情况，一概建议进行协商。有两点应当特别注意：一是律师不能够违背当事人的意愿，擅自与公诉方进行协商；二是律师应当以当事人的角度分析并告知案件实际情况，让当事人根据自己的理智作出决定，而不可以为了追求协商的目的对当事人进行虚假陈述或者进行怂恿等有碍自愿性的活动。

四、结语

笔者认为，从立法的角度看，中国《刑事诉讼法》的修改，无疑是中国刑事司法改革的一个巨大进步，甚至有人把它说成是刑事诉讼立法科学化、民主化的“一个重要里程碑”，这也不为过。然而，在司法实践中，就《刑事诉讼法》的修改对中国刑事辩护制度所引起的实质性影响而言，不仅不是巨大进步，而且是严重倒退。中国的刑事辩护正面临着让立法者始料不及的艰难困境。中国刑事司法制度欲引进辩诉交易，则中国刑事辩护必须彻底走出该困境；中国刑事司法制度不引进辩诉交易而欲向法治化、民主化、科学化发展，则中国刑事辩护也必须坚决走出该困境，盖因刑事诉讼的进化历史也可以说是辩护权发展的历史。总之，中国目前的辩护制度状况尚无法满足辩诉交易中国化的基本要求。只有实现中国辩护律师队伍的专业化，赋予中国律师必要的辩护权利和执业保障权利，才能使得辩诉交易在中国移植后，被告人有适格的辩护律师提供帮助，以确保其在控辩协商中得到公平对待。

当然，中国控辩协商制度的构建，除去对辩护制度的重构之外，尚需实现中国公众之契约观念及刑事价值理念，侦查权、检察权、审判权之模式，被告人、被害人之刑事诉讼地位，证据开示、沉默权等刑事诉讼制度等观念、权力（利）、制度的多维改造。笔者认为，辩诉交易在两大法系之成功穿越以及中国经济体制巨大转型之实践无不在向我们昭示：中国的刑事司法改革，通过严格的制度设计，完全可以吸收国外刑事诉讼制度中的合理因素，没有必要拘囿于法系之背景而坐等抑或遏制司法制度之变革。中国控辩协商制度仰赖的应当是一种当事人主义与职权主义优势并蓄的、以公正为基本法律理念兼存的高效刑事诉讼模式，而理论界学者之大胆探索与缜密论证，实务界决策者之锐意创新与勇于实践，皆为该模式以及中国控辩协商制度生成之近因。

中国刑事辩护若干问题调查分析[①]

自1996年《刑事诉讼法》修改以来，刑事辩护制度的诟病一直是法学界与法律界人士共同的话题。刑事辩护风险大、刑事辩护率越来越低、刑事辩护环境越来越差似乎已经成为法学界与法律界的共识，“绝境说”“困境说”“倒退说”“曲折进步说”，众说纷纭，但是，也有人提出了“达标说”。那么，中国刑事辩护的真实境况到底怎样？最近，笔者专门组成课题组，分别深入到北京、辽宁沈阳、河北石家庄、河北秦皇岛、河北廊坊、河北宣化、山东泰安、山东烟台、河南郑州、福建福州以及新疆库尔勒等，在当地公安局、检察院、法院、律师事务所、监狱、看守所、城镇街道办事处、学校等不同单位，对与刑事辩护制度可能有利益关系的警察、检察官、法官、律师、被追诉人以及可以代表一般社会公众的社会有关阶层人员进行了问卷调查和访谈，并调取了某区人民检察院1997—2009年间的全部刑事案件卷宗，进行了若干数据统计分析，初步得出如下几个结论。

1997年以来，某区委托律师辩护、指定法律援助律师辩护、非律师辩护以及刑事案件总辩护率（见表1）。

表1　某区1997年以来刑事案件辩护情况

年份 比率（%）	1997	1998	1999	2000	2001	2002	2003	2004	2005	2006	2007	2008	2009	平均
委托律师辩护	38.8	33.6	33.1	27.8	16.2	14.8	19.9	16.0	16.6	15.1	23.9	25.1	27.0	23.7
法援律师辩护	0	0.9	6.5	11.5	8.2	9.4	7.1	9.7	3.3	3.1	1.3	5.0	6.0	5.5
非律师辩护	0	0	0.6	0.5	0.6	2.1	6.2	5.2	13.1	4.2	2.9	1.3	0.3	2.8
总辩护率	38.8	34.5	40.2	39.8	25.0	26.3	33.2	30.9	33	22.4	28.1	31.4	33.3	32.0

① 本部分原载《中国司法》2011年第7期。

一、1997 年始律师辩护率持续下降，2007 年始逐步上升

由表 1 可以看出，该区自 1997 年修改后的《刑事诉讼法》实施后，被追诉人委托律师辩护的比例持续下降，这种情况一直持续到 2006 年，从 1997 年的 38.8% 下降到 2006 年的 15.1%，在 2002 年降至历史最低的 14.8%，自 2007 年开始，委托律师辩护的比例逐渐上升，2007 年上升到 23.9%，2008 年上升到 25.1%，2009 年上升到了 27.0%，均超过了 1997—2009 年被追诉人委托律师辩护的平均值 23.7%（见图 1）。

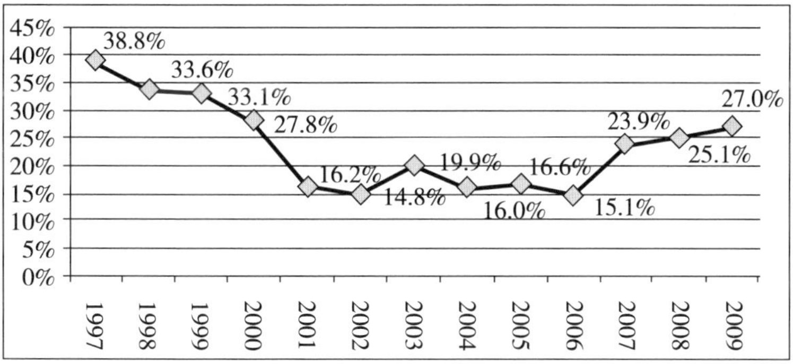

图 1　某区 1997—2009 年被追诉人委托律师辩护率

笔者分析，修改后的《刑事诉讼法》将律师介入刑事诉讼的时间提前，扩大了指定辩护的范围、律师的权利等，一方面使得辩护律师看到了“刑事辩护的春天”，提高了律师参与刑事诉讼的积极性；另一方面《刑事诉讼法》的修改也让被追诉人对律师辩护充满了期待，加强了被追诉人聘请律师的主动性。从调研数据看，在 1997 年《刑事诉讼法》刚刚施行的第一年，被追诉人聘请律师的比例处于相对高位。但是，随着司法实践中辩护律师执业风险的加大和对辩护律师执业权利的限制，律师参与刑事诉讼的积极性和被追诉人聘请律师的主动性都受到一定程度的影响。因此，从 1998 年开始到 2006 年，被追诉人聘请律师的比例总体呈下降趋势。

2007年、2008年和2009年被追诉人聘请律师的比例出现了明显的上升趋势，笔者认为这与立法机关2007年重新修订《律师法》和新《律师法》在2008年正式实施有关。新《律师法》针对“刑事辩护三难”（会见难、阅卷难和调查取证难）等问题，不仅加强了对律师执业权利的保护，还扩展了律师的执业权利。例如，律师在会见当事人时只凭律师的执业证书、律师事务所证明和委托书或法律援助公函即可，无须再经过批准，并且在会见过程中不再被监听；律师的自行调查取证无须申请司法机关的批准；律师在法庭上发表的代理、辩护意见不受法律追究。上述立法变动提高了律师和被追诉人进行刑事辩护的积极性，律师参与刑事诉讼和被追诉人委托律师的比例再次提升。

调研组同时调查了该区1997—2009年刑事案件的总辩护率，即被追诉人聘请律师辩护、指定法律援助律师辩护和非律师辩护比例的总和（见图2）。从图2可以看出，1997—2000年即修改后的《刑事诉讼法》实施4年内该县的刑事辩护率处于最高时期，在34.5%—40.2%；2001—2009年，刑事辩护率下降到22.4%—33.3%；修改后的《刑事诉讼法》实施13年来，刑事案件辩护率在22.4%—40.2%之间波动。这一调研结果说明，所谓中国刑事辩护率不足20.0%、甚至不足10.0%的观点不能成立。

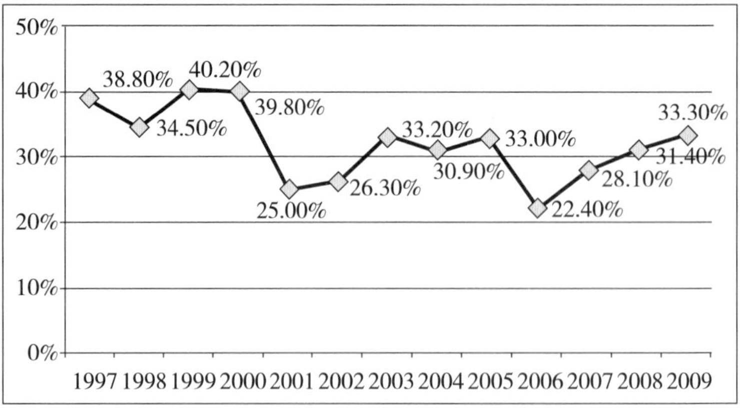

图2　1997—2009年刑事案件总辩护率

二、法律援助比例超低，67.9% 案件无辩护人

从该区 1997—2009 年法律援助案件和无辩护人案件来看，13 年来，法律援助案件占全年刑事案件的比例基本上在 10% 以下，平均是 5.5%；2005—2007 年法律援助的比例更是一路走低，2005 年为 3.3%；2006 年为 3.1%；2007 年为 1.3%；2008 年为 5.0%；2009 年为 6.0%，稍有提高。平均 67.9% 的无辩护人案件，说明中国需要法律援助的刑事案件数量巨大，法律援助制度亟待发展（见图 3）。

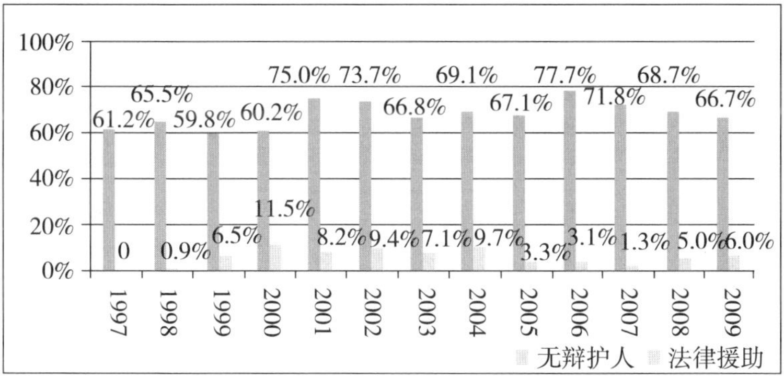

图 3　1997—2009 年无辩护人案件与法律援助案件对比

三、建立刑事辩护准入制度，取消非律师辩护人的条件已经成熟

中国现行《刑事诉讼法》第 32 条规定，除了律师能担任辩护人外，人民团体或者犯罪嫌疑人、被告人所在单位推荐的人以及犯罪嫌疑人、被告人的监护人、亲友可以被委托为辩护人。图 4 反映的就是该区中非律师担任辩护人的情况。从图 4 可以看出，非律师担任辩护人占全年刑事案件总数的比例基本上都在 5.0% 以下，1997—2009 年平均数也仅为 2.8%。而且，从表 1 可以看出，刑事辩护的主体主要是律师，在平均 32.0% 的辩护率中，辩护人为律师的占 29.2%，占辩护人的 91.5%；辩护人系非律师的占

2.8%，仅占辩护人的 8.5%（见图 4）。

这些数据说明，非律师作为辩护人在司法实践中的作用是十分有限的。笔者认为，1979 年《刑事诉讼法》制定时，规定被追诉人的亲友等非律师可以担任辩护人，是基于当时律师数量少、法律专业化分工不够细致、法治尚不够健全等历史背景，具有现实意义。目前，中国律师数量已经从 1979 年的几千人增加到 20 万人，而且，随着中国法学院培养的学生数量和质量的提高，特别是司法考试的推行以及法律服务市场的良性发展，可以合理地预见，中国律师的数量会越来越多，符合刑事辩护资格条件的律师数量也相应会增加。所以，从律师当前的数量及其以后的增长趋势看，取消非律师担任辩护人的规定，在中国建立刑事辩护准入制度的条件已经成熟。

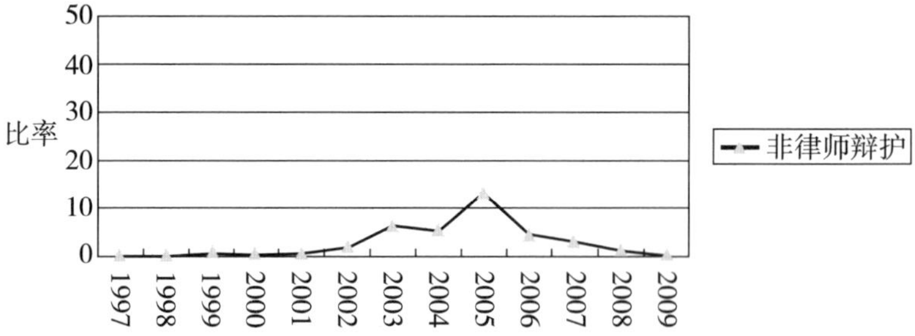

图 4　1997—2009 年非律师辩护率

四、辩护意见采纳率虚高

辩护人辩护意见被法院判决采纳的状况能直接反映出其在刑事诉讼活动中所发挥的作用。调研组在调研中专门对判决书中对辩护意见的采纳情况进行了统计分析。

（一）聘请律师辩护意见的采纳情况

1997—2009 年，被追诉人聘请律师的辩护意见中，全部采纳率最高为 50.9%，部分采纳率最高为 70.7%。就总体情况来看，总采纳率相对平稳，全部采纳率呈下降趋势，部分采纳率呈上升趋势（见图 5）。

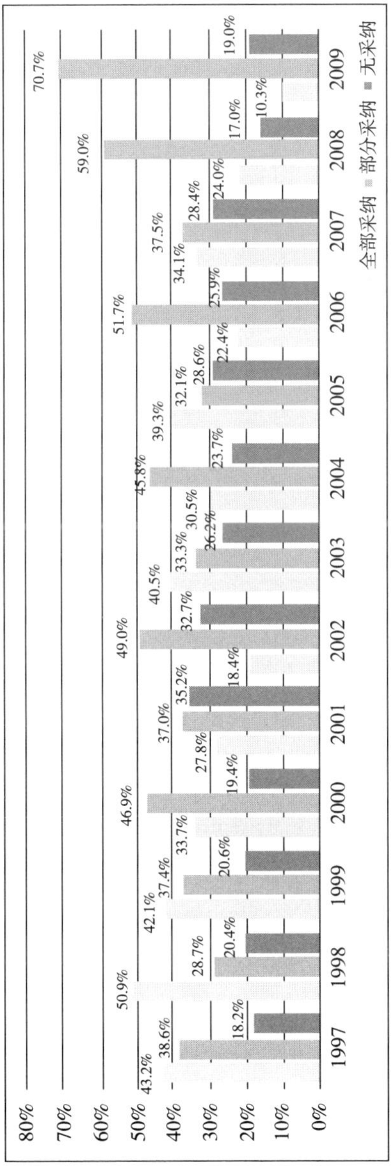

图 5 1997—2009 年聘请律师辩护意见采纳情况

（二）法律援助律师辩护意见的采纳情况

1997—2009 年，法律援助律师的辩护意见被法院判决采纳率中全部采纳率最高达 77.8%，部分采纳率最高达 99.7%。就总体情况来看，全部采纳率呈下降趋势，部分采纳率呈上升趋势（见图 6）。

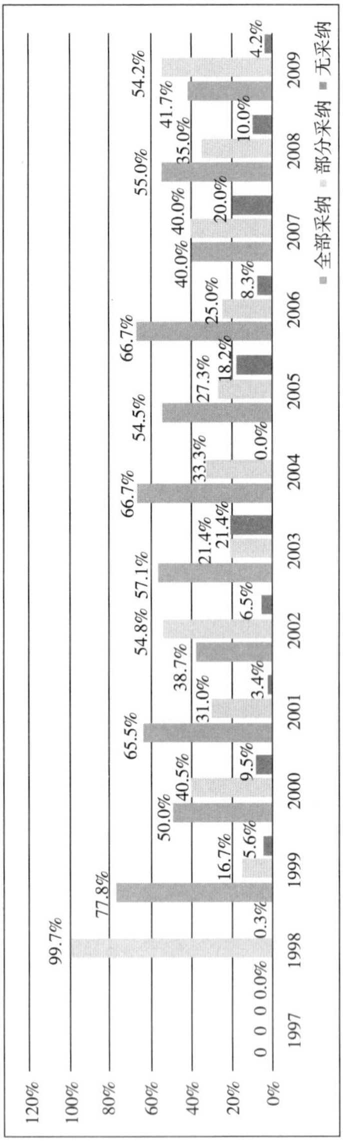

图 6　1997—2009 年法律援助律师辩护意见采纳情况

仅从上述数据看，中国律师辩护意见采纳率是比较高的，但是刑事辩护意见的高采纳率并不意味着刑事辩护的高质量。在如此高的辩护意见采纳率状况下，法律职业共同体、被追诉人、社会公众对刑事辩护仍然有诸多不满。调研发现，隐藏在辩护意见高采纳率之下的是刑事辩护的低质量——刑事辩护律师业务不精，辩护方式古板，方法陈旧，“初犯”“偶犯”“认罪态度好”的“三段论辩护法”被广泛运用，辩护律师只要提出上述任何一种情况，如果该情况符合事实，法院便会采信，这是中国刑事辩护意见高采纳率的主要原因。

由于法律援助经费不足，律师承办法律援助案件的经费捉襟见肘。法律援助律师代理案件时，不仅办案经费不足，而且还可能倒贴。为了减少支出，一些责任心不强的辩护律师在承办法律援助案件时，该会见犯罪嫌疑人的不会见，该调查取证的不调查取证，只在开庭前才翻阅案卷材料。由于庭前准备成本较低，法律援助律师仅仅需要花费极少的办案经费，同时耗费的办案时间也很少。如果仅看法律援助律师的办案成本收益比例，其收益率还是较高的，但是这种高收益率是以牺牲被追诉人应享有的诉讼权益为代价的。

五、社会各界对辩护律师评价较低

近年来，媒体少有对辩护律师的正面宣传，相反，负面的报道却不胜枚举。辩护律师的身影在那些敏感度高的贪腐案件、黑社会性质的案件中时常出现。这些案件经过媒体的层层渲染引起社会公众对辩护律师的极大不满。当然，不可否认的是，律师队伍良莠不齐，一些辩护律师的执业行为不端，还有少数的“害群之马”，他们在一定程度上影响着人们对于辩护律师的评价。为了了解律师群体的生存状态，调研组围绕中国辩护律师执业水平、职业道德、辩护环境、司法从业人员和被追诉人及社会公众对律师的评价、律师对自身的评价、被告人和辩护人之间的信赖关系等问题作了调研。

本次调研在北京、河北廊坊、河北秦皇岛、河北宣化、河北石家庄、山东泰安、山东烟台、河南郑州、福建福州、辽宁沈阳、新疆库尔勒 11 个城市，对警察、检察官、法官、律师、社会公众和被追诉人发放了问卷 2610 份，回收有效问卷 2547 份，占发放问卷的 97.5%。其中，收回针对被追诉人的有效问卷 266 份。

（一）辩护律师的专业知识水平

对中国辩护律师专业知识水平评价的调查，调研组在调查问卷选项中设计了很好、一般、差、很差四个选项。警察、检察官、法官、律师、社会公众五类调查对象 2281 人中，除无效回答（拒答或多选）6 人外，其余 2275 人对各个问题作了回答。

在 2275 位被调查者中，认为当前中国辩护律师的专业知识水平“很好”的有 222 人，占总人数的 9.8%；认为“一般”的有 1781 人，占总人数的 78.2%：认为“差”的，有 222 人，占总人数的 9.8%；认为“很差”的有 50 人，占总人数的 2.2%（见图 7）。

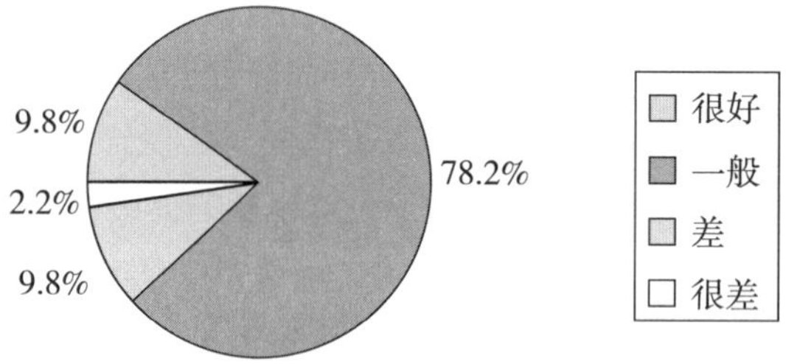

图 7　被调查者对辩护律师专业知识水平的综合评价

调研发现，80.2% 的法官、78.3% 的检察官、69.9% 的警察和 76.7% 的社会公众认为当前中国辩护律师的专业知识水平“一般”，11.2% 的法官、15.0% 的检察官、16.1% 的警察和 11.4% 的社会公众认为当前中国辩护律师的专业知识水平“差”或者“很差”，81.8% 的律师认为自身专业知识水平“一般”，8.6% 的律师认为自身专业知识水平“差”或者“很差”（见图 8）。

律师作为精通法律知识的专门人员，不仅能对当事人答疑解惑，更能通过参与诉讼程序维护当事人的合法权益，这是当事人聘请律师参与诉讼程序的原因。“一般”“差”和“很差”在辩护律师专业知识水平评价中占据如此大的比例，足以说明在中国法律职业群体内部和社会公众对于辩护律师的专业知识水平的不满程度。笔者认为，在共同的法律职业“法曹”中，中国律师的专业素质已退出了改革开放初期“老大”的排位，排到了法官、检察官之后。

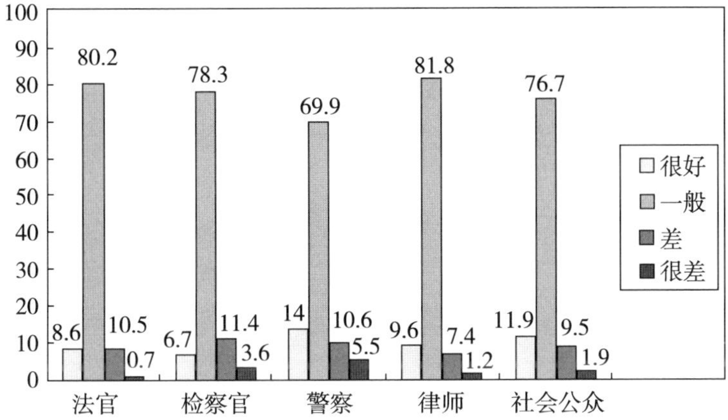

图 8　各被调查者对辩护律师专业水平的评价

（二）辩护律师的辩护技巧

在对中国辩护律师辩护技巧评价的调查方面，调研组在调查问卷选项中同样设计了“很好”“一般”“差”“很差”四个选项。警察、检察官、法官、律师、社会公众五类调查对象 2281 人，其中无效回答（拒答或多选）10 人，其余 2271 人对各选项作了回答。

在列入统计分析范围的 2271 人当中，认为当前中国辩护律师的辩护技巧“很好”的有 168 人，占 7.4%；认为“一般”的有 1703 人，占 75.0%；认为“差”的有 342 人，占 15.0%；认为很差的有 58 人，占 2.6%（见图 9）。

调研发现，调查对象当中回答“一般”的人数占压倒性的多数，其中，超过 73.0% 的法官、检察官、律师认为当前中国辩护律师的辩护技巧“一般”，在法律职业群体中，律师的比率最高，达到 80.6%；社会公众的比例最低，但亦达到了 70.0%。同时调研结果显示，调查对象中选择“差”的人数较“辩护律师专业知识水平”调查明显增多，而且在对该问题的调查中，选择“差”

的人数远远超过了选择“很好”的人数（见图10）。

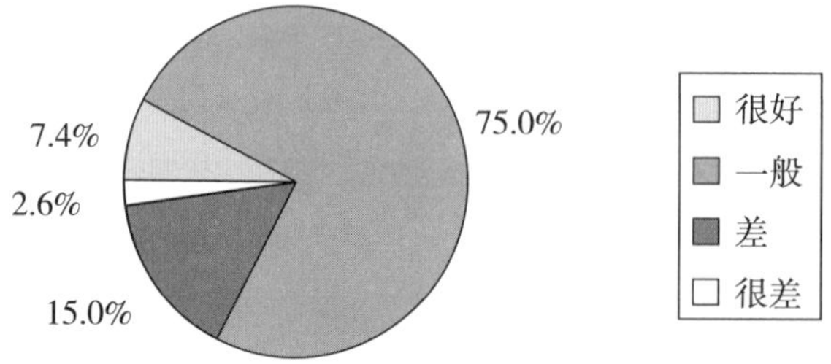

图9　被调查者对辩护律师辩护技巧的综合评价

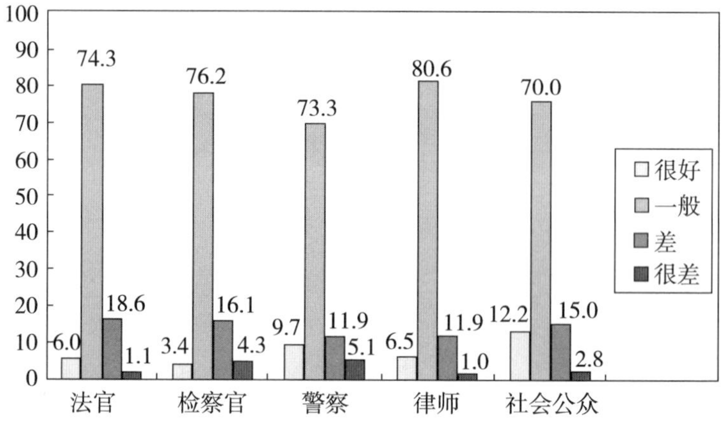

图10　各被调查者对辩护律师辩护技巧的评价

较之于民事诉讼和行政诉讼，刑事辩护对律师执业技巧提出了更高的要求。这必然要求刑事辩护走向专业化。在实践中，不少律师和律师事务所提供的是“万金油式”的服务，样样通，样样松，缺乏自己的“看家本领”。而且，刑事辩护往往是“万金油”律师的最后选择，其辩护技巧可想而知。

（三）辩护律师的职业道德

对中国辩护律师职业道德的调查，调研组在调查问卷选项中同样设计了"很好""一般""差""很差"四个选项。警察、检察官、法官、律师、社会公众五类调查对象2281人中，无效回答（拒答或多选）8人，其余2273人对各选项作了回答。

在列入统计分析范围的2273人当中，认为当前中国辩护律师的职业道德状况"很好"的有197人，占8.7%；认为"一般"的有1476人，占64.9%；认为"差"的有476人，占20.9%；认为"很差"的有124人，占5.5%（见图11）。由此可以看出，认为当前中国辩护律师职业道德状况"很差"的人数比例较之前两个问题当中选择此项的比例翻了近三倍，选择"差"或"很差"的人数占总数的26.4%，超过了选择"很好"人数的三倍。这深刻反映出包括律师在内的有关社会阶层对中国辩护律师职业道德状况的认识。

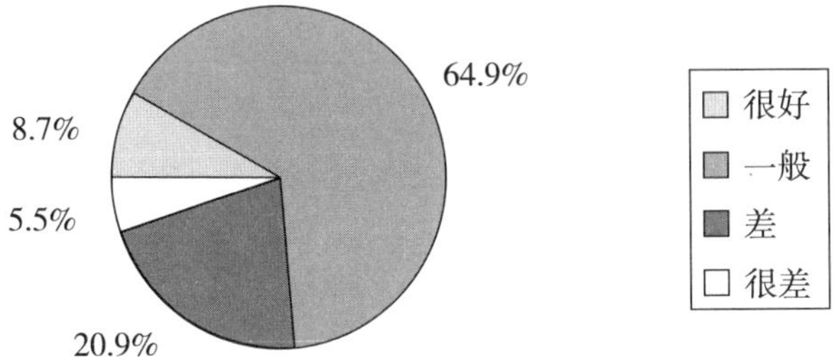

图11 被调查者对辩护律师职业道德的综合评价

调研发现，72.0%的法官、59.4%的检察官、48.9%的警察和62.5%的社会公众认为当前中国辩护律师的职业道德状况"一般"，24.1%的法官、36.5%的检察官、37.6%的警察和26.5%的社会公众认为当前中国辩护律师的职业道德状况"差"或者"很差"，72.5%的律师认为本行业职业道德"一般"，14.3%的律师认为本行业职业道德状况"差"或者"很差"（见图12）。

值得注意的是，除律师以外，法官、检察官、警察、社会公众认为律师职业道德"差"的人数远远超过了"很好"的人数。可见律师的职业道德备受人们的诟病。

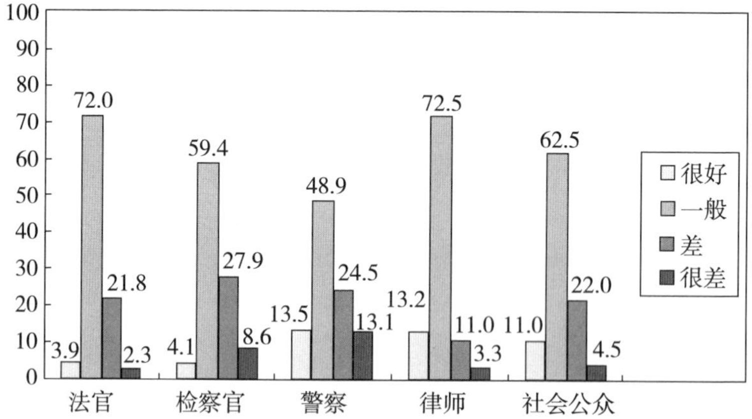

图 12　各被调查者对辩护律师职业道德的评价

（四）刑事辩护的总体质量

在关于中国刑事辩护总体质量的调查中，调研组仍然以“很好”“一般”“差”“很差”四个选项为评价指标。据统计，2281 名来自警察、检察官、法官、律师、社会公众的被调查者回答了问卷，其中无效回答（拒答或多选）3 人，有效回答 2278 人。

在列入统计分析范围的 2278 人当中，认为当前中国刑事辩护的总体质量“很好”的有 144 人，仅占 6.3%；认为“一般”的有 1580 人，占 69.4%；认为“差”的有 477 人，占 20.9%；认为“很差”的有 77 人，占 3.4%（见图 13）。由此可以看出，调查对象中认为中国刑事辩护质量“一般”“差”或“很差”的人数比例占到 93.7%，认为辩护总体质量“很好”的仅占 6.3%，而认为“差”或“很差”的人数比例是“很好”近四倍（24.3%）。这充分说明了随着依法治国和人权保障观念在中国的树立与发展，人们对于提高刑事辩护的质量、有效地保护被追诉人的合法权益提出了更高的要求，刑事辩护的总体质量也正是辩护律师的专业知识水平、辩护技巧、职业道德素质等在当前法治环境下的综合体现。

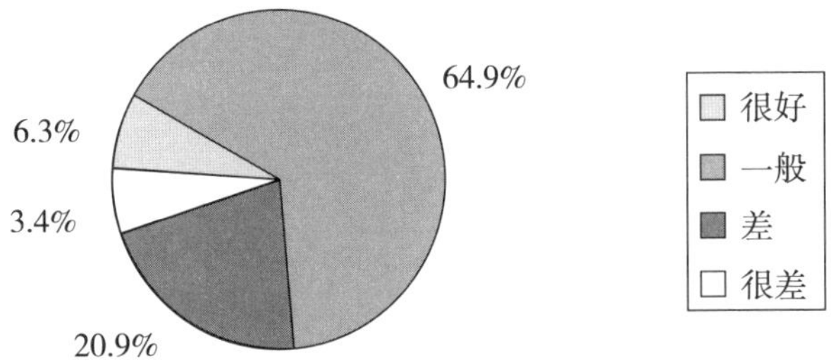

图 13　被调查者对刑事辩护质量的综合评价

调研发现，76.3% 的法官、69.5% 的检察官、68.6% 的警察和 63.5% 的社会公众认为当前中国刑事辩护质量状况“一般”，20.6% 的法官、27.3% 的检察官、17.4% 的警察和 26.5% 的社会公众认为当前中国刑事辩护质量状况“差”或者“很差”，68.4% 的律师认为中国刑事辩护质量状况“一般”，26.5% 的律师认为中国刑事辩护质量状况差或者很差（见图 14）。

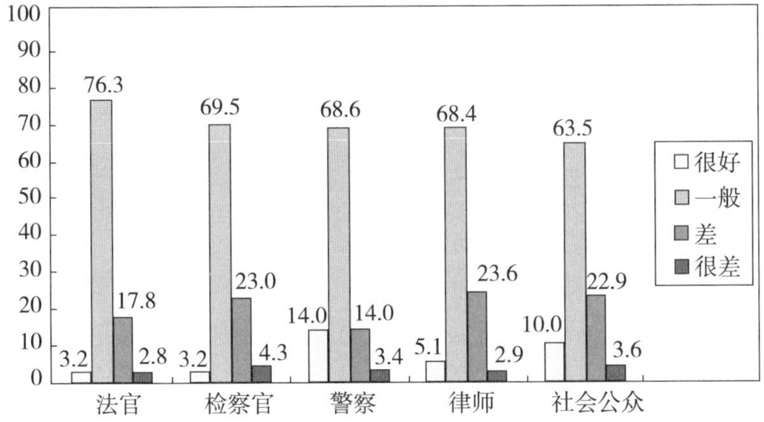

图 14　各被调查者对刑事辩护总体质量的评价

（五）被追诉人对辩护律师的评价

被追诉人是律师辩护效果的直接承受者，所以其对辩护律师的评价应当是最真实的。调研组对被追诉人的调查主要包括其对律师辩护的满意程度和是否信赖辩护律师两个方面。

1. 被追诉人对律师辩护的满意程度。

调研组选择了 266 名被追诉人为调查对象，对此问题，调研组设计了“很满意”“满意”“基本满意”与“不满意”四个选项，调查了其对辩护律师的满意度，有 263 人作了有效回答。调查结果显示，认为“很满意”的被追诉人有 40 人，占 15.2%；认为“满意”和“基本满意”的分别是 65 人与 103 人，共占 63.9%；选择“不满意”的有 55 人，占 20.9%（见图 15）。

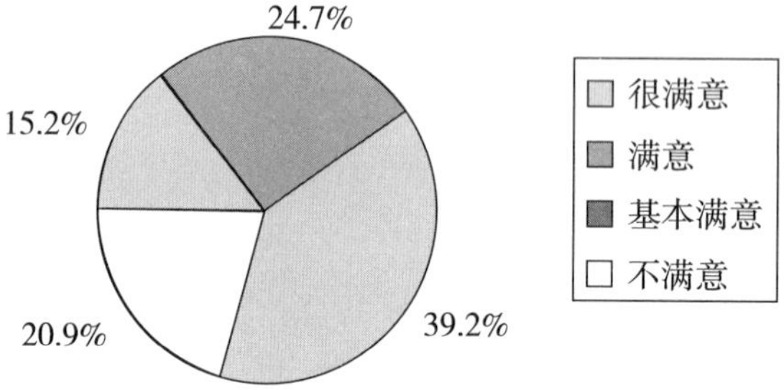

图 15　被追诉人对律师辩护的满意程度

从以上数据可以看出，被追诉人对辩护律师的总体满意程度在满意与基本满意之间，这说明刑事辩护的表现基本上得到了认可。但是，还有超过 20% 的被追诉人对辩护律师的表现不满意。另外，“很满意”与“不满意”相比较，“不满意”较“很满意”所占比例高出 5.7%。

2. 被追诉人是否信赖辩护律师。

调研发现，在涉及是否信任辩护律师这一问题时，被追诉人的态度十分明确：第一，信任辩护律师，选择此项的有 99 人，占调查对象的 37.2%；第二，比较中庸的态度，认为有辩护律师比没有好，但关键要靠自己和亲属，有 111 人选择此项，占 41.7%；第三，认为辩护没用的人还是少数，只有 18.0%。除此之外，调查对象中，有 8 人对此问题没有回答。

在被调查的 266 人中，有 37.2% 的人信任辩护律师，一方面说明了多年来中国律师制度的发展与进步；另一方面也代表着刑事案件当事人对律师的期待。41.7% 的人认为有辩护律师比没有好，但关键要靠自己和亲属，这其实是一种很复杂的心态：一方面，当事人在面对刑事诉讼和强大的公权力的时候还是希望能有一个专业的辩护律师来为自己辩护，仅靠自己的力量无法解决所有的问题；另一方面，这也反映出当事人对辩护律师并不满意、并不信任，但是又别无选择——在面对强大的公权力时，他们多数处于一种“人为刀俎，我为鱼肉”的困境状态，只好退而求其次，不管有用无用，先抓住“一根救命稻草”。18.0% 的人认为“辩护没有用”，这也是一个不容忽视的比例。

六、辩护律师执业环境亟待改善

对中国辩护律师执业环境的调查，调研组在调查问卷选项中同样设计了“很好”“一般”“差”“很差”四个选项。被调查的 2281 人中，无效回答（拒答或多选）5 人，其余 2276 人对各选项作了回答。

在列入统计分析范围的 2276 人当中，认为当前中国辩护律师的执业环境“很好”的有 191 人，仅占 8.4%；认为“一般”的有 1247 人，占 54.8%，认为“差”的有 662 人，占 29.1%；认为“很差”的有 176 人，占 7.7%（见图 16）。这一结果更能反映出当前中国辩护律师的执业环境不容乐观的现状。

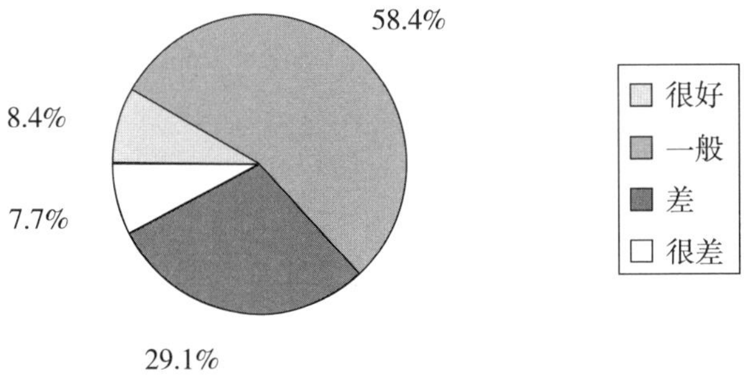

图 16　被调查者对辩护律师执业环境的综合评价

调研发现，除律师外，法官、检察官、警察、社会公众的大多数皆认为当前中国辩护律师的执业环境“一般”，认为“差”的人数远远超过认为“很好”的人数。值得关注的是，法官、检察官、警察、社会公众认为辩护律师的执业环境“差”或“很差”的比例亦均在 23.0% 以上，而律师群体认为当前中国辩护律师的执业环境“差”的比例远远超过了认为其“一般”的比例，律师认为“一般”的比例仅占 31.6%，而其认为执业环境“差”或“很差”的比例高达 64.6%。毕竟“春江水暖鸭先知”，这一调查结果反映出律师对当前执业环境的强烈不满（见图 17）。

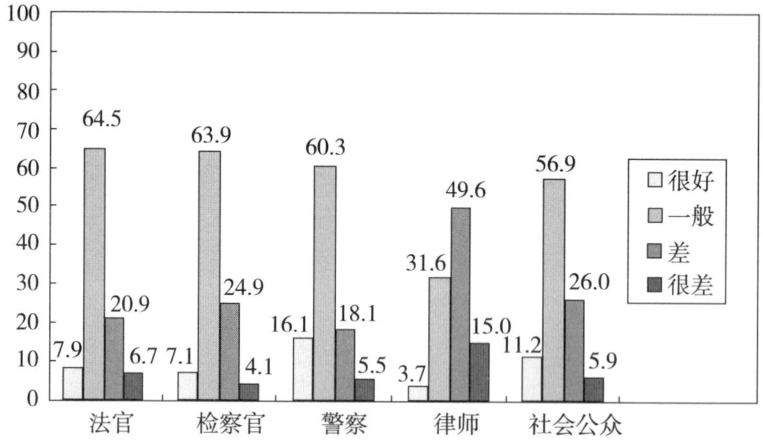

图 17　各被调查者对辩护律师执业环境的评价

七、结论与思考

通过对中国刑事辩护制度状况的实证调查分析，笔者发现，中国的刑事辩护既没有进入有的律师悲观认为的“病入膏肓的绝境”，也没有达到有的学者乐观猜想的“与法治发达国家不相上下、与国际规则基本适应”的状况。

1997 年修改后的《刑事诉讼法》实施 13 年以来，以聘请律师辩护为例，23.7% 的平均辩护率，辩护律师意见约 32.1% 全部采纳率与约 43.7% 部分采纳率，说明了中国刑事辩护在实质上既没有长足的进步，也没有严重的倒退。

但是，67.9% 的案件没有辩护人参与，意味着中国加强人权保障理念和加快刑事法治建设的客观性；法律援助案件比例仅有 5.6% 与 2/3 的案件没有辩护人，说明中国法律援助制度亟待改革发展；28.0% 的法官、检察官、警察和社会公众以及 64.6% 的律师认为当前中国辩护律师的执业环境“差”和“很差”，说明了中国刑事辩护律师执业环境应当引起立法界、司法界以及社会各界的高度重视；2.8% 的非律师辩护率以及律师当前数量和刑事案件数量对比，说明中国现行《刑事诉讼法》第 32 条关于非律师可以担任辩护人的规定已经完成了其历史使命，在中国建立刑事辩护准入制度的条件已经成熟。

不论“法曹”同仁如何认知，仅看 81.8% 的律师认为同行专业知识水平“一般”，甚至有 8.6% 的律师认为自身专业知识水平“差”或者“很差”；75.0% 的被调查对象认为中国律师的辩护技巧“一般”，17.6% 的被调查对象认为“差”和“很差”：36.5% 的检察官、37.6% 的警察和 26.5% 的社会公众认为当前中国辩护律师的职业道德状况“差”和“很差”；93.7% 的被调查对象认为中国刑事辩护质量“一般”“差”和“很差”；20.9% 左右的被追诉人对辩护律师的表现“不满意”；41.7% 的被追诉人认为“有辩护律师比没有好、关键要靠自己和亲属”；18.0% 的被追诉人认为“辩护没有用”。这说明中国的律师不要动辄就“诉苦”，满是对律师执业环境恶劣的声讨和对执业权利扩张的呼吁，而应当同时躬身自省，从自身问责。

十几年来，关于中国的刑事辩护，笔者曾先后提出过“刑事辩护三难说”“公检法律车轮说”“刑事辩护木桶说”“刑事辩护准入说”和“控辩平衡说”。有的观点已经家喻户晓，有的学说尚未引起足够重视。而今，笔者坚持认为，对于一个国家稳定和发展最不可或缺的制度莫过于法律制度，法律制度中最不可或缺的制度当属刑事司法制度，而一个国家的刑事司法制度又倚赖于刑事辩护制度，特别是辩护律师能否真正履行好辩护的职责以及辩护律师能否建立起公众的信赖。

那么，在当下的中国，辩护律师如何才能履行好辩护的职责呢？这个看似简单的问题却着实值得我们深思。

直面中国刑事辩护制度30年[1]

从1979年颁布生效的《刑事诉讼法》中关于被告人辩护权的规定开始至今，中国刑事辩护已经走过了三十多年的历程。对三十多年中国刑事辩护制度的状况，目前出现了两种不同的评价：第一种观点认为，目前中国的刑事辩护状况已经与世界发达国家的刑事辩护不相上下，中国现在的刑事辩护制度，与国际规则基本适应，并且已经完善，只要贯彻落实就可以了（以下简称“达标说”）；第二种观点认为，我国的刑事辩护制度虽然经过三十多年的发展，但是仍然存在根本性缺陷，特别是较之1996年《刑事诉讼法》的修改，刑事辩护制度是立法上的进步、司法上的倒退，刑事辩护的道路越走越难，《律师法》实施的困难说明中国刑事辩护制度已经走入绝境（以下简称“倒退说”）。

关于“达标说”，初始，我认为只是个别学者书斋里的畅想。但是，近期我参加了若干国际、国内相关问题的学术研讨会后，感觉事情已经不是原来想象的那样简单——在有关主题发言与评论中，不仅有学者提出目前中国的刑事辩护制度已经达到了国际标准，而且有资深律师也认为中国刑事辩护制度已经“达标”。

学术研究百家争鸣，各种观点纷呈本不值得大惊小怪。但是，我认为，在1996年《刑事诉讼法》再修改围绕着权力与权利的配置争论正酣之际，说中国目前的刑事辩护制度已经到达了国际标准，不足之处只是落实与执行问题这一观点实在太“雷人”。然而，究竟是我“一叶障目，不见泰山”，还是囿于对中国的刑事辩护爱得太深而希望其变得更美？犹豫之下，遂撰文略述一二，以求教于诸位同仁。

且不论法治发达国家刑事辩护制度与我国的差异，也不论其他国际条约、规则、文件中关于刑事辩护的规定与我国的距离，

---

① 本文部分内容原载《法制日报》2011年3月16日。

本文仅以《公民权利与政治权利国际公约》(以下简称《公约》)第 14 条第 3 款规定为例,评述中国目前的刑事辩护制度是否达到了该条款的最低要求。

《公约》第 14 条第 3 款规定:“在判定对他提出的任何刑事指控时,人人完全平等地有资格享受以下的最低限度的保证:(甲)迅速以一种他懂得的语言详细地告知对他提出的指控的性质和原因;(乙)有相当时间和便利准备他的辩护并与他自己选择的律师联络;(丙)受审时间不被无故拖延;(丁)出席受审并亲自替自己辩护或经由他自己所选择所法律援助进行辩护;如果他没有法律援助,要通知他享有这种权利;在司法利益有此需要的案件中,为他指定法律援助,而在他没有足够能力偿付法律援助的案件中,不要他自己付费;(戊)讯问或业已讯问对他不利的证人,并使对他有利的证人在与对他不利的证人相同的条件下出庭和受讯问;(己)如他不懂或不会说法庭上所用的语言,能免费获得译员的援助;(庚)不被强迫作不利于他自己的证言或强迫承认犯罪。”下面对照我国现行刑事辩护制度逐一解析:

第一,关于“(甲)迅速以一种他懂得的语言详细地告知对他提出的指控的性质和原因。”联合国人权事务委员会针对《公约》的第 13 号一般性意见第 8 条规定:在第 3 款所述关于刑事诉讼程序的最低限度保证中,第 1 款保证是被告有权以他通晓的语言告知对他提出的指控[(甲)项]。委员会指出,缔约国的报告往往没有解释如何尊重和保证这项权利……委员会又指出按照关于“迅速”告知所控罪名这项权利,有关当局一旦提出指控,就应立即以规定的方式通知被告。委员会认为,调查期间当法庭或检控当局决定对刑事犯罪嫌疑人或公开称其犯罪的人采取措施时,必须顾到该项权利。为了符合第 3 款(甲)项的具体规定,可以口头或书面方式提出所控罪名,但必须说明其所根据的法律和事实。从以上规定可以看出,《公约》所规定的告知犯罪嫌疑人指控的性质和原因不仅仅是审判阶段的要求,而且也是侦查和审查起诉阶段的要求。在对犯罪嫌疑采取强制措施时,我国《刑事诉讼法》并没有明文规定要把拘留或逮捕的原因告诉犯罪嫌疑人本人，我国《刑事诉讼法》只是第 64 条和第 71 条分别规定公安机关在拘留和逮捕犯罪嫌疑人时需要出示拘留证和逮捕证。实践中，公安机关也只是出示这些证书，并不主动告知犯罪嫌疑人所记载的事项，需要犯罪嫌疑人自己了解证书上的记载事项。而且拘留证和逮捕证等证书只记载了程序法依据而缺乏实体法依据，犯罪嫌疑人只能从拘留证和逮捕证上了解到自己已经被拘留或者被逮捕的法律处境、所涉嫌的罪名和具体执行机关，而且拘留证和逮捕证的记载事项也缺乏拘留和逮捕所依据的事实、理由和实体法依据，即犯罪嫌疑人违反实体法的哪项内容。现行《刑事诉讼法》第 93 条规定："侦查人员在讯问犯罪嫌疑人的时候，应当首先讯问犯罪嫌疑人是否有犯罪行为，让他陈述有罪的情节或者无罪的辩解，然后再向他提出问题。"从此条可以看出，我国现行的讯问规则并没有明文规定讯问机关应当告知犯罪嫌疑人指控的犯罪事实、原因和性质，而且此条规定侦查人员应当首先讯问犯罪嫌疑人是否有犯罪行为，如果没有犯罪嫌疑还要承担无罪的辩解，这在一定意义上是一种有罪推定行为。显然，我国现行的刑事立法与《公约》的要求存在差距。

第二，关于"（乙）有相当时间和便利准备他的辩护并与他自己选择的律师联络。"首先，《公约》规定的辩护人之只有律师，并且系"自己"选择。而我国《刑事诉讼法》第 32 条规定："人民团体或者犯罪嫌疑人、被告人所在单位推荐的人"以及"犯罪嫌疑人、被告人的监护人、亲友"皆可作辩护人，指定辩护者，多数非"自己"选择。其次，联合国人权事务委员会在《公约》的第 13 号一般性意见中指出，"相当时间"视每个案件的情况而定，"便利"必须包括被告取得准备辩护所需的文件及其他证据，以及有机会聘请律师和他联络。当被告不欲亲自辩护，或要求他自己选择的人或组织替自己辩护，他应可在这方面得到律师的协助。此外，该款规定，律师应可在充分守密的情况下与被告联络。律师应能按照其公认的专业标准及判断，代表其委托人给予法律指导；他不应受到任何方面的限制、影响、压力或不当的干扰。而我国现行《刑事诉讼法》第 96 条虽然将律师会见犯罪嫌疑人的时间提前到侦查机关第一次讯问后或者采取强制措施之日起，但是律师会见犯罪嫌疑人只能为其提供法律咨询、代理申诉、控告或者申请取保候审，不能了解案情。[①]而且该法同条还规定“律师会见在押的犯罪嫌疑人，侦查机关根据案件情况和需要可以派员在场”，使得犯罪嫌疑人不得不顾忌侦查人员在场的威慑，无法按照真实意愿向律师陈述案件真实情况，更不可能与律师协商辩护的方法和内容，这显然与《公约》规定的律师应可在充分守密的情况下与辩护律师联络相违背。最后，虽然《律师法》第33条对律师会见作了进一步的规定，但由于没有规定侵犯律师会见权的违法性后果，所以《律师法》的规定只能停留在纸面上。而且我国《刑法》第306条规定的辩护人、诉讼代理人毁灭证据、伪造证据、妨害作证罪就像悬在律师头上的“达摩克里斯之剑”，律师的会见、取证等辩护行为受到了严重影响。这显然说明，我国的刑事辩护制度与国际标准相距甚远。

第三，关于“（丙）受审时间不被无故拖延。”我国《刑事诉讼法》规定，刑事拘留后，公安机关认为有逮捕必要的应当在拘留3日以内提请人民检察院审查批准，在特殊情况下，提请审查批准的时间可以延长1至4日，如果有流窜作案、多次作案、结伙作案的重大嫌疑分子，提请审查批准的时间可以延长至30日，人民检察院应当自接到公安机关提请批准逮捕书后7日内作出是否批准逮捕的决定，也就是刑事拘留后的羁押期限最长为37天。这是世界上最长的拘留期限。我国《刑事诉讼法》规定，逮捕后的羁押期限一般不得超过2个月。这是法律规定由逮捕带来的羁押期限，也几乎是世界上最长的逮捕羁押期限。即便如此，法律仍旧授权有关机关在多种情况下可以将此期限延长，并可以重复计算。例如，对于“案情复杂、期限届满不能终结的案件”，可以

---

① 2003年12月30日最高人民检察院通过了《关于人民检察院保障律师在刑事诉讼中依法执业的规定》，第6条明确规定辩护律师会见犯罪嫌疑人时可以了解有关案件情况，包括“犯罪嫌疑人关于案件事实和情节的陈述”等七个方面。此规定出台后，律师在检察机关自侦案件中的会见内容问题得到一定程度的解决，但是，律师在公安机关侦查阶段会见犯罪嫌疑人关于案件事实的限制，至今仍然是一个严重的普遍性问题。

经批准延长1个月；对于“交通十分不便的边远地区的重大复杂案件、重大犯罪集团案件、流窜作案的重大复杂案件、犯罪涉及面广取证困难的重大复杂案件”，经批准可再延长2个月；而对于“犯罪嫌疑人可能判处10年有期徒刑以上刑罚”的，还可以延长2个月。上述规定已经使逮捕后的羁押期限延长至7个月，然而，《刑事诉讼法》第125、128条又规定了如下变通条款：“因为特殊原因，在较长时间内也不宜交付审判的特别重大复杂的案件”，可由最高人民检察院报请全国人大常委会批准延长羁押期限，而不受法定羁押期限的限制；“在侦查期间，发现犯罪嫌疑人另有重要罪行的”，自发现之日起重新计算侦查羁押期限；“犯罪嫌疑人不讲真实姓名、住址，身份不明的，羁押期限自查明其身份之日起计算”。由于缺乏司法控制，不仅羁押的决定权由公安、检察机关决定，而且对羁押的合法性进行复审的机构仍是作出原决定的公安、检察机关，属于典型的自我决定自我裁判。在这种状况下，公安、检察机关基于办案的便利凭借自己强大的权力，可以任意借上述可以延长羁押期限的情形延长犯罪嫌疑人的羁押期限。公安、检察机关这种随意延长羁押期限和超期羁押行为无疑延缓了犯罪嫌疑人进入法庭审理的时间，而且这种延长也不具有合理性，很多时候都是基于公安、检察机关侦查的需要而延长。总之一句话：与《公约》（丙）项“受审时间不被无故拖延”比较，我国犯罪嫌疑人、被告人的受审时间可以任意拖延。

第四，关于“（丁）出席受审并亲自替自己辩护或经由他自己所选择的法律援助进行辩护；如果他没有法律援助，要通知他享有这种权利；在司法利益有此需要的案件中，为他指定法律援助，而在他没有足够能力偿付法律援助的案件中，不要他自己付费。”我国刑事法律援助的受援对象过于狭窄。虽然我国《法律援助条例》关于刑事法律援助的受援对象范围涵盖了除自诉案件被诉人以外的所有被告人，但是，《刑事诉讼法》中却只规定了指定辩护，且受援对象明显狭窄。实践中，法律援助机构对于“经济困难”的审查极其苛刻，而且刑事法律援助经费缺乏，愿意从事法律援助的律师不多并且积极性不高，《法律援助条例》所规定的受援对象范围难以落实到实处。在犯罪嫌疑人没有法律援助条件下，何谈犯罪嫌疑人可以经由他自己所选择的法律援助进行辩护?

第五，关于“（戊）讯问或业已讯问对他不利的证人，并使对他有利的证人在与对他不利的证人相同的条件下出庭和受讯问。”我国《刑事诉讼法》只规定了证人有出庭作证的义务，而对证人不履行出庭作证缺乏法律制裁，而且现行立法也缺乏保护证人合法权益的相关规定，再加上我国文化传统影响，使得我国证人出庭作证率很低，庭审中大量使用证人证言，对证人的质证变成了对书面证言的质证，如果控辩双方提不出对证人证言的异议，那么法院就会将证人证言作为认定案件事实的证据。由于证人不出庭作证，控辩双方丧失了通过法庭质证质疑双方证据真实性的机会，双方提供的证人证言的真实性难以得到检验，增大了犯罪嫌疑人被定罪的可能性。而且现行的《刑事诉讼法》157 条规定：“公诉人、辩护人应当向法庭出示物证，让当事人辨认，对未到庭的证人的证言笔录、鉴定人的鉴定结论、勘验笔录和其他作为证据的文书，应当当庭宣读。”这无疑对证人不出庭和庭审中书面证言证据能力的当然认定提供了法律依据，无疑与《公约》第 14 条第 3 款（戊）项确定的内容存在诸多冲突。

第六，关于“（庚）不被强迫作不利于他自己的证言或强迫承认犯罪。”《公约》的此项规定实际上是反对犯罪嫌疑人的强迫自证其罪行为。我国法律中不仅没有这一规定，反而，《刑事诉讼法》第 93 条规定，在讯问过程中，面对侦查人员的讯问，犯罪嫌疑人有如实陈述的义务。而且我国普遍的做法是先羁押然后再进行讯问，在这种情况下，犯罪嫌疑人的人身自由受到严格的限制，而且犯罪嫌疑人只要不认罪，这种讯问就不会结束。“如实陈述”义务的设定，使犯罪嫌疑人丧失了陈述的自愿性和主动性，不得不提供自己有罪的证据。况且，我国“坦白从宽、抗拒从严”的刑事政策与不得强迫自证其罪的原则严重冲突。因为犯罪嫌疑人如果不供述自己的犯罪，那么他就会丧失争取“宽大”可能，这与那些“坦白”后获得“宽大”的犯罪嫌疑人相比，无疑是相对增加了犯罪嫌疑人的刑罚。就“抗拒从严”来说，“抗拒”实质上是指犯罪嫌疑人拒不认罪、拒不交代自己的犯罪事实和与案件有关的情况，而且以“从严”相威胁，迫使犯罪嫌疑人自证其罪。由此可见，我国的刑事辩护制度与《公约》“不被强迫作不利于他自己的证言或强迫承认犯罪”的要求，距离还很遥远。

有学者认为，不被强迫自证其罪原则和无罪推定原则是广义上的辩护权，以此为“我国刑事辩护制度已经达到国际标准”的观点辩护。对此，我不敢苟同。我认为，无论不被强迫自证其罪原则和无罪推定原则是广义上的辩护权还是狭义上的辩护权，都不能说我国刑事辩护制度已经达到了国际标准。否则，试问：没有规定不被强迫自证其罪原则和无罪推定原则的制度是达到国际标准的刑事辩护制度吗？

当然，我也不赞同中国刑事辩护制度“倒退说”。中国刑事辩护制度在三十多年来，经过社会各界、特别是几代法学人和法律人的共同努力，已经有了长足的进步。即使 1996 年《刑事诉讼法》修改后，刑事辩护环境有所变化，刑事辩护率有所下降，刑事辩护质量有所受诟病，但是，刑事辩护权利依然一直呈扩张之势，刑事辩护制度依然是在曲折中前行。刑事辩护风险的增加是对抗制诉讼方式引进的必然结果，事实上，控诉风险也由此而增加。我认为，刑事辩护率的下降，是对抗制诉讼方式植入中国刑事诉讼机制后暂时的负效应，随着中国刑事诉讼机制的系统调节与整合，刑事辩护制度将逐步完善，最终实现与国际标准的对接。

我认为，“达标说”与“倒退说”均过于极端。目前中国的刑事辩护制度状况，既不是与世界法治发达国家的刑事辩护不相上下，也没有实现与国际公约和国际规则基本适应；即使目前的法律制度规范贯彻落实了，仍然存在与一些国际公约和国际规则不协调、甚至是冲突之处。中国刑事辩护制度经过三十多年的发展，在充分肯定进步和成绩的同时，必须客观地面对存在的种种困难和问题。在我看来，刑事辩护制度在中国，依然还是一个新生事物，其成长与发展注定是一个曲折中前进、螺旋式上升的过程。中国刑事辩护制度距离《公约》会越来越近。中国作为一个负责任的大国，批准《公约》指日可待。

律师辩护与死刑控制

死刑复核程序理论反思[①]

死刑复核程序因其制度设计中的弊端而引起理论界和实务界的广泛关注和深入探讨。从死刑复核程序在我国的发展变化来看，现有制度存在诸多问题。由于制度设计的疏漏，死刑复核程序已经无法起到慎重死刑适用，坚持少杀、慎杀、防止错杀的作用。因此，从如何解决死刑复核的现存问题、慎重死刑核准以及加强法律对权利救济之角度出发，提出在我国逐步废除死刑复核程序，实行三审终审制的理论构想是十分必要的。

一、“枪下留人”案引发对死刑复核程序的关注

2002 年 4 月 29 日，在陕西省延安市宝塔区，公、检、法、武警全副武装严阵以待，对因故意杀人罪被终审判处死刑的犯罪人董伟执行枪决的时间已经进入最后的倒计时。然而就在距离正式执行死刑仅有 4 分钟的时候，延安市法院突然接到最高人民法院电话通知，死刑暂缓执行，案件需要复核。由此引发了这起轰动全国的“枪下留人”案。复核仍由陕西省高级人民法院进行。陕西省高院对本案复核后，认为事实清楚，决定不

① 本部分原载《山东公安专科学校学报》2003 年第 3 期，第二作者夏雯雯。

公开审理并维持原判。“枪下留人”令下达130天后董伟伏法。

“枪下留人”案因其高度戏剧性而引起了社会各界的广泛关注，但人们的关注很快就超越了案件本身，董伟一案所凸显出的我国司法体制存在的漏洞引起了学界和实务界广泛的探讨。董伟一案反映出了我国死刑复核程序中存在的重大问题——死刑复核程序的虚置化、形式化，但陕西高院在最高院指令下再次复核的程序和结果同样令人失望：不开庭审判，控辩双方无权介入，使终审程序备受指责。程序设置的不公正、不合理带来人们对实体结果的质疑，草率对待的不仅是个体的生命，更是人们对法治的信任。如今判决已定，死刑已执行，再来探讨董伟一案有何隐情，似乎意义不大，但该案留给人们尤其是法律人的思考无疑是深远的。

二、死刑复核程序发展的历史回顾

死刑因其极端的严酷性和不可恢复性，历来受到严格的限制和控制。目前世界上已有109个国家废除了死刑，我国在死刑存废问题上坚持不废除死刑，但要从严控制死刑的适用以及坚持少杀、慎杀、防止错杀的政策。这一政策在实践中的体现是我国不仅在实体法上对死刑的适用进行限制，而且在程序法上也做出了特别的规定，这就是死刑复核程序。死刑复核程序是二审终审的例外，对于死刑案件，除了要经过第一审程序和第二审程序外，还必须经过死刑复核这一特别程序进行复查。死刑复核程序的核准权，包括死刑立即执行的核准权和死刑缓期二年执行的核准权。我国1979年《刑事诉讼法》与1996年《刑事诉讼法》均规定死缓核准权归属高级人民法院。虽然在审判实践中，对死缓也要严格控制使用，但死刑缓期二年执行毕竟不同于死刑立即执行，在二者之间横亘着生与死的重大界限，由于死缓具有缓期二年执行的余地，所以它并不具有死刑立即执行的那种极端严厉性和不可挽回性，所以法律将死缓的核准权赋予高级人民法院执掌，既是合理的，也是可行的，对于减轻最高人民法院的工作负担，提高工作效率，及时处理这部分案件，以及更好地发挥高级人民法院的作用，都是有利的。所以，对于死缓核准权问题，在理论界和审判实践中都不存在争议，但死刑立即执行的核准权的归属则一直成为人们争论的焦点。新中国成立以来，我国在死刑立即执行的核准权问题上几经变化：

1954 年颁布的《人民法院组织法》第 11 条规定，死刑案件由最高人民法院和高级人民法院核准，其中中级人民法院和高级人民法院对于死刑案件的终审判决和裁定，如果当事人不服，可以申请上一级人民法院复核；基层人民法院对于死刑案件的判决和中级人民法院对于死刑案件的判决和裁定，如果当事人不上诉，不申请复核，应当报请高级人民法院核准后执行。死刑案件的复核和核准权根据不同情况由最高人民法院和高级人民法院共同行使，在当时基层人民法院依法有权判处死刑的情况下，规定最高人民法院和高级人民法院才有核准权，要求是相当高的[①]。

1956 年以后，伴随着社会主义改造的基本完成，社会的政治、经济形势发生了重大变化。根据这种情况，1957 年第一届全国人民代表大会第四次会议决定，今后凡判处死刑立即执行的案件，都由最高人民法院判决或核准。这样，死刑立即执行的案件统一由最高人民法院核准，地方各级人民法院不再拥有死刑立即执行案件的核准权。

1979 年颁布的《刑法》和《刑事诉讼法》都对死刑核准权的问题做出了明确规定。如《刑法》第 43 条，《刑事诉讼法》第 144 条、145 条将判处死刑立即执行的案件的核准权明确统一由最高人民法院掌握和控制。

但是 1979 年《刑法》和《刑事诉讼法》关于死刑复核程序的规定尚未得以实施便几成空文。进入 20 世纪 80 年代后，我国治安形势恶化，恶性刑事案件迅速上升，为了及时打击现行的杀人、抢劫、强奸、爆炸、放火等严重破坏社会治安的犯罪分子，维护社会稳定，1981 年 6 月 10 日第五届全国人民代表大会常务委员会第十九次会议通过了《全国人民代表大会常务委员会关于死刑案

① 陈光中：《刑事诉讼法学新编》，中国政法大学出版社 1996 年版，第 409 页。

件核准问题的决定》，对死刑案件核准问题，作了如下规定："一、在一九八一年至一九八三年内，对犯有杀人、抢劫、强奸、爆炸、放火、投毒、决水和破坏交通、电力等设备的罪行，由省、自治区、直辖市高级人民法院终审判决死刑的，或者中级人民法院一审判决死刑，被告人不上诉，经高级人民法院核准的，以及高级人民法院一审判决死刑，被告人不上诉的，都不必报最高人民法院批准。二、对反革命犯和贪污犯等判处死刑，仍然按照'刑事诉讼法'关于'死刑复核程序'的规定，由最高人民法院核准。"

1983 年 9 月 2 日，全国人民代表大会常务委员会通过决定，修改了《人民法院组织法》，其中规定："死刑案件除由最高人民法院判决的以外，应当报请最高人民法院核准，杀人、强奸、抢劫、爆炸以及其他严重危害公共安全和社会治安判处死刑的案件的核准权，最高人民法院在必要的时候，得授权省、自治区、直辖市的高级人民法院行使。"1983 年 9 月 7 日，最高人民法院根据修改后的《人民法院组织法》第 13 条规定，发出了《最高人民法院关于授权高级人民法院核准部分死刑案件的通知》，通知规定："在当前严厉打击刑事犯罪活动期间，为了及时严惩严重危害公共安全和社会治安的罪大恶极的刑事犯罪分子，除由本院判决的死刑案件外，各地对反革命案件和贪污等严重经济犯罪案件（包括受贿案件、走私案件、投机倒把案件、贩毒案件、盗运珍贵文物出口案件）判处死刑的，仍应由高级人民法院复核同意后，报本院批准；对杀人、强奸、抢劫、爆炸以及其他严重危害公共安全和社会治安判处死刑的案件的核准权，本院依法授权各省、自治区、直辖市高级人民法院和解放军军事法院行使。"1991 年 6 月 6 日和 1993 年 8 月 18 日，最高人民法院先后又将毒品犯罪死刑案件的核准权授权给云南省和广东省高级人民法院行使。以上死刑复核权的变化表明：第一，我国的死刑复核权一直由最高人民法院或高级人民法院行使。随着我国有关死刑案件决定权的立法不断完善，1979 年《刑法》及修订后的 1996 年《刑事诉讼法》和 1997 年《刑法》均明确规定死刑核准权由最高人民法院行使，但从 1980 年以来，死刑复核的实践经验证明，对死刑立即执行案件的核准权，采取了分类处理，相对灵活的决策。立法与司法之间，上位法与下位法之间的冲突引人深思。第二，死刑复核权的下放更多的是基于简化诉讼程序，提高诉讼效率的考虑。与当时的社会总体治安状况相适应，从便利司法机关从重、从快打击犯罪，惩治犯罪分子的角度出发，在效率与公正之间更多偏向打击的迅速性和及时性。第三，不同类型犯罪的死刑核准权归属不同。根据我国法律规定，对于杀人等严重危害公共安全和社会治安的犯罪的核准权授予高级人民法院行使，对于危害国家安全、经济领域犯罪的死刑核准权则由最高人民法院行使，在实质上造成了不同罪名之间死刑复核权的不平等。

死刑复核权的下放在一定程度上保证了打击犯罪的及时性，但与之相连的负面影响也非常明显。我国《刑法》对有些犯罪的定罪量刑规定得比较笼统，加之各地的实际情况不尽相同，审判人员的政策、法律水平和人员素质不高，造成不同地方死刑标准不同，使死刑复核程序防止错杀、减少偏差、保证公正的目标难以得到实现，不利于有效地控制和减少死刑的适用，也不利于实现定罪量刑的综合平衡。

三、死刑复核程序在制度设计上的问题及深层分析

作为中国普通救济程序组成部分的死刑复核程序，其设计的初衷在于对死刑案件进行严格的审查，避免审判的错误和随意化，为犯罪人提供多一层的保护，以期达到对人类生命的珍重。但是由于死刑复核程序在程序设计上存在诸多的问题，使其保障作用无法真正得以发挥。

1. 死刑复核程序不是通过开庭审理的方式进行，而是沿用书面秘密的审核方式，法院单方控制。[①] 现行《刑事诉讼法》第 202 条规定了死刑复核的组织，但对于死刑复核的内容、复核的方式、复核的期限均没有明确的规定，在实践中死刑复核一律采取不开

---

① 陈瑞华:《刑事诉讼前沿问题》，中国人民大学出版社 2000 年版，第 467 页。

庭的方式。首先，死刑复核程序是上下级法院的一种材料报送过程。这种过程几乎是秘密的，诉讼方无从知晓更无从介入。另外，死刑复核程序的审理过程是以秘密阅卷为主，不开庭，控辩双方无法参与其中表达意愿，对复核结果难以施加有效的影响。结合我国二审普遍不开庭审理的现状被判处死刑的犯罪人往往只在一审中可以获得开庭审理的机会。如本文所提及的董伟案只在一审公开开庭了2个小时，此后程序的运作便完全是秘密的，对于剥夺生命的死刑案件，这种程序设计简单到了荒谬的程度，制度的设计实质上体现了统治者对生命的关注和人权保障水平。与不开庭审理方式紧密相连的是程序的单方控制性，主要表现在死刑复核程序的全过程由人民法院全程控制，人民法院主导着全部程序的过程，控辩双方被动等待裁决的结果，无法对死刑复核的整个活动实施有效的制约和牵制，诉讼方特别是被告人期待通过死刑复核程序进一步进行申辩，并与司法权展开理性对话的要求成为空谈。[①]

2. 死刑复核程序由法院主动加以启动。当前死刑复核程序由人民法院主动发动，作为一种人民法院内部自行发动的对死刑案件的审查与控制程序。在未经控辩双方申请的情况下，由司法主体自行对案件实施审查与复核活动。纵然死刑案件是一类特殊案件，司法权运作方为达到对其慎重处理的目的对此进行干预是必要的，但是这种干预不能以牺牲司法权的特性为代价，积极主动的干预是行政权的显著特征。死刑复核程序由于司法权的主动性而在一定程度上失去了诉讼的性质，在主动性的作用机制下，司法权可能会丧失中立性及司法权运作过程中的冷静与自律，易怀有偏见，最终裁判结论也难以获得争议双方普遍认同。

3. 死刑复核程序与二审程序合二为一。这是目前死刑复核程序最受诟病之处。由于死刑案件的第一审由中级人民法院管辖，中级人民法院一审判决被告人死刑后，绝大多数被告人提出了上

---

① 肖松平、叶仲耀:《司法权的行政化——对死刑复核程序的审视》, 载《当代法学》2001年第10期。

诉，对于最高人民法院授权各高级人民法院核准的部分死刑案件来说，高级人民法院在行使第二审审判权的同时，也行使死刑核准权。在实践中，第二审程序与死刑复核程序合并为同一程序，对经过二审后仍然判处死刑的，在判决裁定的结论部分注明："根据最高人民法院依法授权高级人民法院核准部分死刑案件的规定，本判决（或裁定）即为死刑判决（裁定）"。至此，死刑复核程序完全流于形式，这显示出死刑复核程序已经不仅在运作上出现可怕的行政化倾向，而且因为最高人民法院的"授权"而出现严重的萎缩甚至虚无。① 死刑复核程序在制度设计上的种种弊端，引发了学界和实务界的关注和探讨。在"董伟案"之后更是引起了全国范围的大讨论，但是如果不能把握制度表层之后的深层次原因，这种讨论最终必将流于形式，不能对中国现存的司法体制有所裨益。仔细审视中国的死刑复核程序便会发现其制度设计体现了强烈的功利主义色彩，主流的法学理论以实用主义的价值观来论证程序设置的合理性和正当性。

首先，死刑复核程序的设置过分强调对效率的追求。死刑复核程序的下放，客观上避免了案件的积压，缓解了最高人民法院的工作压力，使案件可以较为迅速地得以审结，避免了诉讼的拖延，有助于及时惩罚犯罪。但在关注效率的同时，程序的正义和公正如何保障？适度地追求效率，使当事人受到及时的审判，避免长时间的讼累，是司法现代化的体现，也是司法体制正常运作的必然要求。但是，提高诉讼效率毕竟不是国家进行刑事诉讼活动的终极目标，它只能是用以确保正义这一最高法律价值在审判过程及裁判结果中得以体现的工具。离开了对正义的追求，审判活动就不会具有任何意义和存在的价值。对效率的过分追求在损害正义之外的另一个后果，就是必然导致司法的行政化倾向。司法权的独特本质在于其被动性、中立性和终局性。司法权的"裁断权"本性决定了其运作的被动性，司法权不能主动发动，而只能应诉讼方的请求发动；司法权在运用中应保持其"中立性"，不

① 陈瑞华：《刑事诉讼前沿问题》，中国人民大学出版社 2000 年版，第 469 页。

偏不倚，对诉讼各方平等对待；终局性是司法权在终结纷争上的要求，司法救济是权利救济的最后屏障，司法裁定是最终裁断。司法领域过分追求效率，必然导致司法权基础的动摇，司法行政化的倾向必然导致对权利救济的弱化，丧失控制权力的功能。“迟来的正义是非正义”，但是对于今天所谓的“快速正义”更应保持警惕。司法实践中的“从重从快”，“从重”到了忽视明显疑点的程度，“从快”到了不给任何申告机会的程度，即使不算是草率，至少不能说是严谨。生命因丧失而不可回复，更显其珍贵，死刑是以法律与正义的名义剥夺个体的生命，更应慎重。在死刑复核程序中对公正的追求应压倒对效率的盲目推崇。

其次，我国的死刑复核程序体现了对程序内在价值的忽视和淡漠。程序公正是指法律程序在具体运作过程中所要实现的价值目标。与实体公正所体现的“结果价值”不同，程序公正主要张扬的是一种过程价值。它主要体现在程序的运作过程中，是评价程序本身是否具有程序正义性所要求的品质，要看它是否使那些受程序结果影响或左右的人受到应得的公正待遇，而不是看它是否产生好的结果。[①] 长久以来我国的司法传统一直是强调“内容决定形式”“重实体轻程序”，随着社会整体法治意识的复苏和不断提高，在许多学者的大力提倡和推动下，实务界开始关注程序的自身价值，但整体仍然处于刚刚起步阶段，破除传统观念束缚的阻力仍然很大，客观公正的程序要求那些权益可能会受到刑事裁判或诉讼结局直接影响的主体应当有充分的机会富有意义地参与刑事裁判的制作过程，并对裁判结果的形成发挥有效地影响和作用，要求法院必须以双方充分有效的参与庭审为裁判基础。“正是程序决定了法治和恣意人治之间的区别。”完善的程序确保对权利的救济和对权力的控制。但是反观我国现行的死刑复核程序，从严格意义上来讲，并不具备典型司法程序的特征，法院主动发动、单方控制、秘密操作使其更类似于行政机关内部的复核处理程序，控辩双方均无法参与到程序中，被告人及其律师无法通过正当途

---

① 陈瑞华：《刑事审判原理》，北京大学出版社 1997 年版，第 54 页。

径表达自己的意愿，对结果施加影响的几率几乎是零。在中国目前整个法官水平不高，案件结局易受多种因素影响的背景下，死刑复核程序的设计使公众对司法权的监督成为不可能，必然导致的结果就是公众对司法的不信任以及司法权威的破坏和丧失。

四、关于死刑复核程序改进的几点思考

针对死刑复核程序在实践中存在的诸多问题，理论界就改进死刑复核程序提出了多种方案，主要有以下三种：

1. 在高级法院设立专门的死刑复核庭，负责死刑案件的复核。持这种观点的学者主张，中级人民法院判处死刑后，被告人不上诉、人民检察院不抗诉的，案件属于最高人民法院授权高级人民法院复核的，由复核庭核准后发生法律效力；如果被告人上诉，或者人民检察院抗诉，经高级人民法院二审判处死刑的，也必须交由复核庭核准。[①] 对于这种主张，不少学者提出质疑，指出在高级人民法院设立死刑复核庭，复核属于高级人民法院授权范围内的死刑案件并无实际意义，因为无论二审或是死刑复核审，都在同一审判委员会领导之下，二十多年死刑复核权下放的实践证明并不能带来治安形势的根本好转，而是造成各地死刑执行标准不统一，造成某些地方实际执行死刑偏多。[②]

2. 将死刑复核权收归最高人民法院统一行使，明确规定死刑案件除由最高人民法院判决的以外，应当报请最高人民法院核准。就审级而言，最高人民法院是最高审判机关，由其统一执掌死刑核准权，从理论上讲体现了国家慎用死刑的严肃态度；从实践上讲，则有利于纠正死刑判决的偏差和错误，统一死刑执行标准。在具体操作上，一种观点认为，可以考虑在最高人民法院设立专门的死刑复核机构，集中一批得力的审判人员从事死刑复核

---

① 陈光中、严端：《中华人民共和国刑事诉讼法修改建议稿与论证》，中国方正出版社 1995 年版，第 335–336 页。

② 陈卫东、刘计划：《关于死刑复核程序的现状及存废的思考》，载《中国法学》1998 年第 5 期。

工作。[①]另一种观点认为，鉴于现实需要，可以考虑由最高人民法院按照全国各大行政区划，设立数个巡回复核庭，定期或不定期巡回复核死刑案件。这些设想都有其合理性。

3. 取消死刑复核程序，对死刑案件进行三审终审制改造。死刑复核程序在具体设计环节和运作方式上的缺陷，反映出中国普通救济程序在基本框架结构设计方面存在的问题。二审程序的流于形式和死刑复核的名存实亡，导致大多数案件事实上进行的是一审终审，普通救济程序的功能价值在实践中无法真正实现。死刑复核程序的设计过多地强调人民法院的职权，是一种权力型程序而非权利型程序。从加强诉讼双方尤其是辩护方的主动性、增加权利保护与救济的机会这一角度考虑，在制度设计上的基本思路是废除死刑复核程序，实行三审终审制。在具体设计上，实行三审终审制最关键的改革措施，是将普通救济程序分为事实审和法律审；实行三审终审制的第二步，是取消全面审查原则，将第二审和第三审法院审查的范围限制在上诉和抗诉所提出的理由上；实行三审终审制的第三步，是重新设计第二审和第三审法院的审理方式；实行三审终审制的第四步，是重新构建高级人民法院和最高人民法院的裁判活动方式；实行三审终审制的最后一步，是建立中国式的司法判例制度。[②]

上述几种主张，为死刑复核程序的修改完善提供了有益的思路，从有效解决死刑复核的现存问题，慎重死刑核准以及加强法律对权利救济的角度出发，笔者赞成在我国废除死刑复核程序，实行三审终审制。随着整个社会经济、政治发展水平的不断提高，原本制约三审终审制的客观条件已经在很大程度上得到改善。各种交通工具的投入使用使当事人有一定的条件参与诉讼，因交通不便影响及时结案的顾虑得以很大程度地缓解。更为重要的是，现存二审终审制的诸多弊端，社会普遍对司法公正呼声的不断高

---

① 李云龙：《死刑制度比较研究》，中国人民公安大学出版社 1992 年版，第 248 页。

② 陈瑞华：《刑事诉讼前沿问题》，中国人民大学出版社 2000 年版，第 475-478 页。

涨，也要求实行三审终审制。在我国废除死刑复核程序，实行三审终审制，由最高人民法院担任终审法院可以有效确保法律适用的统一性和严肃性，避免各地法律适用的不一致性，有利于坚持少杀、慎杀、避免错杀的刑事政策；实行三审终审制，建立真正的权利性程序，可使被告人获得多一次的救济机会，掌握诉讼的主动权，有利于其对判决发表意见，切实保障其诉讼权利。在具体的制度设计上，笔者有以下几点思考：

1．中级人民法院一审判处死刑立即执行的案件一律上诉至高级人民法院，上诉权不得放弃。这主要是从慎重死刑判决，保护被告人权利的角度出发，同时也有利于高级人民法院对中级人民法院工作的监督。国外也有对上诉权予以特别限制的规定，日本《刑事诉讼法》第 359 条规定：“检察官、被告人或第 352 条规定的人，可以放弃上诉或撤回上诉。”第 360 条第 2 项规定：“对于处死刑或无期惩役及无期监禁判决的上诉，虽有前两条的规定，仍不得放弃。”

2．高级人民法院对于二审上诉的死刑案件，由三名法官组成合议庭，实行开庭审理，全面审查案件的事实和适用法律问题。实行开庭审理，可以保证控辩双方有效地参与到庭审过程中，双方特别是辩方可以有机会充分行使辩护权，同时也对法院的审判活动实施有效的监督；司法权的被动性原则上要求二审的范围限定于上诉和抗诉的范围内，但考虑到死刑案件的特殊性，全面审查既增加一次检验、把关的机会，又为最高人民法院的审理奠定了基础，因此，对于死刑案件的二审，应坚持全面审查原则。

3．高级人民法院二审的死刑案件，被告人及其法定代理人可以上诉至最高人民法院，最高人民法院在上诉范围内就案件的实体法律适用问题和法律程序问题进行审查。有学者认为，三审仍可就事实问题提出，最高人民法院此时应对案件事实进行审理。[①]笔者认为三审法院在事实认定上并不具有相对于二审法院的优势，

---

① 陈卫东、刘计划：《关于死刑复核程序的现状及存废的思考》，载《中国法学》1998 年第 5 期。

最高人民法院多与案件发生地相距较远，所接触到的又多是关于案件的书面材料，不具有下级法院有较多与证据接触的机会和条件，因此，要求最高人民法院在事实认定上有高于下级法院的权威并不现实。最高人民法院相对于下级法院而言，法官整体素质较高，审判的重心在于对下级法院的适用法律问题进行仔细的审查，并在法律适用问题上得出更加符合法理的结论，对事实进行审查会极大的增加最高人民法院的工作压力，无法专注于对法律适用问题的审查和对下级法院的监督。实践一次次证明，人的认识能力在一定时期总是有限的，制度上的设计也总是面临着落伍于司法实践的尴尬。我们不能奢望建立一个完美无缺的司法体系，但是在中国法治化的道路上，对人权的关注、对生命的尊重，是一个永远也不会过时的主题，建立一套立足于中国现实，具有相当的发展空间，更加理性的三审程序应是未来的发展目标。

死刑复核程序的现代定位①

近年来，虽然我国在限制死刑适用的政策上采取了诸多措施，也取得了一定的效果，但是，目前死刑适用之状况仍然不容乐观，与世界法治发展及人权保护的趋势相悖，成为一些国家和组织指责我国人权问题的主要根据之一。② 为此，我国刑法学界中批评死刑甚至要求立即废除死刑的呼声越来越高。然而，在我国，废除死刑的条件依然不成熟。理性的选择当是严格限制死刑，切实贯彻“少杀、慎杀”的政策，在条件成熟时全面废除死刑。

用制度控制死刑，保证死刑判决的慎重与公正，从实体法意

---

① 本部分原载《法律适用》2007 年第 5 期。

② 笔者曾于 2005 年 12 月 10 日至 14 日受外交部委托，代表我国政府赴英国伦敦参加中国批准加入《公民权利与政治权利国际公约》（ICCPR）中欧人权对话会议。在 ICCPR 第 6 条关于死刑问题的研讨中，一些欧盟成员国即以死刑适用为例证指责中国的人权状况。

义上讲就是：一是要减少死刑罪名；二是不断提高犯罪适用死刑的标准，严格限制死刑的适用；三是进一步发挥死缓制度的作用，最大限度地缩小死刑立即执行的范围。从程序法意义上讲，一是完善死刑一审程序，强化第一审的法庭审判功能，贯彻直接言词原则，确保证人、鉴定人出庭，保证死刑案件的被告人在一审就获得公正的审判；二是改造二审程序，必须保证死刑案件采用开庭审理的方式，弱化职权主义色彩，强化当事人主义因素。当然，保障死刑判决之慎重与公正的程序制度很多，例如讯问制度、辩护制度、证人出庭制度、非法证据排除制度、羁押制度、上诉制度等，其每一个制度都是构建死刑判决慎重与公正、控制死刑适用不可或缺的保障，但是，囿于篇幅所限，笔者论及的是死刑程序控制的最后一道制度屏障——死刑复核制度。

一、死刑复核程序的性质与功能定位

我们不得不承认，在相当长的一个时期以来，我国的死刑复核程序已经无法起到慎重死刑适用，坚持少杀、慎杀、防止错杀的作用。究其原因，既有制度设计的疏漏，也有观念上的愚顽，但是，在笔者看来，对于死刑复核程序性质与功能认识上的错位，则是其最大的瓶颈。

（一）死刑复核程序的性质定位

关于死刑复核程序的性质，曾有观点认为，死刑复核程序主要在“核”，而非在“审”，故应按行政审批的模式来设计死刑复核制度。正是在这样一种观念的主导下，死刑复核程序因凸显出不透明的行政性和单一性而备受诟病。笔者认为，死刑复核程序是一种司法程序，进一步说是司法程序中的审判程序，应按照司法审判程序的要求来进行制度设计。当然，死刑复核程序与一般审判程序相比又有其特殊性，故其程序设计应体现其特质。

1. 死刑复核程序不应是行政审批程序

诚然，我国当前的死刑复核程序确实带有行政程序的色彩。

例如，死刑复核程序大多只书面审核有关诉讼文书及证据材料，既不开庭审理也不书面审理；呈现单方性——死刑复核程序只是法院单方面的活动，控辩双方均不到场，其意见更是难以得到反映。但是，不能据此推定死刑复核程序就应是行政程序，只能说这些都是走向歧途的死刑复核程序的表面特征，而不能代表其本身应具有的性质。因为，第一，我国司法制度中确立了一系列保障法官公正审判的基本原则，例如审判独立原则、直接言辞原则、辩护原则、回避原则等。如果将死刑复核程序定性为行政审批程序，将会完全否定和抛弃这些原则，使得一审和二审中正当程序和法律原则的贯彻变得没有任何意义。第二，行政审批程序无法达到死刑复核程序设定的目标。我国现行的死刑复核程序一般是通过不公开的书面审理方式进行的。负责死刑的人民法院主要以下级法院移送的案件卷宗作为核准裁定的依据，只有在极少数情况下才会会见被告人。人民法院在进行裁定的过程中也没有控辩双方的积极参与，对抗式的诉讼模式在死刑复核程序中并没有得到体现。裁判者在既无控告又无辩护的情况下秘密、书面审理案件，自己启动审核程序，自己控制审核程序，最后又由自己终结审核程序。这种行政审批式的死刑复核程序显然无法真正达到防止错杀、滥杀的目的。

2．死刑复核程序是一种特殊的审判程序

死刑复核程序虽不属于普通程序的一个独立审级，但其性质仍然是审判程序。因为，第一，死刑复核程序是死刑案的特殊程序，是对死刑案件正常审理程序的延伸，也是被判处死刑案件的被告人的诉权的进一步延伸。因此，死刑复核程序仍然是刑事纠纷解决的机制，是审判制度的一部分，当然得属于审判程序。第二，人民法院是司法机关，其通过诉讼的方式来解决纠纷。诉讼的特征是由法官居中裁判，诉讼结构是三方诉讼的结构形式，必须遵循控审分立、控辩平等、审判中立的原则。因此，死刑复核程序是司法机关进行的司法活动，就应该体现上述诉讼的特征，采取开庭审理的方式，由控辩双方充分参与，法官亲自裁判。第三，刑事诉讼系统内部的各个阶段、各个主体以及诉讼系统内部与外部必须协调发展，才能最终实现刑事诉讼的目的。就审判程序的阶段而言，一审、二审以及死刑复核程序、审判监督程序都属于诉讼程序的一个环节，只不过死刑复核程序是针对死刑案件设立的，但是就整个死刑案件的审判来说，任何一个程序环节设立的不协调都可能导致其他程序已做出的努力最终前功尽弃。现行死刑复核程序的行政化色彩有别于一审、二审、审判监督程序的诉讼化，必然影响到整个审判程序的和谐进行，不利于刑事诉讼目的的实现。第四，诉讼程序具有公开性、参与性、平等性、合法性、合理性和终结性的特点，这些特点无疑是死刑复核程序都应当具备的。我国当下的死刑复核程序显然不具备一般诉讼程序的这些特征，也就更谈不上符合程序正义的价值标准了。

当然，由于死刑复核程序所处理的案件是死刑案件，而且其设计目标本身具有特殊性，因而其必然与一般的审判程序有所不同，例如，证明标准应当较高，量刑评议程序应当特殊，审理期限上的特别等。从该种意义上讲，死刑复核程序是一种特殊的审判程序。

（二）死刑复核程序的功能定位

1. 不能错杀——慎杀

公平正义是法律的最高价值，也是司法的终极目标。但是，司法裁判错误似乎又是任何一个社会都不能彻底消除的顽症。[①]死刑案件涉及一个人的生命被强制剥夺的问题，死刑案件的错判会导致比其他案件更严重的结果，因此，对死刑案件的审判程序必须慎之又慎。但从中外死刑案件的审判实践看，死刑案件的错判率却高于其他案件。以美国为例，对1973—1995年间美国死刑案件的研究表明，死刑案件有害错误率达68%。在保留死刑的州中，90%以上的州死刑判决错误率在52%以上；85%的州错误率

---

① 从认识论角度讲，人的认识能力是有限的，人们对客观世界的认识与其真实面目之间总会存在着差距，因此，法律真实与事实真实就难以达到完全一致。即使不存在外界因素的干扰，一个恪尽职守、业务水平很高的法官对案件的认识也难免会出现偏差，做出错误的裁判似乎又是不可避免的。

在60%以上；60%的州错误率在70%以上。换言之，在这期间复审的数千桩死刑案件中，平均每10件中就有7件被发现有严重的、可撤消判决的错误。在州法院提出47%的死刑判决有严重错误后，联邦法院又在剩余的死刑案件中发现40%的死刑判决有严重错误。这些错判中，82%属于量刑错误，即轻刑重判；7%属于被告根本未犯据以判处死刑的犯罪。死刑判决的错误如此之多，以致专家们对在经过三级司法审查后能否发现全部错误，仍存严重怀疑。[①] 如此高的错判率，使得世界各国对死刑的适用慎之又慎。对死刑案件设置多重防错程序显得非常必要。世界上保留死刑的国家大多通过其最高审判机关以统一的标准进行复核审查，从审判人员的能力素质等主观因素上保证死刑适用的公正。我国也是如此，死刑核准权收归最高人民法院后，死刑复核权将由最高人民法院统一行使，防止错杀、纠正错案，理应是死刑复核程序的第一位的功能。

一个人被确定适用死刑必须符合两个方面的要求：其一，他应当是经过完整的司法程序被确认为犯有死罪的人；其二，他应当是指符合刑事实体法的规定能够适用死刑的人。因此，死刑复核程序的首要目标是保证适用死刑的人是实施了应当判处死刑的犯罪的人，以严防不应适用死刑的人被适用死刑。

2. 不能多杀——少杀

如前所述，死刑已被大多数国家视为一种残忍的不人道的刑罚，到目前为止，全球已经有一百多个国家在法律上或司法实践中废除了死刑。然而，仍然有少数国家不仅在法律上规定了死刑，而且在实践中也执行着死刑。世界各国废除死刑的趋势对保留死刑的国家形成了很大的冲击，因此，这些国家都在努力通过立法和司法上的种种控制手段，大幅度减少死刑的适用。以美国的统计数字为例，1976年到2005年11月1日止，美国38个保留死刑的州死刑执行的总数从1999年最高峰的98人逐年降低为2000

---

① 余松龄：《试论实现在中国废除死刑的伟大目标》，载陈兴良、胡云腾主编：《中国刑法学年会论文集（2004年度）第一卷：死刑问题研究》（上册），中国人民公安大学出版社2004年版，第355页。

年的 85 人，2001 年的 66 人，2002 年的 71 人，2003 年的 65 人，2004 年的 59 人，2005 年的 45 人。美国执行死刑人数的降低，尤其是近三年来的逐渐减少，立法上的变化并未发挥明显作用，引起这一变化的最显著因素在于各州对死刑案件程序规则的规定极其严格执行，以及为被判处了死刑的人提供了充足的司法救济途径。[①]

由此可见，通过程序控制死刑，限制死刑的适用具有积极的意义。我国一贯贯彻“少杀”的刑事政策，也通过立法和司法严格限制死刑的适用。死刑复核程序是控制死刑的最重要的一道关口。根据以往的司法实践，经最高人民法院复核的案件，一般都有 25%—30% 的案件最终被发回重审。由此推断，当所有死刑案件核准权都收归最高人民法院后，会比往年少杀 1/4 的人。就美国而言，上诉程序使得大量的人摆脱死刑，在 1997—2000 年间，共有 6208 人因被判处死刑投入监狱，其中 2312 人通过上诉法院的判决、复审或减刑摆脱了死刑。[②] 因此，死刑复核程序必须以“少杀”为其价值目标，提高证据证明标准，做到“排除一切合理怀疑”，可杀可不杀的绝对不杀。

3．不能滥杀——统一死刑适用标准

形式正义要求在司法中平等地适用法律，同种情况同等处理、类似情况类似处理。它强调实体规则与司法结果的逻辑统一，强调司法裁决的统一。作为实质正义中最易感知的部分，形式正义是社会公众借助朴素的观念便能直接感知的。死刑作为剥夺人的生命权的最严厉的刑罚，其在司法中的适用历来被视为衡量形式正义的最重要的指标，严格限制死刑已成为国际司法准则的最低限度的标准。这进一步要求司法机关必须运用一切正当性资源来求证个案中适用死刑的正当性，这其中既包括通过证据对犯罪事实进行理性求证，严格遵循实体规则和正当程序，也包括一定时

---

① 白岫云、王秀梅：《美国死刑程序规则及对我国的启示》，“死刑复核程序专题研讨会”会议材料，2005 年 11 月于北京。

② ［英］罗吉尔·胡德：《死刑的全球考察》，刘仁文、周振杰译，中国人民大学出版社 2005 年版，第 261 页。

期内保持刑事裁决中适用死刑个案标准的一贯和统一。

我国现行《刑法》对死刑的适用标准未做出明确、具体的有可操作性的规定，同时，现行《刑事诉讼法》对死刑的证明标准也未做出明确规定，加上死刑核准权的部分下放，使得各地适用死刑标准不统一，有损司法的公平和公正。死刑核准权收归最高人民法院后，应该进一步明确死刑适用标准，由最高人民法院统一行使死刑复核权，运用统一的标准对死刑案件进行复核，从而尽可能消除一审、二审死刑适用标准不统一的弊病，最大限度地保障形式正义的实现。

二、死刑复核程序的参与主体

一个程序的参与主体对于程序的运行起着至关重要的作用。因此，谈及死刑复核程序，就不能避开对其参与主体的讨论。

在最高人民法院收回死刑复核权后，关于死刑复核程序参与主体的讨论中，对被告人及其辩护人的主体参与资格没有多少异议。多数人也主张，应当建立制度保障每一个被判处死刑的被告人都能获得辩护。被告人在任何时候都有会见其辩护律师的权利，在案件的复核结束前向法官陈述意见的权利。辩护律师及被告人应当获取必要的见面和会谈，对其交谈内容应予以完全保密。辩护律师必须获得足够的资源和时间来为被告人辩护。

但是，对于检察官是否应该参与到死刑复核程序中来，人们的分歧很大。部分学者和一些法官认为，死刑复核程序是最高人民法院内部自行审查的程序，所以应该排斥检察官的参与。但是，笔者认为，随着程序公正、公开的观念日益深入人心，禁止检察官参与死刑复核程序的观点将是非常有害的，最终必然被抛弃。检察机关作为国家的法律监督机关，在刑事诉讼中承担着公诉的职能，也承担着审判监督的职能，因而有权介入死刑案件最后一道关口的死刑复核程序中来。

具体来说，主要有以下几个理由：

首先，检察机关介入死刑复核程序是行使公诉权的必然要求。

检察机关的公诉权应当贯穿于案件的整个审理过程中，包括在一审程序中出庭支持公诉，提起二审程序的抗诉权，出庭支持抗诉的权力等。在死刑案件中，一审或二审的死刑判决须经死刑复核程序后才能生效，检察机关的公诉权自然应延伸至死刑复核程序。只有经过死刑复核程序做出生效裁判，检察机关的公诉权才真正行使完毕。因此，检察机关介入死刑复核程序是其公诉权的必要组成部分和合理延伸。此外，检察机关只有介入死刑复核程序才能保证其公诉目的的最终实现。如果检察机关无法参与到做出生效裁判的死刑复核程序中，即使在先前的一审二审程序中充分行使了公诉权，其公诉的目的也难以得到有效实现。

其次，检察机关介入死刑复核程序是实现程序正义的要求。我国当前死刑复核程序回避检察机关的参与，违背了程序正义的要求，不具有正当性基础。公开是审判程序的最基本要求，是公平和正义的保障。最高人民法院复核死刑同样要公开。很难想象，没有公开，没有控辩双方的参与，如何避免非正义、不公正现象的出现。决不能以保障被告人人权之名固守死刑复核程序是法院自行审查的程序。

再次，检察机关介入死刑复核程序有利于法院全面审查案件事实，发现事实真相，从而做出正确的判断。检察机关能够运用专业的诉讼技能向法院提出证据以支持其控诉主张，并与被告人就认定事实和适用法律进行充分的辩论，使法官做到兼听则明。从审判实践来看，大部分死刑复核案件中，被告人及其辩护人都会重复提出或提出新的证据和理由以证明被告无罪或罪轻。如果没有检察机关作为其对立面参与诉讼，法官就可能片面地受到诉讼一方的影响，难以客观全面地做出判断。

最后，检察机关介入死刑复核程序也是其行使法律监督权的要求。死刑复核程序作为一个特殊的审判监督程序是刑事诉讼程序的组成部分，当然属于检察机关法律监督的范围。我国《刑事诉讼法》没有对检察机关在死刑复核程序中的监督方式做出明确规定，但不能据此推断《刑事诉讼法》对检察机关监督死刑复核程序没有法律上的授权。现行《刑事诉讼法》对检察机关在监督死刑执行过程中发现不应当判处死刑的，应当提出纠正意见的规定，可以证明检察机关对刑事诉讼的监督是贯穿于整个诉讼过程的，当然得包括死刑复核程序。需要明确指出的是，检察机关介入死刑复核程序的方式主要是以出席死刑复核法庭和对最高人民法院予以核准死刑的裁定提出复议请求的形式来实现，对于检察官列席最高人民法院审判委员会或合议庭关于死刑复核案件讨论之主张，笔者是持反对意见的。理由很简单，如果检察官可以列席，辩护律师怎么办？否则，审判程序中的控辩平等如何实现？但是，如果控辩双方都列席，合议庭的讨论会又将变成什么性质了？

在关于死刑复核程序参与主体的讨论中，被害人的主体资格问题也颇有争议。在法律上，死刑复核程序中没有赋予被害人任何诉讼权利，而是将被害人天然地排斥在死刑复核程序之外。事实上，在人权保障观念日益深入人心的今天，要求被告人参与到死刑复核程序中的声音越来越多，然而，对于死刑案件中如何保护被害人的权利，人们却常常忽视。笔者认为，无论从实体公正还是程序公正的角度，被害人都应该参与到死刑复核程序中来。

理由如下：

首先，被害人参与到死刑复核程序中具有实质意义。死刑复核程序的目的在于“防止错杀、滥杀，注重慎杀”。这与被害人利益是完全一致的。在遭到犯罪侵害后，被害人及其家属在心理上迫切希望国家司法机关能够将侵害人绳之以法。但是，这种对侵害人进行报复的心理只是针对其真正进行侵害的特定人的。如果司法机关将某一被告人错误地认定为特定案件的侵害人而实施刑罚，那么对于被害人来说，其报复心理依旧无法得以实现。[①]

① 但是，在“注重慎杀”的立场上，被害人的利益与死刑复核程序的设置是具有对抗性的。最高人民法院在复核死刑案件的过程中，本着慎杀的观念，无疑会慎之又慎。而被害人如果可以确信被判处死刑的犯罪分子正是对自己造成严重侵害的人时，绝大部分都希望犯罪分子被立即执行死刑。最高人民法院是否裁定批准死刑无疑会对被害人及其亲属在心理上产生巨大的影响，并直接影响到其身心健康以及对国家司法的信念，从而会对社会的稳定造成一定的影响。因此，鉴于死刑复核程序对被害人的利益有如此大的影响，被害人参与死刑复核程序也就具有了实质上的意义。

其次，被害人参与诉讼程序具有程序上的意义。程序正义是一种“过程价值”，它主要体现在程序的运作过程中，是评价程序本身正义性的标准。一项法律程序本身是否具有程序正义所要求的品质，要看它是否能使那些受程序结果影响的人受到了应有的待遇，而不是看它能否产生好的结果。通过前面的讨论可知，被害人会受到死刑复核程序的极大影响，因此，被害人在此过程中应该被赋予相应的待遇。可以说，被害人进入死刑复核程序，享有相应的参与权，具有天然的正当性。这也是程序正义的基本要求。将被害人排斥在死刑复核程序之外，使之对影响自己权益的程序一无所知，并且在其权益受到重大影响时，也不能够阐述自己的意见，无疑违背了基本的正义理念。实践中，被害人往往具有“非理性”的一面。如果在没有其参与的死刑复核程序中不核准死刑立即执行，那么他很有可能会通过上访、静坐等方式来表达其不满和意见，这必然会损害司法的威严，也会对社会稳定产生消极的影响。相反，如果让被害人实质性地参与到死刑复核程序中，给予其充分表达意见的权利，那么这种程序上的公正会使其更容易接受最后的裁判结果。

当然，由于死刑复核程序的专业性和特殊性，应该允许被害人委托代理人参与死刑复核程序，这样更有利于被害人意见的表达和利益的保护。具体来说，被害人在死刑复核程序中应享有以下几方面的权利：一是知悉案件进程的权利。即被害人在死刑复核程序中，能够及时了解死刑复核程序的进展，随时了解案情，还应有权得知审理起案件的合议庭的法官名单，并且对符合《刑事诉讼法》有关回避规定的人员提出回避申请。二是得到合理和充分解释的权利。这主要是指负责死刑复核的法官在裁定驳回死刑判决或直接改判时，应当向被害人说明不核准死刑的事实理由和法律根据。向被害人说明判决或裁定的理由，有助于被害人接受死刑复核的结果，同时也可间接监督审理死刑复核案件的法官，使法官在审理案件的过程中必须做到于法有理、于法有据，降低枉法裁判的几率。三是适当的质疑权。这主要是指被害人针对人民法院在死刑复核程序过程中无故拖延诉讼、判决欠缺充分理由以及不当驳回被害人回避申请的行为进行质疑的权利。

综上，死刑复核程序是人民法院对判处死刑的案件进行复审核准所遵循的特别审判程序，是死刑判决能够生效并交付执行的关键性程序。因此，死刑复核程序的设置是否科学，直接关系到死刑的准确适用和严格适用问题。当下，最高人民法院已经将死刑核准权统一收回行使。死刑核准权的收回，对于严格控制死刑适用，统一死刑适用标准，落实《宪法》保障人权的规定无疑具有重要作用。然而，对于保障死刑案件的质量，特别是通过完善死刑复核程序实现控制死刑的目的而言，仅仅收回死刑复核权或者探讨死刑核准权的性质与功能定位以及死刑复核程序的参与主体是不够的，还需要对死刑复核程序本身进行合理的构建。

律师辩护对死刑控制不可替代的价值①

每次讨论死刑的问题，我的心情总是沉重的。今天，多年不见的黄色沙尘暴再次席卷京城，让人有种窒息的感觉。我是第一个到达会场的。到达友谊宾馆友谊宫后，我发现，我们这个死刑研讨会的指示标牌隐藏在若干个会议大型宣传栏之中，特别不起眼，尤其是那个声势浩大的“水务”论坛，不仅若干个巨大而醒目的广告牌占据了友谊宫的门口和大厅，而且，他们几个大会场红旗飘飘、彩旗猎猎、人山人海。在我看来，我们的会场虽然小，人数虽然少，规模虽然不大，然而，我们研讨的主题却是最大的——我们研究的是人命关天的大事，还有什么事情要比“杀人”还要重要呢？

死刑——死刑控制——死刑程序控制——通过律师辩护控制死刑，这是一个内在的、应有的法律逻辑，也是一个法律常识问

① 本部分源于 2021 年 3 月 27 日尚权律师事务所“死刑复核案件的法律援助制度”学术研讨会会议发言，原载 2021 年 3 月 31 日尚权刑辩公众号。

题。但是，在司法实践中，我们对通过律师辩护控制死刑的适用，在认识上、在制度里、在实践中，均还不到位。死刑从其诞生以来就一直备受学界和实务界关注。早在 1764 年，贝卡利亚在他著名的《论犯罪与刑罚》一书中就提出要废除死刑。1998 年 10 月 5 日，我国签署了《公民权利与政治权利公约》(简称 ICCPR)，该公约第六条规定“人人有固有的生命权。这个权利应受法律保护。不得任意剥夺任何人的生命”；“在未废除死刑的国家，判处死刑只能是作为对最严重的罪行的惩罚”；“本公约的任何缔约国不得援引本条的任何部分来推迟或阻止死刑的废除”。截止到目前，世界上已经有 159 个国家和地区，废除或者是变相废除了死刑。我国在 1998 年 10 月 5 日签署了 ICCPR 公约，但是，至今还没有批准这个公约。我们现在正在积极努力采取措施推动中，包括通过少杀、慎杀控制死刑的适用等。

死刑控制的路径无外乎实体法控制和程序法控制两个基本选择。死刑实体法控制包括在刑法中减少适用死刑的罪名等，今天暂且不论，我主要谈一下通过律师辩护减少死刑适用的几个问题。

第一个问题，尽快打通刑事案件审判程序中普遍辩护的最后一公里，实现死刑复核案件律师辩护全覆盖。

我是比较早的提出刑事案件普遍辩护的学者之一。我在北京市崇文区人民检察院挂职期间，带领一个研究团队对 1996 年《刑事诉讼法》修改后的实施情况作过统计，其中，刑事案件辩护率不到 1/3。我们经过多年努力，普遍辩护已在审判阶段得以实现，但在死刑复核程序中仍旧缺席。我认为，死刑复核程序中律师参与率低是一个亟待解决的问题。近日，我的博士生查阅了中国裁判文书网 2020 年 1 月 1 日至 2020 年 12 月 31 日公布的 42 份死刑复核裁定书，发现仅有 4 份裁定书中写明“听取了律师的意见”，但是律师意见的内容、听取律师的方式以及法院是否采纳律师意见，均未在裁定书中载明。从裁定的结果来看，均无一例外核准了死刑。通过以上数据可以看出，在死刑复核程序中，听取律师意见的案件比例仅占 9.5%，而超过 90% 的案件要么是没有律师参与，要么是没有听取律师的意见。从普遍辩护实现的价值看，在死刑复核程序中建立普遍辩护制度无疑更大。

第二个问题，必须尽快建立死刑案件刑事辩护准入制度。

不仅要建立死刑案件普遍辩护制度，保证所有的死刑复核案件都应当有辩护律师参与，而且，要提高律师参与死刑案件辩护的门槛，实行刑事辩护准入制度。我注意到，前述42个案件中，均无一例外地核准了死刑，也就是说，即便是少数有律师参与的案件，也并未对案件裁判结果产生实质性的影响。二十多年前，我就撰文呼吁，从死刑案件开始，建立刑事辩护准入制度。不是每个律师都可以出庭辩护死刑案件，就像不是每个医生都能给癌症患者做手术一样。美国律师协会制定的《死刑案件辩护律师的指派与职责纲要》第5.1条及8.1条规定，美国死刑案件辩护团队的成员律师应当每年至少参加一次并成功完成专门的死刑案件辩护的培训，并经律师协会考核取得死刑辩护资格后，方能代理死刑案件并出席法庭。该纲要列举了申请获得接受委派取得为死刑案件被告辩护资格律师的培训计划，还规定了作为死刑案件被告人的首席辩护律师，必须要具备办理过至少3起谋杀案件的辩护经验。有人担忧我国构建死刑案件辩护准入制度后，律师人数不够，或者诉讼成本过高，或者影响律师积极性等，我在《中国刑事辩护准入制度理论与实证研究》著作中，均有实证研究，结果是没有问题，今天就不一一阐述。

第三个问题，要构建起我国死刑复核程序中的控辩平等。

控辩平等是刑事法治的基石性原则。《最高人民法院关于适用〈中华人民共和国刑事诉讼法〉的解释》第434条规定："死刑复核期间，辩护律师要求当面反映意见的，最高人民法院有关合议庭应当在办公场所听取其意见，并制作笔录；辩护律师提出书面意见的，应当附卷。"第435条规定："死刑复核期间，最高人民检察院提出意见的，最高人民法院应当审查，并将采纳情况及理由反馈最高人民检察院。"由此看出，最高人民法院对待辩护律师和检察院的态度大相径庭：律师提出意见的，仅制作笔录或整理附卷，还要到合议庭的办公场所，但检察院提出意见的，法院不仅应当审查，还要反馈意见采纳情况及理由。正是因为这一控辩失衡的法律规范，导致实践中律师参与死刑复核程序的种种困难。例如，王书金代理律师朱爱民在接受封面新闻采访时表示，王书金死刑复核期间，最高人民法院没有联系过他，他也没来得及向最高人民法院提交辩护意见，看到新闻才知道王书金死了。北京尚权律师事务所一名律师说道，他接受委托后，逐个拨打最高人民法院刑事审判庭公布的电话，2个月后才联系到案件承办法官，法官却要求他3天内提交书面辩护意见。

第四个问题，改革死刑复核程序，先实行听证模式，逐渐过渡到开庭审理模式。

死刑复核程序封闭化、行政化是被诟病多年的问题。我依然坚持多年前提出的观点，即把死刑复核程序设置为独立的诉讼程序，在该程序中要构建控辩双方共同参与的听证模式，法院听取控辩双方的意见，不能仅对控方的意见进行审查，对辩护人的意见记录附卷。经过一段时间后，逐步过渡到死刑复核案件开庭审理模式。

第五个问题，从准入辩护，到普遍辩护，到有效辩护的实现。

我在《清华法学》发表过一篇《刑事辩护准入制度与普遍辩护及有效辩护》文章，论证了准入辩护、普遍辩护、有效辩护之间的逻辑关系及其实现路径。这里需要特别强调的是，不仅要清楚准入辩护的独立价值、在准入辩护基础上实现普遍辩护的意义、只有通过准入辩护和普遍辩护才能实现有效辩护的路径，同时，要实现有效辩护，还必须要充分扩张并保障律师的辩护权，至少包括但不限于以下四种权利：其一，自由的会见权。辩护律师凭借“三证”可以自由选择时间与被追诉人会见，且会见期间不被监听。其二，完全的阅卷权。所有的卷宗材料都应该交给辩护律师查阅，不能有任何保留。其三，充分的调查取证权。一方面，辩护律师在调查取证过程中，要给予其最大的豁免权；另一方面，辩护律师无法实现调查取证权的，法院应当赋予其调查令。其四，任意地发表意见权。辩护律师可以依法以多种形式，任意发表其辩护意见。

总之，死刑制度最能够体现建立刑事辩护准入制度的必要性，最能够体现刑事辩护区别于其他案件律师代理的专业性与技术性，所以，要进一步认清律师辩护对死刑控制不可替代的价值，明确为面临可能剥夺生命的人提供最好的辩护，应当是立法机关、司法机关和律师的共同任务。

律师辩护与法律援助

“刑事辩护木桶说”提出后，我又进行了延伸性研究，提出“刑事法律援助木桶说”的观点：如果把国家治理比作一个木桶，法治就是其中最短的木板；如果把法治也比作一个木桶，刑事法治是其中最短的木板；如果把刑事法治比作一个木桶，刑事辩护又是其中最短的木板；如果再将刑事辩护比作一个木桶，刑事法律援助就是其中最短的木板。可以说，法律援助制度是一个国家司法制度“木桶最短的一块木板”。判断一个国家的法治状况，看其法律援助制度即“窥一斑而知全豹”。盖因律师辩护与法律援助有着直接而密切的关系。

我认为，党的领导是中国特色法律援助制度的最本质特征，以人民为中心是中国特色法律援助制度的构建宗旨，致力提升社会治理法治化水平是中国特色法律援助制度的重要功能，被追诉人权利保障和被害人权利保护是中国特色法律援助制度的二元价值共同追求，法律职业共同体构建模式在中国法律援助制度中首先得到体现。以这些要素为主要标志的中国法律特色法律援助制度，随着我国《法律援助法》2022 年 1 月 1 日施行，已经初步形成。未来，应当以用中国制度解决中国问题的思路，以法律援助量的扩大为基础，以质的提升为核心，按照刑事诉讼原理调适委托辩护与法律援助辩护关系，在重构值班律师制度基础上，建立法律职业共同体参加的法律援助综合机构，并通过设置法律援助程序性违法的法律后果，使得中国特色法律援助制度更好地助力于让人民群众都感受到法律公平正义法治目标的实现。

法律援助制度的中国特色[①]

法律援助制度是一个国家司法制度状况的“晴雨表”。在我国的法律中，法律援助的概念最早出现于1996年修改的《刑事诉讼法》，之后，刑事法律援助活动逐渐兴起，法律援助制度逐步在我国建立。2003年《法律援助条例》的颁布，标志着我国法律援助制度取得了阶段性成就。2012年修改的《刑事诉讼法》增加了受援案件类型，扩大了受援人范围。2013年《关于刑事诉讼法律援助制度的规定》进一步扩大了申请人范围，提前了受援时间。2015年《关于完善法律援助制度的意见》的公布，明确了重点援助对象，扩展了法律援助咨询手段，建立了多项保障机制。2017年颁布的《关于开展法律援助值班律师工作的意见》强化了值班律师提供法律帮助的刚性要求，优化了值班律师机制。2018年修订的《刑事诉讼法》界定了值班律师的定位、职责和权利。至此，我国刑事法律援助制度体系初步建立起来。立法及司法解释渐次出台，学术界的讨论亦见仁见智。有学者针对我国刑事法律援助不平衡、不充分的问题，在立法观念、立法定位、立法技术等方面提出立法建议。[②]有学者从人本主义、人权保障、国家责任、政府义务等角度解读法律援助的立法与实践[③]，并通过梳理中国法律援助制度的历史沿革，反思法律援助制度在实践中存在的突出问题，提出法律援助制度在宏观上要实现跨越式发展，在微观上要

---

① 本部分原载《政治与法律》2022年第6期。

② 孙道萃：《中国特色刑事法律援助制度的立法完善》，载《江西社会科学》2021年第6期。

③ 樊崇义：《我国法律援助立法与实践的哲理思维》，载《江西社会科学》2021年第6期。

实现精细化发展[①]。有学者通过实证调研数据和信息，分析法律援助制度存在的问题及原因，并在此基础上，提出若干对策建议。[②]有学者聚焦于死刑复核案件的法律援助制度，提出要打通刑事普遍辩护的“最后一公里”，构建我国死刑复核程序中的控辩平等。[③]有学者立足于我国司法实践现状，希望从完善值班律师法律帮助职能、质量保障体系，建立一体化刑事法律援助信息管理系统等方面提高刑事法律援助水平，回应以审判为中心的诉讼改革需求。[④]有学者结合国内外有益经验探索，倡导推进刑事辩护法律援助全覆盖，提升刑事辩护法律援助质量。[⑤]有学者着眼于刑事法律援助案件质量评估体系，结合域外质量评估机制，对我国刑事法律援助案件质量评估体系提出体系化构建意见。[⑥]有学者关注刑事司法早期阶段法律援助，在人权保障视域下总结已有经验，设想发展方向，总结困难与挑战。[⑦]上述研究观点虽角度不同、意见不一，但都对完善我国刑事法律援助制度提供了有益探索。

2021 年 8 月 20 日第十三届全国人民代表大会常务委员会第三十次会议通过了《中华人民共和国法律援助法》(以下简称《法律援助法》)，并于 2022 年 1 月 1 日起施行。《法律援助法》总结、吸收了我国在法律援助制度构建中的成果和经验教训，成为中国特色社会主义法律体系的重要组成部分。笔者认为,《法律援助法》的颁布，既代表着我国法律援助制度构建发展的新起点，又标志

---

① 樊崇义:《中国法律援助制度的建构与展望》，载《中国法律评论》2017 年第 6 期。

② 顾永忠、杨剑炜:《我国刑事法律援助的实施现状与对策建议——基于 2013 年〈刑事诉讼法〉施行以来的考察与思考》，载《法学杂志》2015 年第 4 期。

③ 冀祥德:《实现死刑复核案件律师辩护全覆盖》，载《中国社会科学报》2021 年 4 月 7 日，第 4 版。

④ 王林林、刘仁文:《我国刑事法律援助制度的现状反思与完善思路——审判中心改革的视角》，载《江西社会科学》2019 年第 3 期。

⑤ 陈光中、张益南:《推进刑事辩护法律援助全覆盖问题之探讨》，载《法学杂志》2018 年第 3 期；陈光中、褚晓因:《刑事辩护法律援助制度再探讨——以〈中华人民共和国法律援助法（草案）〉为背景》，载《中国政法大学学报》2021 年第 4 期。

⑥ 刘仁琦:《我国刑事法律援助案件质量评估体系研究》，载《中国刑事法杂志》2020 年第 3 期。

⑦ 张万洪、丁鹏:《人权法视野下的刑事司法早期阶段法律援助：中国经验与发展前瞻》，载《求是学刊》2019 年第 2 期。

着中国特色法律援助制度初步形成。那么，中国特色法律援助制度初步形成的标志是什么？未来中国特色法律援助制度的发展方向是什么？笔者于本文中拟对此略述管见。

一、中国特色法律援助制度初步形成的主要标志

特色是事物所表现的独特的色彩、风格等，意指一个事物或一种事物显著区别于其他事物的风格和形式，是由事物赖以产生和发展的特定的具体的环境因素所决定的，是其所属事物独有的。[①] 世界各国的法律制度都有一些共性，遵守一些基本规律，但一个国家法律制度的本质归根结底取决于这个国家的基本国情。我国的法律援助制度扎根于几千年的中华文明，立足于我国基本国情，形成于我国司法实践。经过几代人的努力和几十年的发展，体现党的主张与人民意志的统一、让人民群众都感受到公平正义、多元价值并存的中国特色法律援助制度已经初步形成。其主要标志如下。

（一）党的领导是中国特色法律援助制度的最本质特征

坚持中国道路是中国共产党百年奋斗的历史经验。中国共产党自建党之始，就立足中国国情，探索救国救民道路。新民主主义革命时期，以毛泽东同志为主要代表的中国共产党人并未效仿苏联，而是从中国实际出发，开辟了农村包围城市、武装夺取政权的革命道路。毛泽东思想是马克思主义中国化的第一次历史性飞跃，奠定了中国特色社会主义理论体系的制度和理论基础。实事求是、群众路线、独立自主既是毛泽东思想活的灵魂，也是中国特色社会主义体系的基本遵循。[②] 不同于以高速重工业化、农业全盘集体化为基础的苏联模式，中国社会主义制度自探索之始，

① 参见中国社会科学院语言研究所词典编辑室编：《现代汉语词典》（第 7 版），商务印书馆 2016 年版，第 1281 页。

② 徐光春：《中国化马克思主义的与时俱进——谈毛泽东思想与中国特色社会主义理论体系的关系》，载《求是》2013 年第 18 期。

就具有鲜明的中国特点。在社会主义现代化建设初期，毛泽东已注意到片面发展重工业的危害，明确提出探索建设一条与苏联不同的中国工业化道路。十一届三中全会以后，以邓小平同志为主要代表的中国共产党人创立了邓小平理论，成功开创了中国特色社会主义，实现了马克思主义中国化的第二次历史性飞跃。此后，党领导人民在对传统社会主义现代化道路的反思上，在发展布局、经济制度、发展方式、社会主义与现代化关系等方面都实现了超越，走出了一条不同以往且成就卓越的现代化新路。[①] 步入中国特色社会主义新时代，以习近平同志为主要代表的中国共产党人，深刻总结并充分运用党成立以来的历史经验，从新的实际出发，系统回答了新时代坚持和发展什么样的中国特色社会主义，怎样坚持和发展中国特色社会主义的问题，创立了习近平新时代中国特色社会主义思想，实现了马克思主义中国化的第三次历史性飞跃。习近平新时代中国特色社会主义思想是马克思主义中国化新的飞跃，对推进中华民族伟大复兴历史进程具有决定性意义。一百年来，党领导人民持续探索、不断推进法治建设，成功走出了一条中国特色社会主义法治道路。依法治国是总结我们党百年奋斗历史特别是治国理政历史经验得出的重要结论。[②] 习近平总书记指出，党和法的关系是一个根本问题，处理得好，则法治兴、党兴、国家兴。[③] 把党的领导贯彻到依法治国的全过程和各方面，是我国社会主义法治建设的一条基本经验。《法律援助法》的制定与颁布，是党领导建设中国特色社会主义法治体系进程中的又一次重要举措。《法律援助法》第 3 条明确规定，“法律援助工作坚持中国共产党领导”。

党领导法律援助立法工作，逐步构建起中国特色社会主义法

---

① 参见赵美玲、杨宗然：《中国特色社会主义现代化道路的双重超越》，载《理论与现代化》2021 年第 3 期。

② 王晨：《坚持全面依法治国　法治中国建设迈出坚实步伐（学习贯彻党的十九届六中全会精神）》，载 http：//politics.people.com.cn/nl/2021/1123/c1001—32289162.html，最后访问时间：2022 年 3 月 9 日。

③ 中共中央文献研究室编：《习近平关于全面依法治国论述摘编》，中央文献出版社 2015 年版，第 33 页。

律援助制度。1979 年《刑事诉讼法》第 27 条规定了“可以指定辩护人”和“应当指定辩护人”的两种情形。前者是被告人没有委托辩护人出庭公诉的案件，后者是被告人为聋、哑或者未成年人的案件。这是我国刑事法律援助制度确立的标志。1996 年 3 月，司法部成立中国法律援助中心筹备组，旨在进一步推动法律援助制度的建立。1996 年 12 月 28 日，中央编制办公室批复同意成立司法部法律援助中心，这一专门负责法律援助工作的国家机构正式成立。1996 年修改后的《刑事诉讼法》第 34 条对 1979 年《刑事诉讼法》“可以指定辩护人”的情形设置了“因经济困难或者其他原因”而没有委托辩护人的限制，在“应当指定辩护人”的范围中增加了盲人被告人，首次确定“法律援助”的概念。2001 年 3 月，全国人民代表大会通过《中华人民共和国国民经济和社会发展第十个五年计划纲要》，第一次将法律援助制度写入国家的经济和社会总体规划，明确提出建立法律援助体系的目标。2003 年 7 月，《法律援助条例》颁布，这是我国第一部关于法律援助的行政法规，明确了法律援助“公民权利、政府责任”的定位。党的十八大以来，以习近平同志为核心的党中央高度重视法律援助工作。党的十八届三中全会通过的《中共中央关于全面深化改革若干重大问题的决定》强调“健全国家司法救助制度，完善法律援助制度”，将法律援助列为人权保障措施的重要组成部分。党的十八届四中全会通过的《中共中央关于全面推进依法治国若干重大问题的决定》要求，坚持中国共产党的领导，必须坚持党领导立法、保证执法、支持司法、带头守法，针对法律援助制度规定“对聘不起律师的申诉人，纳入法律援助范围”，将法律援助制度延伸至裁判生效后的申诉程序。同时要求，“推进覆盖城乡居民的公共法律服务体系建设，加强民生领域法律服务。完善法律援助制度，扩大援助范围，健全司法救助体系，保证人民群众在遇到法律问题或者权利受到侵害时获得及时有效法律帮助”，使法律援助制度成为建设中国特色社会主义法律服务体系的组成部分。《党的十八届四中全会重要举措实施规划（2015—2020 年）》明确将“制定推荐律师积极开展法律援助工作的意见”作为一项改革任务来抓。2021 年 8 月 20 日，第十三届全国人民代表大会常务委员会第三十次会议审议通过《法律援助法》。2021 年 11 月 11 日，党的十九届六中全会通过《中共中央关于党的百年奋斗重大成就和历史经验的决议》，强调努力让人民群众在每一项法律制度中都感受到公平正义。《法律援助法》集中反映了党的主张和人民意愿的统一，就是一项为了让人民群众都感受到公平正义的法律。

（二）以人民为中心是中国特色法律援助制度的构建宗旨

人民是党领导全面依法治国的出发点和落脚点，人民性是习近平法治思想的鲜亮底色。[①]“党代表中国最广大人民根本利益，没有任何自己特殊的利益，从来不代表任何利益集团、任何权势团体、任何特权阶层的利益。”[②]坚持人民至上，是中国共产党百年奋斗的历史经验，也是中国共产党法治思想的优良传统。1931 年，《中华苏维埃共和国宪法大纲》就规定苏维埃国家性质是“工人和农民的民主专政国家”。1954 年《中华人民共和国宪法》第 2 条明确规定“中华人民共和国的一切权力属于人民”。2004 年，“国家尊重和保障人民权利”被写入《中华人民共和国宪法修正案》。2007 年，党的第十七次全国代表大会通过的《高举中国特色社会主义伟大旗帜，为夺取全面建设小康社会新胜利而奋斗》强调，“扩大人民民主，保证人民当家作主。人民当家作主是社会主义民主政治的本质和核心”。2012 年，“尊重和保障人权”写入《刑事诉讼法》。党的十八大以来，习近平总书记将全面依法治国提升到关系人民幸福安康的战略高度，《中共中央关于全面推进依法治国若干重大问题的决定》强调，“必须坚持法治建设为了人民、依靠人民、造福人民、保护人民”。由此可见，坚持人民至上不仅是中国共产党永恒的价值追求，而且是我国法治建设永恒的价值

---

① 陈家刚：《人民性是习近平法治思想的鲜亮底色》，载《人民日报》2021 年 1 月 11 日，第 9 版。

② 杨果：《坚持自我革命》，载《人民日报》2021 年 12 月 21 日，第 9 版。

立场。[1]《法律援助法》第 3 条规定，“法律援助工作坚持以人民为中心”，在受援人权利保障和国家责任等方面充分体现了以人民为中心的立法宗旨，形成了具有鲜明中国特色的法律援助制度。

一方面，我国法律援助制度集中体现人民利益、维护人民权益。我国的法律援助制度是由《中华人民共和国宪法》《刑事诉讼法》《法律援助法》等一系列法律构建起来的法律规范体系。《中华人民共和国宪法》第二章规定了我国公民享有的基本权利，包括但不限于人身自由权，人格尊严权，批评和建议的权利，申诉、控告或者检举的权利，获得国家赔偿的权利，劳动的权利，获得国家和社会物质帮助的权利等；《中华人民共和国宪法》第 130 条规定被告人有权获得辩护。《刑事诉讼法》规定了当事人和其他诉讼参与人在刑事诉讼中享有的基本诉讼权利，包括知情权、陈述权、辩护辩论权、申请权、申诉权等权利。《法律援助法》第 31 条、第 32 条规定了当事人有权申请法律援助的法定情形，这是公民获得国家赔偿的权利、获得国家和社会物质帮助的权利、劳动的权利、人格尊严权利等宪法性权利在法律援助领域的确认，确保公民在明知合法权利受到或可能受到不法侵害时，不会因为无力支付诉讼费用或者律师费用，而使其享有的“法律面前人人平等”的权利无法实现。这是我国法律援助制度对公民宪法性权利的保障。同时，由于刑事诉讼涉及公民的自由与生命两项最基本的权利，我国法律援助制度旨在保障公民在司法领域（特别是刑事司法领域）的合法权益。《法律援助法》第 25 条规定了强制辩护的法定情形，第 26 条规定了可能判处无期徒刑、死刑以及死刑复核案件法律援助律师的资格准入制度，第 30 条细化了值班律师刑事法律帮助内容，第 33 条明确了特殊救济程序中的法律援助。除此之外，委托辩护权是犯罪嫌疑人、被告人的基本诉讼权利，为解决司法实践中刑事法律援助和委托辩护冲突的现象，《法律援助法》第 27 条确立了法律援助不得损害委托辩护权的原则。法律

---

① 陈家刚：《人民性是习近平法治思想的鲜亮底色》，载《人民日报》2021 年 1 月 11 日，第 9 版。

援助制度对公民基本诉讼权利加以确认，彰显了国家对公民基本诉讼权利的重视与切实保障。

另一方面，通过强化国家责任体现法律援助制度以人民为中心的构建宗旨。《法律援助法》第2条规定，法律援助是国家建立的为经济困难公民和符合法定条件的其他当事人无偿提供法律服务的制度。国家责任是法律援助制度区别于其他法律制度的重要属性，也是以人民为中心在法律援助制度中的充分反映。我国法律援助制度中的国家责任属性表现为以下几点：一是《法律援助法》扩大了受援范围。《法律援助法》将适用普通程序审理而被告人没有委托辩护人的刑事案件纳入了法律援助的范围，且并未仅限于一审程序，在兼顾我国适用普通程序审理案件占比不低这一现实国情基础上，[①] 赋予了法院可以选择的权利，既"惠及大众"，又保证了改革的循序渐进；将强制医疗程序纳入刑事法律援助范围，回应了患有精神疾病的当事人"因病致贫"的社会关切；将视力、听力、言语残疾人纳入强制辩护范围，体现对特殊群体的人文关怀；将缺席审判案件的被告人纳入强制辩护范围，保障缺席审判中被告人的权利。二是国家支持和保障法律援助制度实施。国家通过提供财政、人力、信息资源，保障法律援助制度均衡、可持续发展。这包括将法律援助相关经费列入本级政府预算，建立动态调整机制，明确经费适用范围和保障标准；构建政府购买法律服务工作机制，提升社会律师参与法律援助服务积极性；健全法律服务资源依法跨区域流动机制，着力解决律师资源分布不平衡难题；有计划地开展法律援助人员业务培训，推动建立高、精、专的法律援助人员队伍；加强信息化建设，用信息共享带动资源共享，实现均衡发展。三是法律援助国家责任的多样性。我国法律援助制度的构建与运行，国家和政府是矛盾的主要方面，

① 根据最高人民检察院公布的数据，2019年至2020年8月，认罪认罚案件仍有23%适用普通程序审理，若再加上不认罪案件适用普通程序审理的情形，刑事案件适用普通程序审理占比还是比较高的。

国家责任、政府义务应被放到突出位置。[①]《法律援助法》在确立了人民法院、人民检察院、公安机关保障当事人依法获得法律援助的基础性原则之外，还明确了国家公权力机关所应承担的具体义务，包括为法律援助人员开展工作提供便利的义务，为法律援助申请人提供便利的义务，告知义务，通知义务，转交义务，不得延迟提供法律援助服务的义务等。这些义务性规范明确规定了人民法院、人民检察院、公安机关以及有关国家权力机关的法律援助责任，是法律援助制度实现以人民为中心的重要保障。

（三）致力于国家治理能力与治理体系法治化是中国特色法律援助制度的重要功能

《中共中央关于全面推进依法治国若干重大问题的决定》强调，要增强全民法治观念，推进法治社会建设，提高社会治理法治化水平。我国法律援助制度作为公共法律服务体系的组成部分，是依法治理的重要方式，对法治社会建设具有重要的引领与保障作用，是实现国家治理能力与治理体系现代化依靠的中国特色社会主义法治体系的重要组成部分。

法律援助制度是国家与社会依法治理的重要方式。“依法治理”是进行社会治理的基本方式，是与“源头治理”“系统治理”并存的治理策略。依法治理要求要不断构建新的法律法规，使各方面制度更加科学、更加完善，实现社会事务治理的制度化、规范化和程序化。在《法律援助法》出台之前，我国虽有大量关于法律援助的制度文件，但是其立法的科学性不足，明确性、确定性和强制力不够，尚不能满足国家治理能力与治理体系法治化的要求。《法律援助法》就法律援助机构、人员职责与权利，法律援助形式和范围，具体实施和程序，法律援助全过程的监督和保障机制，对违法行为的责任承担等进行了更为细化和明确的规定，尤其是把《法律援助条例》这一行政法规上升为法律，其法律位

---

① 樊崇义：《我国法律援助立法与实践的哲理思维》，载《江西社会科学》2021年第6期。

阶更高、国家强制力更强，为社会矛盾纠纷解决和促进社会和谐提供了更强有力的保障。

法律援助制度是法治社会建设不可或缺的组成部分。习近平总书记指出，要让人民群众在每一项法律制度、每一个执法决定、每一宗司法案件中都能感受到公平正义，这是法治社会的基本要求。首先，在中国特色社会主义法律援助制度运行体系中，由律师、法律援助工作者、法律援助志愿者等多元法律援助主体组成的法律援助队伍，通过开展法律援助宣传教育，提供法律咨询、刑事辩护与代理，参与人民调解、信访调解等多种方式，提高全民法治意识，化解社会矛盾，保障社会秩序，维护社会安全，助推法治社会建设。其次，《法律援助法》为推进公共法律服务提供了标准化、规范化、精细化的目标，为法律援助机构和法律援助服务提供者提出更明确的行为指引和要求，极大加强了满足人民群众日益增长的高品质、多元化法律服务需求的保障。再次，公正司法是社会公平正义的最后一道防线。国家通过为刑事诉讼被告人提供刑事法律帮助和刑事辩护法律援助，保障被告人诉讼权利，彰显了国家司法关怀和对公正审判的价值追求。在刑事诉讼领域，法律援助是审判公正和被告人获得主体地位的重要保证。刑事审判中，审判公正与被告人主体地位的取得有赖于控辩双方平等地位的构建。法律援助律师的参与和有效帮助，使被告人突破自身能力与专业的限制，通过“平等武装”，实现“平等对抗”或者“平等合作”，进而实现司法公正。

中国特色社会主义法律援助制度助推中国特色社会主义社会治理体系构建。中国特色社会主义社会治理体系的构建主要包括党的领导，政府负责，社会协同、公众参与四部分。[①]《法律援助法》的制定与颁布体现党的领导，是党引领依法治国的又一有益探索，已如前述，此处不赘言。“政府负责”就是各级政府应当将社会治理列入工作日程，为社会治理做出科学化的人力、物力、

①　徐祥民：《习近平法治社会治理思想：理念、体系与保障》，载《郑州大学学报（哲学社会科学版）》2021 年第 1 期。

财力安排，提供有利于社会治理的制度、政策，努力提高社会治理水平。法律援助的均衡可持续发展，对政府增加经费保障、探索经费多元保障路径、提供高效供给方式等提出了更高的要求，也为各地政府提升社会治理能力与水平提供了新的契机。《法律援助法》对“社会协同、公众参与”的社会治理思路进行制度安排，包括调动企事业单位、社会组织和个人等社会力量，并通过税收优惠等途径鼓励社会以捐赠等方式为法律援助事业提供支持，同时，鼓励高等院校、科研机构组织从事法学教育、研究工作的人员和法学专业学生为有需要的当事人提供法律咨询、代拟法律文书等法律援助，为实现“政府治理”与“民间治理”良性互动奠定制度基础。

法律援助制度实现了“让无钱的人打得起官司”的愿景，这是国家治理体系与治理能力法治化的基本体现。有数据显示，“十三五”期间，“1+1”法律援助志愿者行动共向中西部地区 15 个省（区、市）400 多个县（区）派出法律援助志愿者 1200 余人次，志愿律师共办理法律援助案件 2.8 万余件，化解群体性矛盾纠纷 1.8 万多起。[①] 日益健全的司法救助体系，保证了人民群众在遇到法律问题或者权利受到侵害时获得及时有效的法律帮助。我国法律援助制度已从注重较为狭窄的刑事诉讼领域的法律援助，发展到更加宽泛的民事、行政诉讼案件和非诉讼领域的法律帮助；从优先保障刑事诉讼被追诉人的法律援助权利，发展到保障更为广泛的受援群体的民事权利，法律援助制度不断发展和完善的过程，也是公民权利保障日益充分的过程。同时，法律援助制度推进城乡基层治理，加快城乡一体化进程。近年来，我国农村法律援助机构数量、法律援助人员以及受援农民数量逐年增加；农村法律援助的申请条件逐步降低；法律援助窗口增加，且为受援农民提供更为多样的便民服务，[②] 在加强农村基层社会治理，维护农民权

---

① 张晨：《积极回应人民群众法治新需求新期盼——全国司法行政系统扎实推进法治为民》，载《法治日报》2021 年 11 月 9 日，第 1 版。

② 曲沛：《农村法律援助工作的现状、问题及对策》，载《农业经济》2021 年第 9 期。

益方面，法律援助制度显示出制度优势。可见，提升社会治理法治化水平是我国法律援助制度的重要功能，也是我国法律援助制度的又一特色。

（四）我国法律援助制度实现被追诉人权利保障和被害人权利保护二元价值的共同追求

长期以来，我国刑事诉讼程序表现出犯罪嫌疑人的权利保障越来越受重视，而被害人权利保护容易被忽视的倾向，控告难、知情难、维权难是众多刑事案件被害人的感受，以致有人戏言被害人逐渐成为“被刑事司法遗忘的人”。在公诉案件中，虽然我国被害人诉讼地位先后经历了诉讼参与人和当事人两个阶段，确定被害人在刑事诉讼程序中当事人的诉讼地位，这一转变顺应了国际上强化被害人保护的潮流，也有利于诉讼价值平衡，[①]然而，传统诉讼理念将国家和犯罪嫌疑人置于中心地位，认为揭露、追究犯罪是国家的任务，与被害人关系不大。受到这种观念影响，我国被害人虽然具有当事人的诉讼地位，但是长期以来被害人在诉讼过程中通常只被认为是刑事诉讼证据材料的来源，[②]在不同诉讼阶段中，被害人的程序参与权保护都存在一些问题。在立案阶段，立案标准的不合理导致“控告难”，被害人难以自行实现对不立案决定的救济。[③]在侦查阶段，被害人无权聘请律师担任诉讼代理人，自己亦无权查阅、摘抄、复制案卷。在审查起诉阶段，听取被害人意见的权利只是徒有虚名，并未起到实质作用。[④]对于法院的裁判结果，判决书不送达给被害人的情况并不少见，对于直接决定被害人利益的判决结果，法律也没有赋予其与被告人相同的上诉权。在强制医疗程序中，既有法律规范对被害人合法权益的保护

① 龙宗智：《论被害人作为公诉案件诉讼当事人制度评析》，载《法学》2001年第4期。

② 王敏远：《重构诉讼体制——以审判为中心的诉讼制度改革》，中国政法大学出版社2016年版，第249页。

③ 陈华、张军：《论我国刑事侦查程序中被害人参与权的保护》，载《山东警察学院学报》2017年第5期。

④ 赵文静：《被害人在公诉案件中的诉讼地位比较——以中国内地和澳门地区为主要研究对象》，载《人民检察》2014年第12期。

力度明显不够。《刑事诉讼法》并未赋予强制医疗案件中被害人针对犯罪行为所带来的物质损失提起附带民事诉讼的权利，致使被害人欲挽回物质损失时无法找到规范依据；未规定被害人对精神疾病鉴定意见的异议权；被害人对接触强制医疗决定程序也不具有参与权。在刑事和解程序中，虽然刑事和解制度初衷是凸显保护被害人的权利这一核心价值。但是，如何消除被害人受到犯罪人的压力或者来自办案部门的不当影响，以保证被害人在刑事和解启动方面起决定性作用；如何有效解决犯罪嫌疑人在和解协议达成后的故意拖延或者逃避协议履行等问题，都应予以考虑。在认罪认罚从宽程序中，公诉机关听取被害人意见具有严重形式化特点，如公诉机关多是通过电话的方式听取被害人意见，且是在电话告知被害人关于量刑从宽建议的同时听取被害人意见，缺乏法律专业知识的被害人很难立即提出有利于其权利保障的意见，[①]被害人有效参与程度低，如公诉机关在犯罪嫌疑人签署认罪认罚具结书后听取被害人意见，此时对被害人权利保障已没有任何实际意义。我国既有之刑事诉讼制度确实存在不同程度上的注重犯罪嫌疑人、被告人保护，而弱化被害人保护的倾向。

与《法律援助条例》关于被害人申请法律援助的规定相比，《法律援助法》在被害人权利保护方面具有三方面突出的进步性规定，体现出我国法律援助制度对被追诉人权利保障和被害人权利保护的二元价值共同追求。首先，《法律援助法》将有权申请法律援助的主体扩大至刑事附带民事诉讼案件的原告人及其法定代理人。“民事诉讼中的法律援助，其理念倾向于保障多数人法律上救济权利充分、平等地实现，是针对特定人或特定群体的私人利益的保护。”[②]刑事附带民事诉讼其本质是民事诉讼，因此，公诉机关的公诉职权仅局限于案件刑事部分，而就民事部分，原告与被告诉讼地位完全平等，为了避免刑事案件民事部分中“被告人

---

① 李建东《认罪认罚从宽制度下被害人权利保障的实现路径——以制度的功能定位为视角》，载《河南社会科学》2020 年第 12 期。

② 白春花：《法律援助制度的基本理念分析》，载《河南司法警官职业学院学报》2003 年第 2 期。

有权获得法律援助律师的帮助，而被害人却只能自己请律师”的不对称法律援助权利模式，[①] 有必要赋予刑事附带民事诉讼案件中原告人申请法律援助的权利，以帮助其就犯罪行为所造成的直接物质损失进行主张与获得补偿。其次，《法律援助法》将被害人有权申请法律援助的时间提前至侦查阶段。《法律援助法》第 29 条并未对被害人申请法律援助时间进行限制，被害人在侦查阶段有权申请法律援助对于保障被害人程序参与权具有重要意义。如被害人在专业律师的帮助下，对于侦查机关所做出的决定不予立案、决定撤销案件等行为进行监督，从而保证被害人能够对侦查机关的相关行为及时提出异议。再如侦查阶段作为刑事和解的关键阶段，专业律师的帮助在一定程度上防止被害人受到侦查机关意见、犯罪嫌疑人行为等外界因素的干扰，保证其在充分了解案情和案件走向基础上，对其所享有的程序性权利和实体性权利作出自由处分。虽然目前《刑事诉讼法》对公诉案件被害人委托诉讼代理人的时间并未作出修改，仍旧起始于案件移送审查起诉之日起，这在某种程度上会弱化被害人侦查阶段获得法律援助的效果，但是，《法律援助法》就被害人申请法律援助的时间提前至侦查阶段之规定，表现出了立法者对于公诉案件中被害人侦查阶段程序参与权的关注，体现了保护被害人诉讼权利的精神，具有重要价值。再次，《法律援助法》第 32 条取消了指定案件中被害人申请法律援助的经济困难条件。这些案件中的被害人或因国家侵权行为而寻求司法救济，或在婚姻关系、家庭关系中处于极度弱势的一方，或因为其权益受到损害而遭受巨大精神痛苦。如此规定，得以保证这些被害人（受害人）可以获得及时有效的法律帮助，真正实现“公民在法律面前一律平等”，充分体现了人文关怀，展现温情法援。被害人法律援助范围的扩大和保障性权利的增加，是我国被害人诉权保护理念不断深化的结果，意味着在通过律师辩护或代理增强当事人诉讼能力制度层面，被害人与被

---

① 孙道萃：《法律援助制度的基本理念分析——民事法律援助与刑事法律援助理论基础之比较》，载《江西社会科学》2021 年第 6 期。

追诉人的权利开始受到同等程度的重视，而不再仅偏重于犯罪嫌疑人、被告人保障的一元价值追求。可以预见，随着被害人权利保障理念的日益提升和刑事法律援助体系的不断完善，被害人获得法律援助的权利将会进一步得到强化，法律援助制度中对被追诉人权利保障和被害人权利保护的二元价值追求也会更加凸显。

（五）法律职业共同体建构模式在法律援助制度中首先得到实现

达马斯卡认为，在等级模式的司法官僚结构下，职业化的司法官以及长时期的任职，均不可避免地导致司法职业的专业化和程序化，而这些又导致司法官极易划定一个他们认为属于他们的领域的区域，并发展出内部之间自我认同的身份意识。逐渐地，内部人和外部人之间的区别变得明显化，作为裁判者的法官由于和控诉方都是代表国家参与刑事诉讼的国家机构，加上控诉方查明案件真相的能力较强这一客观事实，法官在审判中往往容易形成与控诉方自我认同的身份意识，将控诉方当作“内部人”，而将被告人及其辩护人视为“外部人”。[①]2001 年，全国人大常委会修订的《中华人民共和国法官法》和《中华人民共和国检察官法》，明确规定国家对初任法官、初任检察官和取得律师资格实行统一的司法考试制度，这被学界公认为是启动我国法律职业共同体建设的标志。[②] 虽然我国法律职业共同体构建至今已有二十余年，但法律职业共同体建构模式是在法律援助制度中首先得到体现的。没有法律职业共同体，就没有成熟的法治，法治与法律职业共同体是共同生成的关系，[③] 法律职业共同体是否健全是衡量一个国家法治水平的重要标准，所以自 2013 年以来，法律职业共同体队伍

---

① Mirjan Damaska，*Faces of Justice and State Authority*，New Haven and London：Yale University，1986，pp.18–28.

② 谭世贵、曾字兴：《我国法律职业共同体建设的实践、问题与对策》，载《海南大学学报（人文社会科学版）》2020 年第 5 期。

③ 徐显明：《构建法律职业共同体》，载《人民日报》2014 年 9 月 23 日，第 5 版。

建设被列为新时代法治国家建设的重中之重。[①]2014年，党的十八届四中全会通过的《中共中央关于全面推进依法治国若干重大问题的决定》对法律职业共同体的范围、交流与发展提出了新的要求，这为我国法律职业共同体的建设指明了方向。笔者曾经提出“法治车轮说”，指出公、检、法、律是推进社会法治进程不可或缺的“四个车轮”[②]，从而描述了法律职业共同体理性构建的应然状态。以此为标准检视我国司法实践，不难发现，我国法律职业共同体还处于建构的起步阶段，这主要表现在法律职业共同体成员间的职业认同感低，和刑事诉讼过程中公、检、法三方对辩护律师权利限制这两个方面。在职业认同感方面，法律职业共同体成员之间的认同感不强，这在公、检、法与律师之间表现得尤为明显。《中华人民共和国律师法》将律师定位于为社会提供法律服务的工作者，相应地，律师更容易被公、检、法三机关视为外部人，因此在律师的执业活动中，公、检、法人员中认为“律师是来找茬”的不在少数。在律师执业权利保障方面，律师职业环境日益向好，但是控辩失衡仍旧贯穿于刑事诉讼的始终，与控方强大权力形成鲜明对比的是会见权、阅卷权、调查取证权、发表意见权等律师基本权利备受限制，如果律师的执业权利无法得到保障，则法律职业共同体构建无从谈起。近年来，律师与公、检、法三机关冲突不断，“死磕”现象和“闹庭”现象频发，如“黎庆洪案”“龚刚模案”等就反映出我国法律职业共同体面临割裂危机。[③]造成这种局面的原因很多，但直接原因是公、检、法人员收入偏低，而律师收入较高，司法官与律师收入差距很大。[④]以2011年北京司法工作人员和律师收入为例，2011年北京市法官、检察官人均年收入

---

① 肖海军、傅利：《法律职业共同体构建视域下的中国法学教育转型》，载《湘潭大学学报（哲学社会科学版）》2019年第2期。

② 冀祥德：《公、检、法、律四轮缺一不可》，载《中国律师》2007年第9期。

③ 何挺、杨林：《法庭秩序视域下的法律职业共同体：基于法官与律师认知差异的考察》，载《国家检察官学院学报》2020年第5期。

④ 谭世贵、王建林：《法律职业互动：现状、困境与出路——以法官、检察官、律师为样本的分析》，载《杭州师范大学学报（社会科学版）》2013年第2期。

为66038元，而律师中的优秀者年收入基本在100万元以上。[①]巨大的收入差距，严重阻碍着律师和司法官员之间形成职业认同，难以构建良性关系。如有律师通过调研发现，“法官最讨厌的律师缺点”占比重最高的选项是“挑词架讼、重利忘义”，七成法官都认为律师收入过高，其收入与付出不相适应，在此基础上，五成法官选择了不可能或者不希望与律师成为“一家人（法律职业共同体）”关系，四成法官认为即使与律师成为“一家人”也是很遥远的事。[②]在法律援助案件中，律师的主要收入来自国家提供的办案经费补贴，虽然我国法律援助国家经费拨款不断增多，但是法律援助补贴数额尚未达到律师收费政府指导价下限，更难以与委托律师费相提并论，[③]过低的补贴标准导致部分律师办理法律援助案件“入不敷出”。[④]由此可见，在法律援助机制中，“律师与司法官收入差距大”这一制约法律职业共同体构建的直接因素，以及“重利忘义”这一影响司法官对律师职业认同的感受因素，都因为律师较低的办案补贴而得到消解。相反，律师在法律援助制度中被看作是为经济困难公民和符合法定条件的其他当事人提供法律帮助的主体，与公、检、法人员一样，都是为了保障公民和有关当事人的合法权益，维护社会公平正义，彰显着扶弱济贫的情怀，法律职业共同体之间的职业认同感也因此得以确立和提升，呼吁多年的法律职业共同体率先在法律援助制度中构建起来，成为我国法律援助制度的又一特色。

二、中国特色法律援助制度的未来发展

制度的产生发展有两种模式：一是理性的，预设的，未来的；

---

① 谭世贵、王建林：《法律职业互动：现状、困境与出路——以法官、检察官、律师为样本的分析》，载《杭州师范大学学报（社会科学版）》2013年第2期。

② 栾少湖、王中：《关于“法官眼中的律师”与“律师眼中的法官”的调研报告》，载《中国司法》2006年第12期。

③ 2018年《北京市司法局、北京市财政局关于修订〈北京市法律援助补贴办法〉的通知》第5条规定，刑事案件按照办案阶段分别确定补贴标准：侦查阶段，每件补贴1850元；审查起诉阶段，每件补贴1850元；审判阶段，每件补贴3250元，有可能被判处死刑、无期徒刑案件及死刑复核案件每件补贴3850元。

④ 顾永忠、杨剑炜：《我国刑事法律援助的实施现状与对策建议——基于2013年〈刑事诉讼法〉施行以来的考察与思考》，载《法学杂志》2015年第4期。

二是经验的，进化的，传统的。[①] 对于在中国完善刑事法律援助这样一个已有四十余年发展的制度而言，应该走上述两种模式结合之路：既要回顾过去，总结我国已有实践的经验；又要立足当下，展望未来，进行详细论证和周密设计，完善立法。《法律援助法》的颁行使得我国法律援助制度日臻完善，形成了中国特色，但是，这一中国特色的形成还是初步的，中国特色法律援助制度的未来尚需围绕以下几个方面进一步发展。

（一）继续扩大刑事法律援助的覆盖范围

从依法治国对人权保障制度构建的需要出发检视我国现行法上的刑事法律援助制度，可以看到其明显存在法律援助范围不足的问题，亟需推行刑事辩护法律援助全覆盖。就被害人权利保护而言，我国虽然已经初步构建起犯罪嫌疑人、被告人权利保障和被害人刑事法律援助权利保护的二元结构，但是，这种二元结构尚不均衡，反映在受援主体上，突出表现为被害人尚未获得指定刑事法律援助的权利，被害人法律援助范围有待进一步扩大。

其一，解决简易程序中的被告人在审判阶段无法获得刑事辩护法律援助问题。将重罪案件纳入法律援助辩护已成为国际发展趋势[②]，域外刑事辩护法律援助制度普遍规定被告人最低刑期达到法定年限，国家有义务提供强制辩护，如大多数中东欧国家有如果被告人最低可能判处五年或者五年以上监禁，就必须适用强制辩护的规定；德国法律援助制度规定最低刑一年或者一年以上自由刑的重罪案件必须有辩护人参与诉讼为其提供法律帮助[③]；日本法律援助制度规定最高刑期超过三年的惩役或监禁的案件，如果没有辩护人到场，不得开庭，在没有辩护人或辩护人不到场的场

① 冀祥德：《构建中国的控辩协商制度》，载《法律适用》2007 年第 8 期。

② 陈光中、褚晓因：《刑事辩护法律援助制度再探讨——以〈中华人民共和国法律援助法（草案）〉为背景》，载《中国政法大学学报》2021 年第 4 期。

③ 《世界各国刑事诉讼法》编辑委员会主编：《世界各国刑事诉讼法·欧洲卷》（上），中国检察出版社 2016 年版，第 282 页。

合，审判长应当依职权选任辩护人。[①] 我国刑事简易程序适用于基层法院审判的被告人可能判处有期徒刑以下刑罚的案件，其中包括可能判处三年以上刑罚的重罪案件。[②] 这就是说，部分适用简易程序的案件，并不是案情简单的案件。简易程序仅适用于控辩双方仅就证据、案件事实认定、犯罪指控达成合意的案件，但是，刑种、刑期、行刑方式等量刑问题以及附带民事诉讼赔偿等，控辩双方并未达成合意，故法律援助辩护律师出庭提供罪轻辩护意见也至关重要，这恰是仅依靠值班律师刑事法律帮助无法实现的。因此，有必要修改《法律援助法》第25条，增加“其他适用普通程序、简易程序审理的刑事案件，被告人没有委托辩护人的，人民法院应当通知法律援助机构指派律师担任辩护人”的规定。

其二，解决适用普通程序审理的案件审前阶段刑事辩护法律援助缺失问题。长期以来，在我国的刑事辩护实践中，始终存在一种“唯庭审主义”的辩护模式，辩护律师多以为发挥作用的舞台就是法院的庭审活动，忽视庭外尤其是庭审前的辩护活动。[③] 然而，事实上，审前阶段有较大的辩护空间，譬如，辩护律师在侦查、审查起诉阶段，特别是检察机关审查批捕环节提出不羁押意见；通过各种方式与检警机关积极沟通、协商，促使检警机关作出不起诉、撤销案件、变更为较轻罪名、排除非法证据等有利于被追诉人的处理决定；协调加害方在法律框架内与被害人达成谅解协议，获得从轻处罚情节；在认罪认罚从宽案件中与检察机关进行量刑协商等。这些审前程序中的辩护活动，对于尽早维护被追诉人诉讼权利，及时纠正办案机关错误意义重大。普通程序适用于事实不清、证据不足，被告人的行为不构成犯罪或者不应当追究刑事责任，被告人违背意愿认罪认罚，被告人否认指控的犯罪事实这几类情形的案件。这些案件要么在实体内容上存在复杂

① 《世界各国刑事诉讼法》编辑委员会主编：《世界各国刑事诉讼法·亚洲卷》，中国检察出版社2016年版，第343页。

② 从刑法理论的角度看，一般是将法定最低刑为三年以上有期徒刑的犯罪视为重罪，将其他犯罪视为轻罪。参见张明楷：《刑法学》，法律出版社2011年版，第94页。

③ 李奋飞：《论“唯庭审主义”之辩护模式》，载《中国法学》2019年第1期。

性，要么在适用程序上存有特殊性，辩护律师更有必要在审前程序就及时介入，最大程度地维护被追诉人的合法权益。目前，我国仅做到了普通程序审判阶段的普遍辩护，应当通过法律援助制度的向前延展，解决适用普通程序审理案件的审前阶段还没有实现刑事辩护全覆盖问题。

其三，解决死刑复核案件被告人指定辩护权利缺位问题。《法律援助法》第 25 条规定死刑复核案件的被告人属于指定辩护范围，但有“申请法律援助的死刑复核案件被告人”的限制性规定，这就意味着死刑复核案件被告人所获得的法律援助并非强制的、无条件的辩护，而是依申请的、有限的辩护。如此规定带来了该条款在法理层面的逻辑不自洽：死刑涉及对被告人生命权的剥夺，这一性质决定着国家通过刑事诉讼程序控制死刑是贯彻“少杀、慎杀”刑事政策，加强司法人权保障的基本要求。按照《法律援助法》第 25 条的规定，其他六类犯罪嫌疑人尚有权获得指定辩护，死刑复核案件中的被告人却无权获得指定辩护，只能通过委托辩护人或者申请法律援助的方式寻求法律救济，这不能不说是《法律援助法》制定的一大遗憾。其实，《法律援助法》这种对死刑复核程序和一审、二审，程序分别进行不同的法律援助辩护规定的做法，与长期以来我国对死刑复核程序性质究竟是审判程序还是行政审批程序的定位不明有很大关系。传统观点认为，死刑复核程序是行政审批程序，所以这个阶段相对封闭，不开庭，无须贯彻直接言词原则，既然如此，当然无须像正式审判程序那样提供必要的法律援助辩护。[①] 现在，越来越多的观点将死刑复核程序定位为特殊的审判程序，并呼吁改革死刑复核程序，先实行听证程序，后逐步过渡到开庭审理模式。随着死刑复核程序是审判程序这一定性的日渐明确，以及死刑复核程序中控辩平等构建日益充分，将死刑复核案件被告人纳入指定辩护范围是我国法律援助制度发展的方向。

---

① 董坤：《法援背景下死刑复核案件中依申请获得法律援助辩护的机制构建》，载 http：//new.qq.com/rain/a/20210927A08JIA00，最后访问时间：2022 年 3 月 9 日。

其四，解决《法律援助法》缺乏经济困难标准认定要素问题。《法律援助法》规定，经济困难的标准，由省、自治区、直辖市人民政府根据本行政区域经济发展的状况和法律援助工作的需要确定，并实行动态调整。这一规定考虑到了我国地区经济发展差异较大的现实，且为地区经济发展预留了一定空间，这是立法科学性的体现，但是，该规定缺乏经济困难标准的评判要素，导致各地在认定经济困难的问题上，存在较大标准差异，法律援助的普惠性与公平性难以实现。以北京和上海为例，北京市法律援助经济困难标准按照本市最低工资标准执行，上海市法律援助经济困难标准则按照本市低收入困难家庭经济状况标准执行。鉴于此，应尽快明确各地认定经济困难应参考的具体因素，以防止出现实践中各地认定经济困难标准考察因素不统一的问题。并且，经济困难的审查标准不应仅仅局限于最低生活保障标准、企业最低工资标准、低收入困难及家庭经济状况等，因为这些制度标准的出发点和根本点不同于法律援助制度。经济困难标准认定因素的核心应是“法律服务购买能力”，故“可动用资产”“可计算收入”等因素都应成为考察“法律服务购买能力”的重要内容。

其五，解决特定类型被害人未获得指定法律援助权利问题。根据《法律援助法》第29条，我国被害人只享有申请法律援助的权利，而不享有指定刑事法律援助的权利，所以，宜考虑在立法层面规定以下两种类型的被害人及其法定代理人，或者近亲属没有委托诉讼代理人的，人民法院、人民检察院、公安机关应通知法律援助机构指派诉讼代理人：一是八类严重暴力犯罪案件中的被害人；二是被害人属于未成年人，视力、听力、言语残疾人，不能完全辨认自己行为的成年人，75周岁以上的老人。其理由如下。首先，从司法经验来看，被害人越是由于个人健康、隐私等原因不能有效参与刑事诉讼，其委托诉讼代理人的诉求就越紧迫，其从刑事诉讼和刑事附带民事诉讼中获得安慰和补偿的愿望就会越强烈。前述两类特定类型的被害人，或是因为严重暴力犯罪而使得自己的生命权、健康权、隐私权等受到严重侵害，或是由于先天、后天、年龄等原因健康或认知方面存在弱势。因此，在这些案件中，刑事代理将为实现个案公平正义承担更重要的角色，发挥更重要的作用，刑事法律援助的“应援尽援”宗旨体现得也更为彻底。其次，从被害人权益保障来看，检察机关的职责是维护国家利益和社会公共利益，这一职责定位决定着公诉案件中公诉人的需求与被害人的利益并不完全相同，被害人需要在律师的帮助下全面、合法、有效参与刑事诉讼，主张合法权益，充分表达需求。特别是这两类特定类型的被害人，因为身体、心理、年龄等原因很难自行主动行使委托刑事代理人的权利和申请法律援助的权利，若其法定代理人、近亲属基于某种原因未能申请刑事法律援助，根据现行法，则被害人没有救济自身权利的有效途径。再次，从实现可能性来看，我国 2020 年刑事案件一审判决书共 10037 份，八类严重暴力犯罪案件共 1447 件，占比 14.4%，[①] 而截至 2020 年底，我国执业律师已达 52.2 万余人，单从数量上来看，实现对特定类型被害人的指定法律援助不存在律师数量不足问题。

（二）完善刑事法律援助质量控制机制

法律援助制度的生命重在质量。自我国构建法律援助制度之始，质量控制问题一直是理论界研究的重点，也是法律援助制度构建的难点。《法律援助法》第五章“保障和监督”、第六章“法律责任”的规定，反映出立法者高度重视质量控制、着力提高法律援助质量的意旨，标志着我国已经基本建立了刑事法律援助的质量控制机制，[②] 但是，律师辩护权保障不足、激励机制不足、案件质量评估机制作用有限等问题仍是制约我国刑事法律援助制度质量提升的关键因素，尚需研究对策。

其一，完善律师辩护权利，增强律师职业保障。笔者曾经对

① 数据来源：裁判文书网，http：//wenshu.court.gov.cn/，最后访问时间：2022 年 3 月 9 日。

② 潘金贵：《刑事法律援助制度的新发展——〈法律援助法〉关于刑事法律援助的亮点评析》，载《中国司法》2021 年第 10 期。

我国刑事辩护低效的原因进行概括，提出“律师在侦查阶段会见权的‘司法阻碍’、律师调查举证权之行使严重受限且布满‘陷阱’、立法上没有规定律师之讯问在场权、辩护律师之执业权利没有有效保障”是导致我国刑事辩护低效的原因。[①] 刑事辩护法律援助系刑事辩护制度的一部分，如果国家整体上对辩护律师权利保障不足，就会影响刑事法律援助质量。增加辩护律师的讯问在场权，扩大辩护律师的调查取证权，加强辩护律师执业权利保障，是解决我国辩护质量难题的关键，也是完善刑事法律援助质量控制机制的重要内容。

其二，探索多元经费综合保障路径，解决激励不足难题。有学者调研发现，法律援助律师实际获得办案补贴从 400 元到 1000 元不等，仅是律师市场化收费标准的 20% 至 30%。[②] 补贴过低、动力不足导致律师逐利性与法律援助公益性之间产生剧烈冲突，成为法律援助质量不高的一大制度性因素。因此，未来应逐步探索多元、综合经费保障路径，一方面，拓宽经费来源形式，逐步探索和完善中国法律援助基金会的运作模式或发行法律援助公益彩票方式，吸纳更多社会款项，并尝试将法律保险纳入社会保障体系，增加法律援助收入；另一方面，制定经费管理与使用细则，增强对经费的监督管理。据了解，目前除了广西、浙江少数地区有较为明确的经费使用细则外，多数地区并未规定经费使用细则，监管的不力导致相对无序的状态，造成了部分法律援助经费的流失。[③]

其三，明确质量目标度量，健全案件质量评估机制。当下，评估法律援助案件工作好坏通常依靠对法律援助案件的数量和质量指标进行考核，但是，针对质量指标，我国尚未制定出一套较为完善和明确的评估机制，这将会进一步诱发法律援助律师的机

---

① 冀祥德：《控辩平等论》（第二版），法律出版社 2018 年版，第 241 页。

② 黄东东：《法律援助案件质量：问题、制约及其应对——以 C 市的调研为基础》，载《法商研究》2015 年第 4 期。

③ 郑自文、左秀美：《强化政府财政拨款责任构建法援经费保障机制》，载《中国司法》2004 年第 2 期。

会主义倾向。有学者立足于人本主义原则、系统性原则、差异性原则，以评估主体、评估指标、评估方法为内容对法律援助案件质量评估体系进行了较为完善的建构，① 具有一定理论意义和实践价值。

（三）构建法律援助与委托辩护冲突解决机制

法律援助与委托辩护冲突是指公安司法机关为犯罪嫌疑人、被告人提供法律援助指定辩护人后，犯罪嫌疑人、被告人近亲属又另行为其委托辩护人的情况。《法律援助法》第 27 条确立了法律援助不得损害委托辩护权的原则，彰显了立法者对于解决二者冲突的基本态度，是此次立法关于法律援助与委托辩护冲突解决机制的一大亮点。然而，仅凭该原则的确立，并不能有效阻止公安司法机关仍然以有指派法律援助律师为由，拒绝委托律师参与辩护，原因如下。首先，从法条规定来看，《刑事诉讼法》第 34 条关于辩护权的规定、第 35 条关于申请法律援助的规定，《法律援助法》第 24 条关于申请法律援助的规定，均将犯罪嫌疑人、被告人、其监护人、近亲属等有权委托辩护律师或者申请法律援助的主体进行分别表述，唯独《法律援助法》第 27 条关于法律援助与委托辩护冲突解决的条款仅规定了犯罪嫌疑人、被告人委托辩护这一种情况，而未对犯罪嫌疑人、被告人的监护人、近亲属委托辩护律师的情况加以明确。针对这一情况，虽然在理解和执行《法律援助法》第 27 条的规定时，应使“受援人自行委托律师”包含“受援人的监护人、近亲属自行委托律师”，这也符合《刑事诉讼法》立法本意，② 然而，学理解释所具有的传播观念、引导方向的作用并不能解决立法不明确所带来的解释偏差，执行主体不同，对该法条就会做出不同的解读，以有利于自己的执法行为和司法行为，当发生被羁押的犯罪嫌疑人、被告人的监护人、近亲

① 刘仁琦：《我国刑事法律援助案件质量评估体系研究》，载《中国刑事法杂志》2020 年第 3 期。

② 潘金贵：《法律援助制度的新发展——〈法律援助法〉关于刑事法律援助的亮点评析》，载《中国司法》2021 年第 10 期。

属为其委托辩护人和法律援助机构为其指派辩护人冲突时，办案机关仍旧可依据《法律援助法》第 27 条的规定，拒绝委托律师参与辩护。其次，从法律效力位阶角度来看,《刑事诉讼法》和《法律援助法》两者均为法律，效力位阶等同。根据《中华人民共和国立法法》(以下简称《立法法》) 第 92 条，就同一事项，特别规定与一般规定不一致的，适用特别规定。就法律援助问题而言，《刑事诉讼法》是一般法,《法律援助法》为特别法，故应优先适用《法律援助法》，由此，根据《法律援助法》第 27 条的规定，处于羁押状态的犯罪嫌疑人、被告人的监护人、近亲属为其委托辩护人与法律援助机构为其指定的辩护人发生冲突时，办案机关拒绝委托辩护律师参与辩护符合《立法法》的规定。最后，从实践效果来看，之所以出现法律援助辩护和委托辩护冲突的矛盾，就是因为办案机关有通过对辩护律师人选的限制来控制案件办理的意图。应该明确，委托辩护权是犯罪嫌疑人、被告人的基本诉讼权利。法律援助制度起源于刑事辩护制度，具有补充性和公益性特点，与委托辩护制度并行不悖，当委托辩护存在时，法律援助律师当然退出，而选择尊重被追诉方意愿。基于此,《法律援助法》应明确回应法律援助辩护和委托辩护冲突的解决机制，在目前所确立的法律援助不得损害委托辩护权原则的基础之上，增加委托辩护优先于法律援助辩护的明确规定，或者将《法律援助法》第 27 条修改为“人民法院、人民检察院、公安机关通知法律援助机构指派律师担任辩护人时，不得限制或者损害犯罪嫌疑人、被告人、其监护人、其近亲属委托辩护人的权利”。

(四) 重构值班律师制度

我国的值班律师制度是为了完善刑事法律援助制度而建立的，通过发挥其及时性、应急性的法律帮助功能，在一定程度上解决了传统法律援助律师在提供辩护服务时存在一定滞后性的难题[①]，

① 吴羽:《论刑事法律援助全覆盖》，载《中南民族大学学报 (人文社会科学版)》2021 年第 8 期。

对于加强侦查阶段、审查起诉阶段刑事法律援助服务发挥着重要作用，进而有助于刑事法律援助全覆盖目标之实现。然而，我国值班律师制度的建立主要存在“三重悖离”，即值班律师享有权利保障者之名和作为权力合法性见证人之实的悖离，提供法律帮助这一“大作用”和不享有会见权、调查取证权而仅具有有限的阅卷权这一“少权利”的悖离，提供法律帮助这一重要职责与少收益、高风险之间的悖离。[①]这一困境决定着值班律师提供的刑事帮助法律援助难以对保障犯罪嫌疑人、被告人辩护权产生实质作用，因此，发展刑事法律援助制度，亟需重构值班律师制度。

其一，重构值班律师的角色定位。需要明确，值班律师是刑事法律援助律师，是刑事辩护律师，应是被追诉人权利的维护与保障者，而非公安司法机关的权力配合者。《法律援助值班律师工作办法》第 1 条规定了值班律师制度的设立宗旨，即保障犯罪嫌疑人、被告人依法享有的诉讼权利，加强人权司法保障。由此，值班律师扮演着权利保护者与权力制约者的角色。古语云：“名不正则言不顺，言不顺则事不成。”在未来法律援助制度发展中，要根除公安司法机关“值班律师不需要对案件进行实质性参与，只需要在一些比较重大的场合证明办案机关办案程序的合法性”[②]的观念，以防止值班律师制度的权利维护和权力制约功能异化为公安司法机关的“站台效应”。

其二，赋予值班律师必要的权利。明确值班律师是辩护人，就要赋予其必要的权利，保障其提供辩护的有效性。笔者曾提出，要实现有效辩护，赋予值班律师的权利应当至少包括但不限于四种权利。一是自由的会见权。辩护律师凭借“三证”可以自由选择时间与被追诉人会见，且会见期间不被监听。二是完全的阅卷权。所有的卷宗材料都应该交给辩护律师查阅，不能有任何保留。三是充分的调查取证权。一方面，辩护律师在调查取证过程中，

---

① 汪海燕：《三重悖离：认罪认罚从宽程序中值班律师制度的困境》，载《法学杂志》2019 年第 12 期。

② 姚莉：《认罪认罚程序中值班律师的角色与功能》，载《法商研究》2017 年第 6 期。

要给予其最大的豁免权；另一方面，辩护律师无法实现调查取证权的，法院应当赋予其调查令。四是任意地发表意见权。辩护律师可以依法以多种形式任意发表其辩护意见。同时，重构值班律师制度，公安司法机关还要及时履行告知和通知义务，并为值班律师履行职责提供必要便利，以确保值班律师能为犯罪嫌疑人、被告人提供法律咨询和程序选择建议、申请变更强制措施、提出案件处理意见等。

其三，适当提高值班律师办案补贴，实行值班律师考核制度。逐步实现政府购买法律服务模式，探索多元经费保障路径，化解法律援助值班律师责任重、任务多与收益少之间的矛盾。对此，本文已有述及，此处不再详述。还要在总结经验教训的基础上，建立值班律师考核制度，实现奖勤罚懒，直至追究值班律师不当履职责任。

其四，在值班律师制度基础上设立法律援助综合机构。我国虽然建立了看守所法律援助工作站，但是该工作站实质是值班律师的临时工作场所，应当在此基础上，成立由公安司法机关和律师协会、社会组织联合组成的法律援助综合机构，探索在刑事法律援助制度中形成法律职业共同体援助合力。对此，可以借鉴法国的“司法之家”或者“援助办公室”的做法。法国的“司法之家”是由法院、律师公会等共同建设的合作性质的救助组织；援助办公室由社会组织与司法部共同成立，每一个办公室由法院院长、驻大审法院的共和国检察官等组织管理，律师、警察或宪兵等人员参与管理。[①] 构建由法律职业共同体成员参与的法律援助综合机构，一方面能满足受援对象在不同诉讼阶段的援助需求，另一方面能方便法律职业共同体成员彼此之间的沟通和合作，容易形成救助合力。

（五）设置法律援助程序性法律后果

在笔者看来，我国法律援助制度之所以运行效果欠佳，有一

① 赵航：《法国刑事被害人法律援助制度及其启示》，载《人民检察》2016 年第 19 期。

个重要原因就是一直缺乏程序性违法后果保障。作为一项完整而独立的法律制度，法律援助法应有其相应的、具有独立意义的法律责任和后果。[①]程序性法律后果是指对职权机关实施的违反刑事诉讼程序法律规范的行为从程序法的意义上予以否定并因此导致的相应刑事程序法后果，[②]它将程序性违法行为与程序的重新进行、程序效果的全部（部分）否定直接联系起来。程序性法律后果是法定程序被严格遵守的规则保障，譬如非法证据排除规则的应用就在很大程度上保证了证据获取过程的合法性。在法律援助制度中，作为程序性法律后果的设置，可以使刑事法律援助制度成为具有完整意义的法律规范。程序性法律后果的存在使法律援助制度的各项规定具有独立的不可违反的性质，使法律援助制度所需要体现并应予维护的价值目标能够得以实现《刑事诉讼法》第238条关于第一审人民法院剥夺或者限制当事人的法定诉讼权利，可能影响公正审判的，应将案件发回重审的规定可以看作是通过程序性法律后果承担保障被告人获得刑事辩护法律援助权利的规定。但是，这一规定过于原则，既缺乏具体的程序性违法行为界定，又没有设置分层次的法律后果承担方式，需要细化。同时，该程序性法律后果规定仅限于审判程序中，也需要向侦查程序和审查起诉程序延伸。并且，通观《法律援助法》以及相关司法解释，没有一个条款对违反法律援助程序的法律后果进行规定。笔者提出在我国法律援助制度中设置违反法律援助程序的法律后果的总体考虑是：在《法律援助法》中设置违反法律援助程序的法律后果的具体行为及其结果规定，对于违反法律援助程序的行为，在诉讼程序上应予否定，或者不予认可，或者予以撤销，或者应予补充、修正。限于本文篇幅，笔者对此将另外撰文论述。

---

① 王敏远：《刑事司法理论与实践检讨》，中国政法大学出版社 1999 年版，第 49 页。

② 王敏远：《刑事程序性法律后果新论》，载《法商研究》2021 年第 3 期。

三、结语

坚持从我国国情出发，走符合中国国情的正确道路，是中国共产党百年奋斗的宝贵历史经验。党的十九大做出中国特色社会主义进入新时代的重大政治论断，这是我国发展新的历史方位。随着中国特色社会主义进入新时代，我国社会主要矛盾已经转化为人民日益增长的美好生活需要和不平衡不充分的发展之间的矛盾，这就意味着人民对美好生活的需要日益广泛，不仅对物质文化生活提出了更高要求，而且在民主、法治、公平、正义等方面的要求日益增长。同时，我国发展不平衡不充分的问题，已经成为满足人民日益增长的美好生活需要的主要制约因素。我国社会主要矛盾的变化为新时期全面推进依法治国提出了新的目标，那就是人民群众对公平正义的价值追求，而公平正义观正是习近平法治思想的核心组成部分，习近平法治思想之公平正义观鲜明指出了中国共产党领导建设的中国特色社会主义法治国家是一个让人民群众都能感受到公平正义的国家。① 习近平总书记在中共中央政治局第四次集体学习时强调，所有司法机关都要紧紧围绕这个目标来改进工作，要坚持司法为民，切实解决好老百姓打官司难问题，特别是要加大对困难群众维护合法权益的法律援助。② 法律援助立法作为我国推进覆盖城乡居民的公共法律服务体系建设的重要内容，是社会公平正义的重要保障，是利国利民的重大法治工程，其所设立的“应援尽援、能援多援”的宗旨，正努力打通服务群众法律需求的“最后一公里”，从而满足人民群众日益增长的法律服务需求；其所彰显的“不仅让‘有理的人打得起官司’，而且让‘无钱的人打得起官司’”的价值追求，③ 着力解决我国法治发展不平衡、不充分的难题，致力于实现使每个人都有机会过

---

① 冀祥德：《让人民群众感受到公平正义》，载《人民法院报》2021 年 12 月 30 日，第 5 版。

② 中共中央文献研究室编：《习近平关于全面依法治国论述摘编》，中央文献出版社 2015 年版，第 68 页。

③ 刘伟：《找准着力点 增强主动性 充分发挥司法行政工作在维护公平正义促进社会和谐中的积极作用》，载《中国司法》2009 年第 8 期。

一种合乎人的尊严的生活的法治理想。

“一个国家在刑事司法领域的人权保障水平是这个国家人权保障水平的重要标志，也是这个国家人权保障的底线。”[①]人权司法保障与新时代法治中国建设发展方向高度契合。习近平总书记强调：“如果人民群众通过司法程序不能保证自己的合法权利，那司法就没有公信力，人民群众也不会相信司法。”[②]因而，如何贯彻落实刑事司法中人权保障要求，是维护司法公正，凸显为民初心的体现。[③]实现人权的刑事司法保障，就要科学合理地重塑诉权与司法权间的合作机制。[④]刑事辩护是对司法权的一种制约，也是强化犯罪嫌疑人、被告人诉权表达途径的有效方式，切实保障并不断扩大辩护权就是人权保障在制度层面和具体刑事司法活动中最直接的体现。《法律援助法》遵循刑事辩护“量”的推广与“质”的提升二元立法思路，从制度上确保刑事辩护的可持续、高质量、稳定均衡发展，进而推动中国特色人权刑事司法保障体系建设，彰显我国人权保障制度中以人民为中心的鲜明底色。

未来，随着法律援助制度立法的不断完善，法律援助司法实践的不断探索，笔者相信，这项以“弱有所扶，困有所帮，难有所助，应帮尽帮”为理念和目标的“法治工程”“阳光工程”，一定会帮助法治的阳光普照中国大地的每一个角落，新时代中国法治发展蓝图必将因中国特色法律援助制度的日臻完善而更加完美。

---

① 孙谦：《平和：司法理念与境界》，中国检察出版社2010年版，第230页。

② 中共中央文献研究室编：《习近平关于全面依法治国论述摘编》，中央文献出版社2015年版，第67页。

③ 杨宇冠、李涵笑：《论中国特色人权刑事司法保障的逻辑进路》，载《中共中央党校（国家行政学院）学报》2021年第5期。

④ 杨宇冠、李涵笑：《论中国特色人权刑事司法保障的逻辑进路》，载《中共中央党校（国家行政学院）学报》2021年第5期。

法律服务与律师见证

法律服务所与有偿代理①

一、对基层法律服务所的历史回顾与分析

20 世纪 80 年代初，全国人大常委会制定并颁布了《律师暂行条例》，我国的律师制度开始逐步恢复和建立。由于“文革”中我国的法治建设遭到全面破坏，律师制度已荡然无存，律师队伍也极度萎缩，因而处于恢复状态的律师队伍规模极为有限，不足以为全社会提供充足的法律服务，以适应正在兴起的改革开放和发展社会主义民主与健全社会主义法制之需要，特别是在广大的乡村、城市街道等基层，专业的法律人员更是奇缺，法律服务难以有效地开展，在这种大背景下，各地方政府及司法行政机关积极寻求解决之路，于是法律服务所——这种基层法律服务组织便应运而生。为支持和规范基层法律服务组织的发展，司法部于 1987 年 5 月 30 日发布了《关于乡镇法律服务所的暂行规定》，对法律服务所的设立、业务范围、组织与管理都作出了统一的规定，1991 年司法部又发布《乡镇法律服务业务工作细则》，对法律服务所的业务范围进行了全面、细致的规范，将法律工作者的业务范围扩展到除刑事辩护以外的所有法律服务区域。由于法律服务所面向

---

① 本部分原载《中国律师》2000 年第 9 期，作者王春光、冀祥德、赵元英。

乡镇、城市街道等社会基层，具有广阔的社会发展空间，其组织与设立均系地方政府行为，且人员素质要求不是很高（具有相当于高中以上文化程度和一定的法律知识、政策水平），因而在近二十年的时间里，法律服务所及其法律工作者无论数量上还是质量上都获得了极大发展，在我国的法律服务市场中已占有重要的一席之地，法律工作者成为继律师、公证员之后的一支重要的社会法律服务力量，为社会基层提供了大量方便、快捷、较高质量的法律服务，在维护社会稳定、促进经济发展中发挥了积极作用。

但是同时我们也注意到，随着我国社会经济、民主政治的飞速发展，法律服务所的局限性及其与社会发展之间的矛盾冲突也日趋明显，主要表现在：

1．法律服务所是计划经济体制下的产物。司法部 1987 年《关于乡镇法律服务所的暂行规定》第 1 条规定："乡镇法律服务所的建立，由乡、镇人民政府根据本地区经济和社会发展的需要决定，并经县（市、区）司法局批准。"第 2 条规定："乡镇法律服务所受乡、镇人民政府领导和县（市、区）司法局指导，由司法助理员（司法办公室）管理。"另外，第 5 条规定，乡镇法律服务所的主任可以由司法助理员兼任；第 9 条规定，乡镇法律服务所实行"有偿服务、适当收费"的原则，其经费可以实行全额管理，差额由乡、镇人民政府补助，或由人民政府统收统支，有条件的地方也可自收自支。从以上规定可以看出，法律服务所在体制上带有浓厚的行政色彩，与地方国家机关紧密相连，这一方面限制了法律服务所自身的发展，另一方面也将权力因素带进了以自由、平等竞争为宗旨的法律服务市场，造成了不同法律服务主体之间的不平等竞争。如法律服务所的法律工作者中有相当一部分人来自政府机关，有的是各国家机关的离退休人员，他们与执掌权力的国家机关有着千丝万缕的联系，在普遍信奉"打官司就是打关系"的社会不良环境里，自然比没有任何背景的律师们在获取案源、招揽业务方面有"独特"优势。如果任其发展下去，很难说这一部分法律服务究竟是促进了市场经济的发展，还是本身就属于对市场经济的一种背离。

2．法律服务所的定位决定了其本身具有一定的“过渡”性。根据司法部的有关文件规定，法律服务所的服务范围面向基层，主要在乡镇和城市街道，对法律工作者的素质要求也远远低于律师，这种定位与20世纪八九十年代我国民主政治、商品经济从开始起步到稳定发展阶段是相适应的，而到了21世纪的今天，其局限性则暴露出来，第一，经过二十年的时间，我国的律师制度及律师队伍都已获得了长足的发展，律师从“国家的法律工作者”转变为具有独立身份的“为社会提供法律服务的人员”，律师事务所由政府一手包办的国营所转向国办所、合伙所、合作所等多种形式并存，身份的转变和机制的灵活给律师事业的发展带来了无限生机。据统计，我国的律师队伍已由1979年的212人迅速发展到现在的10万余人，律师事务所达到近9000家，其分布已从过去的城市为主迅速扩散到遍及城市与乡镇的广大地区。尽管与西方发达国家相比，我国的人均占有律师比率还比较低，但考虑到我国的政治经济发展水平、公民的法律意识、传统儒家“和谐”“息诉”思想的影响，我国的诉讼率要远比西方发达国家低得多，因此现有的律师规模已基本上能够满足我国的法律诉讼业务实际发展速度。据有关资料显示，目前我国许多地方都出现了律师业务量严重不足、律师僧多粥少的现象，可见在法律服务市场上，已不再有“基层”与“非基层”之分，律师的足迹已由城市向农村延伸，覆盖了整个社会。第二，伴随着我国改革开放事业的不断推进，社会主义民主与社会主义法治建设的深入，社会对法律服务的需求正向着复杂化、正规化和高度专业化方向发展，诉讼领域的业务更是如此，在这方面，律师队伍已远远走在了前头。目前，我国律师的整体知识结构和学历层次普遍得到显著提高，居各行业之首，具有大专以上学历的达到86.8%，律师们对法律业务知识的专门化越来越重视，并且不断进行更新和补充，律师事务所也在向着规模化、专业化的方向发展。相比之下，由于法律服务所的设立系地方政府行为，法律工作者的资格要求也比较低，因而各地法律服务所及其法律工作者在知识化、专业化发展方面则要逊色得多。尽管目前我国广大的乡镇及农村与城市之间在经济发展、生活水平上尚存在一定的差距，但乡镇及农村公民同样需要高质量的法律服务，而且随着律师规模的持续扩展，这种需要也越来越能够得到满足，因此基层法律服务所面临着一定的生存危机。第三，法律服务所在制度化、规范化的发展上比较缓慢，这是导致司法行政机关对法律服务所及其法律工作者管理难以到位以及出现各种其他消极问题的重要原因。我国的基层法律服务所长期以来一直由国家部委（主要是司法部）发布的规章进行指导和管理，而从未被纳入法律的统一规范中（这恐怕也是基层法律服务所属于我国法治进程中一个“过渡”性组织的证明。在国外，为社会提供法律服务是由律师、政府法律顾问、公证员垄断的，而这些执业资格都必须经过国家统一的专门考试才能取得）。国家的此类规章大多在法律服务所的设立、业务范围方面规定得较为详细，而在收费标准、税收管理、执业责任及惩戒方面规定得比较笼统和模糊，这一方面加剧了法律服务市场的不公平竞争（法律工作者与律师的业务范围除刑事辩护归律师独享外，其他全部一致，且收费上没有任何区别），另一方面也导致了法律服务市场的混乱，放纵了某些不良现象的发生，如一些城市中街道法律服务所出现失控现象，单纯追求经济利益，盲目扩张、增设各种脱离街道管理的部门所、社会所等，背离了发展基层法律服务工作的初衷，给城市法律服务工作的格局及有序运转带来一定的负面影响；再如由于法律工作者的入门资格比较宽松，致使一部分品德低下的社会闲散人员混入法律工作者队伍当中，以包揽诉讼、捞取金钱为目的，严重败坏了法律职业者的名声（尤其是律师的称号，因为在基层，人们往往将从事法律服务的人都当作律师，而不知道还有律师与法律工作者两个群体），阻碍了审判公正的顺利实现和诉讼水平的提高，加剧了司法腐败，最终削弱了社会大众对法律的信仰。此类现象虽非主流，但其造成的恶果极为严重，其负面影响不容忽视。

由以上分析我们可以看出，在新形势下基层法律服务所及法律工作者面临着新的挑战，司法部对此问题已高度重视，于 2000 年 3 月 31 日发布了《基层法律服务所管理办法》和《基层法律服务工作者管理办法》两个新规章，对基层法律服务所的性质、设置和体制进行了调整，规定了更加严格的法律工作者执业资格和执业准入制度，对法律工作者的执业权利与义务、执业纪律、考核与惩处作了明确、具体的规定，对于基层法律服务所及法律工作者的管理走上规范化、制度化的轨道来说，这无疑是一项重大举措。但这两个规章也并非全无缺陷，如对于原有规章中法律工作者的法律服务业务范围就没有依照《中华人民共和国律师法》（以下简称《律师法》）的有关规定进行新的调整和规划，这不能不引起有关人员及全社会的忧虑。

二、法律工作者不应从事有偿诉讼代理，法律服务所的业务范围应当重新划定

1．从维护国家法律统一与尊严出发，基层法律服务所的业务范围应当重新划定，法律工作者不应再从事有偿诉讼代理业务。2000 年 3 月 15 日由全国人民代表大会通过并颁布了《中华人民共和国立法法》（以下简称《立法法》），并将于同年 7 月 1 日起正式实施，《立法法》第 79 条第 1 款明确规定："法律的效力高于行政法规、地方性法规、规章。"《立法法》第 87 条还规定，下位法违反上位法规定的，有关机关有权予以改变或者撤销。《律师法》是国家最高权力机关制定的法律，其地位及效力显然高于司法部制定的规章，因此，司法部应当尽快对原有规章中规定的法律工作者的业务范围作出调整，将诉讼业务从法律工作者的业务范围中剥离，规定今后法律工作者将不得再从事有偿诉讼代理，从而将出庭业务全面交由执业律师承担，这样做既保持了与《律师法》的一致，从根本上维护了国家法律的统一与尊严，而且也将在实践中产生积极的影响。从社会发展的客观需要出发，由较高素质的律师群体全面垄断出庭诉讼业务，将有助于提高诉讼效率和诉讼水平、促进审判公正，使公民的合法权益得到更加全面、有效的维护，最终有助于推动我国依法治国进程的顺利进行。

2．从我国社会经济与政治发展的现实需要出发，基层法律服

务所及法律工作者的服务范围应当限定在非诉讼领域之内。如前所述，一方面，经过二十年的发展，我国的经济、政治已进入一个新的阶段。改革开放的深入进行、社会主义市场经济的建立与发展，在使我国的经济生活发生了天翻地覆的变化的同时也将法律的作用扩展到国家生活、社会生活的各个方面，依法治国与民主政治建设的有效推进，使全体公民的法律意识从无到有、得到前所未有的普及，这一切都推动我国的法律服务向着高质量和正规化发展，律师全面垄断出庭诉讼法律业务已是大势所趋。另一方面，我国律师队伍的高速成长也为这种社会现实需要提供了可能。所以，审时度势，从社会发展的现实出发，基层法律服务所及法律工作者群体也应当对自身的存在进行重新定位，根据本群体的整体素质、执业优势来确定自己的发展方向，面向基层，面向非诉讼法律业务领域，全面、高质量地担负起代书、咨询、法律顾问、一般纠纷的调解、协助公证等法律工作，为推动基层的民主与法治建设发挥应有的作用。在这方面，英国有出庭律师与诉状律师之分，美国有律师与律师助理之分，其分工发展与制度设计或许能给我们一些有益的启示。

3. 从我国法律服务市场的合理建构与有序、协调发展出发，基层法律服务所及法律工作者的数量与质量、收费与管理，都应进行科学的设计与规范，以形成律师、法律工作者、公证员等法律服务群体之间合理分工、优势互补、协调发展的格局，避免和消除各法律服务主体间的内耗，使有限的法律资源发挥出最佳效能。如对法律服务所的业务收费，应当规定一个低于律师业务收费的标准，以与其提供的法律服务相吻合；对于城市街道法律服务所应当在数量上进行严格控制，有条件的地方甚至可以逐步取消街道法律服务所，全面向律师法律市场过渡；允许和鼓励律师向基层法律服务所流动，鼓励法律工作者继续深造并考取律师资格。这些措施的采用，将能有效地促成基层法律工作者素质的提高，促进法律工作者向律师队伍的进一步转化，最终全面推动我国法律服务质量的提高。

法律服务所的法律工作者不应从事有偿诉讼代理[①]

《中华人民共和国律师法》（以下简称《律师法》）第14条明确规定："没有取得律师执业证书的人员，不得以律师名义执业，不得为牟取经济利益从事诉讼代理或者辩护业务。"第46条又规定："冒充律师从事法律服务的，由公安机关责令停止非法执业，没收违法所得，可以并处五千元以下罚款、十五日以下拘留。没有取得律师执业证书，为牟取经济利益从事诉讼代理或者辩护业务的，由所在地的县级以上地方人民政府司法行政部门责令停止非法执业，没收违法所得，可以并处违法所得一倍以上五倍以下罚款。"由此可见，《律师法》的颁布，已明确律师为有偿从事诉讼代理或刑事辩护法律业务的唯一主体，除律师以外，其他任何人都不得从事有偿诉讼代理或辩护业务。那么，在我国法律服务市场中占有一席之地的基层法律服务所及其法律工作者将何去何从？

一、新形势下基层法律服务所的局限性

20世纪80年代初，全国人大常委会制定并颁布了《律师暂行条例》，我国的律师制度开始逐步恢复和建立。由于"文革"中我国的法治建设遭到全面破坏，律师制度已荡然无存，律师队伍也极度萎缩，因而处于恢复状态的律师队伍规模极为有限，不足以为全社会提供充足的法律服务，以适应正在兴起的改革开放、发展社会主义民主与健全社会主义法治之需要，特别是在广大的乡村、城市街道等基层，专业的法律人员更是奇缺，法律服务难以有效地开展，在这种大背景下，各地方人民政府及司法行政机关积极寻求解决之路，于是法律服务所基层法律服务组织便应运而生。二十年来，法律服务所及其法律工作者无论数量上还是质

---

① 本部分原载《政法论丛》2001年第3期，第二作者赵元瑛。

量上都获得了极大发展，在我国的法律服务市场中已占有重要的一席之地，法律工作者成为继律师、公证员之后的一支重要的社会法律服务力量，为社会基层提供了大量方便、快捷、较高质量的法律服务，在维护社会稳定、促进经济发展中发挥了积极作用。但同时我们也注意到，随着我国社会经济、民主政治的飞速发展，法律服务所的局限性、其与社会发展之间的矛盾冲突也日趋明显，主要表现在：

（一）法律服务所是计划经济体制下的产物

司法部 1987 年《关于乡镇法律服务所的暂行规定》第 1 条："乡镇法律服务所的建立，由乡、镇人民政府根据本地区经济和社会发展的需要决定，并经县（市、区）司法局批准。"第 2 条："乡镇法律服务所受乡、镇人民政府领导和县（市、区）司法局指导，由司法助理员（司法办公室）管理。"另外，第 5 条规定乡镇法律服务所的主任可以由司法助理员兼任，第 9 条规定乡镇法律服务所实行"有偿服务、适当收费"的原则，其经费可以实行全额管理，差额由乡、镇人民政府补助，或由人民政府统收统支，有条件的地方也可自收自支。从以上规定可以看出，法律服务所在体制上带有浓厚的行政色彩，与地方国家机关紧密相连，这一方面限制了法律服务所自身的发展，另一方面也将权力因素带进了以自由、平等竞争为宗旨的法律服务市场，造成了不同法律服务主体之间的不平等竞争。如法律服务所的法律工作者中有相当一部分人来自政府机关，有的是各国家机关的离退休人员，他们与执掌权力的国家机关有着千丝万缕的联系，在获取案源、招揽业务方面有"独特"优势。如果任其发展下去，很难说这一部分法律服务究竟是促进了市场经济的发展，还是本身就属于对市场经济的一种背离。

（二）法律服务所的定位决定了其本身具有一定的"过渡"性

根据司法部的有关文件规定，法律服务所的服务范围面向基层，主要在乡镇和城市街道，对法律工作者的素质要求也远远低于律师，这种定位与八九十年代我国民主政治、商品经济从开始起步到稳定发展阶段是相适应的，而到了21世纪的今天，其局限性则暴露出来。

第一，经过20年的时间，我国的律师制度及律师队伍都已获得了长足的发展，律师从“国家的法律工作者”转变为具有独立身份的“为社会提供法律服务的人员”，律师事务所由政府一手包办的国营所转向国办所、合伙所、合作所等多种形式并存，身份的转变和机制的灵活给律师事业的发展带来了无限生机。据统计，我国的律师队伍已由1979年的212人迅速发展到现在的10万余人，律师事务所达到近9000家，其分布已从过去的城市为主迅速扩散到遍及城市与乡镇的广大地区。可见在法律服务市场上，已不再有“基层”与“非基层”之分，律师的足迹已由城市向农村延伸，覆盖了整个社会。

第二，伴随着我国改革开放事业的不断推进、社会主义民主与社会主义法治建设的深入，社会对法律服务的需求正向着复杂化、正规化和高度专业化方向发展，诉讼领域的业务更是如此，在这方面，律师队伍已远远走在了前头。目前，我国律师的整体知识结构和学历层次普遍得到显著提高，居各行业之首，具有大专以上学历的达到86.8%，律师们对法律业务知识的专门化越来越重视，并且不断进行更新和补充，律师事务所也在向着规模化、专业化的方向发展。相比之下，由于法律服务所的设立系地方政府行为，法律工作者的资格要求也比较低，因而各地法律服务所及其法律工作者在知识化、专业化发展方面则要逊色得多。因此，基层法律服务所面临着一定的生存危机。

第三，法律服务所在制度化、规范化的发展上比较缓慢，这是导致司法行政机关对法律服务所及其法律工作者管理难以到位以及出现各种其他消极问题的重要原因。我国的基层法律服务所长期以来一直由国家部、委（主要是司法部）发布的规章进行指导和管理，而从未被纳入法律的统一规范中（这恐怕也是基层法律服务所属于我国法治进程中一个“过渡”性组织的证明）。国家的此类规章大多在法律服务所的设立、业务范围方面规定得较为详细，而在收费标准、税收管理、执业责任及惩戒方面规定得比较笼统和模糊，这一方面加剧了法律服务市场的不公平竞争（法律工作者与律师的业务范围除刑事辩护归律师独享外，其他全部一致，且收费上没有任何区别）；另一方面也导致了法律服务市场的混乱、放纵了某些不良现象的发生，如由于法律工作者的入门资格比较宽松，致使一部分品德低下的社会闲散人员混入法律工作者队伍中，以包揽诉讼、捞取金钱为目的，严重败坏了法律职业者的名声（尤其是律师的称号，因为在基层，人们往往将从事法律服务的人都当作律师，而不知道还有律师与法律工作者两个群体），阻碍了审判公正的顺利实现和诉讼水平的提高，加剧了司法腐败，最终削弱了社会大众对法律的信仰。此类现象虽非主流，但其造成的恶果极为严重，其负面影响不容忽视。

由以上分析可以看出，在新形势下基层法律服务所及法律工作者面临着新的挑战，司法部对此问题已高度重视，于 2000 年 3 月 31 日发布了《基层法律服务所管理办法》和《基层法律服务工作者管理办法》两个新规章，对基层法律服务所的性质、设置和体制进行了调整，规定了更加严格的法律工作者执业资格和执业准入制度，对法律工作者的执业权利与义务、执业纪律、考核与惩处作了明确、具体的规定，对于基层法律服务所及法律工作者的管理走上规范化、制度化的轨道来说，这无疑是一项重大举措。但这两个规章也并非全无缺陷，如对于原有规章中法律工作者的法律服务业务范围就没有依照《律师法》的有关规定进行新的调整和规划，这不能不引起有关人员及全社会的忧虑。

二、法律工作者不应从事有偿诉讼代理，法律服务所的业务范围应当重新划定

（一）从维护国家法律统一与尊严出发，基层法律服务所的业务范围应当重新划定，法律工作者不应再从事有偿诉讼代理业务。《中华人民共和国立法法》（以下简称《立法法》）已于 2000 年 7 月 1 日起正式实施，《立法法》第 79 条第 1 款明确规定：“法律的

效力高于行政法规、地方性法规、规章。”《立法法》第 87 条还规定：“下位法违反上位法规定的，有关机关有权予以改变或者撤销。”《律师法》是国家最高权力机关制定的法律，其地位及效力显然高于司法部制定的规章，因此，司法部应当尽快对原有规章中规定的法律工作者的业务范围作出调整，将诉讼业务从法律工作者的业务范围中剥离，规定今后法律工作者将不得再从事有偿诉讼代理，从而将出庭业务全面交由执业律师承担，这样做既保持了与《律师法》的一致，从根本上维护了国家法律的统一与尊严，而且也将在实践中产生积极的影响。从社会发展的客观需要出发，由较高素质的律师群体全面垄断出庭诉讼业务，将有助于提高诉讼效率和诉讼水平、促进审判公正，使公民的合法权益得到更加全面、有效的维护，最终有助于推动我国依法治国进程的顺利进行。

（二）从我国社会经济与政治发展的现实需要出发，基层法律服务所及法律工作者的服务范围应当限定在非诉讼领域之内。一方面，改革开放和社会主义市场经济的建立与发展，使我国的经济政治进入一个新的阶段，法律的作用已扩展到国家生活、社会生活的各个方面，全体公民的法律意识不断提高，这一切都推动我国的法律服务向着高质量和正规化发展，律师全面垄断出庭诉讼法律业务已是大势所趋；另一方面，我国律师队伍的高速成长也为这种社会现实需要提供了可能。所以，审时度势，从社会发展的现实出发，基层法律服务所及法律工作者群体也应当对自身的存在进行重新定位，根据本群体的整体素质、执业优势来确定自己的发展方向，面向基层，面向非诉讼法律业务领域，全面、高质量地担负起代书、咨询、法律顾问、一般纠纷的调解、协助公证等法律工作，为推动基层的民主与法治建设发挥应有的作用。在这方面，英国有出庭律师与诉状律师之分，美国有律师与律师助理之分，其分工发展与制度设计或许能给我们一些有益的启示。

（三）从我国法律服务市场的合理建构与有序、协调发展出发，基层法律服务所及法律工作者的数量与质量、收费与管理，都应进行科学的设计与规范，以形成律师、法律工作者、公证员等法律服务群体之间合理分工、优势互补、协调发展的格局，避免和消除各法律服务主体间的内耗，使有限的法律资源发挥出最佳效能。如对法律服务所的业务收费，应当规定一个低于律师业务收费的标准，以与其提供的法律服务相吻合；对于城市街道法律服务所应当在数量上进行严格控制，有条件的地方甚至可以逐步取消街道法律服务所，全面向律师法律市场过渡；允许和鼓励律师向基层法律服务所流动，鼓励法律工作者继续深造并考取律师资格。这些措施的采用，将能有效地促成基层法律工作者素质的提高，促进法律工作者向律师队伍的进一步转化，最终全面推动我国法律服务质量的提高。

军队律师不应介入社会法律服务市场 ①

笔者日前在烟台市某基层人民法院依法出庭代理案件，这是一起原、被告双方均为普通社会民众相对于军人而言（不具有军籍）的民事案件，偶遇某军队律师持其所在军队法律顾问处的公函以律师名义出庭代理对方当事人的诉讼，笔者认为该军队律师的诉讼代理人身份不妥，在我方提出异议后，法院请示了上级法院以及当地司法行政当局后至今仍没有最终作出结论，据说在等待权威部门的最后定夺。法院在此问题上的审慎态度无疑是正确的，诚如该案的主审法官所言："法院在此问题上要慎重对待，这不是针对某个人，而是涉及如何定位军队律师的性质，以及军队律师应否介入社会法律服务市场的大问题。"

一、军队律师的定位及其功能

军队律师的定义《律师法》中虽没有明确给出结论，但相

① 本部分原载《中国律师》2002 年第 12 期，第二作者杨曙光。

关条文的规定有所蕴涵。如该法第 50 条规定:“为军队提供法律服务的军队律师,其律师资格的……”从句式结构看,语义的重点在后,但对军队律师的修饰定语,已经明确表明了军队律师的性质是为军队提供法律服务,职责范围限定在军队法律服务市场内,明显有别于《律师法》第 2 条对社会执业律师“为社会提供法律服务”的定位。军队律师的性质,其主管机关解放军总政治部司法局明确指出军队律师列入部队政治机关编制,在组织领导和管理体系上,军队律师属于部队政治机关序列,受所在单位首长和政治机关领导。因此我国的军队律师是典型的公职律师。

军队律师的职责范围,据现有的规定看是严格限定在军队内部以及军队与地方互涉的法律服务中。如司法部和中国人民解放军总政治部于 1993 年 3 月 17 日联合颁布的《关于军队法律服务工作有关问题的通知》中明确规定:“部队军以上单位的法律顾问处是军队律师执行职务的工作机构,其主要任务有:领导律师开展业务工作,依法为首长、机关决策和管理提供法律咨询;接受军队单位和军办企业的委托处理军队内部或者军地互涉的法律事务;为军内单位和人员提供法律服务;协助有关部门对部队进行经常性的法制教育。”或许有人会有这样的疑问,《律师法》第 50 条不是规定军队律师的权利、义务也适用本法的规定吗?笔者认为该 50 条规定的军队律师的权利义务是指军队律师在履行上述司法部与总政治部的联合通知限定的法律服务时才享有的与社会执业律师相同的权利义务。换言之,军队律师享受《律师法》规定的权利义务的范围是相对狭窄的,如《律师法》第 25 条规定律师可以从事下列业务中的第 1 项:“接受公民、法人和其他组织的聘请,担任法律顾问”同时《律师法》第 26、27、31、32、33、34、35 等条文规定了相应的权利义务。社会执业律师从事该第一项的业务同时享有上述条款的权利义务,基于特别优先于一般的法理,而供军队律师选择的“公民、法人和其他组织”只能是军队内部的人员、法人和其他组织。

二、社会执业律师与军队律师的界别

笔者认为社会职业律师和军队律师的差异是明显和多方面的，归纳如下：

1. 社会执业律师是“自由”地辞去公职的社会法律人士，以持有“律师执业证”为身份标识。军队律师是列入军队序列编制的具有“公职”身份的国家人员，以持有律师工作证（军队）为身份标志。

2. 社会执业律师的执业机构是律师事务所，律师事务所实行的是行业自律式的相对松散的管理模式，各律师事务所之间没有隶属关系，业务上接受所在地各级司法行政机构的领导和监督。军队律师的工作机构是设立在部队内部政治机构中的法律顾问处，与军队首长、机关之间实行的是军事化的命令式的垂直领导，同时业务上接受司法部的领导和监督，不受地方司法行政机关的约束。

3. 社会执业律师的业务范围相对广泛，可以从事法律所不禁止的任何法律事务的代理工作。而军队律师的业务范围较为狭窄，受到其军人身份和军队职责的约束，限定于军队内部法律事务以及军地互涉案件接受军队一方的委托。

4. 社会执业律师的服务是有偿的，严格按照司法行政机关和物价部门制定的收费标准收取中介服务费，否则或构成超标准乱收费或构成低于收费标准的不正当竞争，市场价值规律对社会执业律师是否介入法律服务市场起着最终的调节作用。而军队律师的服务是无偿的，其介入军队内部法律服务领域是基于部队首长、机关的命令。

三、立法建议

笔者认为我国之所以要在社会执业律师制度之外，另行设立军队律师制度，是军队自身的特殊性决定的。一方面军队的流动性、军事性和保密性决定社会执业律师不方便介入军队内部的法律服务市场，另一方面军队律师的公职身份也决定了军队律师不应当与其他社会成员具有非军事性的物质利益的联系和冲突，否则会对国家的军事利益构成潜在的威胁。因此应当在法律上明确禁止军队律师介入非涉军的纯社会性法律服务领域。司法部曾于1991年4月2日在答复吉林省司法厅的《司法部关于军队法律顾问机构的工作人员不得以律师名义从事业务活动的批复》（以下简称《批复》）一文中明确指出："军队的法律顾问机构是军队内部的法律服务机构，其性质、任务都不同于律师事务所，因此，军队的法律顾问机构的工作人员不能以律师名义进行业务活动。"笔者认为这其中就反映了禁止军队律师介入社会法律服务市场的意旨，严格说，《批复》中的"律师"就是指的笔者所称的社会执业律师，该《批复》之所以没有明确使用"执业律师"这样的措辞，是因为军队律师制度于1992年刚刚建立，直到1996年5月颁布的《律师法》中才将其纳入我国律师制度的一个组成部分，在1991年时仍然生效的《律师管理暂行条例》将律师定义为"国家法律工作者"，当时尚无现在的"社会执业律师"和"军队律师"用词的区分。所以有了1996年5月的《律师法》后，有人对该《批复》是否与《律师法》相冲突，是否继续有效产生了怀疑。因此，在《律师法》颁布的第2个月即1996年6月召开的全国司法厅（局）长座谈会上，时任司法部副部长张耕在谈话中指出："《律师法》已明确肯定了军队律师制度，这就为我们建立公职律师制度提供了重要的思想和有力的法律依据，所谓公职律师，就是具有律师资格的政府和企业的法律顾问，公职律师是我国律师队伍的重要组成部分。它既与社会律师有共同之处，也有自身特征，突出表现在它是具有律师资格的国家公职人员，只从事政府机关和企业内部的法律事务，而不面向社会从事有偿的法律服务。"另外从现实的律师管理的实践来看，该《批复》仍有法律效力，其禁止非社会执业律师以社会执业律师的名义执业的要旨仍得以贯彻。2002年新疆维吾尔自治区司法厅和公安厅在联合开展的"打击假律师"的专项活动中，就明确指出"中华人民共和国律师执业证"是获准从事律师业务的唯一合法证件。具体的处理范围有：企事业单位法律顾问室、社会其他组织的工作人员以律师名义从事法律服务的；律师事务所以外的法律服务机构工作人员，以律师名义从事法律服务的；等等。对照上述处理范围，军队律师完全可以归类到“社会其他组织”“律师事务所以外的法律服务机构工作人员”的范围内，因此在非涉军的社会法律服务市场是不能以律师身份从事法律服务的。笔者认为解决该问题的最好办法，应当是在立法这一源头上有一个明确的说法，因此建议全国人大在今后的《律师法》修改中，对现有的《律师法》的第 50 条增加一个条款明确规定：“军队律师、政府律师、公司律师等公职律师不得面向社会执业。”这样司法行政机关在军队律师不能介入社会法律服务市场这一问题上的一贯立场就能法律化。

禁止军队律师介入社会法律服务市场的立法理由是充分的：

第一，军队律师身份的双重性决定了其不能介入社会法律服务市场。军队律师与其他军人在录用、考核、晋级上的标准和待遇是一样的，同时还具有律师资格。如不对军队律师的服务领域加以法律上的必要限制，身份的双重性决定了军队律师职责的行使有时会造成冲突，一个简单的问题，当一个地方当事人委托一个军队律师诉讼一个军队单位，军队律师究竟应以何种身份出现？军队律师应把哪方的利益放在首位？综观世界各国的律师法或者有关律师制度的法律法规，都对包括军队律师在内的公职律师的业务范围加以限制，规定公职律师只能为本单位、本部门提供法律服务，不得对外执业，不能面向社会提供法律服务，不能拥有自己的私人当事人。公职律师的这种对内服务内容一般限定法律咨询、决策服务上。在是否可以代表本单位、本部门出庭应诉的问题上，英美法系国家虽没有明确的限制性规定，但在司法实践中公职律师较少介入诉讼，而委托社会执业律师代劳，自身仅做辅助性工作。大陆法系国家则一般禁止公职律师代表政府出庭，限制公职律师介入诉讼程序，赋予社会执业律师在诉讼领域的垄断权。如日本《律师法》规定，禁止律师兼任有报酬的公职，作为公务员的政府律师，不得执行律师职务，不能代表政府机关出庭。法国法律则把作为政府公务员的律师认为是“丧失了执业资格”，不能代表所在政府部门出庭。

我国的军队律师是占编制的军人，其肩负着国防的重任，在军队经费投入的有限性与提高军队战斗力相矛盾的背景下，军队律师的全部精力应当放在为国防建设服务这一根本宗旨上来。笔者既不赞同大陆法系国家禁止军队律师介入诉讼程序的做法，这样会造成军队律师的资源浪费，增加军队的费用开支，同样也不赞同军队律师介入社会法律服务市场，捡了芝麻丢了西瓜。

第二，在目前我国社会法律服务市场业务主体多元化，入世后国外大型航母级律师事务所在国内法律服务市场的逐步渗透，在诉讼领域律师已经成为卖方市场，当事人选择律师的机会远远大于律师选择当事人的背景下，已经享受着军队薪金的军队律师如果再介入，势必对本不成熟的法律服务市场造成更大的冲击，不利于我国律师业的健康成长。

第三，军队律师作为军人享有军人的权利与义务，薪金、福利、业务经费由国家国防经费支付，养老亦有保障，因此军队律师的法律服务是无偿性的，不能再因事收费。社会执业律师的生活和业务开支都依赖于执业收费，军队律师如介入社会法律服务市场，会使社会执业律师在业务的开拓竞争中处于一种不平等的状态，违背公平公正的法治原则和市场价值规律，会扰乱社会法律服务市场的有序竞争。

禁止军队律师介入社会法律服务市场，应当有相应的法律配套措施。首先应建立我国的律师分类管理体制，在《律师法》中明确将律师划分为社会执业律师、政府律师、军队律师、公司律师等类型，规定统一的资格取得方式和履行律师职务的权利义务等有关律师制度的根本问题，成为有关律师工作的基本法。其次建立《律师法》下位层次的，规定各类型律师具体业务范围、执业工作场所，以及与其类型特点相应的执业中的特殊权利义务等二级法规，以此重新架构我国的律师体制。

律师见证与公证比较研究[①]

一、律师见证法律分析

关于律师见证的概念，在我国现行法律法规中尚无一个明确的界定，学界对此也说法不一。笔者认为，律师见证就是律师应当事人的请求，运用自己的法律专业知识，以律师事务所的名义，依法对某项法律事件或者行为的真实性与合法性进行证明的法律服务活动。律师见证从性质上划分应属于律师非诉讼业务之列。我国《律师法》虽然没有关于“律师见证业务”的直接规定，但学界以及律师实务界均普遍认为该法第 25 条关于律师可从事业务范围的第 6 项“接受非诉讼法律事务当事人的委托，提供法律服务”中涵括了律师见证的内容。多数律师事务所的业务范围也将律师见证列为其中。

在法律法规中直接明确规定律师见证为法律行为生效的必备条件的，即强制见证，在我国也是有立法例的。国务院于 1993 年 4 月 22 日发布的《股票发行与交易管理暂行条例》第 13 条规定：“申请公开发行股票，应当向地方政府或者中央企业主管部门报送下列文件：……（九）经二名以上律师及其所在事务所就有关事项签字、盖章的法律意见书……”这是我国首次以法规的形式明确规定了律师是某项经济活动的必然参与者，为律师开辟了一条广阔的业务领域。同时《股票发行与交易管理暂行条例》还规定了律师见证的质量要求，其第 35 条规定：“为上市公司出具文件的注册会计师及其所在的事务所、专业评估人员及其所在机构、律师及其所在的事务所，在履行职责时，应当按照本行业公认的业务标准和道德规范，对其出具文件内容的真实性、准确性、完整性进行核查和验证。”

---

① 本部分原载《中国司法》2003 年第 7 期。

随后1996年7月2日原对外贸易经济合作部颁布的《关于印发〈机电产品出口招标办法〉的通知》第29条规定："招标工作由注册律师进行法律见证，并出具律师见证书。"这是律师见证以直接文字表述形式首次规定于行政规章之中，赋予了律师在机电产品出口招标中的法律服务的垄断权。

1998年4月20日原对外贸易经济合作部颁发了《关于解决外商投资企业董事不出席企业董事会会议问题的指导意见》，首次将律师见证与公证机构的公证相提并论，同时提供给社会经济活动的主体，供其选择作为其法律行为生效的必备条件。《关于解决外商投资企业董事不出席企业董事会会议问题的指导意见》第5条规定："对于已经批准成立的企业，因严重亏损或其他原因而无法继续经营，确需解散的，且合资、合作一方或数方股东所委派的董事二年以上不出席或不召集董事会会议，致使企业董事会不能作出解散企业的有效决议，经其他股东多次书面催告，仍无任何音信的，经中国公证机关公证或律师见证，其他股东可向企业原审批机关申请解散企业……"

因此律师见证的合法性不仅源于《律师法》的规定，并且随着时间的推移，社会经济生活复杂化程度的加剧，律师见证已经日益成为某些社会重要经济活动适法性的必备要件。但是，应当承认，律师见证业务还是一项新兴的、不发达的甚至对不少律师乃至律师事务所而言陌生的业务。与西方发达律师制度下的律师见证业务相比较，中国的律师见证尚处蹒跚起步阶段，发展的道路还很漫长。

二、律师见证与公证比较分析

首先应当明确律师见证与公证都是一种对事件或行为真实性、合法性的证明活动，这是二者的共同之处。但是，比较律师见证和公证之差异，二者有如下不同：

第一，证明的主体不同。律师见证的主体是律师，它以律师事务所的名义进行；公证的主体是公证员，它以公证处的名义进行。

第二，证明的性质不同。律师见证的性质属于社会中介机构的证明；公证是公证机关代表国家行使证明权。

第三，证明的原因不同。律师见证一般没有强制性，当事人是否对有关事项见证遵循意思自治原则；公证具有强制性，对于法律法规明文规定必须进行公证的法律事件或法律行为，如果未公证，即不产生法律效力。

第四，证明的范围不同。律师的见证一般倾向于对构成法律关系的复杂法律行为的法律审查，这类法律行为主要是基于当事人的有意识的主动行为而产生的，只要是不违反法律的禁止性规定，国家不应过分地干预，应体现当事人意思自治的精神，因此应当以律师见证为宜；公证的范围一般倾向于对法律事件的证明，这些法律事件如公民的出生、死亡等是不依当事人的主观意志为转移的，应当由公证机构加以证明，是一种国家职能的体现。

第五，证明的效力不同。律师见证具有一般的证据效力，在诉讼中的证明力位阶类似于证人证言，证明力有待于审查认定；公证的效力是一种绝对的效力，其既可以作为一项证据使用，有时也是一项具有强制执行力的法律文书。当然，公证对于如合同效力的认定，也并不具有绝对的效力，在诉讼中仍需司法审查确认。

三、完善国家证明体系的构想

笔者认为，我国律师见证与公证在发展程度上的明显差异主要是因为律师见证的法律地位没有一个明确的界定，较之于具有诉讼证据效力和执行效力的公证文书，当事人对律师见证的些许疑惑当然是十分正常的。这不仅严重阻碍了律师见证业务的蓬勃发展，也是对法律人力资源的巨大浪费。因此笔者认为应当赋予律师见证以更高的法律地位，即使是考虑到律师见证范围的广泛性不能一概而论，也应当以司法部的部颁规章的形式或最高人民法院的证据规则、司法解释的形式确定某种律师见证文书诉讼上的证据效力，以此形成突破并带动律师见证整体法律地位的提升。例如在证券纠纷案件中完全可以规定："在审理证券纠纷案件中经过证券律师签署的法律意见书，应当作为人民法院认定事实的根据；但是有相反的证据足以推翻该法律意见书的除外。"这样最终在我国形成一个由公证机构的公证和执业律师的律师见证共同组成，但业务范围又各有所侧重的一个完整的国家证明体系。

附录　作者访谈

法学行者冀祥德[1]

很难用一个固定的词藻和定位去修饰冀祥德，在一次次的抉择和不断的变换中，他更像是一个脚步不停的行者，孜孜以求地探索着法治与法学的疆域。

中国社会科学院法学研究所三楼的法学系主任办公室，冀祥德端坐于办公桌的一面，双目炯炯，举手投足间不怒自威，鼻梁上架着一副书卷气的眼镜，在回答问题前 会有几秒短暂的思考，声音浑厚、洪亮沉稳、不失风趣、谈笑风生中又带着一股学者的逻辑和雅致。

如果不是事先有所了解，仅从他的谈吐气质和行为举止，则很难判断对面这位山东汉子的经历和身份。就算了解冀祥德故事的人，仍不由啧啧称奇，“冀祥德的经历很难复制，从警察到教师，从教师到律师，从律师到学者，每个角色都被他演绎得很完美，这在律师界是独一无二的。”冀祥德的好友刘桂明如此评价。

律师的抉择之路

岁月虽然洗涤掉了年少气盛，但仔细端详，冀祥德身上还能找出一些警官时代的痕迹，在谈话过程中，他稳健端坐，眉宇间的神情仍带着些许威严和坚毅。

---

① 本部分原载《法人》2010 年 9 月，记者王磊磊。

1985 年，21 岁的冀祥德以骄人的成绩从警院毕业后成为山东省的一名警察。那时候的他，以才思敏捷且雷厉风行、秉持公正、为人仗义而知名，既曾因发表学术论文而获奖，也曾因赤手空拳降服手持凶器的歹徒而立功，正是由此，1988 年冀祥德调任警校教师，为学生传授刑事法法律课程和治安管理等专业课程，并很快成为了警校的“窗口教师”。

四年后，一次机会让冀祥德开始了由警官向律师转向的道路。1992 年，由司法部、中宣部、中央电视台等单位主办了一次“全国百家法治城市法律知识擂台赛”，最终包括烟台在内的 12 个市进入了决赛，此次擂台赛的比赛范围非常广，包括当时实行的《宪法》《刑法》《民法》《国旗法》《国徽法》等所有法律法规和理论知识。经过严格的几轮选拔和为期半年多的一对一培训后，冀祥德从全市几百名政法机关人员中脱颖而出，作为烟台市的一号选手到中央电视台参赛并取得了优异成绩。

比赛结束后，为了验证自己半年来的辛苦所得，冀祥德参加了当年的律师资格考试，结果不出意外地以绝对高分通过，自此他与律师职业结下了不解之缘。

随后，1996 年的一纸文件改变了冀祥德的人生走向——凡警校被授予警衔的教师，均不得再兼职律师。经过几天的辗转反侧后，已经对法律条文倒背如流的冀祥德做出了一个惊人的决定——脱下警服，做专职律师。

一时间这样的一个决定得到了几乎所有人的反对，无论是家人还是朋友都劝他再好好考虑一下，公安机关的多位领导更是换着班的来做工作，打算挽留住这位警局精英和警校才子，甚至拒绝接受其正常调动，但最后冀祥德仍是坚决地脱下了警服，来到了当时烟台刚刚成立的一个新区，成为该区国有律所的主任，从头开始，重新打拼。

律师中的学者，学者中的律师

对于自己当初的选择，冀祥德无怨无悔。

这其中让冀祥德记忆犹新的，是一位一审被判处无期的当事人，在经过冀祥德二审辩护后，改判为无罪释放，在冀祥德走出法庭的一瞬间，正下着大雪，当事人十几位家属齐齐地跪在了冀祥德面前，这一幕被深深地印刻在冀祥德的脑海中。“不管是警察还是教师，都无法和做律师所体现的人生价值相比。这也是我当初做决定的一个主要因素，通过自己的努力为当事人带来的帮助是最直接的，其间体现出的人生价值也是最直接的。”

1996年成为专职律师后，由于扎实的法学功底，特别是多年的警察实务和法律教学经验积淀，冀祥德的律师之路可谓是一帆风顺，次年便被评为首届“烟台市十佳律师”，随后又很快成为中华全国律师协会刑事专业委员会委员，后又担任了中国律师执业行为研究会副会长。1998年，由中国诉讼法研究会刑事诉讼法专业委员会召开的“刑事诉讼法修改实施一周年”论坛会上，三十多位来自中国最高法、最高检、国务院法制办和各大名校的知名学者针对刑事诉讼法修改一周年进行总结和讨论，而冀祥德作为唯一一名律师代表被邀请，并提出了轰动一时的“刑事辩护三难说”（会见难、调查取证难、阅卷难）的著名观点。

冀祥德一开始便把刑事辩护作为自己执业的重心，在执业期间，开创了辩护律师把公诉人辩出法庭之先河，代理了多个包括上海周正毅案、“抱龙桥倒塌案”等在内的颇具影响力的刑事案件。在执业期间，冀祥德从未间断对法学学术研究的追求，在广泛参与国内外法学研讨活动的同时，撰写了百余篇学术论文，迄今为止冀祥德仍保持着《中国律师》杂志发表学术文章最多的记录。

在刚刚成为专职律师后，冀祥德在日记里写过这样的话，给自己五年的时间去做律师，在掌握了律师职业精髓之后，再回到学校学习，为自己的人生做新的选择。

在这样的人生规划下，2000年，冀祥德以第三名的成绩考取北京大学法学院硕士研究生，师从我国著名刑法学家陈兴良教授。在以严谨著称的北大学术研究氛围里，冀祥德仅用一年多的时间便以第一名的成绩完成了研究生的全部课程提前毕业，次年又以第一名的成绩考取北大法学院汪建成教授的博士研究生，开始研读刑事诉讼法，两年后再次以第一名的成绩提前毕业。由此冀祥德也刷新并保持了北京大学的一项记录——以最短的时间完成了硕士和博士的课程并获得学位。他的毕业论文被评为北京大学优秀博士论文二等奖，这也是法学院博士生论文唯一的最高奖项。期间，冀祥德还被评为“北京大学研究生学术十杰”并蝉联三年获得了“北京大学学术创新奖”。为此，冀祥德也付出了青丝变白发也的代价。

2004年博士毕业后，冀祥德又完成了一次华丽的转身，由一名职业律师变为法学学者，而他的特殊经历也引起了中国社会科学院法学所的重视，作为中国法学研究的“国家队”，一直以来法学所都在思考如何深化切实解决中国实际问题的对策性研究，而冀祥德这种既有实务经验又极具理论研究功力的人才正是不二之选。在为所领导的真情打动后，性情中人的冀祥德先后违约于我国某最高司法机关和北京著名高校，加入中国法学研究“国家队”，先后出版《建立中国控辩协商制度研究》《建立中国刑事辩护准入制度理论与实证研究》《控辩平等论》《司法制度新论》《中国法学教育现状与发展趋势》等十几部学术专著，发表学术论文一百五十余篇，被誉为刑事诉讼法学界用百米速度跑万米的著名学者。

站在中国刑事辩护的前锋位置

虽然从此冀祥德开始了自己的学者生涯，但他仍无法割舍自己的律师情感，在保留了律师兼职证的同时，冀祥德在自己一篇文章的结尾写道：“即使有一天我不再做律师，但我仍然愿意为中国刑事辩护律师做旗手，为我国刑事辩护事业和法治建设摇旗呐喊。”

这既是对自己律师职业生涯的一个总结，也可以看成是冀祥德在法学研究领域成果的一个概述。

在近二十年的时间里，从警察到教师，从教师到律师，从律师到学者，冀祥德关于中国刑事法制的研究从未停止，大量且高质的有关刑法、刑诉、刑事辩护的学术专著和观点见证了他在促进中国刑事法制进步上的努力与贡献。其中，最具代表性的有五个学说：

第一是冀祥德在1998年《刑事诉讼法》实施一周年的研讨会上提出的“刑事辩护三难说”，对律师法的修改和刑诉法的再修改起到了重要的推动作用，如今这一观点已经被法律实务界和理论界人士所熟知并广泛运用。

第二是冀祥德提出的“刑事辩护车轮说”。冀祥德认为，在探讨关于律师和中国法治进程的关系问题上，律师不是可有可无，“公、检、法、律是推动中国法治进程向前发展不可或缺的四个车轮，缺少其中任何一个，中国法治都将停滞不前”。

第三是“刑事辩护木桶说”，在冀祥德看来，社会法治是整个社会管理木桶的一个最短板，刑事法治是社会法治木桶的一个最短板，而刑事辩护则是刑事法治木桶的最短板。看一个国家的法治状况，从被追诉人及其辩护律师的地位和权利保障便能看出。

第四个学说是冀祥德提出的“控辩平等论”。冀祥德研究指出，控辩必须平等，这一平等既包括平等武装，又包括平等保护；而且，控辩平等不仅包括平等对抗，还应当平等合作；控辩双方应当在平等武装和平等保护的基础上，首先寻求合作，合作不成时方才进行对抗。在这一理论指导下，中国刑事诉讼程序改革的基本方向应当是“简者更简，繁者更繁”。

第五个学说是冀祥德提出的“刑事辩护准入说”。冀祥德提出，就像医生看病一样，中国目前公民可以作辩护人以及刑事辩护成为初出茅庐律师的实习平台是不正常的，为此，应当建立中国刑事辩护准入制度。在具体实行方面，冀祥德提出凡从业时间足够，且通过考试和审核后的律师，方可以做刑事辩护，而时间长短和考核严格程度，则根据出庭法院级别高低而定。在这一想法刚刚提出之际，便面临了一些人的非议，反对者认为目前肯做刑事辩护的律师本身就少之又少，如今又要上一道“紧箍咒”，与其如此还不如放宽口子，让更多的律师参与进来。在冀祥德看来，如今亟待解决的是中国刑辩律师的道德素质和职业修养问题，所以口子一定要严，提出建立准入制度的初衷，则在于提高中国刑事辩护的质量从而促进刑事法治建设。这样的一个提案，一经提出便引起了有关部门的注意，利用自己在北京崇文区挂职副检察长的身份，在制度落实方面，冀祥德开始广泛走动征求意见，并预计在 2010 年 11 月份召开专家论证会，形成意见后准备和相关部门合作展开试点。

转眼间，来到中国社会科学院法学研究所已经进入第八个年头。如今，无论是朋友还是对他略有了解的陌生人，或许都很难用一个固定的词藻和定位去修饰冀祥德，在一次次的抉择和不断的变换中，他更像是一个脚步不停的行者，孜孜以求地探索着法治与法学的疆域。对于刚过不惑之年的他而言，已经取得的成绩只是过去，未来的下一步走向哪里，是其他人更是他自己更为关注的一个话题。

对话冀祥德

《法人》：警察、教师、律师、学者，如此多的角色之间在您身上有一个怎么样的互动？

冀祥德：这些职业之间都是相互联动的，比如说做老师，上课的时候老师的目的就是把你的知识和观点传授给学生，而在开庭的时候，律师的目的同样是要把自己的观点传达给法官；反过来说作为一个律师接触到的是活生生的案例，回到讲台时，我又能够把这些案例作为我的教学内容；从学术方面来看，研究中国的法学与法治，一定要真正了解中国的司法现实，而律师事务的适当开展对学术研究无疑是有极大促进意义的。

《法人》：在这样的一种角色互换中，对您的性格有什么影响？

冀祥德：警察职业的特殊性决定了对个体执行力的要求，做警察要令行禁止，一身正气，身正言端；“师者，所以传道授业解惑”，需要有渊博的知识和良好的语言表达能力，老师应当像慈母严父；律师在中国是一个极富挑战性的职业，能成为一个好律师则可以做好任何法律职业；学者最重要的是学术思想、学术品格与学风。可以说我的性格形成也综合了这些职业的特色。

《法人》：现在您的社会职务比较多，平时怎么安排时间？

冀祥德：除去每天晨跑不少于 10 公里外，我的时间划分基本上是：周一到周五，白天是公家的（法学所的行政事务和检察院的分管工作），晚上是个人的（学术研究），周末多数是参加学术活动，常年以来，几乎没有节假日。

《法人》：您的下一步有何打算？

冀祥德：为中国的法学教育和法治建设做点实事，为中国的律师制度发展做点实事。

主持人点评——律师，是一种选择还是一种情结？

律师究竟是什么？是一种职业还是一种制度？是一个行业还

是一个专业?

对本文主人公冀祥德来说，所有这些问号既是问题又是答案，既是命题也是结论，既是课题还是成果。但是，真正从内心来讲，他更愿意认为，律师既是一种选择又是一种情结。

从警察到教师，是他选择投身律师职业的前提和铺垫。从教师到律师，则是他人生命运的必然走向。正如他自己所言，“不管是警察还是教师，都无法和做律师所体现的人生价值相比。这也是我当初做决定的一个主要因素，通过自己的努力为当事人带来的帮助是最直接的，其间体现出的人生价值也是最直接的。”

从律师回到学校当到学生，又是他本人自我加压、自我挑战、自我超越的人生转型。作为一名以刑事辩护为专业追求的执业律师，在自己执业多年且已在刑事辩护业界小有成就之后，他主动转型、自愿转型，并回到学校当学生。可以说，这不仅是一种眼界，更是一种境界。因为这样一种眼界和境界，所以才有了后来他以最短的时间获得北大法学院的硕士学位和博士学位，才有后来他获得的“学术十杰”和“学术创新奖”。

从学生到学者，则更是他人生价值的升华和职业追求的结晶。因为律师职业的经历给了他诸多的感悟，律师职业的感悟又给了他不尽的思考，律师职业的思考更给了他无穷的灵感。

有人可能会关心冀祥德的下一步是什么，下一步将前往何处。在我看来，不必如此关心他的选择，而应该关心他选择的人生价值的实现。他的人生选择经历告诉我们：有一种选择是改变，有一种改变是追求，有一种追求是实现。人生的选择就在于不断地改变、不断地追求、不断地实现。

因为律师，冀祥德做了选择；因为律师，冀祥德做了改变；因为律师，冀祥德的人生价值都得到了实现。

对冀祥德这样喜爱律师职业、热爱律师事业的人来说，律师不仅是一种选择，更是一种情结。

冀祥德：以百米速度跑万米的学者[①]

他12岁时，是一名初中生。请中小学生咏诵毛主席诗词是那个年代婚礼上的一个特色。凭借出众的记忆力，他在十里八村有“小天才”之称。

他21岁时，是一名警察。作为警察学院文武双全的高才毕业生，既因专业成绩优异、文学创作等获奖，又因在全省公安武警系统阅兵式上擒敌技术表演而获公安厅嘉奖，几次徒手制服持械歹徒，得益于在校散打队期间的刻苦训练与比赛。

他24岁时，是一名警校老师，成为示范课的标杆，上课只带一个水杯，学生送绰号“冀电脑”。

他36岁时，已是成绩斐然的十佳律师，毅然放弃一切，回归校园，只为圆北大梦，刷新并保持了北京大学的一项记录——以最短的时间完成了硕士和博士的课程并获得学位。

龙年，他48岁，先后出版《建立中国控辩协商制度研究》《建立中国刑事辩护准入制度理论与实证研究》《控辩平等论》《协商性纠纷解决机制比较研究》《司法制度新论》《法学教育的中国模式》《中国法学教育现状与发展趋势》等几十部学术专著，发表学术论文一百五十余篇。

新中国诉讼法学奠基人之一，中国政法大学终身教授、前校长陈光中先生十分赞赏他，称他为诉讼法学界用百米速度跑万米的著名学者。

过去的四十八年里，冀祥德试图通过种种努力，诠释好每个角色。

很难想象，眼前这位戴着金丝框眼镜、儒雅谦和的中国社会科学院法学教授经历如此丰富。

在2011年12月28日，冀祥德独立承担的国家社科基金成果

---

① 本部分原载《民主与法制时报》2012年1月30日，记者徐秋颖。

《控辩平等论》荣获“中国法学优秀成果奖”专著类一等奖，这是法学研究成果的全国性最高奖项。当然精力旺盛的冀祥德有他自己的“秘诀”。

“在有限的生命长途里，设法延长活着的长度。每天坚持晨跑50分钟，能够不断地增强自信和自我控制力，而每天只睡6个小时，就比别人多清醒两个小时。”

“法律之师”

在100人中只有16个人上高中的20世纪80年代，冀祥德属于佼佼者，益都县（现山东青州市）重点中学的重点班，“高考填志愿，只有一个——北大”。

然而，成绩优异的他，两次和北大擦肩而过。母亲找神婆子算命，说他“命中没北大”。

最终上警校，只是机缘巧合中退而求其次的选择。憋着没上北大的一口气，每天比别人早起50分钟，跑步兼背单词、法律知识点，不敢丝毫放松，毕业之时，警校图书馆一楼的法律书籍几乎悉数读过。

警校毕业当警察，破案、抓逃犯、参与罪犯改造规范制定、发表学术论文，多次立功受奖。1988年，在他人生第二个本命年里，经选拔进入警校当老师。

警校八年的教学生涯中，冀祥德主要讲授《治安管理》和《保卫工作》，也讲授过《刑法学》《刑事诉讼法学》。1992年，他曾参加由司法部、中宣部、中央电视台等单位主办的“全国百家法治城市法律知识擂台赛”，比赛范围包括当时实行的《宪法》《刑法》《民法通则》《刑事诉讼法》《民事诉讼法》《土地法》《国旗法》《国徽法》等所有法律法规和理论知识。

喜欢竞争、享受比赛过程的冀祥德，经过严格的几轮选拔和为期半年多的一对一培训后，从全市几百名政法机关人员中脱颖而出，作为烟台市的一号选手到中央电视台参赛并取得了优异成绩。

和冀祥德同时参赛的一个选手，是一名兼职律师，有时会在封闭培训期间请假去法院出庭，回来后拿着“蓬莱阁”牌香烟给大伙抽。

这让冀祥德觉得律师很神气，开始对律师职业产生兴趣，但还没想过要转行。

比赛结束后，那位朋友建议他参加一下律师资格考试（以下简称“律考”，2002 年改为司法考试）。“当年律师被认为是最有水平的——‘法律之师’，毕竟当律师要通过律考，而律考的合格率只有 2% 左右”。

抱着检验下比赛成果的心态，冀祥德报考了当年的律考，并以高分通过。

学者型律师

一边教学，一边做兼职律师，很快，这位穿警服的律师已在烟台颇有名气。但这种令冀祥德很满意的生活状态只有短短三年。

1996 年 5 月 15 日，《中华人民共和国律师法》颁布，规定“国家机关现职人员不得兼任律师”。当然，凡警校被授予警衔的教师，均不得再兼职律师。

恰逢警校改革，向警察培训学校转型，警校当时的政策是，留一部分骨干教师，其余老师鼓励自己联系单位，学校负责转关系。

烟台市成立的新区，莱山区新成立国办律师事务所想请冀祥德去当主任。烟台市公安局局长兼警校党委书记，得知警校保留的骨干老师要脱下警服当律师的情况后，亲自找他谈话，极力挽留，警校校长多次到他家中劝他留校重用。

但“律师情结”已深的冀祥德去意已决，学校方面则始终不同意为他转工作关系，他就辞职，穿便服去上课。

在他的“最后一课”时，他为学生倒背《治安管理处罚条例》，背一条学生鼓掌一次，引得不少师生在门前观望。

1996 年，冀祥德走出警校的讲台，成为一名专职律师，任烟台市莱山区国办律师事务所主任一职，当时国办律所已由国家全额拨款变成了自收自支。这对冀祥德，无疑是个考验。

但他的专业能力很快得到社会各界的认可。烟台电视台首次《荧屏法庭》直播，一个是故意伤害还是故意杀人之辩的案件，法庭采纳了冀祥德精彩而富有法理、常理、真情的观点，使他很快就成了烟台市家喻户晓的大律师。

1997 年，烟台市首届十佳律师评选，冀祥德是当选的十佳律师中执业时间最短的一位。

1998 年 8 月，中国法学会刑事诉讼法专业委员会在山东召开的题为“刑事诉讼法修改实施一周年研讨会”。作为律师界的唯一代表，冀祥德语出惊人地“抛出”了《刑事诉讼法》再修改后“刑事辩护三难说(会见难、阅卷难、调查取证难)”。中国人民大学教授陈卫东称其敏锐的视角和犀利的见解，充分展现了一位学者型律师的风采。

然而，冀祥德并没有因此满足，他没有忘记辞职脱下警服做专职律师时自己的规划——给自己五年的时间去做律师，在掌握法律在实践中运行的真实状况之后，再回到学校学习，为自己的人生做新的选择。

打通刑法和刑诉

由于律师生活不规律，应酬较多。1999 年，身体抱恙的他，决定改变生活方式，推掉一切应酬，学习的计划也提前开始了。这位有一些酒量的山东汉子，一戒酒就是十年，直到 2009 年中国社会科学院法学研究所派他到廊坊东方大学城建教学基地。在这段时间，中国社会科学院法学研究所王敏远教授称其“内力皆失，武功全废”。

“身体调养好后，为了专心复习，老婆孩子都回娘家，我一天在家煮十几个鸡蛋当饭吃，以致现在都不想吃鸡蛋。”

功夫不负有心人，冀祥德终于破了当年神婆“命里没北大”的预言，掌握了自己的命运。在他 36 岁之时，成为北京大学法学院硕士研究生，师从我国著名刑法学家陈兴良教授。

“写论文的时候，买几箱方便面，最长的一次四个星期没下楼。”冀祥德说。后来，同学们开玩笑说，打开一袋方便面，冀祥德就能闻出是什么牌子的。

三年的硕士课程，一年提前毕业，原本计划回烟台大学当教授，还能做兼职律师，但他还是听从北大教授陈兴良、汪建成的建议，“读完刑法硕士后转攻读刑诉博士，一般懂刑法的不精刑诉，懂刑诉的刑法不精，不如你将二者打通。”

三年后，冀祥德和他的硕士同学一起毕业，刷新并保持了北京大学的一项记录——以最短的时间完成了硕士和博士的培养计划，连续获得北京大学学术创新奖，并被评为“第六届北京大学研究生学术十杰”，其论文被评为北京大学优秀博士论文二等奖。

毕业典礼上，红色的博士服也意味着比常人付出更多的努力。“优秀的人总是少数的，因为只有少数的人是最能吃苦的。”

2004 年，北大梦圆后，中国社会科学院法学研究所、北京某最高司法机关和北京某著名大学都向冀祥德抛出橄榄枝，“如果选择社科院，就是对其他单位违约，需支付违约金，而且还浪费了人家的进京指标。”

最终，中国社会科学院法学研究所领导的真情和法学研究国家队的魅力打动了冀祥德，他成为了中国社会科学院法学研究所博士后流动站第一位国家计划内博士后。

为引进一个人而支付违约金，这在中国社会科学院法学研究所是史无前例的；博士后在站期间即被任命为法学系副主任，继而转为常务副主任，也是绝无仅有的。

谈起这些，能看得出，冀祥德对中国社会科学院法学研究所前任领导和现任领导深深的感激之情。他说，我目前只有在科研上和法学教育中加倍地努力来回报感恩。

曾有人总结，1996 年《刑事诉讼法》修改以来，关于刑事辩护的研究最具代表性的是冀祥德提出有五个学说，“刑事辩护三难说”“公、检、法、律车轮说”“刑事辩护木桶说”“控辩平等论”与“刑事辩护准入说”。

2007年，冀祥德有机会参与《律师法》修改草案，他主张提出第2条“律师与正义”的关系，“很多人认为律师都是替坏人说话的，都是非正义的，而事实上，个案中律师维护当事人的合法权益，就是从制度整体上维护了法律的正义。”

新《律师法》第33条、第34条、第35条就是解决“刑事辩护三难”问题的。作为问题提出者的冀祥德有幸促成了问题的解决。冀祥德说，虽然问题的解决目前仅限于立法的层面。

2012年，已在中国社会科学院法学研究所满八年，作为所长助理和法学系常务副主任，除去学术上的成绩之外，冀祥德最自豪的是“社科法硕”品牌在中国法学教育领域的创立。

2006年12月在“全国法律硕士培养十周年总结表彰大会暨法律硕士论坛”上，荣获全国法律硕士培养“优秀教学奖”和“优秀教学管理奖”双项大奖；2010年6月在“中国诊所法律教育十周年庆典暨诊所法律教育论坛”大会上，中国社会科学院法学研究所再次捧得“优秀教学管理单位”和“优秀教师”双奖；2011年12月被评为全国四个优秀刑事诊所之一。

如今，“社科法硕”已成为一个响当当的品牌，“社科法硕七个一工程”建设正在扎实稳步推进。对此，已经成为中国法学教育研究会副会长的冀祥德，信心十足。

“社科法硕七个一工程”即一网、一报、一师、一书、一讲、一所、一考。“一网”即注册为国家一级域名的“中国法硕网”；“一报”即获得国家批准刊号的《中国法硕》报；“一师”即“社科法硕”全面实行真正意义上的导师制；“一书”即社科院法学所专门为法律硕士编写的全国第一套专用教材；“一讲”即“社科法硕”高级学术讲坛；“一所”即“社科法硕”法律诊所；“一考”即“社科法硕”司法考试，至今保持全国同类专业最高司法考试通过率。

在每年的1月1日，冀祥德都会做一个年度计划，来年此时再来比照，目标是否“全中”。

同样在2012年的第一天，也是冀祥德第四个本命年，他一如往年般制定龙年计划，“一本法学独著，两本主编或者第一作者的著作，八篇学术论文”。

用“四个一”为尚权律师事务所指引未来①

对话人物：冀祥德　中国社会科学院法学研究所研究员、博士生导师

代表性案例：周正毅虚开增值税发票案

冀祥德身兼数职，他是中国社会科学院法学研究所研究员、博士生导师，他是中国社会科学院研究生院法学系常务副主任、教授，他是中国地方志指导小组秘书长，中国地方志指导小组办公室党组书记、主任，方志出版社社长、总编辑，他还曾经是一名律师——北京市尚权律师事务所的兼职律师，并且是尚权所的高级专家顾问。

对刑事辩护，无论是作为学者还是作为律师，冀祥德都对它情有独钟，而他和北京市尚权律师事务所的缘分是在该所成立之前就结下的，那时他和尚权律师事务所创始合伙人张青松有个约定，也因为这个约定，他在尚权所成立之初即成为这家律所的兼职律师。时至今日，冀祥德还记得在尚权所成立后不久，他和张青松联手代理了一起案件，并在代理案件期间，两人在杭州西湖畔有过一场通宵畅聊，聊天的主题是尚权所的发展之路，这次聊天的主要内容后来被冀祥德概括为“四个一”，而这“四个一”在尚权所后来的发展道路上确实起到了指引性作用。那么这“四个一”的内容是什么？冀祥德对中国律师在法治进程中的地位和作用如何评价？关于司法改革，他又有哪些特别的想法？

---

①　本部分原载李秀平编著：《一辩十年：尚权刑辩团队成长密码》，法律出版社2016年版。

也曾是专职律师

李秀平：据我了解，你一直非常关注刑事辩护，关注律师的执业环境问题，而且你也曾经是一名专职律师，后来才做了学者，但同时还做一些兼职律师20年，可以谈一谈你做律师的经历和一些具体的感受吗?

冀祥德：首先感谢你们关注刑事辩护这个事业。

我做律师有这样一个过程：先做的是兼职律师，后来做了专职律师，后来又做兼职律师。之所以会有这样一个反复的过程，也是源于我对律师执业环境的认识。

我最开始做律师时做的兼职律师，当时我还在警校当老师，一边教学，一边做律师。那时我做律师的目的不是为了挣钱，而是为了了解法律，了解“纸面上的法律”在实践中的运行状况，从而为教学工作提供实践经验的支撑，把课讲得更生动、更接地气。

1996年，我辞去了警校的教职，开始做专职律师，最初的计划是做五年律师，但最终没有做到五年，其主要原因是对律师执业环境的不太满意。2000年，我考上了北京大学的硕士研究生，进入北京大学法学院师从陈兴良教授攻读刑法学硕士学位。硕士毕业后又师从北京大学法学院汪建成教授攻读刑事诉讼法学博士学位。博士毕业后又进入中国社会科学院法学研究所博士后流动站师从王敏远教授，从此开始了我的学术研究之路。但在此过程中，我一直非常关注刑事辩护这个领域，关注律师职业的发展，尤其关注刑事辩护律师职业的发展问题。

李秀平：可以具体谈一谈怎样的经历促成你由专职律师向学者的转变吗?

冀祥德：我做了四年的专职律师，这四年的律师执业经历对我产生了很大影响，并最终促使我放弃了专职律师这一职业发展路径。

说实话，律师要做得好，确实会大大改善家庭和个人的经济状况，会将生活质量提高到比较高的层次，但物质上的追求并不是我作为法律人唯一的追求。四年的执业经历，我还有一个深刻的感受，那就是尊严和安全得不到保证。作为律师，打官司肯定有输有赢。赢了官司，自己的当事人高兴，但是对方当事人就不高兴了。我就有过被对方当事人围攻的经历，而且不止一次，甚至有人曾以孩子的安全威胁过我。而一旦输了官司，有些当事人就不满了，他们不理解，有的吵着闹着要求退费，这时候你很难感觉到律师这个职业的尊严。有学者说我国律师是“富而不贵”，不是没有道理。我国的律师执业环境还处在“老鼠过街、人人喊打”的境地，一个半夜拿小板凳在看守所门前排队等待会见的律师能有多少尊严？

和尚权所之缘

李秀平：据我了解，每一位进入尚权所这个平台的律师，都和这家律师事务所有一份特别的缘分。你和尚权所之间的缘分更是可以用“很深”来形容，具体是怎么个“深”法？

冀祥德：我在北大读完博士之后，进入中国社会科学院法学研究所做博士后，后来就留在法学所做法学研究工作了。2005年，我在法学所主持全国高级职业法律论坛，这是一个规格比较高的法学论坛，正是在这个论坛上，我和尚权所的创办人张青松第一次见面。

我始终认为，刑事辩护才是律师王冠上最亮的那颗明珠。一个律师，你即使有再大的名气、挣再多的钱，但如果没有做过刑事辩护，你的职业生涯是不完整的。中国的刑事辩护虽然有陷阱也有困难，但是这仍然是一个值得法律人为之追求、值得法律人为之奉献的事业。在主持这个论坛的过程中，我又重新阐释了这个观点。

记得当时论坛进行中午，大家就在会场一起吃盒饭。在吃饭的时候，张青松端着盒饭就来找我了。

寒暄了几句以后，张青松就说：“我听了您的发言有点儿想法，你觉得我们搞一个专门做刑事辩护的律师事务所行不行？”

我说："太行了！"

张青松的这个想法，我原来在烟台当律所主任的时候就有过，并且还专门为此在律所内部成立了一个刑事辩护部，当时这个部门的业务是做得最好的。所以，当张青松跟我说想做专业刑事辩护律所的时候，我非常支持他，因为我有过成功的经验。

我跟他说："你要是专门做刑事辩护，你必须答应我一个条件，我也答应你一个条件。你答应我的条件是，律所办起来以后不能挂羊头卖狗肉，只能专做刑事辩护，别的案子一个都不做。你如果答应我这个条件，我也答应你一个条件，就是把我的律师关系放在你的律所，并做你们律所的顾问。"

后来，我们两个就"成交"了。一直到现在，我们俩都信守承诺，尚权所只做刑事案件，我的律师关系也一直放在这个律所。

现在，作为尚权所的高级顾问，他们遇到一些疑难案件的时候只要请我去论证，以及他们组织的研讨活动，我都会想法挤时间参与。

"四个一"的缘起

李秀平：尚权所每年都会举办一次论坛，而这个"每年一次论坛"实际上是你给尚权所提出的"四个一"发展方向中的一个"一"，能请你简要谈谈这"四个一"是指什么，以及它们是怎么来的吗？

冀祥德："四个一"指的是"一个论坛""一个项目""一本书""一个培训班"，具体而言，就是每年举办一次论坛，每年做一个研究项目，每年把办理的精彩案件挑选出来结集出版一本书，每年举办一次刑事辩护培训班。

至于这"四个一"是怎么来的，这里有一段故事。尚权所创办以后快到一周年的时候，我和张青松一起去杭州出差，代理一个案件。因为这个案子，我和张青松在杭州一个宾馆里住了几天，也因为这个案子，我们俩对刑事辩护又有了更多的共识。一天晚上，兴之所至，我们俩就在宾馆里聊开了，而聊的主要内容就是作为专门做刑事辩护的尚权所未来的发展，这一聊就是一个通宵，“四个一”就是那时候我给他提出来的。

李秀平：请您详细介绍一下“四个一”的具体内容。

冀祥德：好的。

第一个“一”是“一个论坛”，即从尚权所成立一周年时开始，每年举办一次论坛，这个论坛的名称就叫“尚权刑事辩护论坛”。第一届尚权论坛时间就半天，规模较小，后来越办越大。尚权论坛就一直发展下来了，到今年已经是第十届，其中我还支持他们在中国社会科学院法学研究所举办过一次，当时国内刑法学界和刑事诉讼法学界的众多知名学者以及刑事辩护领域很多著名律师都到了。对于“尚权刑事辩护论坛”，我一直都非常重视，并引以为傲，因此每一届论坛，我无论多忙，都必定抽出时间来参加。

第二个“一”是每年做一个项目。尚权所最初做的一个项目是和丹麦合作的，其主要内容是对少数民族和边远地区律师进行培训，这个项目是由我从中牵线的。开始的时候，尚权所每次做培训，我都去讲课，后来因为培训越来越多，我也越来越忙，就只能看时间方便时参加。后来，尚权所还参与了由我主持的中国社会科学院法治国情调研课题“新《刑事诉讼法》实施状况实证研究”。在做这个课题的过程中，尚权所在北京做了这方面的深入调研，并发布了相关报告。此外，在我任中国社会科学院法学研究所所长助理负责法学教育工作期间，我邀请尚权所经验丰富的律师参与了法学所的诊所式法律教育教学工作。这样，一方面尚权所律师有了一个提升自己水平的平台，另一方面尚权所可以从我们的研究生中发现适合做律师的好苗子，同时也扩大了尚权所的影响力。十年来，尚权所做的项目或者参与的项目远远不止这几个，每年做一个项目，他们一直坚持到现在，而且每一个项目都取得了很好的效果。

第三个“一”是“一本书”。关于“一本书”，我是希望尚权所每年能够从当年办理的案件里挑出一些精品，并将其结集出版，内容要有案情介绍、辩护过程、案件结果、律师心得等，特别要有代理这个案子带来的启发与思考。

第四个“一”是“一个培训班”。尚权所是全国第一家专门从事刑事辩护的律师事务所，在自身的发展中，要壮大队伍，不断对律师进行培训，放眼我国刑事辩护的发展，我希望尚权所能够承担起培训全国刑事辩护律师的重担。在我的规划中，尚权所至少每年要举办一次刑事辩护培训班，不仅在北京，而且要扩展到全国。

据我所知，这“四个一”中，“尚权刑事辩护论坛”是坚持得最好的，培训做得也不错，项目也搞过，只有“一本书”没有坚持好，目前好像才做了两本，一本是《刑辩魅力》，另一本是门金玲主编的《刑事辩护操作指南》。

另外，我在向张青松提出“四个一”发展思路的时候，还对队伍建设提出期望，希望尚权所每年发展 10 名优秀律师，对刑事案件辩护进行专业化分工，五年内发展到 50 人，十年发展到 100 人。按照这个设想，今年是第十年，尚权所的律师队伍应该发展到 100 人了。

李秀平：你如何评价尚权所？

冀祥德：一方面，我为尚权所今天的发展感到高兴，他们能发展到今天这个局面非常不容易，在刑事辩护环境还不是太理想情况下，他们能够勇立潮头，确实值得尊敬；另一方面，我也有遗憾，主要是觉得他们在律师队伍建设方面做得还不是太好。我希望尚权所作为中国第一家专业的刑事辩护律师事务所应该发展得更好，也希望张青松和常铮能更多地发挥导师的作用，能带出一批更优秀的律师队伍来。

那些难忘的案件

李秀平：教授作为兼职律师在办理案件时的思路和专职律师有很大不同，这可能和教授作为法学专家对相关法律规定的本源和相关法学理论有更为深刻的理解有关，请你分享几个在您的律师生涯中具有代表性的案件。

冀祥德：我印象比较深刻的是在 2001—2002 年，我办过一个诈骗案件，给被告人做辩护人。检察院对这起案件被告人的定罪非常有把握，原本想让这个案子的公诉人通过这个案子参加十佳公诉人比赛。这个案子中的被告人原来有一个辩护律师，但因为这名律师在当地名气不大，在法庭上对抗起来可能达不到检察院的要求，因为他们要把开庭录像报到上级检察院去参加比赛。于是，检察院一方面选择了一名优秀公诉人，另一方面就找到我，让我去给这名被告人当辩护律师。

我接手这个案件后，认真地阅读了卷宗。这是我办案的一个习惯：对卷宗一字不漏地阅读。通过阅卷，我还真在卷宗里发现了一份对被告人有利的关键证据——一份证人证言。这份证人证言中不但没有记录询问时间、询问地点，也没有询问民警的姓名。于是在开庭的时候，我向法庭提出这份证据的"证据能力"问题，并要求证人出庭作证，或者法官、公诉人和辩护律师一起去找证人进行调查。后来，经过法庭调查发现，这名证人已经因为直肠癌去世了。最后，这个案子因为证据不足，而作了无罪处理。

"证据能力"是英美法系的一个概念，它讲证据资格，就是证据材料能够成为定案根据的资格，它要求办案机关在调查取证的时候，必须是两个侦查人员一起进行；在讯问时，要有详细的笔录，在笔录上要有讯问的时间、地点、被讯问人姓名以及讯问的具体内容，最后还要让被讯问人签字或盖章。一份讯问笔录上如果没有这些基本内容，就没有证据资格，这份讯问笔录就不能当证据使用。

我办理这个案子的时候，"证据能力"问题还没有引起国内学者的重视，也少有人研究这个问题，更别提在法庭上作为辩护意见提出来，并且被采纳。在办理完这个案件后，我写了《证据能力：一个不可忽视的辩角》一文，并将其发表在了《山东警察学院学报》上。在律师中，这应该是最早进行证据能力辩护的案例；在学者中，即使不是最早，我应该也是比较早的研究"证据能力"问题的。

还有一个案子，我印象也非常深刻，它后来成为我写博士论文《建立中国控辩协商制度研究》的一个动因。

这个案件是这样的：当事人双方，一方砍死另一方二人，重伤、轻伤多人，从惯例来看，这样的案子被告人是应该被判处死刑的。被告人委托我做辩护律师。

一般情况下，公检法办案人员和律师对法医鉴定结论都比较相信，不会去仔细看鉴定过程，但我习惯于在办理案件时认真阅读全部卷宗，包括法医的鉴定报告。这个案子的鉴定报告是一本厚厚的材料，上面写着案情、使用的药剂、鉴定过程中发生的反应等内容。我在看这份报告的时候，遇到看不懂的地方就请教专家，也因为这样，我还真在这份鉴定报告中发现了问题。按照报告中记载的鉴定过程，对血型应该得出 AB 型血的鉴定结论，报告中却得出的是 A 型血的鉴定结论。

法庭开庭的时候，我把鉴定报告存在的问题指出来，要求法庭再去找报告中提及的血衣重新鉴定的时候，血衣却找不到了。这一方面是因为公安机关办案比较粗糙，另一方面是因为这个案子当时砍死、砍伤很多人，在提取证据以及做鉴定的时候确实也很容易弄混。后来，公诉人来找我协商，说："冀律师，你看怎么办？"如果较真的话，我就说"应该无罪释放"。但是这个案子中死伤那么多人，被害人家属能容忍放人吗？我必须考虑这个情况。还有一个因素是，被告人毕竟动手打人了。后来，我建议被告人这边给被害人那边支付了赔偿金，法院判了缓刑，人被放了。

从这个案子看，控辩双方在一定的条件下是可以协商的，也就因为这个案件，因为这个协商的结果，我产生了写博士学位论文——《建立中国控辩协商制度研究》的想法。

如果论案件的影响力，我代理的上海首富周正毅的案子算一个，我是周正毅案二审的辩护人。在这个案件中，由于周正毅虚开增值税的数额特别巨大，在当时的法律规定中有适用死刑的可能，最后判了有期徒刑。后来，在《刑法》修订时就取消了虚开增值税发票罪的死刑，而周正毅案的价值也正在于此，它在客观上对《刑法修正案（八）》取消虚开增值税发票罪的死刑起到了一定的促进作用。

李秀平：如果一名律师不能从立法的本源上理解法律规定，不能从学理上把你要应用在律师工作中的法律内容理解得特别透彻的话，这个律师做不好。您的看法呢？

冀祥德：我非常认同你这句话，一个学者就是要有自己的创见。你说到这里了，我可以让你看样东西。

我现在是中国地方志指导小组办公室主任，我在这方面做了一件有意义的事情。我到地方志系统以后，提出了“依法治志”观点。我在《论依法治志》论文中，阐述了依法治志提出的背景、价值，界定了依法治志内涵与外延，论证了依法治志的目标及其实现路径，以及依法治志与依法治国的关系。2015 年 8 月 25 日，国务院办公厅颁发《全国地方志事业发展规划纲要（2015—2020 年）》，纲要中确立了六项基本原则，其中第二个原则就是“坚持依法治志”。我到地方志系统之后，一直致力于用法治方法推进地方志从一项工作向一项事业转型，用法治思维与法治方式解决地方志系统中存在的问题，感觉收获还是很大的。

李秀平：我接触过一些资深律师，他们普遍对年轻律师的专业素养偏低感到忧虑。你当年提出“刑事辩护准入说”也是基于同样的原因吧？

冀祥德：确实如此，现在一些律师比较浮躁。

在 2015 年 8 月召开的全国律师工作会议上，时任中央政法委书记孟建柱作了重要讲话。他在谈到司法改革中的“律师改革”问题时，明确提出“对新执业的律师担任刑事案件辩护人的，可以研究探索分级出庭制度”。这一提法当时在律师中引起了非常大的反响，褒贬不一。其实，我 2001 年就在《法学论坛》发表了题为《建立刑事辩护律师专业资格制度的法律思考》的论文，2010 年出版《建立中国刑事辩护准入制度理论与实证研究》著作，我的观点和孟建柱书记提出的“律师分级出庭制度”在内容上是一致的。我认为应当从加强人权保障、提高辩护律师地位与素质的角度看待孟建柱书记提出的“律师出庭分级制度”，而不应该不加分析地一味去反对。

刑事辩护涉及一个公民被抓还是不被抓，被逮捕还是不被逮捕，被判刑还是不被判刑，被杀还是不被杀的问题。这些都是关系到一个公民人身自由甚至生命等基本权利的问题。相应地，它对律师的要求也应该更高，而不是只要通过司法考试，取得了律师执业资格的人都可以做刑事辩护律师。这才是孟建柱书记提出“律师分级制度”的理论和实践基础，同时也是我提出“刑事辩护准入制度”的出发点。我个人觉得，如果能够建立这项制度，一方面会有利于当事人权利的保护，另一方面也会对律师的业务有一定促进和提升作用。如果运行良好，可以促进律师行业人才培养方面的良性循环。

当然，任何一项制度设立和施行都不会一帆风顺，“律师分级制度”或者说“刑事辩护准入制度”也一样。尤其是当前，还存在法律制度上的障碍。按照我们国家现行《刑事诉讼法》的规定，刑事辩护这项业务谁都可以做，不仅任何一个律师都可以做，而且一般公民也可以为别人辩护，这个问题必须解决。为此，我写了很多文章，呼吁多年。对怎样把律师这个群体放进司法改革的整体当中去考虑，中央政法委看到了问题的关键点，但具体怎样做，还有待探索。

李秀平：在司法改革方面，你还有哪些具体的想法？

冀祥德：在司法改革方面，我提出了几个学术观点，“刑事辩护准入说”只是其中之一。

第二个是“控辩协商”。我的博士论文写的就是控辩协商的问题，对此，我的主要观点是：控辩双方不仅要对抗，而且要合作。对抗虽然有利于查清案件事实，但是对抗会使诉讼的成本加大。正是因为检察院作为控方和律师代表的辩方一直在对抗，才出现了“死磕派”律师。对抗固然重要，但是对刑事案件来说，对抗只是问题的一个方面，因为大多数案件“事实清楚，证据确实充分”，在这种情况下，抗辩双方还是可以进行合作的。

实际上，“刑事辩护准入”和“控辩协商”之间是有联系的，只有当事人的辩护律师具备一定的素养，在和检察院进行协商的过程中才能真正地维护当事人的合法权益，否则，起码从这个角度来看，“控辩协商”很难实现它最初的目标。

第三个是“控辩平等”说。“控辩平等”是我的博士后报告，已经在法律出版社出版，并获得第二届中国法学优秀成果一等奖，以及首届全国博士后科研成果一等奖。

每一次华丽转身都是人生精彩①

采访嘉宾：冀祥德　中国社会科学院研究员，当代中国出版社法定代表人、总编辑

记者：您能分享一下您和尚权的渊源吗?

冀祥德：我1992年开始在山东做刑辩律师，当时我所在的律师事务所已经有专门的团队做刑事案件，可以说，我很早就开始刑事辩护专业化的路径探索。那个时候我就一直有一个情怀，就是建立一个中国刑事辩护中心，实现中国刑事辩护的高质量发展。2004年，我到中国社会科学院法学研究所工作后，主办每年一届的全国法律职业高端论坛。2006年，张青松来参加我们的论坛，坚定了他成立一个专门做刑辩的律师事务所的信心。为了支持他，我把我的律师证转到了尚权律师事务所（以下简称“尚权所”），成为了尚权的第一批律师。

记者：您作为尚权顾问和兼职律师，当时对尚权所的发展有什么建议?

冀祥德：2007年，我提出了尚权“四个一”发展规划。第一个“一”是每年举办一个论坛。即坚持多年、已经形成很大影响力的“尚权刑事辩护论坛”。第二个“一”是每年出版一本书。即每年出版一本刑事辩护著作或者一本典型案例集。著作主要总结尚权律师积累的辩护经验，逐渐形成一个系列；案例集主要是结集出版尚权律师办理的典型案件，以尚权刑辩律师的专业化实践，供立法者、司法者、执法者、律师、法学学生和社会有关人士参考或学习。《尚权刑事辩护指引》就是其中内容。第三个“一”是每年参加一个项目。我曾推动尚权所和芬兰有关机构合作，致力于我国刑事诉讼法再修改研究，这个项目合作了很多年。第四个“一”是每年举办一个培训班。我提出尚权要走专业化道路，应该

① 本部分原载法治网，http：//www.legaldaily.com.cn/zt/content/2022-01/07/content_8654728.htm；于2021年12月31日刊载尚权刑辩公众号。

建立一个刑辩培训基地。尚权所的律师不仅应该是刑辩专家，还应该是刑辩培训专家；不仅要培训自己的律师，还要培训全国的刑辩律师。

记者：可以说您见证了尚权的发展，请问您如何看待尚权这十五年的发展？

冀祥德：十五年，尚权的品牌已经树立起来了，建立了很多分所，在行业已经有了很大的影响力。同时，尚权也为刑事辩护领域培养了很多优秀的律师。我希望尚权要有规模化发展的目标，形成一支凝心聚力、业务精湛、覆盖刑事辩护各专业的百人刑辩律师队伍。

记者：在《一辩十年：尚权刑辩团队成长密码》这本书中，称您是"完美演绎每个角色的法学行者"。我也注意到，您曾做过警察、教师、律师、检察官，还是中国社会科学院法学研究所的研究员和中国社会科学院大学的教授。近年来，您提出"依法治志"，以及"修志问道，直笔著史"的方志人精神，成功推动全国地方志从一项工作向一项事业转型升级，实现了中国历史第一次省、市、县志书和年鉴全覆盖。您能和我们分享一下各职业给您带来的收获吗？

冀祥德：到目前为止，我的职业生涯已经实现了七次转型。我毕业后去做警察，在一线积累了大量的办案经验。后来我去警校教学，正是有了较丰富的法律实践经验，才能在法学教学中做到理论联系实际，取得了良好的教学效果。之后，我创办律师事务所、做专职律师，之前八年的法学教师经历对我的语言表达能力和逻辑思维能力有很大的锻炼和提升。后来，我去中国社会科学院法学研究所做科研工作，由于多年的法律实践和法学教育经验积累，很好地解决了法学研究的"纸上谈兵"问题，所以我才提出了建立控辩协商制度、普通辩护、准入辩护、有效辩护等系列制度构建设想和理论创新，可以说律师、检察官办案经验对教学科研，特别是对策性法学研究有着不可替代的直接效用，这里储藏着没有法律实践的人永远不可能有的灵感。也正是由于有了长期理论研究的积淀，所以组织上派我到地方志系统工作后，我很快就提出并系统论证了"依法治志"理论和制度设计。丰富的人生阅历是一笔巨大的财富，我的每一次转身，都是带着一笔巨大的财富开始的。如今，我从方志转身国史，当代中国出版社是以中华人民共和国史，当代中国经济、政治、文化、社会、生态文明，当代中国发展变迁，当代中国国情研究，当代中国人物传记等系列为出版主体的中央级综合出版社，站在这个平台上，我带着警察、教师、律师、检察官、学者和地方志积累的一大笔财富，对未来充满怀信心。

记者：您对全国的青年刑辩律师有哪些建议呢？

冀祥德：做一个律师很难，做一个刑辩律师更难。我曾用“冰雪路上行车人”来形容刑辩律师的处境。在奔向目标的冰雪路上行车，不能快，太快容易出问题；也不能慢，太慢无法按时到达终点，需要心怀定力、永不停歇、坚忍不拔、持续推进。希望青年律师既要眺望着远方的宏伟目标，坚定而执着地努力前行，又要练好内功，注意走好脚下的道路。

记者：您对提高辩护律师的地位有什么建议吗？

冀祥德：我曾经提出中国刑事辩护制度建设“三步走”建议。第一步是实现普遍辩护。普遍辩护要贯穿在刑事诉讼各个阶段，从侦查、审查起诉到审判等程序，都需要有律师辩护。第二步是实现准入辩护，建议对刑事辩护设立准入制度。第三步是实现有效辩护。刑事辩护不是走过场，辩护律师要能真正在案件中起到应有作用。在我看来，只有在普遍辩护基础上，实行准入辩护，才能实现有效辩护，三者是层层递进的关系。只有实现了有效辩护，辩护律师才能有地位。

记者：您对尚权所未来的发展，有什么期望吗？

冀祥德：第一，尚权已经建立十五年了，现在站在一个新的时间节点上。我建议制定《尚权律师事务所发展规划（2021—2025 年）》，切实做好尚权有计划发展的顶层设计。第二，尚权要把培养出更多优秀刑辩律师作为要旨，让刑辩律师奋斗在尚权、成长在尚权、热爱在尚权、成就在尚权。第三，通过尚权律师事务所发展规划的制定和实施，再过十五年，尚权成立三十周年时，把尚权建成中国刑事辩护基地。

后记

从1992年考取国家律师资格算起，已经三十多年了。在这样的一个时间节点，推出专著《刑事辩护八大学说》，既是对三十多年律师经历的一次回顾，更是三十多年关于律师理论与实践研究的成果积累。

三十多年来，尽管我的律师执业并不完全是持续状态，但是，我关于刑事辩护的理论研究和实践关注却没有间断过，作为较早的中华全国律师协会刑事专业委员会委员、现在的中国刑事诉讼法学研究会刑事辩护专业委员会副主任，我几乎每年都站在刑事辩护的论坛，为刑事辩护发声。

律师如同医生一般，都是社会不可或缺的专业人员。我参加国家律师资格考试纯属偶然。1992年3月，我参加完司法部、中宣部、中央电视台联合举办的“全国百家法制城市法律知识擂台赛”回到警校教学岗位后，在好友苗生明的鼓励下，就想试试自己的法律知识水平，参加了当年的律师资格考试，没想到高分通过。我先做兼职律师，后做专职律师，然后又转为兼职律师，三十多年弹指一挥间。

三十多年来，我国刑事辩护事业发展很快，但是刑事辩护的几大旗手基本没变，田文昌、顾永忠、李贵方、汤忠赞（2022年逝世）、侯凤梅、刘文元等，我们这一代的全国律协刑事专业委员会委员，一直在影响着我国的刑事辩护。记得2004年，李贵方、汤忠赞、侯凤梅、韩嘉毅和我代表中国律协刑辩委出访加拿大时，我们重点考察了加拿大的辩诉交易制度，我主笔完成了中加合作刑辩项目“建立中国的控辩协商制度”，应该说为认罪认罚从宽制度在我国的构建提供了一定的借鉴和参考。

三十多年来，我办理了一大批案件，发表了四十余篇关于刑事辩护理论与实践的文章，[①]形成了今天的《刑事辩护八大学说》。在依法治国、建设社会主义法治国家高歌猛进推进之际，在全面深入贯彻党的二十大精神之际，奉献此拙著，仅表达一个法学研究者、一个法学教育者、一个曾经的辩护律师、一个曾经的挂职副检察长对国家法治建设的赤子之情。

还是十几年前我从专职律师转为兼职律师时的那句话：“即使有一天我不再做律师，但我仍然愿意为我国刑事辩护律师做旗手，为我国刑事辩护事业和法治建设摇旗呐喊！”

冀祥德

2023年5月20日

于北京市西城区旌勇里8号

---

① 据悉，在刘桂明任《中国律师》主编期间，我是学者和律师中在该期刊上发表文章最多的作者。刘桂明被我誉为“中国律师界的萨马兰奇”。